제3판

장애인복지론

DISABLED WELFARE

제3판

장애인복지론

고명석 · 박경미 · 강성률 · 배명수
정원석 · 김재춘 · 김학심 · 함수정 공저

dm 동문사

머리말

우리 사회는 다변화된 글로벌화, 정보화를 거치면서 사회복지 상황은 질적 및 양적 변화를 꾀하고 있다. 지난 반세기 동안 우리나라 사회복지실천현장은 수많은 고난과 역경 속에서도 사회복지전문직으로서의 변화와 혁신을 이루어 왔다. 우리나라가 OECD에 가입한 이후 국민의 삶의 질에 대한 욕구가 증대되었으며, 경제 대혼란인 IMF 시기와 최근의 경제적 어려움을 거치면서 경제구조의 개편과 더불어 장애인의 사회진출이 급속히 추진되고 있다. 이에 따라 장애인 구성원 중에서 진정한 장애인은 없을 수도 있고, 비장애인 구성원 중에서도 진정한 장애인이 있을 수 있다. 급변하는 현대사회에서 산업재해 및 교통사고, 질병 등으로 인하여 후천적인 장애인이 증가하고 있다. 이러한 현실에서 어느 누구도 장애의 위험으로부터 완전히 벗어날 수 없다는 것은 부인할 수 없다. 그러나 우리 사회에는 아직도 장애인에 대한 편견, 배제, 분리, 거부 등 차별이 존재하고 있다.

현재 장애인복지실천현장은 그동안 겪어보지 못한 많은 변화와 굴곡 속에서 새로운 과도기적 발전의 시기에 처해 있다고 생각한다. 필자는 평소에 이러한 장애인복지환경에 부응하는 방향으로 국내 사회복지현장에 대한 이해를 돕고, 내실 있는 장애인복지에 관한 최근 동향과 내용을 담은 교재를 완전 개정하여 집필하고 싶었다.

필자는 보건복지부 위탁 사회복지사양성교육과정 주임교수로 만 18년 동안 재직하며 전국의 지체, 신체, 시각, 청각, 뇌병변, 신장, 발달, 지적, 척수 장애인 등과 사회복지업무 담당 공무원 및 장애인복지 등 사회복지실천현장 종사자 등 약 5천 명에게 사회복지 교육을 선도하여 장애인복지와 사회복지 정책, 입법, 행정, 실천 영역의 지도자로 활동하도록 하였고, 또한 국가인권위원회 및 서울특별시 인권위원회와 인천광역시 장애인복지위원 등으로 장애인 인권옹호 증진 활동을 하고 있으며, 공무원 시험출제 및 사회복지기관, 시설 등 면접위원과 장애인복지관장, 장애인직업재활시설 실습지도자, 장애인복지시설 운영위원장 등의 경험을 통해 얻은 현장중심의 지식에 중점을 둔

내용으로 전면개정하였다.

특히 진보와 보수의 정부가 교체되면서 장애인복지법 개정 등 장애인복지 정책의 변화에 따른 장애인연금 지급 및 확대 그리고 장애인등급제 폐지, 노인장기요양등급을 판정받은 장애노인의 노인장기요양서비스 및 활동보조서비스 등 장애인복지환경의 급격한 변화가 이루어진 시점에서 각 대학 등에서 강의 활동과 장애인복지와 노인복지 실천현장의 전문가로 활동하는 제자들과 수십 차례의 논의와 토의를 통해 다른 책에서 중점적으로 다루지 않고 있는 장애고령화, 여성장애인, 장애인 인권 등의 분야에 중점을 두고 이 책의 개정을 함께 하게 되었다.

이 책을 통해 장애인복지를 처음 접하는 많은 학생과 관심 있는 분들이 흥미를 가지고 쉽게 접할 수 있도록 책의 구성에 중점을 두고 이 책이 장애인복지실천가 및 사회복지학문을 공부하는 학생들에게 장애인복지의 전문성 강화를 위한 초석을 굳건히 해주기 위한 길라잡이가 되기를 기대한다. 이와 같은 의미에서 이 책의 부족한 부분들은 오로지 필자의 책임임을 분명히 밝히면서 독자 여러분의 아낌없는 지도편달을 기대하는 바이다. 또한 한국사회복지대학교육협의회의 사회복지학 교과목 지침서를 충실히 반영하여 개정하였다는 점을 강조한다.

필자는 앞으로 꾸준한 수정, 보완을 통해 장애인복지를 전공하는 학생들과 교수님들 그리고 장애인복지현장의 실천가 및 장애인복지 관련 업무를 담당하고 있는 공직자들로부터 사랑받는 책이 될 수 있도록 최선을 다할 것을 약속드리며, 이 책의 출판을 허락해 주신 동문사 이중수 사장님께 깊은 감사를 드린다.

2024년 8월

홍은동 연구소에서

대표저자 고명석

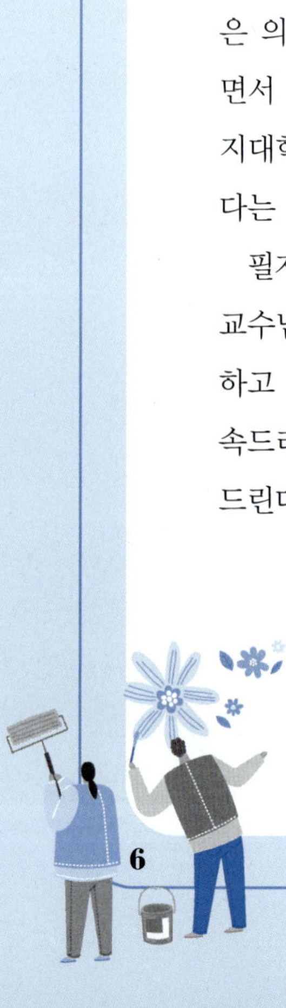

차 례

CONTENTS

차 례

CONTENTS

CHAPTER 01

장애의 범주 및 정의

제1절 장애의 범주

1. 외국의 장애범주

일반적으로 미국 및 유럽 등 서구 선진국의 경우에는 우리나라를 포함한 아시아권 국가들에 비하여 장애범위를 매우 넓게 설정하여 장기간 지속되는 만성질환도 대부분 장애로 포함하고 있으며 신체 및 정신장애에 따른 취업장애 및 사회적응장애 등까지도 장애범주에 포함하고 있다.

평균적으로 OECD 회원국의 근로연령대인구(20~64세) 7명 중 1명(14.3%)은 일상생활에 어려움을 초래하는 만성질환이나 장애를 갖고 있는 것으로 파악되고 있다.

2021년 OECD국가(31개국) 장애인 출현율[1)]은 평균 24.3%이며, 한국의 장애인 출현율(2017년 기준)은 5.4%이다. 유럽 국가들은 전반적으로 높은 장애인 출현율을 보이며, 한국 5.4%, 일본 7.6%로 낮은 출현율을 보인다. 우리나라는 27개 회원국 중 가장 낮은 5.4% 정도의 장애 출현율을 보인다. 이는 우리나라의 경우 등록장애인 인구를 통해 장애 출현율을 파악하였기 때문이다. 유럽이나 미국 등 서구 선진국의 경우 일반적으로 장애인의 범위가 개발도상국에 비해 매우 포괄적인 것이 특징이다. 예를 들어, 한국이나 일본의 경우 장애인의 범위를 의학적 모델에 입각하여 주로 신체구조 및 기능상의 장애로 판정하는데, 유럽 등에서는 신체, 정신의 기능적인 장애에 추가해 특정한 일을 어느 정도 수행할 수 있는지의 여부에 의한 과업수행(노동)능력, 개인적 요인뿐만 아니라 환경적 요인에 의해 불이익을 받는 조건까지 포함하는 사회적인 의미의 장애 등 포괄적인 장애범위를 채택하고 있다. 스웨덴에서는 의사소통이 어려운 이민자도 장애인에 포함하고 있다. 일본의 장애범주는 우리나라의 장애범주와 가장 유사하게 한정되어 있으며 장애인구 비율도 비슷하다.

1) 장애인 출현율은 국가별 장애 정의 및 조사된 장애 측면(손상 중심 또는 활동 및 참여제한 중심 등), 데이터 수집 방법 및 목적, 자연재해, 건강상태 및 만성질환의 추세, 전쟁 및 폭력사태, 인구학적 노인 증가, 경제 및 빈곤, 접근가능한 환경 부재, 교육 및 건강상의 기회 부족, 문화 등에 따라 차이를 보일 수 있으므로, 국가별 장애출현율 단순 비교 시 유의해야 함(WHO & World Bank, 2011; AI Ju'beh, 2017; Thompson, 2017).

표 1-1 각국의 장애인구 비율(%) 및 장애범주

국가	장애인구 비율	장애범주
한국	5.59	• 지체장애, 뇌병변장애, 시각장애, 청각장애, 언어장애, 안면장애, 신장장애, 심장장애 • 간장애, 호흡기장애, 장루 · 요루장애, 뇌전증장애, 지적장애, 정신장애, 자폐성장애
일본	6.2	• 지체장애, 시각장애, 청각장애, 언어장애 • 지적장애, 정신장애 • 내부장애: 심장, 호흡기, 신장, 방광 및 직장, 소장기능장애
미국	15.1	• 신체장애(지체, 시각, 청각, 언어) - 외형적 추형, 신경계, 근골격계, 감각기관장애 • 정신질환, 발달장애, 정서장애, 학습장애, 알코올중독 • 내부장애: 생식기, 소화기, 비뇨기, 피부, 혈액 · 내분비계, 암, AIDS
독일	18.1	• 신체장애: 지체, 시각, 청각, 언어, 안면장애 • 정신장애: 지적장애, 정신질환, 정서장애 • 내부장애: 호흡기, 심장, 소화기, 비뇨기, 신장, 생식기, 혈관, 피부, 순환기, 신진대사 등
호주	20.0	• 신체장애: 지체, 시각, 청각, 언어, 안면기형 • 지적장애, 정신장애, 정서장애, 알코올중독, 약물중독 • 내부장애: 심장, 신장, 호흡기, 당뇨, 암, AIDS 등
스웨덴	20.6	• 신체장애: 지체, 시각, 청각, 언어 • 지적장애, 학습장애, 정신장애, 정서장애, 약물 · 알코올중독 • 내부장애: 폐질환, 심장질환, 알레르기, 당뇨 • 사회적 장애: 의사소통이 어려운 외국 이민자, 타인 의존자 등

출처: https://psb2709.tistory.com/66, 2021.

2. 우리나라의 장애범주

장애에 대한 범주는 그 나라의 장애인복지정책과 관련법 그리고 경제적 상황과 국민의 인식에 따라 차이가 있다. 대개 서구의 사회보장이 발달한 나라에서는 장애를 포괄적으로 규정하고 있지만, 아시아 여러 나라에서는 협의의 소극적인 규정을 하는 경향이 있다. 그러나 최근 우리나라는 선진국의 장애개념을 수용하는 방향으로 장애인복지정책을 전환하고 있다. 우리나라의 「장애인복지법」을 통한 장애의 범주를 살펴보면 다음과 같다.

1981년 법 제정 당시에는 지체장애, 시각장애, 청각장애, 언어장애, 정신지체장애(지

적장애)의 5가지 유형만을 법적인 측면에서 장애인으로 인정하였으나, 제1차 '장애인복지발전 5개년 계획'의 일환으로 1999년 개정된(2000년 시행) 「장애인복지법」에서는 기존의 5가지 장애범주에 뇌병변장애, 발달장애(자폐성장애), 정신장애, 신장장애, 심장장애의 5개 범주가 추가되어 총 10개로 확대(1차 장애범주 확대)되었다. 그동안 뇌병변장애는 지체장애 판정을 받아왔으나, 지체장애와는 다른 병변으로 인한 인지, 판단, 운동, 언어 등의 복합적 장애로 인한 어려움이 있어 지체장애와 구별하여 등록하게 되었다.

이후 2003년 7월 2차로 장애범주가 확대되었는데, 이는 WHO의 장애개념의 변경승인과 인구의 노령화, 급격한 산업화에 따른 산업재해, 교통사고를 비롯한 각종 사고, 완치가 어렵고 치료를 통한 기능의 회복이 곤란한 질병의 상대적 증가, 수술 후 여러 장애를 남기는 각종 병의 발생 증가 등 후천적 장애가 늘어나는 상황을 고려한 것이다.

2003년 2차로 확대된 장애범주는 장애의 중증도, 생활수준, 사회적 편견 및 불편, 객관적인 판정기준의 개발 가능성 및 사회의 요구들을 종합적으로 검토하여 만성・중증의 호흡기장애, 간장애, 안면장애, 장루・요루장애, 간질장애의 5개 범주이다. 장애인복지법이 일부 개정되면서 2007년 10월 12일 정신지체는 지적장애로, 발달장애는 자폐성장애로, 2014년에는 간질장애는 뇌전증장애로 장애명이 변경되었다.

이상과 같은 15개 범주 외에도 향후 확대가 예상되는 범주로 신체 내부(기관)장애인 소화기장애, 만성통증, 기타 암 등과 만성알코올중독, 약물중독, 기질성뇌증후군, 정신발달장애, 치매, 의사소통장애, 학습장애, 정서장애, 투렛장애[2] 등을 들 수 있다.

이와 같은 장애범주의 확대와 함께 최근 들어 장애등급제 폐지와 관련하여 장애인이 체감하고 공감할 수 있는 변화를 위해 장애계와 충분한 의견수렴 및 논의의 결과로 장애등급제 폐지와 맞춤형 전달체계 구축을 위해 장애인복지법(2017) 및 시행령(2018, 2019 시행) 개정을 완료하였다. 구체적인 개정 이유는 장애등급제 개편 사항을 반영하기 위하여 '장애등급'을 '장애정도'로 변경하고, 맞춤형 서비스 제공을 위하여 '서비스 지원 종합조사'를 실시할 수 있는 법적 근거를 마련하며, 자립생활지원과 관련하여 국가와 지방자치단체의 책무 대상을 중증장애인에서 장애인으로 확대하고, 장애인에 대한 방문상담 및 사례관리 수행 근거를 마련함으로써 복지사각지대를 해소하는 것이다.

2) 1년 이상 동안 운동과 음성 틱 모두를 보인 경우, 투렛증후군이 진단된다. 눈을 깜박이거나 얼굴을 찡그리거나 머리를 홱 돌리거나 다른 방향으로 움직이거나 소리를 내고자 하는 욕구를 억누를 수 없고, 행동이 자발적이지 않다. 의사는 증상을 기준으로 진단한다.

표 1-2 우리나라의 장애범주 및 유형

대분류	중분류	소분류	세분류
신체적 장애	외부 신체기능의 장애	지체장애	절단장애, 관절장애, 지체기능장애, 척추장애, 변형 등의 장애
		뇌병변장애	뇌의 손상으로 인한 복합적인 장애
		시각장애	시력장애, 시야결손장애, 겹보임(복시)
		청각장애	청력장애, 평형기능장애
		언어장애	언어장애, 음성장애, 구어장애
		안면장애	안면부의 추상, 함몰, 비후 등 변형으로 인한 장애
	내부 기관의 장애	신장장애	투석치료 중이거나 신장을 이식 받은 경우
		심장장애	일상생활이 현저히 제한되는 심장기능 이상
		간장애	일상생활이 현저히 제한되는 만성·중증의 간기능 이상
		호흡기장애	일상생활이 현저히 제한되는 만성·중증의 호흡기기능 이상
		장루·요루장애	일상생활이 현저히 제한되는 장루·요루
		뇌전증장애	일상생활이 현저히 제한되는 만성·중증의 뇌전증
정신적 장애	발달장애	지적장애	지능지수가 70 이하인 경우
		자폐성장애	소아청소년 자폐 등 자폐성장애
	정신장애	정신장애	조현병, 조현정동장애, 양극성정동장애, 재발성우울장애, 뇌의 신경학적 손상으로 인한 기질성 정신장애, 강박장애, 투렛장애(Tourette's disorder), 기면증

출처: 보건복지부, 장애인복지사업안내, 2024.

제2절 장애의 정의

1. 국제적 정의

장애 및 장애인의 정의는 그 나라의 사회적, 문화적, 경제적, 정치적 여건 및 수준에 따라 변화한다. 장애(障碍, disability)란 사전적 의미로는 '어떤 사물의 진행을 가로막아 거치적거리게 하거나 충분한 기능을 하지 못하게 함'을 말하거나 또는 '신체 기관이 본래의 제 기능을 하지 못하거나 정신 능력에 결함이 있는 상태'를 말한다.

1975년 12월 제30차 유엔총회에서 채택한 장애인 권리선언문 제1조에서는 "장애인이란 선천적이든 후천적이든 관계없이 신체적, 정신적 능력의 불완전으로 인하여 개인의 일상생활이나 사회생활에 필요한 것을 자기 자신으로서는 완전하게 또는 부분적으로 확보할 수 없는 사람을 말한다."라고 정의하고 있다. 또한 미국 사회보장청에서 내린 장애의 정의는 "의학적으로 판정하여 12개월 동안 계속될 것으로 또는 죽음에 이를 것으로 기대되는 신체적, 정신적 손상으로 인해서 상당한 소득활동에 참여하지 못하는 것"으로 되어 있다. 이 정의에 의하면 의학적으로 분류되는 모든 기관계통, 즉 근골격계, 감각·언어계, 호흡계, 심장계, 소화기계, 신장·비뇨기계, 내분비계, 피부계, 정신계, 악성 신생물 등 기타 어떠한 손상이라도 의학적 장애로 판정될 수 있다는 것이지만, 이런 의학적 손상이 일상생활 혹은 경제활동에 제한을 초래하는 경우에 이를 장애로 인정한다는 것이다.

WHO에서는 1980년 국제장애분류(ICIDH, International Classification of Impairments, Disabilities and Handicaps)를 발표하면서 장애에 관한 개념적 틀을 정립하고, 이 분류법에 의해 장애를 분류할 것을 권장하였다. 이 분류법은 장애를 손상(impairment), 불능(disability) 및 불리(handicap)의 세 가지 단계[3])로 분류하고 이 세 가지를 포괄적으로 장애의 분류로 포함시켰다. 그 후 1997년 기존의 ICIDH의 개념을 더욱 발전시킨 ICIDH-2를 발표하였는데, 이는 기본적으로 환경과 개인이라는 상황적 요인을 포함한 장애개념을 채택한 것으로, 개인이 접하게 되는 장애를 손상(impairment), 활동(activities), 참여(participation)로 구분하고 있다. 이 구분의 특징은 환경과의 상호적인 관계성 속에서 보다 포괄적인 장애를 규정하는 것이라 할 수 있다. 2001년에는 ICIDH의 개정판에 해당하는 ICF(국제기능, 장애, 건강분류: International Classification of Functioning, Disability and Health)가 발표되어 현재에 이르고 있는데, 이는 기능에 대한 풍부한 정보를 제공하도록 구성되어 있다. 즉, 건강 또는 건강과 관련된 상태를 표현하는 체계와 통일된 표준분류를 제시하기 위한 것으로 '건강영역'과 '건강관련 영역'이 포함되어 있다[4]). 따라서 한 사람의 기능과 장애는 건강조건(질병, 질환, 상해, 외상 등)과 배경요인 간의 복합적인 상호관계로 인식하는 것이다. 여기서 배경요인에는

3) WHO에 의한 국제장애분류(ICIDH)에 의하면, 손상(impairment)은 심신의 구조적·기능적 손상 자체를 의미하고, 불능(disability)은 손상에 의한 개인적 차원에서 일상생활의 활동에 나타나는 이차적 장애를 의미하며, 불리(handicap)는 손상과 불능으로 인한 사회적 차원에서 경험하는 불이익으로서 편견, 차별 등을 의미함.

4) ICF는 '건강영역'과 '건강관련영역'이 포함되어 있는데, 이들 영역들은 ① 신체기능 및 구조, ② 활동과 참여의 두 가지 기본 목록에 포함된 신체 및 개인과 사회라는 관점에서 기술되어 있음.

개인적·환경적 요인이 포함된다. 본 교재에서는 「장애인복지법」에서 규정하고 있는 장애의 정의를 기본으로 하고 있다. 따라서 WHO에서 권장하고 있는 국제기능, 장애, 건강분류와 비교해 볼 때 아직 미흡한 수준이기는 하나 점차적으로 손상 상태에서 능력장애 상태로 그리고 지금은 참여(환경)의 상황적 요인을 고려하고 있다.

2. 우리나라의 정의

우리나라 법률에서는 장애에 대한 정의를 다음과 같이 하고 있다. 「장애인복지법」(법률 제19400호)의 제2조 장애인의 정의를 살펴보면 “장애인”이란 신체적·정신적 장애로 오랫동안 일상생활이나 사회생활에서 상당한 제약을 받는 자를 말한다. 이 법을 적용받는 장애인은 장애가 있는 자로서 대통령령으로 정하는 장애의 종류 및 기준에 해당하는 자를 말한다. “신체적 장애”란 주요 외부 신체기능의 장애, 내부기관의 장애 등을 말한다. “정신적 장애”란 발달장애 또는 정신질환으로 발생하는 장애를 말한다.

“장애인학대”란 장애인에 대하여 신체적·정신적·정서적·언어적·성적 폭력이나 가혹행위, 경제적 착취, 유기 또는 방임을 하는 것을 말한다.

「장애인복지법」에서는 미국의 사회보장청의 정의와는 달리 장애와 손상의 개념이 구분되어 있지 않고 혼용된 인상을 주고 있다. 또한 「산업재해보상보험법」의 장해등급 판정요령(노동부 예규 제101호)에서는 “장해란 부상 또는 질병에 대하여 충분한 치료를 했으나 완전 회복이 안 되고 신체에 남는 영구적인 정신적 또는 육체적 훼손 상태로 인하여 생기는 노동력의 손실 또는 감소(감퇴)를 말함”이라고 규정하고 있다. 생명보험표준약관에서는 “장해란 재해로 인한 상해 또는 질병에 대하여 충분한 치료를 하였으나 완전히 회복되지 않고 증상이 고정되어 신체에 남아 있는 영구적인 정신 또는 육체의 훼손상태를 말함”이라고 장해의 정의를 말하고 있다. 「산업재해보상보험법」과 생명보험표준약관에 표기된 장해는 손상의 개념에 가까우며, 여기서는 장애에 대해 보상하는 것이 아니라 장해에 대한 규정만을 명시하고 있어 각각의 개념이 다른 것을 알 수 있다.

문자에서는 障과 礙의 뜻이 둘 다 ‘막히다’이다. 장애는 한마디로 ‘막힘’이다. 신체의 장애 신체의 어떤 기능이 ‘막힌’ 상태이다. 신체의 어떤 기능을 할 수 없거나 또는 어렵거나 불편하게 ‘된’ 상태이다. 예컨대 보기, 듣기, 말하기, 걷기, 삼키기, 인지, 소화, 호흡 따위의 기능을 할 수 없거나 또는 어렵거나 불편하게 된 상태이다. 이런 상태가 불가역적일 때 장애라고 한다.

또한 생활에서는 생활의 어떤 일이 '막히는' 현상이다. 생활의 어떤 일을 할 수 없거나 또는 어렵거나 불편하게 '되는' 현상이다. 예컨대 목욕, 세탁, 요리, 독서, 대화, 여행 따위의 일을 할 수 없거나 또는 어렵거나 불편하게 되는 현상을 정의하고 있다.

제3절 장애의 개념

장애를 이야기할 때 사람들은 신체적, 정신적 기능의 상실로 인해 초래된 불행을 우선 떠올리는 경우가 많다. 장애에 대해 이러한 관점을 숙고해 보지 않고 계속 견지하는 것은 장애에 대해 의학적 관점을 중시하고 손실, 손상, 결손 등을 의식하는 것이다. 이와 같은 생각은 장애를 질병이 생겨 손상이 발생하고 이러한 손상이 기능장애로 이어지고 그것이 사회적 불이익을 초래한다는 인과론적 논리에 근거하는 것이다. 1980년 세계보건기구(WHO)가 제시한 국제장애분류 ICIDH(International Classification of Impairments, Disabilities and Handicaps)는 장애를 의료적이고 개별적인 관점에서 정립한 개념이다. 이 개념은 장애를 세 단계로 구분했다. 그것은 손상(impairments), 기능장애(disabilities), 사회적 불이익(social handicaps)이다. 사람이 신체구조에 손상을 입으면 그 활동기능에 장애가 발생하고 기능장애로 인해 사회적으로 불이익을 감수하게 된다는 것이다. 이러한 개념은 장애의 원인인 신체적 결함을 보상하고 부족한 기능을 향상시킬 수 있는 재활치료를 수행해 사회적 불이익을 최소화한다는 노력을 기울이게 했던 것이다. 그렇지만 이와 같은 장애개념은 신체의 이상이나 비정상으로 장애를 정의하는 것으로 장애로 인해 발생하는 사회적 불이익에 대한 책임을 개인에게 돌려 사회적인 책임을 회피하는 불합리를 용인할 수 있게 하는 것이다.

2001년 세계보건기구는 장애에 대해 새로운 개념을 제시했는데 그것이 바로 ICFDH (International Classification of Functioning, Disabilities and Health)이다. 이 개념은 장애를 사람의 신체적 조건과 개인의 처지와 환경적 요인에 의한 결과라고 주장한다. 장애를 신체의 상태에 따른 결과로 바라보는 과거의 의학적 모델을 극복하고 장애를 신체적 수준, 개인적 수준, 사회적 수준에 의한 기능으로 구분하고 이 모든 부분을 결합한 것이 장애라고 규정한다. 신체적 기능과 구조에 따른 손상과 활동의 제약 그리고 사회참여 제한을 모두 감안해야 한다는 관점인 것이다. 이러한 장애개념은 장애인에게 인간으로서의 존엄성과 가치를 지니고 행복을 추구할 수 있는 권리가 있기 때문에 이러한 권리가 사회제도로 보장되고 구체적으로 실현되어야 한다는 확고한 인식을 부각한 것이기도 하다.

장애인은 사회활동에 완전하게 참여할 수 있어야 하며 개인의 능력과 개성이 존중되어야 한다는 것은 물론이고 전인적인 성장이 보장되어야 한다는 것을 분명하게 규정하는 개념이다.

일반적으로 말하는 장애는 주로 신체의 장애이고 그 개념은 '신체의 어떤 구조나 기능이 손상·결여되었거나 다른 사람과 다른 상태'이다. 이른바 조작적 정의라 할 수 있다. '막힘'이라는 문자적 의미보다 넓게 이런 개념을 만들어 낸 것이다. 다음과 같은 개념으로 정리할 수 있다.

첫째, 손상된 상태: 잃거나 줄어들거나 망가지거나 약해진 상태이다.

둘째, 결여된 상태: 없거나 모자란 상태이다. 즉, 손상되어 결여된 상태, 손상되지 않고 결여된 상태를 포함한다.

셋째, 다른 사람과 다른 상태: 손상·결여되어 다른 상태, 손상·결여되지 않고 다른 상태가 포함된다.

또한 장애인, 장애 자부인, 장애가 있는 사람, 장애 당사자, 장애학생, 장애판정 등에서 장애는 모두 일반적 개념인 신체의 장애를 가리킨다. 「장애인복지법」에 나열한 각종 장애인의 장애도 마찬가지이다. 모두 신체장애 곧 '신체의 어떤 구조나 기능이 손상·결여되었거나 다른 사람과 다른 상태'를 가리킨다.

'장애 당사자'라고 하거나 '장애 운동'을 하는 사람, 장애학자나 전문가, 법이나 공문서에서도 대체적으로 이런 상태를 가리켜 장애라고 한다. 개념은 다르게 정의하기도 하는데 실제 그 용어를 사용할 때는 거의 다 이런 상태, 곧 일반적 개념의 장애를 가리킨다고 볼 수 있다.

1. 신체의 장애 판단 해석

1) 사회적 해석

장애 판단은 사회적 해석이다. 손상·결여되었다는 것도 사회적 해석이고 다른 사람과 다르다고 해도 사회적 해석이다. 해석하는 기준이 사회마다 다르다. 그때 그 사회의 위정자들이 정하는 규범적 기준 또는 주류 다수의 전형적 기준에 비추어 신체의 구조나 기능의 상태를 해석한다. 어떤 사회가 임의의 조작적 기준으로써 장애를 판단하는 것이라 할 수 있다. 따라서 신체의 장애는 엄밀히 말하자면 '어떤 사회가 신체의 어떤 구조나 기능이 손상·결여되었다거나 다른 사람과 다르다고 하는 상태'라고 할 수 있다.

2) 자연 신체와 인공 신체

보조기기 같은 인공물로써 신체의 어떤 구조나 기능을 생성, 보완, 대체할 경우 신체의 '구조나 기능'이 손상되었다는 판단과 신체의 구조나 기능을 이루는 '요소나 방식'이 다른 사람과 다를 뿐이라고 판단하는 것 등이다. 아직은 인공물을 더하지 않은 상태의 구조나 기능을 보고 판단하고 있다. 미래에는 인공물을 더한 상태의 구조나 기능을 보고 판단하거나 신체의 구조나 기능을 이루는 '요소나 방식'이 다르더라도 장애가 있다고 판단하게 될 것으로 예상된다.

2. 손상과 장애

손상과 장애의 차이점과 특징은 다음과 같이 정리할 수 있다.

첫째, 손상은 잃거나 줄어들거나 망가지거나 약해짐 또는 그렇게 된 상태이다. 원래 없거나 부족한 상태는 손상이라고 할 수 없다. 다른 사람과 다른 상태가 다 손상의 결과는 아니다. 손상되지 않고도 다른 사람과 다를 수 있다. 따라서 손상이라는 용어는 신체의 장애를 포괄할 수 없다. 둘째, 보통은 불가역적 상태, 곧 원래 상태로 돌아갈 수 없는 상태일 때 장애라고 하는데, 그러나 손상된 상태는 회복되어 원래의 상태로 돌아갈 수도 있다. 셋째, 신체 구조의 손상과 문자적 개념의 신체의 장애손상 자체는 장애가 아니다. 손상은 장애의 원인에 해당하고 장애는 손상의 결과에 해당한다. 구조가 손상되어 그로 인해 신체의 어떤 기능을 할 수 없거나 또는 어렵거나 불편하게 된 상태를 장애라고 할 수 있다. 넷째, 손상과 일반적 개념의 장애 신체의 어떤 '기능'까지 손상된 상태는 물론이고, 신체의 어떤 '구조'만 손상된 상태도 장애에 해당한다. 다섯째, 손상과 생활의 장애 손상이 장애는 아니다. 장애가 생길 수 있는 한쪽 조건일 뿐이다.

3. 귀속적 장애와 상황적 장애

1) 귀속적 장애

불가능한 상태로서 신체의 장애는 그 사람에게 고정적으로 있으므로 개인의 고유한 속성으로 여긴다. 신체의 장애가 그런 장애가 있는 사람을 특정 집단에 귀속하는 속성이 되기도 한다. 신체의 장애가 있는 사람을 장애인이라는 일종의 귀속적 지위로 범주화하고 그렇게 명명하기도 한다. 신체의 장애가 당사자의 다른 속성이나 성취 지위에 우선하여 정체성을 결정하곤 한다. 다른 속성이나 성취 지위는 대개 장애 정체성을 수식하거나 장애 정체성이 한정 수식하는 정도로 취급되기 때문이다. 예컨대 장애 청소년, 장애인 작가 등으로 불리기도 한다. 신체의 장애가 개인의 능력이나 노력으로 바꿀 수 없는 귀속적 장애가 되는 것이다.

2) 상황적 장애

상황적 장애는 어떤 사람이 어떤 환경에서 어떤 일을 하려고 하는 상황에서 생기는 현상을 '상황적 장애'라고 한다. 이러한 장애는 누구나 겪는 인간 보편의 현상이다. 다만 신체의 장애가 있으면 그 사회 다른 사람에 비해 약하거나 불리한 상황을 만나기 쉽고 그런 상황에서 다른 사람이라면 겪지 않을 장애를 겪기도 한다. 따라서 신체의 장애가 있는 사람이 겪기 쉬운 생활의 장애는 사회복지 영역에서 특별히 더 관심을 기울여야 하는 문제이기도 하다. 생활의 장애는 어떤 '일'을 할 수 없거나 또는 어렵거나 불편하게 되는 현상이므로 장애라는 말은 그런 '일'에나 붙여 쓸 수 있다. 예컨대 이동장애, 학습장애, 독서장애 등이라고 한다. 생활의 장애는 상황적 현상이지 사람의 속성이 아니다. 따라서 '장애'라는 말을 사람에게 붙여 쓸 수 없다. 이동장애인, 학습장애인이라고 할 수 없는 것이다. 장애인이라고 하면, 장애를 그 사람의 문제로 귀속하기 쉬운 것이다.

4. 법률적 장애

1) 장애인복지법

제2조(장애인의 정의 등)에서 ① '장애인'이란 신체적 · 정신적 장애로 오랫동안 일상생활이나 사회생활에서 상당한 제약을 받는 자를 말한다. ② 이 법을 적용받는 장애인은 제1항에 따른 장애인 중 다음 어느 하나에 해당하는 장애가 있는 자로서 대통령령으로 정하는 장애의 종류 및 기준에 해당하는 자를 말한다.

'신체적 장애'란 주요 외부 신체기능의 장애, 내부기관의 장애 등을 말한다. '정신적 장애'란 발달장애 또는 정신질환으로 발생하는 장애를 말한다. 제1항의 '신체적 · 정신적 장애', 제2항의 '장애의 종류와 기준'에서 장애라는 용어를 정의하지 않았다. 제2항 '장애란~장애를 말한다.'에서도 장애라는 용어를 정의하지 않았다. 복지 급여를 받을 사람의 적격성을 판단하는 근거로서 장애의 '종류와 기준'을 정했을 뿐이다. 장애라는 용어를 정의한 것은 아니지만, 두 가지는 분명하다.

첫째, 이 법에서 장애는 신체의 어떤 상태를 가리킨다. 장애를 개인의 속성으로 보는 것이다.

둘째, 장애인은 신체적 · 정신적 장애로 일상생활이나 사회생활에서 상당한 제약을 받는다고 한다. 일상생활이나 사회생활에서 받는 제약을 개인 탓으로 돌리는 것이다.

2) 국가인권위원회법

제2조의4에서 "장애"란 신체적 · 정신적 · 사회적 요인으로 장기간에 걸쳐 일상생활

또는 사회생활에 상당한 제약을 받는 상태를 말한다. 장애는 '생활에 상당한 제약을 받는 상태'이며 이는 신체적·정신적·사회적 요인으로 생긴다는 말이다. 생태 관점 개념에 가깝다. 다만 이 법에 '장애'가 4회 더 나오지만 이와는 다른 개념으로 해석된다.

3) 장애인차별금지법

제2조(장애와 장애인)에서 ① 이 법에서 금지하는 차별행위의 사유가 되는 장애라 함은 신체적·정신적 손상 또는 기능상실이 장기간에 걸쳐 개인의 일상 또는 사회생활에 상당한 제약을 초래하는 상태를 말한다. ② 장애인이라 함은 제1항에 따른 장애가 있는 사람을 말한다. 장애가 무엇을 가리키는지 모호하다. 손상을 가리킨다면 장애가 개인의 속성이라는 말이고 제약을 가리킨다면 개인의 속성이 장애를 초래한다는 말이다. 어느 쪽이든 다 개인 관점 개념이다. 장애를 개인 문제로 치부하거나 개인 탓으로 돌리는 것이다.

제2조에서는 장애개념이 모호하다. 다른 조항들에서는 장애가 '신체의 어떤 구조나 기능이 손상·결여되었거나 다른 사람과 다른 상태'를 가리키는 용어라는 것이 분명하다고 보인다.

4) 유엔 장애인권리협약

전문 (마)에 '장애는 점진적으로 변화하는 개념이며, 손상을 지닌 사람과 그들이 다른 사람과 동등하게 완전하고 효과적으로 사회에 참여하는 것을 저해하는 태도 및 환경적인 장벽 간의 상호작용으로부터 기인된다.'라고 되어 있다. 장애를 정의하지는 않으나 '손상을 지닌 사람과 환경 간의 상호작용'으로 발생하는 생태 관점 개념이다. 그런데 협약에 나오는 '장애'의 98% 용어는 개인 관점의 장애, 곧 '신체의 장애'를 가리킨다고 볼 수 있다.

제9조에서는 '접근성에 대한 장애', 제24조 '장애에 대한 인식', 제28조 '장애 관련 비용'이 세 군데의 장애만 생태 관점 장애로 볼 여지가 있다.

제4절 장애의 분류 및 모델

1. 장애분류의 기준

1) ICIDH

세계보건기구(WHO)에서는 1980년에 장애분류모델(ICIDH, International Classification of Impairments, Disabilities and Handicaps)을 발표하여 앞으로 이러한 분류기준에 의하여 장애를 분류할 것을 권장하였다.

이 분류기준에 의하면 장애는 세 가지 차원으로 설명할 수 있다. 손상으로 야기된 기능장애, 이로 인하여 파생된 '능력장애' 그리고 '기능장애'나 '능력장애'로 야기된 것으로 사회문화적 요인에 따른 정상적인 역할을 수행하는 데 제약 또는 방해로 인한 개인에 대한 불이익을 의미하는 사회적 불리를 포함하고 있다.

(1) 기능장애(impairments)

심리적 · 생리적 · 해부학적 구조나 기능의 손실 또는 비정상을 의미하는데, 이는 손실을 포함한다는 의미에서 질병에 비해 좀 더 포괄적인 개념이다. 기능장애는 일시적 또는 영구적 손실이나 비정상이 특징이며 사지, 기관, 피부 또는 정신적 기능체계를 포함한 신체의 구조적 비정상, 결손 또는 손실의 발생이나 존재를 포함하는 것으로 병리적 상태가 외재화된 것을 의미한다.

(2) 능력장애(disability)

기능장애에서 야기된 것으로서 인간에게 정상적인 것으로 간주되는 범위 내에서 또는 그러한 방식으로 활동을 수행하는 능력의 제약이나 결여를 의미한다. 능력장애는 기능장애의 직접적 결과로서 또는 신체적 · 감각적, 기타 기능장애에 대한 개인적 반응으로서 일어날 수 있다. 이는 기능장애가 객관화된 것을 의미하는데, 신변처리, 일상생활의 활동수행에서의 장애를 포함한다.

(3) 사회적 불리(handicap)

기능장애나 능력장애에서 야기되는 것으로 연령, 성, 사회문화적 요인에 따른 정상적인 역할의 수행을 제약 또는 방해하는 개인에 대한 불이익을 의미한다. 사회적 불리는 가치가 규범에서 분리될 때 한 개인의 상황 또는 경험에 부여된 가치와 연관된 것이다. 이는 기능장애나 능력장애가 사회화된 것을 의미하며, 이로 인하여 야기된 개인에 대한 사회적 · 문화적 · 경제적 · 환경적 결과들을 반영한다. 따라서 사회적 불리는 생존역할이라고 규정될 수 있는 것들을 유지하는 능력에 방해가 있을 때 발생한다. 사회적 불리의 분류는 동일한 연령의 다른 사람들에 비해 장애를 가진 사람을 상대적으로 불이익에 처하게 하는 상황들의 분류라 할 수 있다.

이와 같이 장애인은 신체적 · 정신적 기능의 손상으로 인해 일상 활동에 제약을 받고 있는 사람으로 규정할 수 있으며, 1차적 기능장애, 2차적 능력장애, 3차적 사회적 장애로 구분함에 따라 행동지침도 예방, 재활, 기회의 균등화를 정책적 대안으로 제시하고 있다.

2) ICIDH-2

WHO에서는 1997년 장애(disablement)의 새로운 개념과 분류기준을 마련하여 ICIDH-2를 발표하였다. 이 분류 안에 따르면 장애는 기본적으로 환경과 개인이라는 상황적 요인을 포함한 장애개념을 채택하고 있으며, 개인이 접하게 되는 장애를 손상(impairment), 활동장애(activities), 참여장애(participation)로 구분하고 있다. 이 분류의 주요 특징은 장애를 규정함에 있어 구 분류(ICIDH)와 같이 질병이나 손상만을 전제로 하여 기능장애나 사회적 불리가 발생하는 것이 아니라, 장애의 개념이 기본적으로 확대되어 환경에 의한 장애가 포함되어 있다는 점으로, 사회적 낙인 등에 의해 참여에 제한을 받는 경우도 장애로 간주하고 있다. 다시 말해, 장애는 환경과의 상호적인 관계성 속에서 발생한다고 정의하여 사회 환경으로 인한 장애를 더욱 강조하고 있으며 보다 포괄적인 장애 규정을 하고 있는 것이다.

3) ICF

한편 WHO에서는 2001년에 ICF(International Classification for Functioning disability and health)로 확정하였고, ICIDH-2를 근간으로 5년 동안의 현장검증과 국제회의를 거쳐 세계보건위원회(WCH)는 ICF가 세계적으로 통용될 수 있도록 승인하였다. ICF는 ICIDH-2의 내용을 대부분 계승하면서 분류체계와 언어 사용을 보다 긍정적이며 환경적인 측면을 강조하여 수정하였다.

ICF는 과거 분류와 달리 장애에 대한 개별적 모델과 사회적 모델의 통합을 위한 노력의 결과라고 할 수 있으며, 개인적인 장애나 질병의 상황적 맥락(환경적 요소와 개별적 요소)과의 상호작용에 의하여 기능과 장애를 설명한다. 즉, 특정 영역에서 개인들의 기능 수준은 건강상태와 상황적 맥락의 상호작용의 결과라고 본다.

개인의 기능은 신체의 기능과 구조, 활동, 참여 등으로 표현된다. 이러한 세 가지 차원의 기능은 건강조건과 상황적 맥락에 속하는 환경요소(사회의 인식, 건축물의 장애요소 등)와 개인적 요소(성, 연령, 인종, 습관, 대처양식 등)의 양 측면에서 영향을 받는다. 네 가지 요소는 다음과 같다.

(1) 기능과 장애(건강 영역)
  ① 신체적 기능과 구조: 신체, 개인 - 기능적 분류
  ② 활동과 참여: 사회 - 구조적 분류
(2) 상황적 요인(건강 관련 영역)
  ① 환경적 요소: 물리적 · 사회적 · 인지적 환경
  ② 개인적 요소: 개인의 삶과 생활의 특정한 배경

ICF의 특징은 당사자의 자기결정과 선택, 환경적인 요인을 강조했으며 긍정적인 용어의 사용과 단순모델에서 복합모델로의 의미 변화를 들 수 있다. ICF의 큰 장점은 장애를 이해하는 데 장애의 의료적, 사회적, 환경적 요소를 종합적으로 고려한다는 점이다.

2. 장애분류 모델

장애의 개념에 대한 두 가지 접근방법으로 개별적 모델과 사회적 모델은 서로 상이한 내용을 가지고 있다. 흔히 개인적 모델을 의료적 모델로 많이 부르는데, 이에 대해 Oliver는 의료적인 모델이란 있을 수 없고 개별적인 모델만이 존재하며, 다만 의료적인 기술의 적용과 처방은 개별적인 모델의 중요한 구성요소가 될 뿐이라고 설명하였다. 하지만 개인적으로는 개인적 모델은 병리적 관점으로 장애를 진단하는 의료적 모델이며, 사회적 모델의 일부분은 강점관점, 임파워먼트(empowerment)적 시각으로 장애를 바라볼 수 있다고 본다.

1) 개별적 모델

개인적 모델은 앞서 설명한 것과 같이 의료적 모델이나 치료적 모델로도 많이 불린다. 이 모델에서 장애는 '개인적 비극'의 산물로서 개인의 건강에 이상이 생겨서 장애가 생기거나, 운이 따르지 않아서 장애가 생기는 것과 같다. 이렇게 생긴 장애를 치료하기 위해서는 의학적인 전문가나 치료사들의 진단에 의해 개별적인 치료의 형태로 의료적인 보호를 필요로 한다고 보고 있다. 즉, 개별적 모델에서는 장애인 개인을 재활의 대상으로 여긴다.

이러한 개인적 모델은 장애의 발생 원인과 극복하기 위한 방법을 모두 개인에게 귀속시키면서 많은 문제점을 보이면서 비판을 받았는데, 그중 대표적인 것이 사회적 맥락이 고려되지 않았다는 점, 지나치게 의료 전문가에게 의존했다는 점, 재활 관련 전문가들의 관성 등을 들 수 있다.5)

이러한 관점에서 볼 때 장애인은 스스로의 권리를 누릴 수 있는 범위가 매우 좁으며, 그 범위가 무척이나 한정되어 있음을 알 수 있다. 장애의 증상은 전적으로 장애인의 책임이므로 증상을 완화시키기 위해 재활치료를 열심히 했지만 증상이 호전되지 않는 경우에도 장애인이 가지고 있는 증상이 유별난 것으로만 인식된다. 이러한 상황 아래에서 장애인은 전문가들을 찾아가 자신들의 장애로 인한 고통을 호소하는 정도의 권리

5) 정순둘 외(2007). 사회복지와 임파워먼트.

만을 행사하게 된다. 이는 권리를 행사하는 것이 아니라 권리가 없는 사람들처럼 여겨지는 것과 같다.

이와 같이 의료적인 특성을 가지고 있는 개인적 모델에 의해 정의된 장애의 개념은 우리가 색안경을 끼고 장애를 바라보게 된 근본적인 배경이 되었다. 의료적인 시각으로 장애인에게 접근함으로써 비장애인은 장애인을 병을 가지고 있고 함부로 접근할 수 없는 대상이며, 열등한 존재라고 낙인을 부여하게 되었다. 무엇보다 개인적 모델은 전문가의 일방적인 진단으로 문제를 해결하려고 하는데, 이는 대상자가 가장 시급하게 필요로 하는 것, 현재 대상자에게 가장 도움이 되는 것이 무엇인가에 대한 고려가 없이 행해지는 것으로, 해결을 위한 방법이 대상자 스스로가 원하는 것과 일치하지 않을 수도 있다. 이는 우리가 배운 사정의 기본적인 내용에 어긋나며, 근본적으로 대상자의 자기결정권을 존중해 주지 못하는 모델임을 말해 주고 있다.

2) 사회적 모델

개인적 모델에 대한 여러 비판과 함께 사회적 모델에 대한 논의가 활발하게 이루어졌다. 현재 우리나라도 많은 부분에서 사회적 모델에 대한 검토가 이루어지고 있고, 사회적 모델을 지향하는 방향으로 나아가려는 추세에 있다. 사회적 모델은 개인적 모델에서 정의하는 장애와 반대되는 개념을 말하고 있다. 사회적 모델에서는 병리, 질병의 개념 대신 손상과 장애(disability)[6]의 개념으로 장애를 설명하고 있다. 장애는 장애인들에게 부과되는 사회적 제약에 의해 만들어진다고 본다. 다시 말해 장애인이 직면하는 문제의 원인이 장애인들이 필요로 하고 원하는 적절한 서비스를 제공하지 못하고 장애인의 욕구를 충분히 고려하지 않아서 생기는 사회적인 실패로 여긴다. 그리고 이 욕구는 개인적 모델에서처럼 전문가들의 진단되는 욕구가 아니라 자신이 처한 상황에 대해 스스로가 느끼는 욕구를 말한다.

이러한 관점에서 Oliver는 사회적 장애모델은 결함과 적응에 대한 진정한 전문가는 장애인 자신이라고 주장했는데, Oliver의 주장처럼 사회적 장애모델은 강점관점, 임파

6) 손상: 개인의 신체적 · 정신적 또는 감각적 기능에서의 제한
장애(disability): 물리적 · 사회적 장벽에 기인하여 다른 사람과 동등한 수준에서 지역사회의 평상의 생활에 참여한 기회의 상실 또는 제한(국제장애인연맹)

워먼트의 측면에서도 볼 수 있다고 생각한다(물론 강점관점이 초점이 되어 사회적 모델을 설명하는 것은 아니다). 이는 병리적 관점의 전문가 중심 접근이 아니라 강점관점의 대상자 중심의 접근으로 문제를 해결해 나가려는 일련의 움직임을 보이고 있기 때문이다. 또한 개인적 모델에서는 장애인의 권리가 최소한의 권리라고도 보기 어려울 정도로 여겨진 것에 비해, 사회적 모델은 장애인 개인의 권리를 최대한 존중하려는 모습을 보인다.

이러한 사회적 모델은 개별적 모델이 간과했던 억압당하는 장애인에 대해서 보다 전체적인 측면에서 그 부분을 집중적으로 다룬다는 점에서 사회적으로 기여했다고 볼 수 있겠으나, 다음과 같은 여러 가지 비판을 받고 있다.

첫째, 장애인이 경험할 수 있는 우울이나 고통을 부인한다는 점이다. 둘째, 각종 사회정책이 장애인의 의존성을 높이고 있다는 점이다. 셋째, 손상과 장애 간에 인과관계가 없고, 다만 사회적인 편견과 차별이 장애의 주된 원인이라고 한 것에 대해 손상의 의미를 지나치게 과소평가했다는 점 등을 들 수 있다.[7)]

앞서 언급한 것과 같이 현재 우리나라는 과거에 어떻게 해야 개인적인 기능의 손상으로 발생한 장애를 효과적으로 치료할 수 있을 것인가에 초점을 둔 개인적 모델에서, 최근 다양하고 지속적인 장애인 운동과 학문적 이론 등에 의해 장애에 대해 단순한 치료가 아니라 사회적으로 책임을 져야 한다는 쪽으로 변화하고 있다.

개별적 모델과 같은 병리적 관점으로 바라보았을 때 생기는 문제점은 사회적 모델의 접근방법으로 상당 부분 해결이 가능하다. 대표적인 의료적, 병리적 관점의 가장 큰 문제점은 장애인을 문제가 있는 사람으로 낙인찍는 것과 장애인과 비장애인을 돕는 사람 - 도움을 받는 사람의 관계로 특징짓는 것이다. 낙인, 즉 부정적인 평가는 사회적 약자, 소수인종 등을 사회로부터 분리시키는 데 가장 큰 원인이 되는 생각과 행동이다. 편견과 선입견이 얼마나 무서운 것인지를 구체적인 말로 표현한 낙인은 장애인과 비장애인 사이에 높은 장벽을 쌓게 하여 서로를 들여다볼 수 없도록 만든다. 이러한 낙인으로부터의 해방을 위해 장애를 개인의 문제가 아닌 사회의 문제로 보는 사회적 모델에서의 접근법이 필요하다.

또한 사회적 모델이 강조되면서 자신이 장애인이기 때문에 비극적인 삶을 살면서 수

7) 이성규(2000). 사회통합과 장애인복지정치.

모를 겪고 불공평한 운명에 상처만 받던 상황에서 벗어날 수 있게 되었다. 이는 그동안 차별받았던 삶의 책임이 자신이 아니라 사회의 차별적인 구조에 있다는 것에 대해, 장애인들은 희망을 가지고 앞으로 자신의 역량을 강화하는 임파워먼트적 접근으로 긍정적인 삶의 주체로서 살아가는 데 도움이 되는 방향으로 나아갈 수 있는 이론적 토대가 마련된 것이라고 본다.

이와 같은 논점에서 볼 때 장애는 이상생리, 건강이상, 손상, 기능적 제한, 장애, 사회적 불리, 제한 등을 모두 포함하는 개념으로 보아야 한다.

표 1-3 장애의 모델 비교

개별 모델	사회적 모델
개인적 비극 이론	사회적 억압 이론
개인적 문제	사회적 문제
개별적인 정체성	집합적인 정체성
편견, 환자보호, 통제, 의료화, 원인과 예방	차별, 소비자 권리, 선택, 권리, 자조
개별적인 적응, 치료	사회적 · 정치적 변화, 사회적 행동
손상 - 생물학적 결정론	손상 - 사회적 생성주의
장애 - 손상에 의한 활동에 제약을 받는 것	장애 - 신체적 손상은 고려하지 않는 사회적 불이익, 행동제약, 사회활동 참여 배제
전문적 권위	개별적, 집합적 책임
의료화	자조

CHAPTER 02

장애인복지의 개념과 특성 및 이념

제1절 장애인복지의 개념

장애인복지는 '장애인(the disabled 또는 people with disability)'과 '복지(welfare)'가 합쳐진 말이다. 웹스터사전에 의하면 'welfare'는 안락하고 만족스러운 생활상태 또는 건강과 번영, 안녕(well-being)의 상태를 의미한다. 따라서 장애인복지는 신체적·정신적 장애로 인해 생활상의 곤란과 사회적 편견 및 차별을 겪고 있는 사람에 대하여 다양한 재활의 기회를 제공하고, 사회적 인식의 개선과 물리적 환경을 조성하여 사회의 모든 구성원들과 마찬가지로 인간다운 삶을 영위할 수 있도록 사회적·법적·제도적 보장과 지원 서비스를 제공하는 활동을 말한다.

장애인복지란 장애인의 인격 존엄성과 인간적 권리의 회복 그리고 자립에의 노력과 사회참가에의 기회보장 등에 입각하여 장애인 본인의 노력뿐만 아니라 국가 및 지방 공공단체가 장애인의 재활을 원조함으로써 필요한 보호를 행하고 국민도 그의 재활에 협력하는 책무를 짐으로써 장애인의 핸디캡을 가능한 한 경감시켜 비장애인과 같은 생활조건과 생활안정을 누릴 수 있도록 하는 것이다.

우리나라 「장애인복지법」에는 장애인복지란 "장애인의 완전한 사회참여를 통한 사회통합을 목적으로 심신의 결함으로 인하여 가정생활, 사회생활에 곤란을 가지게 되는 것을 국가나 민간사회복지기관이 의료적·교육적·직업적·사회적 제 문제에 걸쳐 원조하는 제도적·정책적 서비스의 조직적 활동과 노력"이라고 규정되어 있으며, 1981년 '세계장애인의 해'를 제정하면서 장애인복지에서 완전참여와 평등, 사회통합, 소비자 중심을 강조하였다.

장애인복지의 중심 개념은 재활(rehabilitation)과 자립으로 볼 수 있다. 장애인의 손상된 육체적·정신적 기능을 회복시켜 주고 잔존능력을 개발하는 데 있어서 사회적 편견이나 핸디캡을 극복하고 생활의 안정을 확보하는 직업적·사회적 재활의 개념까지 포함하며, 자신의 능력을 최대한 활용하여 사회적·경제적으로 스스로의 생활을 영위하게 하는 것이다. 즉, 장애인의 생리학상 문제를 개인의 불행으로 돌리는 일반사회인의 편견이나 약자를 더욱 불리하게 하는 경쟁사회의 구조 아래에서 장애인이 생활의 위기를 대처해 나가도록 예방적·사회 치료적으로 개입하는 시책과 실천행동인 것이다.

또한 장애인복지는 신체장애인, 정신장애인 등이 그 장애로 말미암아 가족생활, 사회생활 등 모든 생활에서 곤란을 느끼지 않도록 국가나 민간사회복지기관이 교육적·직업적·의료적·심리적·사회적 여러 문제에 걸쳐 원조하는 제도적·정책적 서비스의 조직적 활동과 노력이라고 정의하고 있다(김상규 외, 1995).

UN총회는 1975년 장애인복지와 관련해 '장애인의 권리선언'을 결의하였다. 우리나라는 1981년에 「심신장애자복지법」을 제정하였고, 1989년에 「장애인복지법」으로 개정하였으며, 1990년 「장애인고용촉진 등에 관한 법률」 그리고 1997년 「장애인, 노인, 임산부 등의 편의증진 보장에 관한 법률」을 제정, 2007년에 「장애인 등에 관한 특수교육법」을 개정하고, 2009년 「장애인 차별금지 및 권리구제 등에 관한 법률」을 제정·공포하는 등 각종 제도적 조치를 마련하여 장애인의 사회 적응이 가능하도록 관심을 기울이는 단계까지 이르렀다.

이상의 내용을 종합하면, 장애인복지는 정상화 이념과 인권존중의 이념을 기초로 하여 장애로 인한 생활이 곤란한 자에 대하여 의료적·교육적·직업적·사회적·심리적 재활 등을 통해 사회복귀를 도모하고, 경제적·문화적·교육적 기회 등에서 차별과 편견으로부터 보호하여 장애인이 가지고 있는 사회적 차별이나 편견을 해소하며, 주체적 인간으로서의 자립생활을 보장해 주고 장애인에 대한 새로운 가치관의 정립을 일반국민의 의식 속에 정착시켜, 장애인의 완전한 사회참여를 통한 사회통합을 이루는 데 목적을 두고 있다.

제2절 장애인복지의 특성

1. 복잡성

장애인은 의학적·생리학적으로 불편할 뿐만 아니라 이로 인해 파생되는 취업, 취학, 결혼 등의 문제에도 직면하고 있어 한 사람의 장애인에게 나타나는 문제는 다중적이고 생태체계적인 복잡한 구조를 지니고 있다. 이러한 이유로 사회 전체로부터 잘못된 장애인관을 형성시킬 수도 있으며, 이러한 문제가 또 다른 문제의 원인이 되고, 그 문제들이 더욱 가중될 수 있다.

2. 통합성(복합성)

장애의 발생요인이 복잡한 만큼 그 해결을 위한 방법은 사회복지학, 의학, 교육학, 심리학, 사회학, 행정학, 법학 등 여러 분야 학문들의 통합성이 요구된다.

3. 역동성

장애인 당사자들의 직접적인 장애운동을 통해 사회운동에 대한 역할과 권리의식이 높아져 정책결정과 서비스 제공 등에서 장애인 스스로 참여할 수 있는 하나의 권리성을 확보하게 되었다.

4. 개별성

장애인 개인의 최적 상태를 위한 지원과 밀접한 관계가 있으며, 개인의 장애를 의학적 · 교육적 · 사회적으로 어떻게 분류하느냐에 따라 또는 개인의 욕구수준과 국가의 지원능력에 따라 접근방법이 달라진다.

5. 지역성

지역사회의 복지관 설립과 그곳에서의 장애인 개개인에 맞는 전문적인 서비스의 활성화로 장애인의 활동기반이 가정 또는 수용시설로 국한된 것을 지역사회로 확장시키는 추세이다.

6. 생애주기성

장애는 특정연령에만 해당하지 않는 특성을 갖고 있고, 태어나는 순간부터 죽기 전까지 전 연령층에 해당된다. 따라서 아동이나 청소년, 노인과 같이 동일한 인구학적 특성을 갖지 않기 때문에 대책이나 접근이 더욱 복잡하다. 따라서 생애주기별로 유아, 청소년, 성인, 노인 등에 이르기까지 각 주기에 따른 다양한 욕구를 갖기 때문에 장애인 정책 또한 생애 주기적 접근을 해야 한다.

제3절 장애인복지의 정상화 원리 및 이념

1. 장애인복지의 정상화 원리

정상화 원리는 한마디로 요약하면 장애인도 비장애인과 같은 권리와 의무를 가져야 한다는 의미인데, 이 원리에 의한 장애인복지 운동은 1950년대에 덴마크에서 처음으로 펼쳐졌다. 이 운동은 지적장애인의 부모 모임에서 아동보호시설의 개선을 요구하면서 비롯된 것으로 1959년에 덴마크에서 법제화되었고 이후 1972년까지 서구사회에서 활발하게 논의되다가 1981년 유엔에 의해 '완전한 참여와 평등'의 기본이념으로 구체화되었다. 오늘날 우리가 사용하는 탈시설화, 그룹홈, 보통생활, 권리옹호 등의 용어는 정상화 원리가 진전되면서 형성된 개념으로서 차별이나 권리침해를 해결해야 할 영역에서 대안으로 내세워진 개념이다.

정상화 원리는 장애인복지정책에 대한 논의가 활발하게 이루어지는 사회에서 논의되고 있는 개념이다. 이 원리는 누구나 시민으로서의 혜택을 온전하게 누려야 한다는 기본적 권리에 대한 믿음에서 비롯된 것이다. 이 원리는 지적장애인에게 주거, 교육, 취미활동 등을 포함한 다른 비장애인들이 누리고 있는 인간의 기본권을 보장하는 것이며 이것은 지적장애인을 비장애인으로 만드는 것이 목표가 아니라 지적장애인이 지니고 있는 장애를 사회에서 수용하는 것이며 지적장애인이 정상적인 사회생활을 누릴 수 있도록 하는 생활조건을 만들어 주는 것이다. 지적장애인이 최대한 그의 능력을 발휘할 수 있도록 개개인의 욕구에 충족하는 처우, 교육, 그리고 훈련을 포함한 복지서비스를 비장애인에게 주어지는 것과 같은 조건으로 제공하는 것을 의미한다.

북유럽에서 처음으로 형성되어 발전했던 정상화 원리는 미국에 영향을 미치면서 더욱 진전된 이념으로 변화했다. 미국에서 논의된 정상화 원리는 문화적 관점에서 시작해서 사회적으로 가치화된 역할을 중시하는 방향으로 자리 잡게 된다. 미국에서는 정상화라는 용어 대신 '사회적 역할의 가치화(social role valorization)'라는 용어를 사용하면서 사회에서 가치가 박탈될 위기에 처해 있는 사람들을 위해 가치가 내재화된 사회적 역할을 지원하고 방어해 주는 것이 정상화의 궁극적인 목적이라고 주장했다.

영국에서는 보통생활이라는 용어로 정상화 원리를 논의했다. 보통생활이란 장애인이 도시에 있는 보통주택에서 살고 비장애인과 같은 선택의 기회를 가지며, 비장애인과 평등하게 살아가는 것을 의미한다. 보통생활의 핵심은 거주조건인데 그것은 보통주택이다. 이것을 그룹홈이라고 하는데, 이것이 장애인의 생활거점인 것이다.

정상화의 원리는 지역사회에서 장애인에게 충분한 시민권을 보장해 주는 것이라 할 수 있다. 이 원리는 장애인의 권리와 평등을 보장하는 것이다. 정상화의 원리는 다음과 같은 원칙으로 설명될 수 있다.

첫째, 정상화는 생활에 있어서 정상적인 리듬을 가지고 활동하면서 서로의 책임을 나누어지는 것을 의미한다. 장애인은 비장애인과 마찬가지로 정상적인 욕구(need)를 가지고 살아갈 수 있는 주택과 일터가 필요하며 배움의 기회가 제공되는 학교와 사회적 교류가 가능한 생활영역이 필요하다.

둘째, 정상화는 생애주기의 정상적인 성장을 경험할 수 있는 기회가 있음을 의미한다. 장애가 있다 하더라도 장애인은 한 사람의 인간으로서 비장애인이 경험하는 성장발달 과정을 통한 생애주기에 맞추어 경험한다는 사실을 인식해야 한다. 따라서 장애인복지 전문가들은 장애인이 각 과정에 따라 비장애인처럼 다양한 경험을 할 수 있도록 도와주어야 하는 것이다. 어린이는 가족들과 함께 집에서 사는 것이 정상적인 것이고 자녀가 성장하면 독립해서 집에서 나와 독자적인 삶을 구성하는 것이 일반적인 것으로 장애인도 이와 같은 생활양식을 따를 수 있는 기회가 제공되어야 한다는 것이다.

셋째, 정상화는 장애인이 품고 있는 표현되지 않은 욕구나 표현된 자기의사에 대해 이해하고 존중해 주어야 한다는 것을 의미한다. 장애인의 남녀관계도 비장애인과 다르지 않으며 정서, 취미, 소득, 문화적인 욕구도 비장애인과 흡사하므로 비장애인과 같은 생활패턴이 허용되어야 한다는 것이다.

넷째, 정상화는 장애인이 독립생활을 할 때 사회에서 정상적인 가정의 규모로 주거가 제공되어야 하며 정상적인 주거지역에 장애인이 사는 주택이 위치해야 한다는 것을 뜻한다. 사회교류와 사회통합에 지장이 있어서는 안 되며 장애인이 사는 주택이 주거지역에서 멀리 격리되어 있는 곳에 있지 않아야 한다. 정상화 원리는 가능한 한 많은 장애인들이 지역사회의 생활에서 주역으로 동참할 수 있어야 한다고 주장한다. 이것은 장애인이 최대한 긍정적인 방향으로 지역사회에서 법적, 제도적으로 보장받으면서 더불어 살아가는 것을 의미하는 것이기도 하다. 진정한 의미의 정상화란 장애학생이 일반학교에서 특수교육을 받는 것이고 장애인이 일반시설에서 특수서비스 프로그램을 이수하는 것을 포함하는 것이다. 그렇다고 해서 장애인에게 마치 장애가 없는 것처럼 대하거나 장애인을 비장애인으로 만들려고 시도하는 것은 정상화가 아닌 것이다. 장애인에게는 그가 정상화 과정 속에서 지역사회에 적응해 나가는 정도에 맞추어 복지서비스의 수준을 차등화해서 제공해야 할 것이다. 누구에게나 적용될 수 있는 정상화의 기준은 없다고 볼 수 있다. 장애인과 비장애인이 자연스럽게 어우러지는 것이 정상적인 사회이며 사회를 그렇게 만들고자 하는 노력과 정책의 선택이 정상화 원리인 것이다.

2. 장애인복지의 이념

우리나라 장애인복지실천의 기본이념인 '장애인의 완전한 사회참여와 평등을 통한 사회통합'을 실현하기 위해서는 장애인복지실천에 있어서 가장 기본이 되는 '장애'라는 개념과 이것으로 인하여 파생되는 문제 그리고 그러한 문제들을 해결 또는 극복하기 위한 접근을 하는 것이 필요하다.

장애인복지에 있어서 기본이 되며, 영향을 미쳐온 이념과 가치는 장애인복지실천현장의 요구(예를 들어, 정상화(normalization) 등)와 세계대회에서 채택된 선언과 강령에서 살펴볼 수 있다. 즉, 장애인의 권리와 국가적인 보장수준 설정을 위해서는 주로 WHO, ILO, ESCAP 등 국제기구의 장애 관련 선언이나 권고 등에서 제시된 내용을 참고할 수 있다. 1950년대 시설 중심의 장애인복지실천 접근에서 나타날 수밖에 없었던 비인간적인 처우에 대한 반성으로 정상화 이념이 출현되었고, UN 세계인권선언(1948)에서는 "장애인은 특별한 요구를 할 권리를 가진 사람들로 규정하고 있다"고 하였으며, UN 총회의 장애인에 관한 세계행동계획(1983)에 제시된 장애인의 완전한 사회참여와 평등은 장애인복지정책의 기본방향이 될 수 있고, "사회경제적 수준이나 문화가 각각 다르다는 점을 고려하여야 하지만 손상을 유발하는 상황을 개선하고 장애로 인한 문제들에 대처해야 할 책임은 국가가 져야 한다."고 권고하고 있다. 또한 정부는 장애가 심해 혼자 힘으로 생활하기 어려운 사람에 대해서도 다른 사람과 동등한 생활수준을 누릴 수 있는 기회를 보장해 주어야 함을 강조하고 있다. 따라서 모든 회원국은 국가계획에 장애의 예방, 장애인의 재활 및 기회균등을 위한 대책을 포함시키도록 권고하고 있다.

ESCAP(1992)에서는 '아・태 장애인 10년 선언'에 의거, 장애인을 위한 입법, 접근성, 교육, 훈련 및 고용, 보장구, 재활서비스 등을 구체적으로 제시하고 있다. 1998년 '장애인인권헌장'에는 "장애인은 인간의 존엄과 가치를 가지며 행복을 추구할 권리를 갖는다. 장애인은 건전한 사회구성원으로서 책임 있는 삶을 살아가며 자신의 능력을 개발하여 자립하도록 노력하여야 한다. 그리고 국가와 사회는 헌법과 국제연합의 장애인 권리선언의 정신에 따라 장애인의 인권을 보호하고 완전한 사회참여와 평등을 이루어 더불어 살아가는 사회를 만들기 위한 여건과 환경을 조성하여야 한다."는 이념을 규정했고, 그 외 장애인 재활 10년 선언(1970)에 내포되어 있는 인권보장의 이념, 사회통합의 이념 등을 대표로 들 수 있다.

1) 인권보장의 이념

장애인은 '장애'와 그 '장애'로 인해 파생되는 문제들 때문에 인간으로서의 존엄을 해치는 상황(예를 들어, 원하지 않는 시설 내 생활, 이등시민으로서의 역할 등)을 맞이하거나 생존이 어려운 상황(예를 들어, 교육과 고용진입의 제한으로 인하여 소득을 창출할 수 없는 것 등)에 처하게 되며, 심지어는 생명을 포기하는 상황(장애라는 이유로 낙태, 장애아의 살해 등)에까지 이르게 된다.

결과적으로 장애라는 이유로 인간의 기본적 권리인 인간의 존엄성, 생존권, 생명 존중의 가치는 부인되기 쉽다. 그러나 이는 모든 인간이 태어나면서부터 가지는 권리, 즉

천부인권설이나 우리나라의 기본법인 헌법, 더 나아가 장애인 관련 모든 법에 제시되어 있는 장애인 인권에 대한 법 조항과 '세계인권선언'이나 '장애인인권헌장'의 정신에도 어긋나는 것이다. 그렇기 때문에 장애인복지에 있어서 가장 기본적으로 추구되어야 하며, 누구나 누려야 할 보편적인 권리이념이다.

인권보장의 이념에는 건강권, 거주이주권, 접근권, 이동권 및 보행권, 생존권, 생활권, 노동권, 교육권 및 보육권, 문화향유권, 선거권, 생명의 존중, 전인격의 존중 등이 있다.

2) 평등 이념

장애인의 평등은 장애인에 대한 처우가 정의와 공익을 바탕으로 결정될 때 이루어질 수 있으며, 사회구성원의 합의를 통해 평등이 실질적으로 보장될 때 장애인의 사회통합이 완성될 수 있다. 즉, 장애인이 우리 사회의 완전한 주체로 생활할 수 있는 환경과 조건을 갖춤으로써 평등을 보장할 수 있다.

3) 정상화 이념

1950년대 후반 북유럽에서 시설 처우 중심의 장애인복지 접근을 비판하면서 출발한 정상화 이념은 이후 Nirje(1969)가 정신지체인도 일반 주류의 사람들과 동일한 생활방식과 환경에 가깝도록 처우해야 함을 강조하면서 본격적으로 대두되었다.

정상화 이념은 장애인도 비장애인과 동일한 사회적·문화적인 생활을 할 권리가 있음을 나타내는 것이고, 이는 곧 개인의 선택에 대한 자유와 자기결정권의 확보가 기본이다. 즉, 장애인의 정상적이고 일상적인 생활리듬을 존중하고 개인의 성장과 발달에서 정상적인 발달경험, 자신의 삶에 중요한 영향을 미치는 사건에의 참여와 선택의 중요성을 강조하며, 사회에서 가치가 박탈될 위기에 있는 사람들을 위해 가능한 한 사람들에게 내재화된 사회적 역할을 창조하고 지원하며 방어해 주는 것이다(정영숙·이현지, 2003).

또한 정상적인 삶의 리듬, 일상생활, 생활양식이 비장애인들의 생활과 차이가 없어야 하고, 동등한 여가 및 시민권과 서비스를 누려야 한다는 것과 장애인을 격리, 보호(이전) 장애인만을 위한 특별한 서비스는 사회통합, 지역사회 참여를 가로막는 이유를 없애고 사회통합을 전제조건으로 탈시설화운동과 지역사회재활운동으로 발전하였다.

4) 탈시설화 이념

1848년 프랑스의 정신지체인 수용시설에서 정신지체인 복지의 구체적인 실천전략으로 일어난 운동이다. 탈시설화 이념은 정상화의 원리에 따라 첫째, 케어와 훈련에 관한 방법을 지역사회에서 개발하여 시설입소를 예방하고, 둘째, 지역사회의 훈련받은 모든 거주자들을 지역사회로 되돌아가게 하는 것과 셋째, 언제나 지역사회로 돌아올 수 있도록 환경을 조성하고 유지하는 방법의 과정을 거친다.

5) 사회역할 강화 이념

정상화의 원리에 따라 Wolfenberger에 의해 체계화되었으며, 사회적으로 가치가 절하될 위험성이 있는 사람들에게 그 사회에서 가치 있는 수단을 사용하여 사회적으로 가치 있다고 인정되는 역할을 만들어 제공해 주고, 가능한 한 많이 수행하도록 지원하며, 가치 절하되는 것을 예방하는 것이다.

6) 사회통합의 이념

사회통합의 이념은 최근 장애인복지에 있어서 가장 많이 대두되는 이념이다. 사회통합이란 장애인이 사회구성원으로서 구성원의 역할을 수행하며 살아가는 것을 의미하는데, 진정한 사회구성원의 역할을 수행하기 위해서는 그 사회에서 인정하는 생활방식과 기회들에 완전하게 참여해야 가능하다. 장애인이 사회에 완전하게 참여하기 위해서는 그 사회가 장애인의 참여에 부정적인 물리적·심리적·문화적인 제약조건들을 없애는 것이 필요하다.

사회통합의 이념은 장애인이 사회구성원으로서 성장과 발달을 할 수 있는 경험, 개인생활에 있어서 중요한 선택상황에서의 참여, 지역사회 내에서 생활 등이 실행될 때 이루어질 수 있다. 가치를 제대로 인정받지 못하고 있는 장애인에게 다양한 일상생활 영역에서 참여 기회를 주고 이런 생활에 통합될 수 있는 기회를 주는 것으로 비장애인 형성 기준에 장애인이 참여할 수 있는 환경을 개선하고, 장애인이 사회적 무능력자로 인식되지 않도록 사회적 편견과 차별의식을 개선해 모두가 함께 하는 이념이다.

7) 사회복귀(rehabilitation) 이념

리빌리테이션(rehabilitation)은 1943년 미국 샌프란시스코 리빌리테이션 회의에서 처음 사용한 용어로, 이 회의에서 리빌리테이션은 "신체적 장애를 가진 사람에게 그가 가진 잔존 기능을 최대한 발휘하게 함으로써 신체적 · 정신적 · 사회적 · 직업적 · 경제적 능력을 회복시켜 주는 것"이라고 정의하였다. 다시 말해 사회복귀는 신체적 · 정신적 질환을 의학적 치료는 물론 기능적 회복과 의료적 · 교육적 · 직업적 · 사회적 · 심리적인 면까지의 회복을 포함시켜 사회인으로서 인간 또는 전체 인간으로서의 복귀를 뜻한다. 이는 질병이나 사고 등에 의한 기능저하를 기능향상으로 이끄는 것은 물론 사람답게 살 권리와 자격 그리고 존엄성을 회복하는 것이다.

리빌리테이션의 가치는 가능한 장애와 기능부족을 없애고 조금이라도 비장애인에 가깝도록 접근하는 것이라고 할 수 있다.

8) 자립생활의 이념

비교적 최근에 나타난 이념 또는 패러다임이라고 볼 수 있는데, 자립생활 이념이란 장애인 스스로 자신의 삶을 선택하고 결정하며, 자신의 생활 전반에 대한 통제력을 가지고 있음을 나타내는 것이다. 즉, 장애인 스스로 자신이 어디에서 살 것인지, 누구와 함께 살 것인지, 어떤 생활방식을 택할 것인지, 자신의 시간과 경제적 상황 등을 어떻게 활용하고 소비할 것인지를 결정한다는 것이다.

장애인복지 전문가의 선택과 결정에 따라 피교육자, 수혜자의 입장이 되는 것에서 벗어나 능동적이고 주체적인 삶의 형태를 가짐을 나타내는 이념이다. 이러한 선택 또는 결정에 대한 책임까지도 장애인 스스로 진다는 가정을 전제하고 있다.

장애인이 자기의사결정권을 가지고 신변처리를 포함한 일상생활을 스스로 관리하며 지역사회 내에서 사회적 역할을 수행하면서 자신의 삶을 주도적으로 이끌어가는 것(주거 공간 선택, 도움관계, 시간활용, 금전관리 등)을 의미한다.

9) 사회연대책임 이념

장애는 개인의 책임이 아니며 모든 사회구성원과 사회구조 그리고 사회 환경의 책임이라고 보는 시각이다. 장애인복지를 포함하는 사회복지의 역사적 발달단계에서 살펴볼 때 복지는 개인적인 측면이나 종교적인 차원에서 시작되었음을 알 수 있다. 이후 산업화와 현대화 과정을 거치면서 사회복지의 제1주체로 국가(사회)가 대두됨을 볼 수 있다.

특히 노동, 교육, 고용, 환경 등과 같은 여러 가지 문제를 해결 또는 극복하기 위해서는 개인 또는 자선에 의한 서비스 접근과 더불어 국가(사회)가 이러한 문제를 해결하기 위하여 개입해야 한다는 데서 국가(사회)책임의 이념이 제기되었다.

10) 장애인 당사자주의 이념

장애인 당사자주의 이념은 장애인에 관련된 문제는 장애인 자신이 가장 잘 알고 있으므로 문제해결의 주체도 당연히 장애인 자신이 되어야 한다는 것이다. 이러한 배경에는 지금까지는 의사나 치료사, 사회복지사 및 상담사, 교사 등 재활전문가들이 장애인에 대한 서비스의 주도권을 가지고 장애인의 인권이나 의사를 무시한 채 권위적인 태도로 일방적인 의사결정을 해 온 데 대한 반발이며 일종의 장애인 권리 찾기 운동이라 할 수 있다.

장애인 당사자주의 운동은 장애인의 정치적 연대를 통하여 장애인을 억압하는 사회, 그리고 환경과 서비스 공급체계의 불합리한 권력관계를 비판하고 견제함으로써 장애인의 권한과 선택, 평가가 중시되는 것을 말한다. 그 결과 장애인의 권리, 자립을 위하여 자기결정을 달성하려는 장애인 당사자 주도의 권리운동이다. 따라서 장애인 당사자 운동은 정책 전반에 영향을 미치고 의사결정 과정에 적극적으로 참여하여 정치세력화를 이루는 게 중요하다. 이러한 부분을 이루기 위해 장애인 스스로 할 수 없는 부분은 사회가 정책서비스를 통해 비장애인과 동등한 권리를 가질 수 있도록 환경을 마련하는 것이다.

11) 삶의 질 향상 이념

삶의 질 향상 이념은 쾌적한 인생을 즐기는 생존의 조건에 대하여 양과 질 모두 고려하여 측정하는 것으로, 일반적으로 인간이 일상생활을 하는 데 있어서 느끼는 개인의 행복감, 만족감과 관련된 주관적 삶의 질과 생명의 질, 생활의 질, 인생의 질과 관련된 객관적인 삶의 질이 있다. 장애인에게 있어 삶의 질은 모든 영역에서 적극적인 참가, 자기표현과 선택의 자유를 가지며 인생에 있어서 풍부한 경험, 안정감, 질 좋은 생활, 본인의 능력을 활용하고, 본인에 관한 것은 본인이 자유롭게 선택하면서 자기실현을 하고 타인으로부터 존경받으며 자존감을 가지며 생활하는 것을 말한다.

제4절 장애인의 사회적 참여와 통합

1. 사회적 참여 확대

장애인의 문제는 장애인의 개인적인 문제로 국한시켜서 바라보아서는 해결될 수 없는 사회적인 문제이기 때문에 사회와 국가가 문제해결을 위해 노력하지 않으면 문제해결의 실마리를 찾을 수 없다. 오늘날 장애인복지정책의 이념은 모든 사람에게 기회균등이 보장되어야 하고 인간은 부분적인 면만을 감안해서는 의미가 없는 전인격적인 존재이며 모든 인간은 그가 바라는 바나 잠재력이 각자 독특하다는 사실을 인정하는 전제를 기초로 형성되고 있다. 사회와 국가는 모든 국민에게 주어진 개인의 잠재력을 계발하고 요구하는 바를 충족시키는 서비스를 제공함으로써 인간다운 삶을 영위하도록 해야 한다는 책임을 피할 수 없는 것이다. 특히 국가는 사회정책을 통해 모든 국민이 자립적인 삶을 살아갈 수 있도록 해야 하는데, 자립적인 삶이란 스스로 자신의 삶을 통제할 수 있는 것으로 의사결정권, 사회적 역할 수행, 직업생활 영위 등 기본적인 삶의 질이 충족되는 행복추구권이 포함되어야 한다.

장애인이 자립적으로 살아가기 위해서는 장애인을 장애인이 적응하기 어려운 상태에 밀어 넣는 것이 아니라 사회의 여건을 장애인이 자립생활을 영위할 수 있는 조건과 환경으로 변화시켜야 할 것이다. 장애인의 자립적인 삶은 장애인이 당연히 누려야 하는 사회적 권리를 획득함으로써 실천이 가능하다. 장애인은 개인으로서 자신의 욕구를 표현하고 자치성을 보호받는 자유로움, 자신의 삶의 질적 향상을 위한 선택권을 지니고 있어야 하는 것이다. 이러한 권리가 장애인에게 보장되어야만 개인의 잠재력이 최대한 발휘될 수 있게 될 것이며 자립적 생활도 가능하게 될 것이다.

북아메리카에서는 장애인의 자립적인 삶을 실현하기 위해 정상화(normalization)의 원리에 의한 장애인의 인간다운 삶을 보장하려는 노력을 기울여 왔다. 이러한 이념과 가치는 1980년대에 우리나라에서도 받아들여져 탈시설화, 사회통합, 자립생활, 포용 등의 개념과 함께 우리나라 장애인복지의 대표적인 이념으로 자리 잡게 되었다. 지나간 반세기 정도의 기간 동안 장애인정책의 가장 큰 변화는 장애인 수용시설의 부정적 효과가 커짐에 따른 탈시설화이다. 대부분의 선진국에서 일어난 탈시설화운동으로 장애를 지닌 아동들과 성인들은 시설을 떠나 지역사회로 거주지를 옮기자 수용소와 병원 등 장애인시설들은 평판이 나빠졌고 장애인을 위한 주거시설이 개발됨에 따라 점차 문을 닫게 되었다.

성적학대, 육체적 · 정서적 외면, 부적절한 주거상태, 부당한 작업환경 등 수많은 추문에 의해 장애인시설에 대한 부정적인 시각은 더욱 강화되었다. 장애인을 위한다는 시설이 오히려 장애인들에게는 커다란 위험요소로 부각되었다. 비록 장애인의 탈시설화를 반대하는 세력들에 의해 어느 정도 저항이 있었지만 장애인이 지역사회에 거주하는 것이 현실화되었고 장애인에 대한 대중의 인식이 개선되어 갔으며 장애인을 수용하는 태도도 긍정적으로 선회하기 시작했다. 아직도 개선되어야 할 여지가 많지만 대체로 비장애인들은 장애인도 사회구성원으로 자신들이 원하는 곳에서 살 수 있는 권리가 있다는 주장을 받아들이게 되었다.

2. 사회통합 조건

과거에는 장애인은 특별한 보호조치를 필요로 하는 대상으로 이해되었기에 보호를 목적으로 하는 장애인복지정책이 주류를 이루고 있었지만 오늘날에는 장애인도 사회

참여가 필요하다는 사회통합 이론이 받아들여지고 있다.

1975년 유엔에서 장애인의 권리선언을 발표하면서 장애인이 비장애인과 함께 사회생활을 하려면 특별한 요구를 할 권리가 보장되어야 한다는 것을 분명히 했다. 이 특별한 요구는 장애인에게 비장애인과 전혀 다른 차원의 특권적으로 대우하는 것이 아니라 장애인이 요구하는 개개인의 특별한 요구를 수용해야 장애인의 정상적인 사회생활을 충족시킬 수 있다는 것이다. 장애인에 대한 사회통합 개념은 다음과 같은 조건을 제시하고 있다.

첫째, 사회통합은 사회에 장애인이 공존할 수 있도록 하고 장애인도 기본적인 시민의 권리를 실현할 수 있어야 한다.

둘째, 사회통합은 한 개인이 인격적으로 존중받으며 사회활동과 대인관계를 통해 사회적으로 인정받는 성공적인 개인의 참여를 뜻한다. 개인은 장애로 인해 가치가 절하된 사람들의 집단이 아닌 개인 그 자체로 사회에서 인정받고 지역사회의 일원으로서 개인적으로 참여할 수 있도록 해야 한다.

셋째, 사회통합은 신체적, 정신적 장애가 있더라도 사회적 장애는 제거해 주어야 하는 것이다. 장애인의 사회통합을 방해하는 요인은 사회가 장애인 개인에 대한 가치를 평가 절하함으로써 장애인이 심리적 부담감을 가지게 하는 것이다. 부담감은 장애인의 사회적응을 어렵게 만들지만 장애에 대한 사회적 인식과 환경의 변화가 이루어지면 사회통합은 훨씬 수월하게 되는 것이다.

3. 사회참여 조건

장애인의 인간적 존엄성이 존중되어 사회참여를 유도하고 공존사회를 실현하기 위해서는 다음과 같은 조건들이 전제되어야 한다.

첫째, 장애인이 사회활동을 통해 사회적 역할을 수행할 수 있도록 하기 위해서는 능력이 개발되어야 한다. 장애인은 비록 신체적인 능력이 부분적으로 상실되기는 했지만 잔존능력이나 잠재능력이 있다는 사실을 고려한다면 반드시 그 능력을 개발해야 하는 것이다. 잔존능력과 잠재능력의 개발이야말로 장애인이 사회적으로 일정한 역할을 수행하게 하는 장애인복지의 핵심전략인 것이다.

둘째, 사회 환경은 비장애인을 기준으로 조성되었기 때문에 장애인이 접근하기 어려운 사회적 장애가 도처에 산재하고 있다. 장애인이 무리 없이 접근할 수 있도록 장애인에게 부적합한 사회적 환경을 개선하고 보완해야 한다.

셋째, 사회통합 이념의 중심에 있는 장애인이 스스로 사회적 무능력자라고 잘못 인식하지 않도록 장애인에 대한 교육과 훈련을 강화하고 사회적 편견과 장애인에 대한 차별의식을 개선해야 한다.

넷째, 사회의 각 영역에서 장애인에 대한 서비스 제도가 체계화되어야 한다. 장애인에 대한 교육, 의료, 직업재활, 심리치료와 상담, 신체적 재활, 사회 환경 조성 등 입법의 뒷받침을 받아야 하고 행정적 정책의 시행이 국가 주도로 계획적으로 추진되어야 할 것이다. 장애인에 대한 객관적인 판단보다 사회적 평가 절하와 부정적인 인식이 장애인에 대한 무관심을 용인했다. 또한 장애인 스스로도 평가 절하된 판단에 의해 자신을 비하함으로써 사회통합을 어렵게 했다. 가치 절하되었던 장애인에게 일상생활 영역에서 참여기회를 주고 통합될 수 있는 기회를 주어야 한다. 장애인복지의 이념이 장애인 개인이 시민적 기본권리를 확보하고 장애인이 공존할 수 있는 사회적 실천을 추구하는 것이라면 사회통합은 장애인복지 이념을 실현하기 위한 목표가 될 수 있는 것이다.

사회통합의 이념은 자립생활과 밀접한 연관관계를 가진다. 자립생활이란 장애인의 독립적인 생활만을 위한 것이 아니라 장애인이 지역사회의 중심에서 주역으로 살아갈 수 있는 법적, 제도적 권익을 확보하는 것까지 내포하는 것이다.

4. 자립생활 원칙

자립생활의 특징은 다음과 같이 요약할 수 있다. 장애인을 시설에 장기간 보호하지 않고 지역에서 살 수 있도록 조치해야 한다. 장애인은 치료받는 환자, 보호받는 어린이, 숭배해야 할 대상이 아니다. 장애인은 서비스를 관리하는 처지와 위치에 있어야 하는 사람이다. 장애인은 장애 그 자체보다 사회적 편견 때문에 희생자가 되기 쉬운 환경이 문제이다.

자립생활이란 다른 사람의 도움 없이, 또는 다른 사람에게 의존하는 정도를 최소화하고 자력으로 생활하는 것을 의미한다.

자립생활을 위해 다음과 같은 원칙을 세우고 장애인의 욕구에 맞게 지원할 수 있는 서비스를 제공해야 한다. 첫째, 자신이 어디에서 누구와 함께 살 것인지를 결정하게 하고 주거공간을 선택할 수 있어야 한다. 둘째, 생활에 필요한 도움을 어떻게, 누구에게 받을 것인지에 대해 스스로 선택할 수 있어야 한다. 셋째, 자신의 시간을 어떻게 활용할 것인지 계획하고 선택할 수 있어야 한다.

사회가 장애인의 결정에 따라 개인의 신체적 이동과 일상생활을 수행하기 위한 신체활동을 극대화하고 경제력을 확보할 수 있도록 하는 사회 환경의 변화를 추구할 때 장애인은 주체적인 삶, 즉 타인에 대한 의존이 최소화된 자립생활이 가능하게 되는 것이다.

포용이란 사람에 따라 생각하는 바가 각기 다름을 인정하는 것을 의미한다. 포용은 교육 분야에서 주로 논의되어 왔다. 장애아동이 누군가의 도움이 필요한지와는 상관없이 장애아동을 비장애아동과 동일한 정규수업에 포함시키는 운동이 전개되어 왔다. 장애인들이 일할 수 있는 일자리를 지속적으로 제공하기 위해 만들어진 보호 작업장과 직업재활시설은 사회가 장애인을 일반 직장에 수용해야 하는 부담과 장애인을 차별에서 벗어나도록 도와주는 장소가 되었다. 이처럼 장애인 보호 작업장과 직업재활시설을 운영하는 정책은 장애인과 함께하는 공동체를 형성하는 계기가 되는 것이다.

CHAPTER 03

장애인복지의 역사

제1절 장애인에 관한 국제선언 및 협약

장애인의 권리와 국가적인 보장수준 설정을 위해서는 주로 WHO, ILO, ESCAP 등 국제기구의 장애 관련 선언이나 권고 등에서 제시된 내용을 참고할 수 있다. 이런 측면에서 UN 총회의 '장애인에 관한 세계행동계획(1983)'에 제시된 장애인의 완전한 사회참여와 평등은 장애인복지정책의 기본방향이 될 수 있다. 이를 기본 목표로 하여 현재 장애인 부문의 최저기준을 설정하기 위한 구체적인 지표는 제시되어 있지 않지만, 권고사항이나 국제적 수준을 비교함으로써 소득, 의료, 교육, 주거, 편의시설 등 장애인의 욕구에 따른 각 부문별 준거자료가 될 수 있다.

UN 총회에서 채택된 '장애인에 관한 세계행동계획(1983)'에서는 "사회경제적 수준이나 문화가 각각 다르다는 점을 고려해야 하지만, 손상을 유발하는 상황을 개선하고 장애로 인한 문제들에 대처해야 할 책임은 국가가 져야 한다."고 권고하고 있다. 또한 정부는 장애가 심하여 혼자의 힘으로 생활하기 어려운 사람에 대해서도 다른 사람과 동등한 생활수준을 누릴 수 있는 기회를 보장해 주어야 함을 강조하고 있다. 따라서 모든 회원국은 국가계획에 장애의 예방, 장애인의 재활 및 기회균등을 위한 대책을 포함시키도록 권고하고 있다. 이 행동계획에서는 구체적으로 장애인의 정책결정 참여, 장애예방, 기회균등(입법, 물리적 환경, 소득유지와 사회보장, 교육 및 훈련, 취업, 문화여가), 지역사회활동, 전문 인력 등의 요소를 장애인을 위해 기본적으로 행해야 할 과제로 명시하고 있다.

WHO에서는 '장애예방과 재활(1980)'에서 장애의 정의와 분류, 장애문제를 감소시키기 위한 국가의 개입을 제시하고 있으며, ILO에서는 '장애인의 직업재활에 관한 권고(1955)', '장애인의 직업재활과 사회재통합에 관한 결의(1975)'를 통해 직업재활을 위한 조치, 정보, 재정원조, 보호고용, 고용 기회 확충 등 사회적 책임을 강조하고 있다.

ESCAP(1992)에서는 '아 · 태 장애인 10년 선언'에 의거하여 장애인을 위한 입법, 접근성, 교육, 훈련 및 고용, 보장구, 재활서비스 등을 구체적으로 제시하고 있다. 2001년 53차 UN 총회에서 멕시코 빈센트 폭스 대통령이 UN장애인권리협약을 제안함으로써 2006년 12월 13일 UN장애인권리협약이 채택되었다. 협약은 전문과 본문 50개 조항 및 선택의정서로 구성되어 있다. 전문은 총 25개의 각 호로 구성되었으며, 협약을 제정하게 된 배경, 취지, 목적, 기본원칙 등을 선언적 형식의 문구로 정리한 전문 역시 협약의 주요 구성 부분으로 독자적인 규범적 효력을 가진다. 본문은 총 50개 조항으로 여성장애인과 장애아동의 권리보호, 장애인의 이동권과 문화접근권의 보장, 교육권과 건강권 및 일할 권리 등 장애인의 전 생활영역에서의 권익보장에 관한 내용을 규정하고 있다. 선택의정서는 총 18개 조항으로 구성되어 있는데, 협약의 절차법적 효력을 확보하기 위하여 제정되었다. 협약은 헌법 제60조에 따라 국가와 국가 사이에 문서를 교환하여 계약을 맺는 것으로 국내법 절차에 따라 국회의 동의를 거쳐 국제기관에 비준서를 기탁하면 가입국 자격이 획득된다. 법적 효력은 국내법과 같으나 법적 강제력이나 구속력이 수반되지 않으므로 협약의 법적 효력을 확보하기 위하여 절차법적 성격인 선택의정서 제도를 채택하는 협약도 있다. 우리나라는 2009년 1월 10일 UN장애인권리협약을 비준함으로써 장애인의 사회권, 자유권, 장애여성과 아동에 대한 차별금지 등을 위한 사회적 분위기를 더욱 공고히 하는 계기가 되었으나, 선택의정서는 채택하고 있지 않아 법적 강제력이나 구속력은 없다.

이와 같이 국제기구에서 정하고 있는 기준들은 장애인 문제를 포괄적으로 다루고 있으며, 특히 내용면에서는 장애인의 사회참여와 평등을 실현하기 위한 정부의 조치들을 적시하고 있다. 이들 조치사항은 강제규정이 아닌 단지 선언적인 의미로 이해될 수도 있지만, 일정한 기준과 국가의 책무를 제시하고 있어 비교준거는 될 수 있다.

제2절 서구의 역사

1. 고대 - 중세시대

장애와 장애인을 보는 관점은 역사와 함께 변화해 왔다. 이때의 장애에 대한 인식은 신의 저주, 부정적 인식 등으로 유기, 학대, 방임, 살해 등이 일반적으로 행해졌다.

고대사회에서 신체적 기능은 인간의 가치를 결정하는 요인이었으며, 건강한 신체는 생산수단과 연결되기 때문에 장애인은 생존을 위한 전투력과 노동력의 기준에서 배제될 수밖에 없는 존재로 인식되었고, 교육의 필요성도 인정되지 않았다. 역사적으로 그리스, 로마시대에는 미와 건강이 인간의 가치 기준이 되었으며 장애인을 추한 인간의 표본으로 생각하고 유기, 활쏘기 연습의 표적으로 삼았으며 부정적 존재로 인식하여 장애가 있는 아이가 태어나면 살아남지 못했다. 당시 장애인에 대한 처우는 성경을 통해서도 알 수 있는데, 구약에서는 장애인이 저주의 대상, 사회적으로 부적합한 존재이므로 이들을 보호할 필요성을 강조하고 있다. 또한 장애인에 대한 치유와 해방, 동등한 인격을 강조하는 언급이 있어 기독교 사상에서는 장애인의 인간으로서의 존엄성과 약자에 대한 보호의 필요성을 강조하였다.

2. 중세 이후 - 산업혁명 이전

기독교의 가르침을 기초로 한 빈민이나 장애인에 대한 구제보호사상의 태동기이다. 그렇지만 이 당시에도 장애인에 대한 편견과 차별은 일반적인 현상이었으며, 중세 초기에는 장애인이나 빈민을 위한 시설을 설립하기 시작했고 장애인보호사상은 종교적 차원에서 구제사상이 시작되었으나, 근대적 의미의 복지와는 거리가 멀었다. 중세 말에는 르네상스와 휴머니즘의 등장으로 장애인을 보호의 대상, 자비와 동정의 대상으로 인식하여 장애인에 대한 생각이 획기적으로 발전된 시기이다.

3. 산업화와 세계대전

18세기 중엽 영국에서 시작된 산업혁명으로 노동능력을 중시하는 사회로 변모하면서 장애인은 생산성이 낮은 보호와 지원의 대상으로 인식하게 되었다. 급속한 산업화 과정은 그 부산물로 각종 산업재해와 질병을 야기하였으며, 그 결과 장애인들에 대한 국가의 책임을 인식하고 사회보험제도가 도입되었다.

19세기 초에는 유럽 각지에 장애인을 위한 보호시설이 설립되기 시작하였으며, 19세기 후반에는 생리학, 의학, 심리학, 사회학 등 각 분야의 학문의 발달로 장애의 원인규

명과 특수교육의 발전 계기가 만들어졌다. 그 후 2차에 걸친 세계대전으로 장애인복지에 대한 전환점을 맞게 되어 전상자들에 대한 보호치료와 보상대책 등 서구의 복지국가를 표방하였고, 2차 대전 후는 현대적 장애인복지의 태동시기로 전상자보상대책 등의 제도발달, 사회적 책임 인식, 의료・재활 분야의 기술적인 발달 등의 본격적인 복지대책을 실시한 시기이다.

4. 1960~1970년대

이 시기의 가장 두드러진 특징은 장애인시설의 확대 시기이다. 산업화 이후 생산력이 떨어지는 장애인은 시설 또는 의료기관에 분리되어 보호・치료를 받아야 하는 존재가 되었으며, 보호시설의 형태는 대규모의 수용방식을 취하였고 장애인을 효과적으로 통제하며 사회적 안정을 도모하기 위한 격리 차원에서 이루어졌다. 시설수용은 장애인을 병자 취급하게 되어 정상적인 사회활동의 기회를 제한하고, 이에 따른 의존을 당연시하게 되어 장애인 스스로 자신의 문제를 대처하는 능력을 약화시키는 결과를 초래했다. 1960년대 들어 북유럽을 중심으로 한 정상화와 사회통합 이념이 대두되면서 분리수용시설에 대한 반대운동이 일어나게 되었다.

5. 1971~1980년대

1970년대 장애에 대한 각종 국제적 선언문이 발표되면서 장애인의 인권과 정부의 대책을 촉구하는 이슈화 시기라고 할 수 있다. 그 대표적인 것으로 1971년 '정신지체인 권리선언', 1975년 '장애인 권리선언', 1981년 '세계장애인의 해', 1983~1992년 'UN 장애인 10년' 등이 기초가 되어 탈시설화운동, 지역사회보호운동, 사회통합운동이 일어났고, 1980년대에는 이동권, 접근권, 사회적 역할강조 등의 이념이 생겨났으며, 이 시기의 특징적인 점은 자립생활운동의 등장을 들 수 있다. 그리고 1970년대와 80년대를 거치면서 영국에서 제기되기 시작한 개별적 모델에 대한 대안으로 사회적 모델이 등장하였다.

6. 1990년~2000년대 이후

이 시기에는 장애인의 사회참여와 지역사회 통합 그리고 장애인에 대한 전인적 능력의 개발과 접근권의 보장을 강조하고 있으며, 총체적 개념의 장애인복지체제 구축을 목적으로 하고 있으나, 이러한 신념들은 완전한 사회적 합의를 전제로 한 것이 아니기 때문에 분리와 차별상황이 혼합되어 있다고 볼 수 있다. 장애인 권리증진을 위해 1993년 '장애인 기회평등에 관한 기본 규칙'과 'UN 장애인 10년(1983~1992년)'이 채택되었으나, 국제수준의 다양한 활동에도 불구하고 장애예방과 재활, 기회평등이라는 행동계획의 목표달성에는 부진했다는 평가와 함께 대부분 선언적 수준에 머물러 실현은 미흡했다.

특히 아・태 지역은 장애인복지의 불균형 상태가 개선되지 못했다는 평가를 받고 있다. 이러한 이유로 UN 아시아・태평양 경제각료이사회(ESCAP)에서는 1992년에 1993~2002년까지를 '아시아・태평양 장애인 10년'으로 선포한 바 있다.

한편 2006년 '장애인 권리협약'이 채택되어 장애인이 인권과 기본적 자유를 완전하고 동등하게 향유하도록 증진, 보호, 보장할 것과 장애인의 고유한 존엄성에 대한 존중의 내용을 담고 있다. 결국 오늘날 장애인에 대한 지원은 잔여적인 복지 기능이나 자선적인 노력만으로는 해결할 수 없고 인권의 차원에서 접근해야 할 필요성이 높아졌으며, 장애인의 사회참여와 완전한 통합추구는 여전히 해결해야 할 과제로 남아 있다.

제3절 우리나라의 역사

1. 삼국시대

장애인을 위한 별도의 구제제도는 없는 시기이며 일반구제에 포함시켜 실시했던 시기로, 고구려 고국원왕 16년에 '진대법'을 제정하여 관곡을 대여하고 질병이나 장애로 인하여 노동능력이 상실된 자에게 구휼한 기록이 있다. 신라 유리왕 5년에도 노인, 병든 자에 대한 구제를 실시하였으며, 백제 비류왕 9년에는 백성의 환고를 조사하여 질환자, 노인, 장애인 등에게 곡식을 주어 구제한 기록이 있다.

이와 같이 삼국시대에는 장애인을 병자나 빈민과 특별히 구분하지 않고 구휼하였으나, 일시적이었으며 제도화되지는 못하였다. 통일신라시대에는 경덕왕 때 기근과 병든 자에게 구제를 실시하였고, 동왕 14년에는 환과고독(鰥寡孤獨)이나 노병에게 곡식을 지급했다는 기록이 있다. 그러나 여전히 장애인복지는 가족이 주로 담당하였으며, 가족에게 문제가 발생하면 친척이나 이웃 등 지역사회 공동체에서 원조하는 것에 그쳤다.

특히 장애인 돌봄의 책임은 가족이었으며, 병자나 빈민, 고아 등과 같은 구제활동을 전개하였다. 사궁규휼(四宮圭恤)이라는 관청을 설치하여 홀아비, 고아, 아들 없는 이, 무의무탁한 빈민을 구제하였고 장애인 명칭 없이 병자와 구별 없이 사용하였으며, 국가의 제도 없이 왕명에 의해 임시적이고 사후대책적 성격이었다.

2. 고려시대

불교의 영향으로 각종 구휼제도가 실시되었으며 대표적인 제도로는 창제(상평창, 유비창 등), 이재민에 대한 조세와 부역면제, 행려자 구제사업 등이 있다. 성종 때는 의학교육기관인 대의감과 빈민구호기관인 혜민국 그리고 병자, 노인, 빈민 등을 위한 의료구제기관인 동서대비원을 설치하였다. 이밖에도 제위보, 구제도감 등을 설치하여 빈민과 병약자, 재해에 의한 긴급구조를 수행하기 위한 기관들도 설치하였다. 이와 같이 고려시대는 가족이나 지역에 모든 책임을 지우고 방관만 했던 것은 아니고 정부가 직접 제도적으로 개입한 역사를 갖고 있으며, 특히 시각장애인의 재활을 위해 그들에게 점복, 독경, 악사 등과 같은 직업을 갖고 스스로 생활할 수 있도록 유도하였으며, 필요시에는 국가가 직접 나서서 구제하기도 했다. 그래서 시각장애인들은 직업을 갖고 활동했다는 기록이 남아 있다.

3. 조선시대

유교사상의 영향으로 구휼사업을 실시하였으며, 노약자와 폐질자에게 노동면제 및 구휼이 이루어졌고 세조 2년 70세 이상 노인에게 잔치를 베풀고 독질, 폐질이 있는 사람에게 생계를 지원하는 제도가 있었다. 장애인, 맹인에 대한 진휼을 실시하고 불구폐질자(맹인, 절름발이, 문둥이, 간질, 벙어리, 꼽추, 고자) 등은 정조 7년에 맹인의 점술가 허가하는 등 노약폐질자에 대한 노동면제 및 구휼사업을 펼쳤으나 미미한 구제책으로 친족부양에 의존구휼사업이 있었으나 활발하지 못했다.

그 외 제도로는 동서활인원, 환곡, 비황, 의창, 상평창, 구황, 진혈, 진대, 의료, 활인서, 혜민서 등이 있었다. 그러나 조선 후기로 갈수록 관리들의 부패로 구휼정책이 퇴색해 장애인의 지위가 하락하고, 판소리나 가면극에 나타난 것처럼 장애인에 대한 인식도 부정적이었다.

4. 일제강점기 시대

이 시기는 구휼정책이 대상에 따라 두 가지로 구분되는데, 하나는 노동력이 없는 빈민이나 일시적으로 재해를 당한 사람들을 대상으로 한 구호사업과 노동력이 있는 빈민을 대상으로 한 구호사업이 있었다.

구호사업은 상황에 따라 임시적이고 즉흥적으로 이루어졌으며, 1911년 제생원을 설립하여 맹아를 수용, 보호하여 초등교육과 직업교육을 시켰으며, 1944년 조선구호령을 발표하여 65세 이상 노약자, 13세 이하 아동, 임산부, 불구, 폐질, 상이, 질병 등 신체장애로 인해 노동을 하지 못하는 자를 대상으로 구제하였다. 그러나 이 제도는 식민통치의 합리화와 정당화를 위한 수단으로 이용되었다.

5. 해방 이후~1950년대

정부수립 이후 1960년대까지는 장애인을 대상으로 한 제도가 그다지 발달하지 못하였다. 정부의 정책 부재로 민간단체, 외국원조단체, 종교단체에 의존하였으며 주로 전쟁고아와 장애아동을 수용, 보호하는 사업을 실시하였다.

대표적인 법 제정으로는 1949년 「특수학교와 특수학급에 관한 규정」, 1950년 「군사원호법」, 1951년 「경찰원호법」, 1952년 「전몰군경유족과 상이군경연금법」 등이 있으며

1952년 삼육재활원과 부산국립재활원 설립, 1954년 장애인재활협회를 설립하고, 1960년 전국 규모의 심신장애자 실태조사를 실시하였다.

6. 1960년대

이 시기는 경제개발이 우선이었기 때문에 장애인 문제에 대한 정부의 대책은 없었다. 장애인 문제는 독립적인 영역이 아닌 빈민구제의 측면에서 다루어졌으며 외국원조단체나 종교시설에 의지하였다. 그러나 정부가 장애인 문제에 대한 정책을 직접적으로 시작한 것은 1961년 「생활보호법」의 제정부터이다. 이 법에는 질병, 노령 기타 근로능력의 상실로 생활유지가 곤란한 자를 위한 생계보호, 의료보호, 해산보호, 상장보호, 직업보도 등의 내용이 있고, 이 법은 재활시설에 장애인을 수용, 보호하는 단계의 차원이었으며, 주로 외국의 원조에 의존했다. 이 시기의 법 제정으로는 1961년 「군사원호대상법」, 1963년 「산업재해보상보험법」이 있다.

7. 1970~1988년대

1980년대는 '복지국가 구현'이라는 구호를 바탕으로 장애인복지 발전의 큰 전환기를 마련하는 시기이다. 1988년 장애인올림픽을 계기로 정부는 장애인복지에 관심을 갖지 않을 수 없게 되었다. 따라서 국제적인 장애인 인권의식 향상에 따른 영향 및 정권의 정당성 확보 차원에서 마련된 '장애인올림픽'을 앞두고 국제적인 시선을 의식해 각종 관련법이 제정되고 시설의 현대화, 직업재활 대책, 인권보장, 장애인교육, 장애인차별과 편의시설에 대한 관심이 시작되었다.

법 제정으로는 1977년 「특수교육진흥법」 제정, 1978년 심신장애자 종합대책 수립, 1981년 「심신장애자복지법」 제정 등이 있고, 제도로는 1982년 보장구 교부사업, 1983년 신체장애자운전면허제도, 1984년 맹인심부름센터, 1984년 장애인 편의시설 의무화(건축법 시행령), 1985~1987년 장애인복지시설 현대화사업 3개년 계획, 1986년 국립재활원 개원, 1987년 장애인등록제도, 1988년 장애인복지대책위원회 조직, 1988년 장애인등록제도 실시 등이 있다.

8. 1989~1998년대

1989년 「장애인복지법」의 개정과 1990년 「장애인고용촉진 등에 관한 법률」의 제정으로 장애인에 대한 경제적 지원이 시작된 시기이다. 보호시설에서 이용시설로의 이전과 지역사회보호, 장애인교육, 치료 기회 확대, 인권강화 정책, 이동권 보장, 고용정책, 통합교육 실시, 자립생활지원 등의 정책이 실시되었다.

법 제정으로는 1989년 「장애인복지법」 개정, 1990년 「장애인고용촉진 등에 관한 법률」, 1994년 「특수교육진흥법」 개정, 1997년 「장애인, 노인, 임산부 등의 편의증진 보장에 관한 법률」 등이 있고, 제도로는 1991년 장애인고용촉진공단 설립, 1997~2001년 특수교육발전 5개년 계획, 1997년 장애인복지대책위원회 설립(국무총리 산하), 1998년 한국장애인인권헌장 제정이 있다.

9. 1999년~2000년대 이후

이 시기는 장애인복지시설이 소규모 시설 중심으로 정책이 실시되고 장애인단체의 역할이 강조되었으며, 장애범주의 확대와 자립생활 이념의 도입, 자립생활센터가 확산된 시기이다.

법 제정으로는 1999년 「장애인복지법」 개정, 1999년 「장애인고용촉진 등에 관한 법률」 개정, 2000년 「장애인고용촉진 및 직업재활법」 제정, 2005년 「교통약자의 이동편의 증진법」 제정, 2007년 「장애인복지법」 개정, 2007년 「특수교육법」 개정, 2007년 「장애인차별금지 및 권리구제 등에 관한 법률」 제정, 2010년 「장애인연금법」 제정, 2011년 「장애인활동지원에 관한 법률」 제정, 2011년 「장애아동 복지지원법」 제정, 2014년 「발달장애인 권리보장 및 지원에 관한 법률」 제정, 2016년 「정신건강증진 및 정신질환자 복지서비스 지원에 관한 법률」 제정 등이 있다. 또한 장애인복지대책위원회에서 장애인복지발전 5개년 계획 수립 시작(1996), 매 5년마다 계획 수립하여 현재 5차 장애인복지 발전 계획 5개년을 시행하여 장애발생의 예방, 장애인의 생활안정지원 강화, 사회참여 확대 및 편의시설 확충, 장애범주 확대 등의 사업 추진, 장애아동 교육의 확대, 특수교육의 내실화, 특수교육 지원체계의 효율화, 장애인 직업능력개발 증진, 중증장애인

고용환경 개선, 사업체의 장애인 고용촉진 시행 등의 내용이다.

제도로는 1997~2001년 특수교육 발전방안, 제1차 1998~2002년 장애인복지발전 5개년 계획, 2003~2007년 제2차 장애인복지발전 5개년 계획, 2008~2012년 제3차 장애인복지발전 5개년 계획, 2013~2017년 제4차 장애인복지발전 5개년 계획, 2018~2022년 제5차 장애인정책종합계획, 2023~2027년 제6차 장애인정책종합계획 등이 있다. 이와 같이 많은 법 제정과 제도의 시행으로 장애인복지의 발전에 많은 기여를 했지만, 앞으로도 장애 발생 예방 강화, 생애주기서비스 개발, 장애인의 인적자원 활용, 복지전달체계의 구축 등의 많은 과제가 남아 있다고 할 수 있다.

제4절 역사과정에서의 변화

1. 분리에서 사회통합으로 변화

기존의 장애인을 보호의 대상으로만 인식해 격리, 분리, 보호하던 차원에서 공동체의 일원으로 받아들이고 동등한 권리와 존엄을 가진 존재로 인식이 바뀌었다. 장애인에게도 일상생활에서의 보편의 경험을 누리게 하는 것이 지극히 당연시되어 시설보호를 반대하고 사회통합을 강조하기 시작하면서 장애인의 지역사회생활이 확대・보장되고 있다.

2. 개인에서 사회로 변화

장애인에 대한 책임의식은 과거에는 개인에게 발생한 끔찍한 사건으로, 장애는 개인적이고 기능적인 문제이므로 개인적 차원의 해결을 강조하였다. 이러한 의미에서 전문가에 의한 일방적이고 강요된 의료적 서비스와 치료적 서비스가 제공되었다. 하지만 사회 환경의 변화로 장애는 개인에게만 존재하는 것이 아니라 사회 내에 존재하는 것으로 인식이 변화되었고, 장애인에게 필요한 정당한 편의제공을 거부함으로써 장애인을 억압하고 차별하는 사회에 그 책임을 부과하고 있다.

3. 재활에서 자립으로 변화

과거의 재활모델에서는 장애인은 개인능력의 부족으로 인해 사회참여가 제한되는 것이기 때문에 장애인의 능력을 강화하는 재활 중심의 치료서비스가 보편적이었으며, 장애인은 전문가의 지시와 지도에 순응함으로써 개인의 사회적응능력을 강화하는 데 역점을 두었다. 하지만 이러한 재활모델은 근본적인 문제해결에는 한계가 있으며, 그 효과가 크지 않아 변화를 모색하지 않을 수 없다. 반면 자립생활모델에서는 장애인의 사회참여 기회가 자신들의 선택과 결정에 의해 이루어지는 것이 타당하며, 사회는 그들 자신의 능력을 최대한 발휘할 수 있게 환경을 조성함으로써 장애인의 사회참여와 사회통합이 자연스럽게 이루어진다. 장애인이 타인에 대한 의존성에서 벗어나 주도적으로 일상생활을 영위할 수 있도록 물리적·사회적·심리적 환경의 개선이 우선되는 방법으로 변화되고 있다.

4. 장애인복지 법률의 변화

우리나라 「헌법」에는 국민의 권리를 보호하는 규정이 마련되어 있다. 즉, 모든 국민은 인간으로서의 존엄과 가치를 가지며, 행복을 추구할 권리(제10조), 평등과 차별금지(제11조), 교육받을 권리(제31조), 근로의 권리(제32조), 인간다운 생활을 할 권리(제34조)를 가지며, 국가는 사회보장, 사회복지증진에 노력할 의무를 지게 된다. 이와 같이 「헌법」에는 장애인이든 비장애인이든 평등하게 국가의 보호를 받을 수 있음을 명시하고 있다.

헌법에 근거하여 장애인의 생활과 직접적으로 관련 있는 법률로 대표적으로 「장애인복지법」 제정(1981), 1999·2003년 장애범주 확대, 2007년 활동보조인 파견, 동료 상담, 자립생활지원 시책이 포함되고, 2011년 거주시설 개편을 위한 법률적 기반 마련을 위한 「장애인복지법」 개정(1999), 경증장애 중심에서 중증장애 중심으로 변화되고, 노동부 중심의 정책이 노동부와 보건복지부의 협조 체계를 마련하여 의무고용대상사업장 300

인 이상에서 50인 이상으로 확대 및 공공영역에서의 장애인 고용 기회 확대(경찰, 소방 특수직종에서 제외)를 위한 「장애인고용촉진 및 직업재활법」(1990)을 「장애인고용촉진 및 직업재활법」으로 개정(2000), 의무교육에 무상교육 포함, 순회교육 · 통합교육 · 개별화교육 · 치료교육 · 직업 및 진로교육 등 다양한 교육방법 포함 「특수교육 진흥법」(1977)을 특수교육에 유치원 및 고등학교 의무과정 도입과 장애인 평생교육시설 설치 및 생애주기별 교육지원체계 확립을 위해 「장애인 등에 대한 특수교육법」으로 개정(2007), 「장애인 · 노인 · 임산부 등의 편의증진 보장에 관한 법률」(1997), 저상버스 등 편의시설의 설치와 이동권 보장 및 교통체계 구축을 위한 「교통약자의 이동편의 증진법」(2005), 「장애인 등에 대한 특수교육법」(2007), 「장애인차별금지 및 권리구제 등에 관한 법률」(2007), 장애아동서비스에 대한 신청과 심사체계 도입과 중앙장애아동지원센터, 지역장애아동지원센터를 설치하기 위한 「장애아동복지지원법」(2008), 인권확보를 위한 새로운 좌표와 고용, 교육, 재화와 용역의 제공 및 이용, 사법 · 행정절차 및 서비스와 참정권, 모 · 부성권과 성, 가족 · 가정 · 복지시설과 건강권 6가지 영역에서의 차별행위를 금지하고 장애가 개인적 책임이 아닌 사회 공동의 노력 부재임을 인정하는 계기를 만든 「장애인차별금지 및 권리구제 등에 관한 법률」(2008), 18세 이상의 중증장애인, 18세 이상의 경증장애인, 18세 미만의 장애아동을 위한 장애수당을 지급하기 위한 「장애인연금법」(2010), 일본의 후원으로 한국자립생활지원기금이 조직되고 서울 '피노키오 장애인자립생활센터', 광주 '우리이웃 자립생활센터' 등이 중심이 되어 '한국장애인자립생활센터 총연합회'를 결성, 2007년 장애인활동보조사업 시행 「장애인활동 지원에 관한 법률」(2011), 장애인의 주거안정과 주거수준 향상을 위해 필요한 사항을 지원하기 위한 「장애인 · 고령자 등 주거약자 지원에 관한 법률」(2012), 발달장애인의 의사를 최대한 존중하고 그들의 생애주기에 따른 적합한 지원과 권리옹호를 제공하며, 발달장애인의 사회참여 촉진과 권리보호를 위한 「발달장애인 권리보장 및 지원에 관한 법률」(2014), 장애인들의 의료욕구 충족을 위한 지원 보장하기 위한 「장애인 건강권 및 의료접근성 보장에 관한 법률」(2015), 수요자 중심의 장애인복지정책으로의 전환(2019), 장애인등급제 폐지로 장애인 욕구 중심의 서비스를 제공하고 있다. 이들 법률은 각각 장애인을 위한 복지시책, 장애인교육, 장애인차별금지, 장애인고용에 관한 것으로 소관부처도 보건복지부, 교육부, 여성가족부, 노동부 등으로 구분되어 변화되어 왔다.

5. 장애등급제 폐지의 변화

2019년 7월 1일, 정부는 2022년까지 3단계에 걸쳐 단계적으로 장애등급제를 폐지한다고 발표했다. 이날은 1988년 도입된 이후 장애인복지의 가장 기본적인 토대이자 서비스 대상자 선정 기준으로 철옹성처럼 절대 무너질 것 같지 않던 장애등급제가 31년 만에 폐지된 역사적이고 혁신적인 사건이 일어난 날로 기록될 만하다. 장애등급제 폐지는 단순히 장애등급을 없애는 것이 아니다. 공급자 중심의 장애인복지를 전면 재편하고, 수요자 중심으로 전환을 도모하는 완전한 체질 개선을 의미한다.

장애등급제가 폐지된 후 3년의 시간이 흘렀다. 그동안 장애등급제 폐지로 장애인들의 삶의 질에 변화가 있었다. 정부는 장애등급제 폐지로 달성하고자 했던 수요자 중심의 맞춤형 복지체계를 구축·실천하게 되었다.

1) 장애등급제 폐지의 의미와 추진과정

장애등급제 폐지는 그간 의학적 진단만으로 장애를 판정해 오면서 불거진 여러 문제들에 대한 해법의 일환으로 제기됐다. 장애등급제는 그동안 장애판정 오류와 판정에 대한 불신, 사람에게 등급을 매기는 반인권적인 제도, 다양하고 복잡한 서비스 영역에 획일적이고 단순한 등급만을 적용해 복지사각지대 유발, 개별 환경과 욕구를 고려치 않은 공급자 중심의 체계와 행정 편의주의적 발상에서 기인한 제도 등 끊임없는 비판에 직면해 왔다. 특히 장애등급에 따른 일률적 서비스 제공은 개별 욕구와 환경이 제각각인 개별 장애인들의 특성을 전혀 고려하지 못하고 있다는 점에서 꾸준히 개선의 필요성이 지적되어 왔다. 장애등급제 폐지 논의는 2007년 장애인활동보조서비스가 도입되면서 본격화되었다. 도입 당시 서비스 대상자는 1급 중증장애인으로만 한정했는데, 이를 장애등급에 상관없이 욕구가 있는 모든 장애인들이 활동보조서비스를 받을 수 있도록 하자는 요구가 점차 확산되면서 장애등급제 폐지는 장애인복지정책의 핵심과제로 급부상하였다.

2012년 장애등급제 폐지가 대선공약으로 거론되고, 이듬해에는 '장애판정체계기획단'이 구성되어 등급제 폐지를 위한 준비과정으로 장애등급 의학적 기준 정비, 장애인

소득보장 개편, 장애인 감면 · 할인제도 및 복지서비스 전달체계 개편 등이 논의되었다. 2014년에는 장애인종합판정개편지원단이 구성되고, 2015년부터 2017년까지 세 차례에 걸쳐 장애등급제 개편 시범사업이 실시되었다. 2016년 6월부터 6개월에 걸쳐 시행된 시범사업은 장애등급을 없애고, 맞춤형 지원서비스를 운영하는 형태로 추진되었다. 2017년에는 '장애등급제 폐지 민관협의체'가 운영되었으며, 2018년에 장애등급제 폐지를 위한 범정부 관계부처 간에 시행준비단을 구성하여 장애등급제 폐지를 국정과제로 채택하고 논의를 거듭한 끝에 드디어 2019년 7월 장애등급제 폐지에 이르게 되었다.

장애등급은 장애정도 심사 1~6등급 기준의 장애등급제에서 장애정도 심사로 전환하였다. 1~6등급의 장애등급을 폐지(장애인등록제 및 15개 장애유형은 유지)하였다. 기존 1~3등급은 '장애의 정도가 심한 장애인'으로, 4~6등급은 '심하지 않은 장애인'으로 인정(심사를 다시 받거나 장애인등록증을 새로 발급받을 필요 없음)한다.

정부는 장애등급을 순차적으로 폐지하지 않으면 장애인들에게 많은 혼란이 야기될 수 있다고 판단하여 이를 사전에 차단하고, 시행과정에서 나타날 수 있는 문제들을 보완한다는 방향으로 서비스 이행의 완충기간을 두어 단계적으로 시행하는 방법을 선택하였다. 먼저 기존 6등급으로 나누던 장애등급은 폐지하고, 장애인등록을 위한 심사결과를 장애정도에 따라 "심한 장애인과 심하지 않은 장애인"으로 간소화했다. 특히 서비스 지원 종합조사 방식을 도입하여 장애인의 삶에 미치는 체감도가 높고, 예산규모가 큰 서비스부터 서비스 지원 종합조사를 단계적으로 확대 적용하는 방침을 세웠다.

1단계는 1999년 7월부터 적용된 일상생활지원 영역으로 장애인활동지원서비스, 보조기기 지급 등을 이에 포함시켰다. 2단계는 2020년 10월 시행을 목표로 한 이동지원 영역으로 특별교통수단, 장애인주차표지 등이 해당되었고, 2022년 시행을 목표로 하는 3단계에는 소득 · 고용지원 영역으로 장애인연금, 장애인 의무고용 등이 포함되었다. 그러나 현재 1단계 일상생활지원 영역과 2단계 이동지원 영역은 서비스 지원 종합조사가 시행되고 있지만 3단계 소득 · 고용지원 영역은 당초 시행 계획과 달리 여전히 시범사업 단계에 머물러 있다.

장애등급제 폐지의 본질은 개별 장애인의 다양한 욕구를 반영한 서비스 지원 기반을 마련하고, 수요자 중심의 접근성 높은 맞춤형 지원체계를 구축하는 데 있다. 개별 장애인의 신체적 · 정신적 손상 정도와 근로능력 정도, 서비스 욕구, 생활환경 등을 종합적으로 고려한 맞춤형 지원을 실시해 장애인의 삶의 질을 향상시키고자 하는 게 그것이다. 하지만 장애등급제 폐지가 시행되고 서비스 지원 종합조사가 도입되면서 여러 문제점들이 나타나고 있다.

2) 문제점과 개선방안

(1) 문제점

장애등급제 폐지가 이루어졌지만 여전히 정상궤도에 진입하지 못하고 있다. 일각에서는 장애등급제 폐지 전과 비교해 달라진 것을 체감할 수 없다는 비판과 함께 허울뿐인 개혁으로 장애등급제 폐지의 무용론까지 제기되고 있다.

장애등급제 폐지는 그 태생부터 여러 한계점을 안고 시행되었다. 대표적으로는 장애등급을 폐지한다고 했지만 실제는 기존의 6개 등급을 중증과 경증으로 간소화한 것에 불과해 사실상 등급은 여전히 존재하고 있으며, 수요자 중심의 맞춤형 복지체계를 구축하겠다고 했지만 이를 실행에 옮길 충분한 예산 확보와 급여 지원이 뒷받침되지 않아 현실적으로 구현되지 않고 있다. 또한 장애유형과 특성, 이들이 처한 환경을 충분히 반영하고 있지 못해 서비스 지원 종합조사표를 적용하여 서비스 대상을 선정하게 되면 서비스 대상과 규모가 축소될 수 있다는 지적들이 그것이다. 이 같은 문제점은 본격적인 제도 추진과정에서 실제로 드러나고 있다.

서비스 지원 종합조사[1]표를 예로 들어 보면, 종합조사표는 기능제한(532점), 사회활동(최대 24점), 가구환경(최대 40점)으로 구성되어 있다. 구체적으로 기능제한은 일상생활동작(318점), 수단적 일상생활동작(120점), 인지행동특성(94점), 사회활동은 직장생활(24점), 학교생활(12점), 가구환경은 가구특성(36점)과 주거특성(4점)을 포함하고 있다. 사회활동과 가구환경은 각 영역에서 두 가지 항목이 중복되더라도 항목 간 점수는 합산하지 않고 있다.

1) 2019년 7월 1일 장애인복지법 개정으로 장애등급제가 폐지되면서 '장애인 서비스 지원 종합조사'를 단계적으로 도입하게 되었다. 2019년) 일상생활지원→2020년 이동지원→2022년 고용-소득지원, 장애인 서비스 지원 종합조사는 장애인의 복지서비스 필요도를 파악하여 필요한 서비스를 지원하기 위해 개인의 욕구와 생활실태 등을 보다 포괄적으로 평가하는 절차로 의학적 평가 중심의 기존 장애인복지서비스 지원에서 벗어나, 장애인이 처한 어려움과 필요로 하는 서비스 등을 보다 세심하게 고려할 수 있게 된다.

종합조사표의 구성과 내용에서 드러나고 있는 문제점은 첫째, 기능제한의 점수 비중이 너무 높다는 것이다. 기능제한 항목은 장애 수준을 평가하는 데 있어 의료적 관점을 고수하고 있음을 의미하며, 장애판정에 의료적 비중이 여전히 높은 비중을 차지하고 있음을 보여준다. 둘째, 조사문항이 장애유형과 개별 장애인이 처한 환경을 제대로 반영하지 못하고 있다는 점이다. 종합조사표 문항 점수는 장애유형과 특성이 고려되지 않은 채 기계적으로 배점되어 있다. 그 결과 일상생활이나 사회활동에 심각한 어려움을 겪는 장애인이라고 할지라도 중복장애가 없으면 높은 점수를 받기 어렵다. 중증이지만 기능제한 정도가 덜한 시각·청각장애인, 지적·자폐성장애인들은 종합조사표를 통해 조사한 결과, 이전에 받았던 서비스 점수보다 새로 받은 점수가 대폭 하락하여 장애인활동지원서비스 이용시간이 이전보다 줄어들거나 심지어 구간 외로 판정받아 탈락하는 사례들이 속출했다. 특히, 이러한 현상은 인지행동기능은 현저히 떨어지지만 다른 장애유형보다 일상생활동작과 수단적 일상생활동작의 기능이 비교적 양호한 지적·자폐성장애인에게서 더 극명하게 나타났다.

(2) 개선방안

장애등급제 폐지로 인해 노출된 여러 논란에 대한 해법을 찾기 위해서는 등급제 폐지를 단행한 이유를 대변하고 있는 장애등급제 폐지의 이유를 되새겨볼 필요가 있다. 등급제 폐지는 개별 장애인의 욕구를 반영한 서비스 지원 기반 마련과 수요자 중심의 맞춤형 지원체계 구축에 그 목적이 있다. 논란 해소를 위해 목적 달성에 적합한 최적의 개선안은 다음과 같다.

첫째, 전달체계와 예산지원 방식을 개선해야 한다. 전달체계가 제대로 기능하려면 장애감수성이 높은 전문가의 역할이 매우 중요하다. 일선 주민자치센터와 장애판정을 전담하고 조사를 맡고 있는 국민연금공단에 장애감수성이 높은 장애인복지 전문가를 발굴·배치하고, 이들에게 장애인의 욕구에 적합한 지역 민간자원의 발굴·연계 역할을 맡겨야 한다. 둘째, 예산지원 방식은 서비스 제공기관에 보조금을 지급하는 방식에서 이용자인 장애인에게 직접 현금을 지급하는 방식으로 제도를 개혁해 장애인의 서비스 선택권과 통제권을 보장해야 한다. 영국과 미국 등 장애인복지 선진국에서는 직접 지불 방식의 '개인예산제'를 이미 2000년 초반부터 도입·시행하고 있다. 개인예산제는 예산의 효율적 사용과 장애인의 서비스 선택권을 보장할 수 있다는 점에서 장점이 많은 예산지원 방식이다. 예산 증액이 녹록지 않은 한국에서 도입을 적극 검토해 볼 필요가 있다.

셋째, 수요자 중심의 맞춤형 지원체계 구현을 위해 세계보건기구(WHO)의 '국제기능장애건강분류(International Classification of Functioning, Disability and Health, ICF)' 모델을 폭넓게 반영한 서비스 지원 종합조사표 개선이 필요하다. 맞춤형 지원은 개별 장애인의 서비스 욕구에 걸맞은 서비스와 급여를 제공하는 것이다. ICF 모형은 장애를 개인의 손상과 기능, 환경요인 간의 상호작용의 결과로 규정하고 있다. 이러한 관점이 종합조사표에 반영된다면, 개별 장애인의 서비스 욕구와 필요도, 생활환경 등을 더 종합적으로 상세하게 판단할 수 있고, 맞춤형 지원계획 수립에도 긍정적으로 작용하게 될 것이다.

CHAPTER 04

장애유형별 특성

제1절 장애 원인 분류

제2절 장애유형 정의 및 분류

제3절 장애인등록 및 장애정도심사제도

제1절 장애 원인 분류

1. 세계보건기구의 국제장애분류

장애 원인에 대한 분류는 장애발생 및 예방의 측면에서 매우 중요한 자료로 활용될 수 있다. 1960년대 Nagi는 장애에 대한 새로운 개념을 처음으로 제시하였다. IOMS (Institute of Medicine of Washington)라고 불리는 Nagi의 모델에서 장애는 질병에 대한 신체적 방어기전인 능동적 병리학(active pathology)과 이로 인하여 나타나는 신체 조직 수준의 기능 상실인 손상(impairment), 개인 수준의 기능 제한(functional limitation), 그리고 사회 속에서의 기능 제한의 표현인 장애(disablement)의 4가지 개념으로 이루어지며, 이러한 장애의 개념은 세계보건기구의 장애개념 형성에 많은 영향을 주었다.

1972년 세계보건기구는 질병의 결과로 생기는 각종 신체적, 정신적 후유장애에 대한 초보적인 체계를 만들기 시작하였고, 그 중심에는 손상과 이에 따른 기능적, 사회적 결과에 관한 것을 분류하여, 1974년에는 장애(disability)와 핸디캡(handicap)이란 말로 정리되었다.

그러나 손상과 핸디캡은 질병의 결과로 나타나는 현상이지만 상호 간에 항상 수직적인 연관관계를 가지고 있지 않으므로 1980년 세계보건기구는 ICIDH에서 장애의 개념을 손상 또는 장해(impairment), 장애(disability), 핸디캡(handicap)의 3가지로 분류하였다(Figure 1). 손상(장해)은 질병, 상해, 선천적 기형 등으로 인해 만성적 또는 영구적으로 나타나는 심리적, 생리적 또는 해부학적 구조나 기능의 손실을 말하며 장기(organ) 수준에서 평가하는 것으로 손상이나 기능장애라는 용어를 사용하기도 한다. 장애는 장기간 지속되는 신체적 또는 정신적 기능장애로 손상의 결과로 인하여 정상적인 사람이 일상생활 속에서 활동을 수행하는 능력의 제한이나 결여를 갖게 되는 것을 의미한다.

일상생활동작 장애, 운동장애, 가사활동 장애 등 개인(person) 전체의 기능 수준의 장애를 말하며 능력장애라는 용어를 사용하기도 한다. 핸디캡은 기능장애나 능력장애로 인하여 사회적 역할 수행이 제한되거나 불가능해지는 상태를 말하며 환경적 및 사회적 수준의 장애를 말한다.

이러한 장애분류체계는 의학적 및 사회학적 정책결정의 기준을 마련하는 데 크게 기여하였다. 그러나 핸디캡의 기준이 너무 광범위하여 국제적으로 많은 논란이 발생하기 시작하여 1991년 미국의학협회(Institute of Medicine)와 1993년 미국 국립재활의학연구소에서는 핸디캡이란 용어를 사용하지 않기로 결정한 후 각각 서로 다른 장애분류를 발표하였다. 또한 1990년대 이후 건강에 대한 개념에도 변화가 일어나면서 1998년 세계보건기구는 건강에 대한 새로운 개념으로 기존의 육체적, 정신적, 사회적 안녕에 영적인 안녕을 추가하기로 결정하였다.

즉, 건강이란 개인중심의 내재적인 문제에서만 비롯되는 것이 아니라 환경, 문화, 정치, 교육 등이 다면적으로 작용하면서 이루어진다는 것이다. 이렇게 건강에 대한 정의와 개념이 바뀌면서 장애에 대한 생각도 바뀌고 있다.

그러므로 1980년 제정된 세계보건기구의 국제장애분류는 여러 건강상의 조건을 가지고 있는 사람들의 다양한 경험을 포괄하지 못하고 있으므로 여러 단계의 논의를 거치면서 2001년에 ICF를 발표하였다. ICF에서는 신체기능과 구조의 결함을 손상(impairment)이라고 하였고, 기존의 장애(disability)는 활동 제한(activity limitation)으로, 핸디캡은 참여 제약(participation restriction)으로 바꾸었다. 이와 같이 ICF에서는 장애란 용어를 위의 장해(손상), 활동 제한, 참여 제약 모두를 총칭하는 의미(umbrella term)로만 사용하고자 하고 있으며 과거 ICIDH 분류에서의 장애와는 전혀 다른 의미로 사용하고자 하는 것을 알 수 있다.

ICF는 경쟁적인 큰 두 모델의 결합이다. 하나는 의학적 모델(medical model)로 장애를 주로 개인의 관점으로 바라보는 것으로 장애는 질병, 외상, 혹은 다른 건강상의 문제점의 결과이므로 장애를 극복하기 위해서는 문제가 있는 각 개인을 전문가가 치료해야 해결된다는 개념이다. 기존의 ICIDH는 대표적인 의학적 모델로 알려져 있다. 반면에 사회적 모델(social model)에서는 장애는 불편한 사회적 환경에 의한 것이기 때문에 사회적 접근이 우선이라는 개념이다.

ICD-10(International Statistical Classification of Diseases and Related Health Problems-10)이 사망률과 유병률을 위한 진단분류체계인 ICF는 전체적인 건강상태와 건강에 대한 경험을 기술하기 위한 인간적인 삶에 대한 기능분류체계이며 세계보건기구에서는 ICD-10과 ICF를 질병과 건강상태를 평가하는 두 개의 축으로 생각하고 있다. 이 두 가지는 서로 보완적 분류체계로서 함께 사용할 것을 권장하고 있다. 개인이나 집단의 건강상태를 표현하거나 평가하기 위해서는 사망률이나 유병률을 이용하여 그들이 얼마나 오래 사느냐 하는 것뿐 아니라 얼마나 건강하고 안락하게 살고 있느냐(기능: functioning) 하는 것이 중요하기 때문이다. 예를 들면 당뇨병, 우울증과 조현병(정신분열증) 같은 정신질환, 뇌졸중이나 척수손상 등과 같은 신경 질환 등은 사망하지는 않지만 매일매일의 삶에 제약이나 부담을 주는 병증들이다. 이러한 병증들은 일상생활에 제한을 주며, 이는 재활분야나 재활의학뿐 아니라 건강에 관한 연구, 정책, 평가 등에서 특히 관심을 갖는 영역이고 현재 남아 있는 신체의 기능에 대한 자료는 건강프로그램의 효율성, 효과성, 그리고 경제성을 결정하는 데 중요한 정보를 제공할 수 있다.

ICF의 등장은 의학계에서 질병 치료의학에서 예방의학이나 재활의학이 새로이 더해지는, 단순히 의학의 한 분야가 생긴 것이 아니라 보다 근본적인 큰 틀의 변화이다. 새로운 변화란 건강의 중심에 치료의학이 있다는 기존의 개념에서 이제는 건강과 관련된 모든 분야가 서로 대등한 위치에 있다고 생각하는 것이며, 또한 건강은 기능(functioning)과 장애(disability), 개인과 집단, 그리고 환경을 함께 고려하여야 한다는 것을 강조하고 있다는 점이다. 그래서 ICF를 의학적 관점, 사회적인 관점을 모두 포함하는 의학, 심리학, 사회학 관점(bio-psycho-social view)의 평가체계라고 말하고 있다. 이제 건강이란 질병이 없는 상태만을 이야기하는 것이 아니라 선천적 장애, 노화, 외상을 포함하는 넓은 의미의 삶을 말하며 의학적 개념과 더불어 교육, 고용, 사회생활 등과 함께 어우러지면서 개념적인 융합을 통해 중도적이고 포괄적 의미로 정의하고자 하는 것이다.

이러한 ICF가 세계보건기구에 의해 승인되면서 의학계에도 ICF에 의한 큰 영향이 나타나고 있다. 그들은 건강상태(health conditions)란 급성 혹은 만성질환, 이상, 외상과 더불어 임신, 노화, 스트레스, 선천성 기형, 혹은 유전적 성향을 포함하는 매우 넓은 의미로 정의하고 있다. 또한 건강상태를 분석하기 위해 기능(functioning)과 장애(disability)라는 개념을 도입하였으며, 그중에서 ICF가 가장 큰 관심을 갖는 영역이 부정적 의미의 장애에서 긍정적 의미의 기능으로의 변화이다. 이때 사용되는 기능 - 현재 한국어로 '기능'이라고 번역되어 있으나, 그 원어의 개념은 상당히 포괄적인 개념의 용어이며 장애(disability)란 표현의 상대적인 용어로 이해하면 좋을 듯하다. -에는 신체기능(body function), 신체구조(body structure), 그리고 활동(activity), 참여(participation)가 포함되어 있다. 이들 중 신체기능,

신체구조는 모든 임상의학 및 재활의학의 핵심적인 요소이며, 이제는 활동과 참여도 의료 분야에서 관심을 가져야 한다는 점이 중요하다(Figure 2). 왜냐하면 국민들이 건강과 장애를 극복하기 위해서는 의학적인 처치가 최선의 방법, 유일한 방법이라고 생각하지 않고, 이제는 의학적 수단은 물론 가능한 모든 방법(사회적, 환경적, 정치적 방법 모두 포함)을 통해서 장애(disability)로부터 기능(functioning)을 얻고자 하기 때문이다.

2. 우리나라의 장애분류

우리나라에서는 세계보건기구에서 제정한 국제질병분류체계를 골격으로 개발된 한국표준질병사인분류(KCD)가 주로 질병의 분류기준으로 활용되고 있다. 따라서 장애인 실태조사에서 장애 관련 전문가들의 자문과 한국표준질병분류를 바탕으로 외국의 장애원인 분류를 참고하여 실태조사의 목적에 적합하게 조정하여 장애원인을 분류하였다. 조사에서는 장애의 원인을 선천적 원인, 출생 시 원인, 후천적 원인, 원인불명을 구분하여 분류한 것이다. 선천적 원인의 경우 원인분류는 유전 및 염색체이상, 선천성・발육이상, 모체의 만성질환(당뇨, 빈혈, 고혈압, 알코올중독, 약물남용), 모체의 감염(풍진, 매독, 톡소플라스마증, 후천성 면역결핍증), 미상, 기타 등으로 분류되었다.

각 장애유형별로 해당되는 장애원인들이 장애 주된 원인에 보기항목으로 제시되었다. 출생 시 원인은 조산, 난산, 출산 시 외상, 미상, 기타 등으로 분류되었다. 후천적 원인의 경우는 질환과 사고로 분류하였는데, 질환에는 신경계 질환, 정신 질환, 감각기(눈, 귀, 조음기관) 질환, 심혈관 질환, 호흡기 질환, 소화기계 질환, 대사, 면역 및 내분비계 질환, 신장・비뇨・생식기계 질환, 근골격계 질환, 신생물(종양) 질환, 기타(중독성 질환, 감염성 질환 등), 미상이 포함되었고, 사고에는 폭력에 의한 사고, 가정 내 사고, 교통사고(탑승자), 교통사고(보행자), 운동(스포츠) 및 놀이 중 사고, 화상, 의료・약물사고, 재난(지진 등 자연재해, 사회재난), 전상(군대에서의 상해 포함), 기타 사고 및 외상, 미상, 기타가 포함되었다.

그리고 후천적 원인에 의해 장애가 발생한 경우 이러한 질환이나 사고가 산업재해로 인정을 받았는지의 여부도 확인하도록 하여 산업재해보상보험의 혜택을 어느 정도 받고 있는지를 파악하고 있다. 선천적 원인의 경우 보다 세분화되고 구체적인 원인을 제시하여 유전 및 염색체이상, 선천성·발육이상, 모체의 만성질환, 모체의 감염, 미상, 기타 등 6개의 항목으로 제시하였다. 출생 시 원인의 경우는 조산, 난산, 출산 시 외상, 미상, 기타 등 5개의 항목이다. 그리고 후천적 원인의 경우는 질환의 경우 보기항목으로 12개 항목을 제시하였고, 사고의 경우는 12개 항목을 제시하였다. 이와 같이 후천적 원인을 세분화하여 제시한 이유는 최근 조사 결과에서도 알 수 있듯이 후천적 장애발생률이 높아지고 있는 상황을 반영하고 있다.

제2절 장애유형 정의 및 분류

장애의 유형은 크게 신체적 장애, 정신적 장애로 구분되고 신체적 장애인은 외부 신체기능의 장애와 내부기관의 장애로 유형화되며, 정신적 장애는 정신장애와 발달장애로 유형화된다. 각 장애유형은 15개 장애유형으로 분류된다. 구체적인 장애유형은 다음과 같다.

표 4-1 장애의 유형 및 분류

대분류	중분류	소분류	세분류
신체적 장애	외부 신체기능의 장애	지체장애	절단장애, 관절장애, 지체기능장애, 척추장애, 변형 등의 장애
		뇌병변장애	뇌의 손상으로 인한 복합적인 장애
		시각장애	시력장애, 시야결손장애, 겹보임(복시)
		청각장애	청력장애, 평형기능장애
		언어장애	언어장애, 음성장애, 구어장애
		안면장애	안면부의 추상, 함몰, 비후 등 변형으로 인한 장애
	내부 기관의 장애	신장장애	투석치료 중이거나 신장을 이식 받은 경우
		심장장애	일상생활이 현저히 제한되는 심장기능 이상
		간장애	일상생활이 현저히 제한되는 만성·중증의 간기능 이상
		호흡기장애	일상생활이 현저히 제한되는 만성·중증의 호흡기기능 이상
		장루·요루장애	일상생활이 현저히 제한되는 장루·요루
		뇌전증장애	일상생활이 현저히 제한되는 만성·중증의 뇌전증

<table>
<tr><td rowspan="3">정신적 장애</td><td rowspan="2">발달장애</td><td>지적장애</td><td>지능지수가 70 이하인 경우</td></tr>
<tr><td>자폐성장애</td><td>소아청소년 자폐 등 자폐성장애</td></tr>
<tr><td>정신장애</td><td>정신장애</td><td>조현병, 조현정동장애, 양극성정동장애, 재발성우울장애, 뇌의 신경학적 손상으로 인한 기질성 정신장애, 강박장애, 투렛장애(Tourette's disorder), 기면증</td></tr>
</table>

출처: 보건복지부, 장애인복지사업안내, 2024.

1. 지체장애의 정의 및 분류

1) 지체장애의 정의

「장애인복지법 시행령」(2018년 12월 31일 개정)에 의한 지체장애인의 포함 대상은 다음과 같다.

① 한 팔, 한 다리 또는 몸통의 기능에 영속적인 장애가 있는 사람이다.

② 한 손의 엄지손가락을 지골(指骨: 손가락뼈) 관절 이상의 부위에서 잃은 사람 또는 한 손의 둘째손가락을 포함한 두 개 이상의 손가락을 모두 제1지골 관절 이상의 부위에서 잃은 사람이다.

③ 한 다리를 가로발목뼈관절(lisfranc joint) 이상의 부위에서 잃은 사람이다.

④ 두 발의 발가락을 모두 잃은 사람이다.

⑤ 한 손의 엄지손가락 기능을 잃은 사람 또는 한 손의 둘째손가락을 포함한 손가락 두 개 이상의 기능을 잃은 사람이다.

⑥ 왜소증으로 키가 심하게 작거나 척추에 현저한 변형 또는 기형이 있는 사람이다.

⑦ 지체(肢體)에 위 각 목의 어느 하나에 해당하는 장애정도 이상의 장애가 있다고 인정되는 사람이다.

구체적으로 지체장애란 사지와 몸통의 운동기능장애를 말한다. 운동기능장애란 운동기관이 있는 중추신경계, 근육 및 뼈, 관절 등의 부상이나 질병으로 인하여 장기간 일상생활에서 혼자 활동하는 것이 곤란한 상태에 있는 것을 말한다. 사람의 몸은 골격 사이의 관절과 관절을 움직이는 근육, 근육을 수축하게 하는 신경으로 이루어져 있어서 여러 가지 운동을 할 수 있도록 되어 있는데, 질병이나 외상(교통사고, 추락 등)으로 기능장애가 발생하여 운동장애를 일으키는 것을 의미한다.

일반적으로 장애 중 가장 다양한 유형과 종류가 있으며, 인구규모에서도 가장 높은 비중을 차지한다. 지체장애의 종류는 크게 지체기능장애, 관절운동장애, 절단, 변형으로 구분된다.

2) 지체장애의 원인

지체장애의 원인은 장애의 발생 시기에 따라 선천적 원인과 후천적 원인으로 대별할 수 있다. 선천적 원인이란 장애가 출산 전인 태아 때 이미 발생한 것이며, 후천적 원인이란 출산 후에 발생한 것인데, 대부분의 지체장애는 후천적 원인에 의한다. 특히 성인이 되어 사회활동 중에 장애가 발생한 경우를 '중도장애'라고 한다.

신체적 기형은 대부분의 경우 태어나는 즉시 쉽게 발견되어 선천성인지를 명확히 알 수 있다. 선천적 원인은 수없이 많은데, 그중 대표적인 것으로는 유전, 염색체이상, 심한 대사장애, 임신 중 흡연, 약물복용, 방사선조사, 매독 또는 풍진 등의 감염, 조산 또는 난산, 혈액형 부조화, 고령임신 등을 들 수 있다. 후천적 원인으로는 외상이 중요시되어 왔으나, 최근 선진국에서는 외상보다 당뇨병, 혈액순환장애, 관절염 등 만성질환이 장애 원인의 70~80%를 차지하고 있으며, 우리나라의 경우도 마찬가지이다.

(1) 절단장애

사지의 일부를 상실하는 것을 의미한다. 절단을 크게 상지절단과 하지절단으로 나누며, 질병이나 외상에 의한 결손뿐만 아니라 선천적인 결손도 포함한다. 절단은 주로 외상 또는 질병으로 인하여 수술적으로 절단한 경우로, 외상으로 인한 절단은 대체로 교통사고, 산업재해 등에 의한 것이 대부분이며, 질병으로 인한 절단은 흔히 동맥경화증, 버거씨병, 당뇨병으로 인한 하지괴저 등 주로 혈액순환장애에 의한 것이 가장 많다.

(2) 선천적 기형

유전적 요인이나 환경적, 기타 이유 등으로 인하여 선천적으로 여러 가지 기형을 가지면 지체장애가 되기도 하는데, 선천적 기형은 손이나 발가락 기형에서 다리나 팔이 없는 등 매우 다양하다. 기형 정도가 경미하면 성형수술로 보완할 수 있으나, 정도가 심하면 의족·의수와 같은 보조기기를 사용해야 한다.

(3) 관절염

관절염은 대개 관절연골의 파괴와 관절 주위 조직의 유착으로 관절운동이 제한되고 심한 통증이 지속되어 관절이 제 기능을 할 수 없게 되는 경우이다. 이런 경우 신체활동에 심한 제약을 받게 되어 사회생활이 어려워지고 경제활동이 위축될 뿐만 아니라 심리적 갈등이 생기는 등 생활의 전반적 기반이 흔들리기까지 한다. 관절염은 원인에 따라 여러 종류로 구분되는데, 흔히 퇴행성 관절염, 류머티즘 관절염, 감염성 관절염을 들 수 있다.

(4) 척수손상

척수손상이란 척추에 압력이 가해져 척추가 손상되면 이로 인해 척수가 손상되어 운동지각장애가 일어나는 증상을 말한다. 즉, 척추 내에 있는 기둥과 같은 굵은 신경인 척수가 질병이나 외상으로 손상되면 그 손상 부위 이하에 운동마비, 감각마비가 나타난다. 척수손상은 암(종양), 척추결핵, 혈관질환 등에 의해 발생하기도 하지만, 대부분은 교통사고, 산업재해 또는 운동경기 중 부상과 같은 외상에 의해 나타나는데, 이런 이유로 주로 남자에게 많이 발생한다.

(5) 소아마비

소아마비는 말초신경 손상으로 바이러스 균이 음식과 함께 입으로 들어가 척수전각세포를 파괴하며, 상지나 하지에 이완성마비를 일으키는 감염성질환으로 감각에는 이상이 없는 것이 특징이다. 대부분 소아에게서 발생하므로 소아마비라는 병명이 붙었으나 청년기나 성인기에도 발병할 수 있다.

시기에 따라 증세가 달라지는데, 급성기는 대체로 고열로 시작되어 구토와 두통 그리고 근육통을 호소하며, 이 시기에는 독감이나 기타 열병과 구별이 어렵다. 열이 난지 3~4일 후 갑자기 사지의 마비가 나타나며, 마비근육을 만지면 통증이 발생한다. 마비는 상지보다 하지에 나타나는 경우가 더 많으며, 마비의 정도도 하지에서 더 심하다. 회복기는 열이 떨어진 2주부터 시작하여 약 2년까지의 기간을 말한다. 이 시기에는 마비가 어느 정도 회복되는데, 대체로 2년 동안 회복이 이루어지지만 초기 6개월까지가 가장 현저하게 회복되고 2년간 지속되며, 유아기에 발생하였을 경우에는 회복이 3년까지 계속되기도 한다. 잔유기는 회복기 이후, 즉 발병한 지 2년이 경과된 경우를 말하며 이 시기의 환자를 '소아마비 후유증 환자'라고 한다. 그러므로 소아마비 환자는 거의 잔유기에 있는 소아마비 후유증 환자라 할 수 있다.

치료는 급성기에는 심신안정이 필요하므로 내과적인 일반치료가 주가 되며, 근육통은 더운물 찜질을 하는 등의 물리치료가 보조치료로 시행된다. 회복기가 되면 관절운동, 근력보강운동 등의 물리치료가 주가 된다. 잔유기가 되어 걸을 수 있게 되면 보조기를 착용시키거나 지팡이 또는 목발을 사용하여 보행훈련을 실시하게 되는데, 몸의 변형이 발생하지 않도록 항상 염두에 두어야 한다. 하지 근육의 힘이 약한 상태에서 그대로 걷게 되면 변형이 발생할 수 있기 때문이다.

(6) 근이영양증

근육이 진행성으로 위축되고 점차 힘이 없어져 움직일 수 없게 되는 근육질환의 하나로, 감각은 정상이며 통증이 없는 것이 특징이다. 즉, 근육의 위축을 초래하여 힘이 떨어져서 차차 걷지 못하고 휠체어에 의지하게 되거나 자리에 눕게 된다. 원인은 대개 유전이며 원인불명의 경우도 있다. 그러나 염증이나 외상으로 오는 것은 아니며, 그 종류에 따라 처음 시작되는 시기(나이)와 침범되는 부위가 다른데 대체로 대칭성으로 양쪽에 나타난다. 제대로 움직이지 못하고 병에 대한 저항력이 떨어지게 되는 경우 호흡이나 심장의 기능이 저하되어 사망에 이르게 된다.

3) 지체장애의 판정시기

지체장애의 판정시기는 장애의 원인질환 등에 관하여 충분히 치료하여 장애가 고착되었을 때 장애인으로 진단하며, 그 기준 시기는 원인질환 또는 부상 등의 발생 또는 수술 후 6개월 이상 지속적으로 치료한 후로 한다. 다만 지체의 절단 및 인공관절치환 등은 예외로 할 수 있다. 수술 또는 치료로 기능이 회복될 수 있다고 판단하는 경우에는 장애판정을 처치 후로 유보하여야 한다. 신체가 왜소한 사람(키가 작은 사람)에 대한 장애등급은 성장이 정지되었을 때 판정할 수 있으므로 남성의 경우 20세부터, 여성의 경우 18세부터 판정한다. 다만 남성의 경우에 왜소증의 증상이 뚜렷하여 앞으로의 성장이 미미할 것으로 예측되는 경우에는 18세 이상에서 판정할 수 있다. 또한 향후 장애정도의 변화가 예상되는 경우에는 최초 진단일로부터 2년 이상 경과한 후에 재판정하게 된다. 재판정이 필요한 경우 장애진단을 하는 전문의는 장애진단서에 그 시기와 필요성을 구체적으로 명시하여야 한다.

4) 지체장애의 유형 및 판정기준

(1) 절단장애

절단이란 상지나 하지의 일부분을 잃어버린 상태로 외상에 의한 결손뿐 아니라 선천적인 결손도 포함된다. 절단은 선천적으로 태아 시절에 발육부전으로 발생하는 경우도 있으나 매우 드물며, 대부분은 후천적 요인으로 외상에 의하여 절단되었거나 질병으로 인하여 수술적으로 절단한 경우이다. 외상으로 인한 절단은 대체로 교통사고, 산업재해 등에 의한 것이 대부분이며, 질병으로 인한 절단은 동맥경화증, 당뇨병, 합병증 등 주로 혈액순환장애에 의한 것이 가장 많다. 이 밖에도 뼈나 근육에 생긴 암 및 만성골수염 또는 심한 기형이 있는 경우에도 절단수술이 시행되고 있다.

(2) 관절장애

해당 관절의 강직, 근력의 약화 또는 마비, 관절의 불안정(동요관절, 인공관절치환술 후 상태) 등의 경우를 말하며, 관절강직이라 함은 관절이 한 위치에서 완전히 고정(완전강직)되었거나 관절운동범위가 감소된 것(부분강직)을 말한다.

장애등급표에서는 팔의 경우 어깨관절, 팔꿈치관절, 손목관절을, 다리의 경우 고관절, 무릎관절을 대상으로 하고 있으며, 관절기능장애의 정도에 따라 '관절기능을 완전히 잃은 사람'과 '관절의 기능에 뚜렷한 장애가 있는 사람'으로 구분하고 있으며, 한쪽에 장애가 있는 경우만을 규정하고 있다. 관절기능을 완전히 잃은 사람은 해당 관절이 완전 강직되었거나 운동범위가 90% 이상 감소되었거나, 완전마비로 해당 관절을 움직일 수 없는 사람을 말한다. 다만 관절에 90% 이상의 강직이 있다고 하여도 기능성을 확보할 수 있는 위치에서 강직된 경우는 관절의 기능에 뚜렷한 장애가 있는 사람으로 구분한다. 관절의 기능에 뚜렷한 장애가 있는 사람이라 하면 관절의 운동범위가 75% 이상 감소했거나, 해당 관절을 겨우 움직일 수 있는 정도의 마비가 있는 사람을 말한다.

(3) 지체기능장애

팔, 다리의 기능장애와 척추장애로 대별된다. 팔, 다리의 기능장애는 팔 또는 다리의 마비, 관절의 강직으로 팔 또는 다리의 전체 기능에 장애가 있는 경우를 말한다. 마비에 의한 팔, 다리의 기능장애는 주로 말초신경계의 손상이나 근육병증 등으로 운동기능장애가 있는 경우이며, 감각상실은 포함하지 않는다. 팔 또는 다리의 기능장애가 마비에 의할 때는 근력이 어느 정도 남아 있지만 기능적이 되지 못할 정도여야 하며, 관절강직에 의한 경우에는 팔이나 다리의 3대 관절 중 두 개 이상 침범되어야 한다. 근력은 주로 도수근력검사(manual muscle test), 관절운동범위는 관절운동기로 측정한다.

(4) 척추장애

척추의 병변으로 척추강직이 있는 경우를 말한다. 목뼈와 등・허리뼈의 운동범위가 정상의 4/5 이상 감소와 강직성 척추질환으로 목뼈와 등뼈 및 허리뼈가 완전 강직되고 뼈 또는 등・허리뼈의 운동범위가 정상의 4/5 이상 감소된 사람과 목뼈 또는 등・허리뼈의 운동범위가 정상의 3/5 이상 감소되고, 목뼈 또는 등・허리뼈의 운동범위가 정상의 2/5 이상 감소와 강직성 척추질환으로 목뼈와 등뼈 또는 등뼈와 허리뼈가 완전 강직되었으며, 목뼈 또는 등・허리뼈의 운동범위가 정상의 1/5 이상 감소, 강직성 척추질환으로 목뼈 또는 허리뼈가 완전 강직된 사람이다.

(5) 변형 등의 장애

신체의 외적 모양이 정상과 다른 것으로, 한쪽이 짧거나 왜소증과 같이 신체의 전반적인 발육부진으로 왜소한 경우도 변형에 포함된다. 변형은 일차적으로 외관상의 문제이지만 이로 인한 기능저하의 측면에서 장애를 판정한다. 변형의 부분에서 상지부분과 척추에서도 변형이 있다. 뒤로 굽은 척추후만증(만곡각도 60도 이상), 옆으로 휜 척추측만증(만곡각도 40도 이상) 등이 있다. 그리고 이분척추증이 있다. 일반적으로 변형은 타고난 선천성 기형보다는 성장하는 어린이가 골 성장판이 손상되는 경우, 골절 후 잘못 유합된 경우, 오랫동안 진행된 류머티즘 관절염 등으로 인해 발생한다. 절단은 변형에 포함되지 않는다.

5) 지체장애의 특성

(1) 신체적 특성

지체장애는 신체장애 중에서 가장 높은 비율을 차지하고 있다는 것이 그 특징이다. 일반적으로 신체적 발달이 느리고 발달의 개인차가 심하며 불규칙적이다. 형태적인 발달은 운동부족과 영양상의 문제로 남녀 모두 가슴둘레를 제외하고 키, 몸무게에 있어서 지체가 있으며 유연성이나 근력, 순발력, 민첩성, 평형성, 지구력 등의 운동기능도 일반적으로 지체되어 있다. 이와 같이 지체장애는 질환의 원인이나 장애의 정도에 따라 체격이나 운동기능의 차이는 있지만, 대체적으로 형태적 발달이나 운동기능에 있어서도 일반인에 비해 지체되어 있는 편이다. 그리고 최근의 지체장애는 종래의 척수성 소아마비, 선천성 탈구, 골관절 결핵보다 교통사고, 산업재해 등의 사고에 의한 장애가 증가하고 있다. 또한 중도 및 중복장애의 증가가 지체장애의 큰 특징이라 할 수 있다.

(2) 지능적 특성

지능은 사고력, 판단력, 추리력, 기억력 등 정신기능의 총합이다. 지체장애의 경우 지능이 개인의 능력에 지장을 줄 정도로 직접적인 관계는 없다. 그러나 일반적으로 질환의 원인과 관계없이 그 행동이 제한되어 경험영역이 협소하고 견문도 한정되어 있으므로, 유전적 소질이 모두 뛰어나다 하더라도 지체장애 그 자체가 그들의 지능 개발과 발달에 부정적인 영향을 미치고 있다.

소아마비의 경우에는 소수의 예를 제외하고는 대다수가 척수에 침해를 입었을 뿐 뇌에는 장애가 없으므로 본질적으로 지능이 일반인과 비교하여 열등하다고 볼 수 없으나, 후천적인 환경 때문에 지능의 발달이 더딜 수 있다. 뇌성마비는 비교적 비장애인보다 낮은 지능을 소유하고 있지만, 1/4 정도는 비장애인과 동일한 수준이다.

(3) 행동적 특성

지체장애인은 감각을 통한 학습의 제한과 지각장애에 의한 인지의 부족으로 행동발달이 비장애인의 수준에 미치지 못하는 경우가 있다. 특히 뇌성마비의 경우 특정 대상에 집중하지 못하고 주위의 사물에 대하여 무선택의 반응을 보이는 전도성이 있으며, 사고방식이나 방식이 한 가지 점에만 기울어져 관점의 변경이 어려운 고집성과 행동을 조정하거나 억제하기 어려운 문제 등을 가지고 있다. 이처럼 지체장애인은 질환의 원인, 부위, 기간의 장단 등에 따라 다소의 차이는 있지만, 행동의 범위가 제한되어 접촉하는 사람의 수와 기회가 적기 때문에 사물이나 사람에 대한 경험이나 견문이 부족할 수밖에 없다.

(4) 심리적 특성

지체장애인은 일반인에 비해 열등감, 불안, 공격성 등이 높게 나타나고 있으며, 자아개념 속에 비현실적인 요소가 내포된 것으로 나타나고 있다. 그리고 장애 그 자체가 건전하고 정확한 신체상을 갖기 어렵게 할 수 있으며, 이러한 지체장애인은 심각한 외상에 대한 경험과 사회적 편견으로 인해 심리적 및 정신적 질환을 갖는 것이 일반적인 현상이다. 특히 중도에 장애가 발생했을 경우에는 자포자기의 현상을 초래하는 경우가 많다. 따라서 일상생활에서 매일 나타나는 과제를 해결하는 것에서 무력감과 의존성을 갖게 되고 열등감, 현실도피와 고립, 사회적 관계의 단절, 자기중심적 사고 등을 갖는 경향을 보여준다. 장애인 스스로 해결할 수 있는 방법은 한 단계 한 단계씩 장기간의 인내를 통해 시련을 극복함으로써 긍정적인 생활태도로 변화할 수 있으며, 이러한 장애의 수용태도는 앞으로 사회생활의 명암을 결정하는 중요한 요소가 된다.

2. 뇌병변장애의 정의 및 분류

1) 뇌병변장애의 정의

지난 1999년 「장애인복지법 시행령」 개정령에서 뇌병변장애를 기존의 지체장애에서 별도로 분리하여 새로운 장애범주로 추가하였다. 이에 따라 '2000년 장애인 실태조사'를 시작으로 '2023년 장애인 실태조사'에서도 지체장애와 별도로 뇌병변장애에 대해 조사를 실시하였다. 시행령에서 규정하고 있는 뇌병변장애란 "뇌성마비, 외상성 뇌손상, 뇌졸중(腦卒中) 등 뇌의 기질적 병변으로 인하여 발생한 신체적 장애로 보행이나 일상생활의 동작 등에 상당한 제약을 받는 사람"으로 2017년 조사와 동일하다. 보행상의 장애정도는 "도움과 보호가 필요한 사람", "보행이 현저하게 제한된 사람", "보행이 상당한 정도 제한된 사람", "보행이 경중한 정도 제한된 사람", "보행이 경미하게 제한된 사람", "보행 시 파행을 보이는 사람"으로 분류되고 있고, 일상생활동작에서의 장애정도는 "일상생활동작이 현저히 제한된 사람", "일상생활동작이 상당히 제한된 사람", "섬세한 일상생활동작이 현저히 제한된 사람", "섬세한 일상생활동작이 상당히 제한된 사람", "섬세한 일상생활동작이 경중한 정도 제한된 사람"으로 분류된다.

2) 뇌병변장애의 원인 및 유형

선천적 · 출생 시 원인으로는 뇌성마비, 뇌손상 등이 있으며, 신체적 기형은 태어나는 즉시 알 수 있지만, 경미한 뇌성마비와 같은 경우는 출생 전 태아 때 이미 발생하였더라도 흔히 출산 후 수개월이 지나야 비로소 이상이 발견될 수도 있다. 그러므로 정확한 원인을 찾지 못하는 경우가 많다. 1,000명당 6~7명 정도로 출현하고 있다. 후천적 원인으로는 뇌막염, 뇌졸중, 뇌종양 등이 있다.

(1) 뇌성마비

뇌성마비는 통상적으로 미성숙한 뇌에 대한 비진행성 병변 또는 손상으로 생기며, 운동과 자세의 장애를 보이는 임상증후군이라고 정의한다. 뇌성마비는 뇌가 발달하는 시기에 손상을 입고 그 기능이 저하되어 마비와 기타 여러 장애가 동반되는 것이다. 마비가 더 이상 진행되지 않는 것이 특징이며, 사람에 따라 감각이나 지능의 장애를 동반하여 여러 종류의 장애가 중복되는 경우가 많다.

뇌성마비장애 분류는 장애정도에 따른 분류로 경증(mild), 중등도(moderate), 중증(severe)으로 나뉜다. 생리적(physiologic) 특성에 따른 유형은 근육 경직형(硬直型), 무정위운동형(無定位運動型), 운동실조형, 강직형, 진정형, 혼합형 등이 있으며, 장애 발생 부위에 따른 유형은 단지마비, 편마비, 양하지마비, 사지마비가 있다.

뇌성마비의 출산 전 원인으로는 체내에서 뇌의 발육부진, 혈액형의 부적합, 산모의 병, X-ray 과다촬영, 중독 등이 있다. 출산 시 원인으로는 조산, 저체중 아동에게서 특히 위험인자가 많으며, 난산으로 인한 출혈과 산소 결핍, 기계적 분만 등이 있다. 출산 후 원인으로는 유아기의 심한 황달, 뇌막염이나 뇌염후유증, 머리의 외상 등이 있다. 뇌성마비의 조기치료는 효과가 높기 때문에 조기발견과 조기치료가 매우 중요하다.

(2) 뇌졸중(腦卒中)

뇌졸중은 중풍 또는 뇌혈관장애라고도 하며, 뇌에 혈액을 공급하는 혈관이 막히거나 터짐으로써 그 부분의 뇌가 손상되어 나타나는 신경학적 증상이다. 또한 뇌 조직에 지속적으로 산소와 포도당의 공급이 차단되어 국소 뇌조직의 이상을 초래하여 신경학적 기능장애로 유발되는 질환이다. 뇌졸중은 크게 뇌경색(뇌에 이르는 혈관이 막히는 것)과 뇌출혈(뇌에 이르는 혈관이 터지는 것)로 분류하며, 뇌경색이 약 80%, 뇌출혈이 약 20%를 차지한다.

뇌졸중의 증상은 출혈량이 적고 출혈부위가 치명적인 곳이 아닐 때는 잠깐 현기증이나 마비가 생겼다가 사라질 수 있어서 자각하지 못하는 경우가 많지만, 심하면 사망하거나 식물인간, 반신불수, 언어장애, 시각장애 등 심각한 후유증을 남긴다.

대부분의 뇌졸중은 여러 요인이 복합적으로 작용하여 발생하는데 고혈압, 심장병, 고연령, 이전의 뇌졸중 병력, 뇌허혈발작, 흡연 및 당뇨병, 음주, 혈청지질이상, 경구용 피임약 복용 등이 뇌졸중을 일으키는 주요 원인으로 지목되고 있다.

뇌졸중의 주요 증상은 신체 편측 상·하지의 근력이 약해지거나 완전히 움직일 수 없게 된다. 머리가 아프고 체한 것같이 토하며, 전신이 괴롭게 느껴지다가 갑자기 의식을 잃으며, 마비가 온다. 뇌졸중은 보통 중복장애를 가져오는데, 흔히 언어장애, 시각장애, 인지능력장애, 안면신경마비 등이 대표적이다.

(3) 외상성 뇌손상

외상성 뇌손상은 1980년대 들어 급속히 출현한 장애 중 하나로 사회가 발전하면서 교통사고, 산업재해, 스포츠 손상 등 각종 사고가 늘어남에 따라 외상성 뇌손상 환자가 증가하고 있다.

외상성 뇌손상은 신체적 기능, 인지기능 및 정신적 기능에 중요한 영향을 미친다. 뇌손상 장애인들은 독립적인 생활, 지적 기능, 언어능력 및 시각적 운동기능 등이 일반인에 비하여 좋지 못하며, 임상적으로는 경도, 중등도, 중증 및 식물인간 상태의 4단계 손상군으로 분류된다.

3) 뇌병변장애의 판정

(1) 판정시기

뇌졸중, 뇌손상 등 기타 뇌병변이 있는 경우는 발병 또는 외상 후 6개월 동안 지속적으로 치료한 후에 장애진단을 하며, 동기간이 경과하였다 하더라도 뚜렷하게 기능의 향상이 진행되고 있는 경우는 진단을 미루어야 한다.

식물인간 또는 장기간의 의식 소실 등의 경우 발병(외상) 후 6개월이 경과하면 장애진단을 할 수 있으며, 이러한 경우 최초 진단일로부터 2년 후에 재판정을 하도록 한다.

수술 또는 치료로 기능이 회복될 수 있다고 판단하는 경우에는 장애진단을 처치 후로 유보하여야 한다. 다만, 1년 이내에 국내 여건 또는 장애인의 건강상태 등으로 인하여 수술 등을 하지 못하는 경우는 예외로 하되 필요한 시기를 지정하여 재판정을 받도록 하여야 한다.

향후에 장애정도의 변화가 예상되는 경우에는 반드시 재판정을 받도록 하여야 한다. 이 경우 재판정의 시기는 최초의 진단일로부터 2년 이상 경과한 후로 한다. 2년 이내에 장애상태의 변화가 예상될 때에는 장애의 판정을 유보하여야 한다.

재판정이 필요한 경우 장애진단을 하는 전문의는 장애진단서에 그 시기와 필요성을 구체적으로 명시하여야 한다.

(2) 판정기준

뇌병변장애의 판정은 뇌성마비, 외상성 뇌손상, 뇌졸중 등 뇌의 기질적 병변으로 인한 경우에 한한다. 장애의 진단은 주된 증상인 마비의 정도 및 범위, 불수의 운동의 유무 등에 따른 팔·다리의 기능저하로 인한 앉기, 서기, 걷기 등의 이동능력과 일상생활활동(동작)의 수행능력을 기초로 전체 기능장애정도를 판정한다.

뇌의 기질적 병변으로 시각·청각 또는 언어상의 기능장애나 지적장애에 준한 지능저하 등이 동반된 경우는 중복장애 합산 인정기준에 따라 판정한다.

(3) 장애정도와 등급 판정

뇌병변장애의 판정시기는 뇌졸중, 뇌손상 등 기타 뇌병변이 있는 경우 발병 또는 외상 후 6개월 동안 지속적으로 치료한 후에 장애판정을 할 수 있으며, 6개월이 경과했다 하더라도 뚜렷하게 기능의 향상이 진행되고 있는 경우에는 판정을 미루거나, 최초 판정일로부터 2년 후에 재판정을 해야 한다. 뇌병변장애의 판정기준은 지체장애와 유사하며, 주된 증상인 마비의 정도 및 범위, 불수의운동의 유무 등에 따른 팔다리의 기능저하로 인해 앉기, 서기, 걷기 등의 이동능력과 일상생활동작 수행능력을 기초로 한다. 장애등급은 중증장애와 경증장애로 구분한다.

3. 시각장애의 정의 및 분류

1) 시각장애의 정의

시각장애란 "시 기능의 현저한 저하 또는 소실에 의해 일상생활 또는 사회생활에 제약이 있는 사람"을 말하는 것으로, 「장애인복지법」 장애등급판정 지침에서는 시각장애를 시력감퇴에 의한 시력장애와 시야결손에 의한 시야결손장애로 구분하고 있다. 시각장애는 눈의 여러 가지 기능장애를 포괄적으로 나타내는 것으로, 물체의 존재 및 그 형태를 인식하는 눈의 능력을 시력이라고 한다. 시력의 상실 또는 감소로 인한 장애를 정도별로 나누어 보면, 시력이 전혀 없는 상태를 전맹(total blindness: 시력 0)이라 하고, 암실에서 장애인의 눈에 광선을 점멸하여 이를 인식할 수 있는 상태를 광각(light-perception), 눈앞에서 손을 좌우로 움직일 때 이를 알아볼 수 있을 정도를 수동(hand movement), 자기 앞 1m 전방의 손가락 수를 헤아릴 수 있는 상태를 지수(finger count: 시력 0.02 이하)로 표현한다.

또한 눈으로 한 점을 주시하고 있을 때 그 눈이 볼 수 있는 외계의 범위를 시야(visual field)라고 하는데, 시야의 범위가 좁은 경우에도 주변시력의 감퇴로 행동장애를 일으킬 수 있다. 2023년 실태조사에서는 2020년 실태조사와 동일하게 교정시력 0.2 이하인 사람을 대상으로 시력장애와 시야결손장애를 조사대상에 포함시켰다. 시행령에 규정된 구체적인 시각장애의 기준은 다음과 같다.

① 나쁜 눈의 시력(공인된 시력표에 따라 측정된 교정시력을 말한다. 이하 같다)이 0.02 이하인 사람
② 좋은 눈의 시력이 0.2 이하인 사람이다.
③ 두 눈의 시야가 각각 주시점에서 10도 이하로 남은 사람이다.
④ 두 눈의 시야 2분의 1 이상을 잃은 사람이다.

2) 시각장애의 유형

(1) 약시(partially seeing)

안경이나 렌즈를 이용한 교정 후 중심시력이 20/70~20/200 사이의 시력을 가진 경우를 말한다.

(2) 맹(blindness)

교정 후 중심시력이 20/200 이하인 경우나 주변시력(peripheral vision)이 20도 이내로 제한된 경우이다. 정상시력을 가진 사람은 200피트 거리에서 고개를 돌리지 않더라도 180도 안의 사물을 안경이나 콘택트렌즈를 착용하고 볼 수 있으나, 시야가 20도 이하인

사람은 좁은 터널을 통해 주변을 20피트에서 보는 것과 같다. 법적 맹으로 규정된 사람(20/200) 중 약 75%가 시각능력을 이용해 일정한 형태의 인쇄글자를 읽을 수 있다.

3) 시각장애의 원인

시각장애의 원인은 선천적・후천적 원인에 의해 발생한다. 백내장, 녹내장, 트라코마 등의 질병에 의한 원인 그리고 안구에 이물질 유입, 화상, 화학물질에 의한 손상, 안구부 외상 등에 의해 발생하는 것이 대부분이다. 그 밖에 영양결핍, 약물중독, 유전성 질환 등도 시각장애의 원인으로 작용한다.

(1) 굴절 이상

① **근시**: 안구의 앞뒤 길이가 정상보다 길거나 각막이나 수정체의 굴절력이 강해 상이 망막보다 앞에 맺어지는 것이다. 증상은 가까운 곳은 잘 보이고 먼 곳은 잘 안 보인다. 비율은 굴절 이상의 약 25~35% 차지하며, 분류는 경도(-2디옵터 이하), 중등도(-2디옵터~6디옵터), 고도(-6디옵터 이상)이다.

② **원시**: 안구의 전후 길이가 정상보다 짧거나 각막이나 수정체의 굴절력이 약해서 상이 망막보다 뒤에 맺히게 되어 먼 곳은 잘 보이나 가까운 곳이 잘 안 보이는 것이다. 증상은 젊은 사람은 수정체의 탄력이 좋아 가까운 곳도 잘 볼 수 있으나, 40대 이후는 수정체 굴절력 감소로 가까운 곳을 보기가 더 어려움(노안)이 있는 것이다.

③ **난시**: 서로 다른 각막의 굴절력으로 초점이 한 곳에 일치하지 못해 상이 흐려진다. 증상으로는 정상 각막은 농구공처럼 둥근 모양이고, 난시 각막은 서로 다른 각막의 굴절력으로 초점이 한 곳에 일치하지 못해 상이 흐려진다. 근거리 원거리는 모두 상이 흐려지고, 근시나 원시가 동반되는 경우가 많다.

④ **노안**(40대 이후): 연령이 증가함에 따라 수정체의 크기와 성질이 변하게 되어 가까운 곳을 볼 때 수정체가 두꺼워지지 못해 망막의 뒤쪽에 초점을 맺게 되어 상이 흐릿하게 보이게 되는 것을 말한다. 증상으로는 근거리 시력의 장애가 있다.

(2) 눈 근육의 이상

① **사시:** 두 눈에 있는 근육들이 동일하게 움직이지 않아 같은 방향으로 동일 대상을 바라보는 데 어려움을 가지게 되는 것이다. 증상은 서로 다른 상을 형성하고 있는 것을 두뇌가 통합하지 못할 경우 한쪽 눈에 형성된 상을 억제하게 되어 한쪽 눈의 실명을 초래하는 것이다. 치료방법은 수술이나 시각정보가 두뇌에 의해 처리되는 부분의 눈을 가림으로써 다른 눈을 통해 들어오는 시각정보를 두뇌가 처리하도록 의도적으로 훈련을 실시하는 것이다.

② **안구진탕증:** 불수의적(不隨意的, 자신의 뜻과 상관없이)으로 눈의 움직임이 급속하게 일어나는 것을 말한다. 증상은 눈의 초점을 맞추는 데 어려움을 초래하고, 읽기활동 시 읽는 속도가 상대적으로 느리거나 시각과제 수행 시 피로감을 자주 느낀다.

(3) 각막, 홍채, 수정체 이상

① **각막 손상:** 각막에 손상이 생긴 경우이다. 빠른 시일 내에 치료하지 않으면 물체가 흐리게 보이거나 심한 경우 실명을 초래한다.

② **내장:** 안구 내에 있는 액체의 유출이 제한됨으로써 안구 내 압력의 증가로 발생한다. 선천성은 선천적으로 원활치 못한 방수 배출로 인해 안압이 높아진다. 3세 이후에는 안압 증가로 인한 통증, 메스꺼움, 두통 등의 증세를 보인다. 치료방법은 이상이 발견되었을 때 눈약이나 수술을 통해 치료해야 한다. 예후로는 즉시 치료하지 않을 경우 회복 불가능한 시력손실을 초래할 가능성이 있다.

③ **광선공포증:** 홍채가 완전히 발달하지 않았거나 눈의 색소가 부족한 경우가 발생한다. 증상은 빛에 대해 지나치게 민감한 반응을 보이며, 백내장이라는 2차 문제를 수반할 가능성이 있다.

④ **백내장:** 수정체가 불투명해지는 것을 말한다. 선천성은 수술로 수정체 제거, 콘택트렌즈나 안경 등을 착용해도 심한 시각장애가 많다. 후천성은 50~60대 이후 발병, 수술 후 인공수정체 삽입 시 예후가 좋다. 증상은 시상이 흐리게 맺히거나 심한 경우 실명을 초래한다.

(4) 망막 이상

① **당뇨로 인한 망막이상증**: 당뇨병으로 인해 발생하며, 안구혈관에 변화를 초래하는 것이다. 증상은 시각장애는 심하지 않으나, 출혈 및 망막박리 출혈 시 실명이 가능하다. 치료방법으로 악화과정 지연치료법을 개발 중이다.

② **조숙으로 인한 망막이상증**: 조산이나 저체중으로 인해 발생한다. 증상으로는 경도 시각장애나 망막의 완전 박리를 초래한다.

③ **황반퇴화증**: 황반의 손상으로 중심시력이 손상된 경우이다. 증상은 황반이 세부적인 사항에 대한 지각을 담당하기 때문에 황반손상은 중심시력의 손상을 초래한다.

④ **망막박리증**: 망막이 맥락막으로부터 떨어져 감각기능이 저하됨으로써 심각한 시각장애를 초래하는 상태이다. 원인은 외상, 고도근시, 백내장 수술 후 무수정체안 등이다. 증상으로는 분리된 부분에 맺힌 상을 해석할 수 없기 때문에 부분적 실명을 초래한다. 치료방법으로는 레이저치료법, 수술 등이 있다.

⑤ **망막색소변성증**: 유전에 의한 퇴행성 망막염으로, 우셔(Usher's)증후군과 관련 있다. 증상은 야간시력 상실, 주변시력 저하, 완전시력 상실 초래 등이 있다. 청소년기 발병이 많다. 치료법이 현재는 없다(지연치료법 개발 중).

⑥ **망막종양**: 망막에 종양이 생기는 유전병이다. 증상은 시신경을 따라 뇌로 퍼진다. 치료방법은 수술로 문제가 생긴 안구 전체를 제거해야 한다.

(5) 시신경세포와 중앙신경체계 이상

시신경이나 대뇌에 이상이 있는 경우 시각정보를 해석할 수 있는 기본 통로나 기제가 손실된 것이기 때문에 회복 불가능한 완전한 실명 초래 가능성을 내포하고 있다.

① 시신경위축증

② 시신경 발달 미숙

③ 망막과 후두엽을 연결하는 시각통로 손상

④ 시각정보를 해석하는 후두엽 손상

(6) 기타

렌즈후부섬유증식증(retrolental fibroplasia)은 미숙아를 위한 인큐베이터에서 산소를 지나치게 많이 공급함으로써 근시나 전맹을 초래하는 현상이다. 치료방법은 산소 사용을 줄인 후 출현율이 감소하고 있다. 임산부가 임신 초기에 풍진에 걸리면 시각장애 출현 가능성이 높다. 가장 흔한 눈의 외상은 타박상, 이물질 침입 및 화상 등이 있다.

4) 시각장애의 판정

(1) 판정시기

장애의 원인질환 등에 관하여 충분히 치료하여 장애가 고착되었을 때 진단하며, 그 기준 시기는 원인질환 또는 부상 등의 발생 또는 수술 이후 6개월 이상 지속적으로 치료한 후로 한다. 수술 또는 치료로 기능이 회복될 수 있다고 판단하는 경우에는 장애진단을 처치 후로 유보해야 한다. 다만 각막혼탁으로 각막이식술이 필요한 경우 등 1년 이내에 국내 여건 또는 장애인의 건강상태 등으로 인하여 수술 등을 하지 못하는 경우는 예외로 하되, 필요한 시기를 지정하여 재판정을 받도록 해야 한다. 향후 장애정도의 변화가 예상되는 경우에는 반드시 재판정을 받도록 하여야 한다. 이 경우 재판정의 시기는 최초의 진단일로부터 2년 이상 경과한 후로 한다. 2년 이내에 장애상태의 변화가 예상될 때는 장애판정을 유보하여야 한다. 재판정이 필요한 경우에 장애진단을 하는 전문의는 장애진단서에 그 시기와 필요성을 구체적으로 명시하여야 한다.

(2) 판정기준

시력장애와 시야결손장애로 구분하여 판정한다. 시력은 안경, 콘택트렌즈를 포함한 모든 종류의 시력교정법을 이용하여 측정된 교정시력을 기준으로 한다. 시력은 만국시력표 등 공인된 시력표에 의해 측정된 것을 사용할 수 있다. 안전수지 등으로 표현되는 시력은 모두 1급으로 판정한다. 한쪽 눈을 실명한 경우는 5급 2호로 판정할 수 없다.

(3) 장애정도와 판정방법

시각장애는 눈의 여러 가지 기능장애를 포괄적으로 나타낸다. 물체의 존재 및 그 형태를 인식하는 눈의 능력을 '시력'이라고 한다. 시력의 상실 또는 감소로 인한 장애를 정도별로 나누어 보면 시력이 전혀 없는 상태를 '전맹(全盲: total blindness)'이라 하며, 암실에서 장애인의 눈에 광선을 점멸하여 이를 인식할 수 있는 상태를 '광각(光覺: light perception)', 눈앞에서 손을 좌우로 움직일 때 이를 알아볼 수 있는 정도를 '수동(手動: hand movement)', 자기 앞 1m 전방의 손가락 수를 헤아릴 수 있는 상태를 '지수(指數: finger count, 시력 0.02 이하)'로 표현한다.

시각장애의 판정시기는 장애의 원인질환 등에 관하여 충분히 치료하여 장애가 고착되었을 때 장애인으로 등록하며, 그 기준 시기는 원인질환 또는 부상 등의 발생 후, 수술 후 6개월 이상 지속적으로 치료한 후로 한다. 판정기준은 시력장애와 시야결손장애로 구분한다. 그 정도에 따라 크게 '약시'와 '실명'으로 나누는데, 약시는 시각장애 2급부터이고 시력이 0.04 이하인 경우이며, 저시력은 좋은 눈의 교정시력이 0.05 이상 0.5 이하인 자를 말한다. 교정시력이 0.05 미만이며 시야가 20도 이하일 때는 '실명'이라 하는데, 특히 눈앞에 물체가 움직이는 것을 전혀 분별할 수 없는 경우를 '완전실명' 또는 '전맹'이라고 한다.

표 4-2 시각장애의 판정기준

장애등급	장애정도
장애정도가 심한 장애인	1. 좋은 눈의 시력이 0.02 이하인 사람 2. 좋은 눈의 시력이 0.04 이하인 사람 3. 좋은 눈의 시력이 0.06 이하인 사람 4. 두 눈의 시야가 각각 모든 방향에서 5도 이하로 남은 사람
장애정도가 심하지 않은 장애인	1. 좋은 눈의 시력이 0.1 이하인 사람 2. 두 눈의 시야가 각각 모든 방향에서 10도 이하로 남은 사람 3. 좋은 눈의 시력이 0.2 이하인 사람 4. 두 눈의 시야가 각각 정상시야의 50% 이상 감소한 사람 5. 나쁜 눈의 시력이 0.02 이하인 사람 6. 두 눈의 중심시야에서 20도 이내에 겹보임(복시)이 있는 사람

5) 시각장애의 특성

시각장애를 시력장애와 혼동하는 경우가 많은데, 먼 곳이나 작은 물건이 보이지 않는 시력의 장애를 시각장애로 착각하는 사람이 있으나 시력장애는 시각장애의 일부에 불과하다. 시각장애아동의 특성으로는 충분한 정보를 접하는 데 제약을 받아서 학습상의 문제가 있을 수 있으며, 지적 기능에 있어서도 시각적 경험의 범위가 제한됨으로써 다소 영향을 받을 수 있으나, 지능에 있어서는 비장애아동과 차이가 없는 것으로 알려져 있다. 일반적으로 시각장애아동은 사실에 대한 지식을 갖고 있으나 이를 통합시키는 능력이 낮은 경향을 보이고, 어휘에 대한 이해의 정도가 다소 낮은 반면, 수리적 능력에서는 큰 차이를 보이지 않는 것으로 알려져 있다.

그 외의 주요 특성으로는 장애로 인한 잔존감각에 대한 자신감의 상실, 환경접촉능력의 상실, 시각적 배경의 상실, 이동능력의 상실, 개인적 독립성의 상실 등을 보인다.

4. 청각장애의 정의 및 분류

1) 청각장애의 정의

청각장애는 청력장애와 평형기능장애로 구분된다. 청력장애란 일반적으로 데시벨(dB)의 소리를 들을 수 있는가와 같은 크기의 소리라도 어음의 청음명료도를 퍼센트로 표시하여 그 장애정도를 분류할 수 있다. 일반적으로 청각장애인을 농인과 난청인으로 분류하고 있는데, 첫째, 농인(deaf person)은 보청기를 착용하거나 착용하지 않은 상태에서 귀만으로 말을 들어 이해할 수 없을 정도(일반적으로는 70dB ISO 이상)로 청각(청력)에 장애가 있는 사람을 말하며, 둘째, 난청인(hard-of-hearing person)은 보청기를 착용하거나 착용하지 않은 상태에서 귀만으로 말을 들어 이해하기가 불가능하지는 않으나 곤란한 정도(일반적으로는 35~69dB ISO)로 청각에 장애가 있는 사람을 말한다. 평형기능장애란 청력기능의 손상으로 신체의 평형기능에 장애가 있어 생활에 불편이 따르는 경우를 말하는 것이다. 즉, 공간 내에서 자세 및 방향감각을 유지하는 능력을 말하는 것으로, 쉽게 말해 어지럼증으로 몸의 중심을 잡지 못하는 것을 말하며, 시각, 고유 수용감각 및 전정기관에 의해 유지된다. 2023년 실태조사에서도 청각장애는 2020년 실태조사와 동일하게 규정되었는데, 구체적으로 「장애인복지법 시행령」에 따라 다음의 기준에 의한 장애인이 포함되었다.

즉, 보통 말소리를 거의 듣지 못하는 사람이 청각장애이고, 아래의 항목들 중 '라' 항목이 평형기능장애에 해당된다.

가. 두 귀의 청력 손실이 각각 60dB 이상인 사람
나. 한 귀의 청력 손실이 80dB 이상, 다른 귀의 청력 손실이 40dB 이상인 사람
다. 두 귀에 들리는 보통 말소리의 명료도가 50% 이하인 사람
라. 평형기능에 상당한 장애가 있는 사람이다.

청각장애의 정의에 있어서 가장 중요한 단위는 청력손실 정도인 '데시벨(dB)'에 의존하여 정의하지만, 청력손실 정도와 함께 청력손실 시기, 청력손실 부위, 보청기 착용효과 등의 요인도 함께 고려되어야 하는 장애범주이다.

2) 청각장애의 원인

유전, 모체의 풍진, 감염, 모자 혈액형 불일치, 조산, 뇌막염 등 아동기 이전의 주요 원인으로 발생한다. 성인이 되어서는 교통사고 등 각종 사고로 청각을 잃게 되는 경우가 대부분이다.

(1) 외이의 원인

귀지나 이물 등이 외이도를 막았을 경우에도 청각장애를 유발할 수 있으나 비교적 경미하다. 그러나 선천적 기형에 의해 외이도가 생기지 않은 경우에는 중이의 기형까지 있어 심한 경우 약 70dB까지 청력손실이 있을 수 있다.

(2) 중이의 원인

타박 또는 중이의 과도한 압력, 기타 염증에 의한 고막천공, 중이에 액이 차서 염증이 생기는 중이염, 삼출성 중이염, 이경화증 등이 있으며, 중이는 약 30dB 정도의 청력손실이 있을 수 있다.

(3) 내이의 원인

내이의 장애는 대부분 심한 청력손실을 일으키며, 소리의 왜곡, 평형의 문제, 현기증 등을 일으킬 수 있다. 이러한 원인의 50%는 유전적인 것이며 뇌막염, 뇌염, 모자 혈액의 불일치, 미숙, 사이토메갈로 바이러스, 약물중독성 등에 의해 내이가 손상되어 청력손실을 초래할 수 있다.

(4) 청각중추의 원인

청각중추는 다른 중추들과 상호작용하기 때문에 청각장애만 오는 경우는 드물고 학습장애, 뇌성마비 등 다른 장애를 수반하는 경우가 많다.

3) 청각장애의 특성

청각장애인의 기능과 특성에 영향을 미치는 요인으로는 청력손실의 정도와 유형, 청력손실이 발생했을 때 아동의 연령, 아동의 지능, 가정과 지역사회가 청각장애에 대응하는 태도 및 지원능력, 청력장애 학생의 언어 및 교육 경험 정도가 포함된다.

(1) 말과 언어의 발달

가장 큰 장애는 첫째, 사회에서 일반적으로 사용하는 언어로 의사소통을 하기가 어렵다는 것이다. 둘째, 말과 언어를 직접 반복과 교정훈련 등을 통해 배워야 한다. 말의 조음적인 문제뿐만 아니라 어휘와 문장구조의 습득에도 어려움을 겪는다. 셋째, 문법적인 지식도 부족한 경우가 많으며, 넷째, 한 단어에 두 가지 뜻이 있음을 모르는 경우도 많다. 다섯째, 수어에 익숙한 청각장애아동은 수어통역자의 통역만으로는 학습에 어려움을 겪는다.

(2) 사회 · 정서적 특성

첫째, 언어를 이용한 의사소통이 친구관계의 형성과 사회, 정서적 발달에 큰 역할을 하게 된다. 사소한 사회적 관습이나 태도도 구체적으로 가르쳐야 하는 경우가 많다. 둘째, 주로 수어를 이용하여 의사소통을 하는 청각장애아동들은 흔히 수어를 이용하는 아동의 수가 많지 않은 프로그램에 있을 때 사회적 고립을 경험하게 된다. 셋째, 교사들은 일반 아동들이 청각장애아동과 더 쉽게 의사소통을 하고, 서로에 대한 이해를 넓힐 수 있도록 다양한 노력을 기울여야 한다. 이는 사회적 상호작용을 촉진하기 위한 다양한 방법들을 통해 이루어질 수 있다.

(3) 청각장애인의 사회와 문화

첫째, 청각장애인들은 유대가 매우 깊을 뿐만 아니라, 자신들만의 독특한 사회문화를 형성하고 있다. 둘째, 수어를 공통적으로 사용함으로써 서로 효과적인 의사소통을 하고 공동체 의식을 형성하면서 청각장애인에 대한 자부심과 긍정적인 자아개념을 발달시킨다. 셋째, 자신들만의 행동규범과 가치관을 가지고 있으며 청각장애인 사회를 위한 많은 자발적인 단체들과 지원망을 가지고 있다. 이는 일반사회에 포함된 하나의 소수 사회로서 기능한다고 할 수 있다.

4) 청각장애의 판정

(1) 판정시기

① 장애의 원인질환 등에 관하여 충분히 치료하여 장애가 고착되었을 때 진단하며, 그 기준 시기는 원인질환 또는 부상 등의 발생 또는 수술 이후 6개월 이상 지속적으로 치료한 후로 한다.

② 전음성 또는 혼합성 난청의 경우에는 장애진단을 수술 또는 처치 등의 의료적 조치 후로 유보해야 한다. 다만, 1년 이내에 국내 여건 또는 장애인의 건강상태 등으로 인해 수술 등을 하지 못하는 경우는 예외로 하되, 필요한 시기를 지정하여 재판정을 받도록 하여야 한다. 전음성 난청 또는 혼합성 난청이 의심되는 경우, 기도 및 골도 순음청력검사를 시행하여, 기도 - 골도 차가 6분법에 의해 20dB 이내일 경우 또는 수술 후 난청이 고정되었을 것으로 판단되는 경우에는 재판정에서 제외할 수 있다.

③ 향후 장애정도의 변화가 예상되는 경우에는 반드시 재판정을 받도록 하여야 한

다. 이 경우 재판정의 시기는 최초의 진단일로부터 2년 이상 경과한 후로 한다. 2년 이내에 장애상태의 변화가 예상될 때에는 장애의 진단을 유보하여야 한다.

④ 재판정이 필요한 경우 장애진단을 하는 전문의는 장애진단서에 그 시기와 필요성을 구체적으로 명시하여야 한다.

(2) 장애정도와 판정방법

청각장애는 청력장애와 평형기능장애로 구분하며, 청력장애는 2급부터 6급까지, 평형기능장애는 3급부터 5급까지이다. 「장애인복지법 시행규칙」에는 장애정도를 다음과 같이 정의한다.

표 4-3 청력장애의 판정기준

장애등급	장애정도
장애정도가 심한 장애	1. 두 귀의 청력손실이 각각 90dB 이상인 사람(두 귀가 완전히 들리지 않는 사람) 2. 두 귀의 청력손실이 각각 80dB 이상인 사람(귀에 입을 대고 큰소리로 말해도 듣지 못하는 사람)
장애정도가 심하지 않은 장애	1. 두 귀의 청력손실이 각각 70dB 이상인 사람(귀에 대고 말을 해야 들을 수 있는 사람) 2. 두 귀에 들리는 보통 말소리의 최대의 명료도가 50% 이하인 사람 3. 두 귀의 청력손실이 각각 60dB 이상인 사람(40cm 이상의 거리에서 말소리를 듣지 못하는 사람) 4. 한 귀의 청력손실이 80dB 이상인 사람, 다른 귀의 청력손실이 40dB 이상인 사람

표 4-4 평형기능장애의 판정기준

장애등급	장애정도
장애정도가 심한 장애	1. 양측 평형기능의 소실로 두 눈을 뜨고 직선으로 10m 이상을 지속적으로 걸을 수 없는 사람
장애정도가 심하지 않은 장애	1. 양측 평형기능의 소실 또는 감소로 두 눈을 뜨고 10m를 걸으려면 중간에 균형을 잡으려 멈추는 사람 2. 양측 평형기능의 감소로 두 눈을 뜨고 10m 거리를 직선으로 걸을 때 중앙에서 60cm 이상 벗어나며 복합적인 신체운동이 어려운 사람

판정방법은 청각사(audiologist)들에 의해 음차검사법, 순음청력검사, 언어청력검사, 유·소아 청력검사 등을 통해 이루어진다.

5. 지적장애의 정의 및 분류

1) 지적장애의 정의

「장애인복지법 시행령」에서는 지적장애인이란 “정신 발육이 항구적으로 지체되어 지적 능력의 발달이 불충분하거나 불완전하고 자신의 일을 처리하는 것과 사회생활에 적응하는 것이 상당히 곤란한 사람”으로 정의 내리고 있다. 즉, 18세 이전에 정신발달이 불완전하여 지능이 평균 이하로 저하되고 또 이로 인하여 자기의 신변관리와 사회생활에의 적응이 곤란한 상태에 있는 경우를 말한다. 그리고 「장애인 등에 대한 특수교육법」에서는 지적장애인(정신지체를 지닌 특수교육대상자)을 “지적기능과 적응행동상의 어려움이 함께 존재하며 교육적 성취에 어려움이 있는 사람”으로 정의하고 있다. 미국지적장애협회(AAMR)에서는 “지적장애란 현재 기능의 근본적인 한계로서 18세 이전에 발현되고, 지적 기능에서 의미 있게 낮은 능력(IQ. 70 또는 75 이하)을 보이며, 동시에 ‘의사소통, 자조, 가정생활, 사회적 기술, 지역사회 이용, 자기관리, 건강과 안전, 학습 능력, 여가 그리고 일’(Schalock et al., 1994) 등의 적응기술 영역에서 두 가지 이상 관련된 한계를 갖는 경우”를 지적장애로 정의하고 있다. 또한 지적장애의 분류에 있어서도, 경도(mild), 중등도(moderate), 중도(severe), 최중도(profound) 지적장애로 분류해 오던 미국지적장애협회에서는 1992년의 새로운 정의에 따라 지적장애의 정도를 지적장애인이 필요로 하는 지원의 강도에 따라 간헐적 지원(intermittent support), 제한적 지원(limited support), 장기적 지원(extensive support), 심층적 지원(pervasive support) 등을 필요로 하는 경우로 나누어 구분하고 있다(정기원 외, 1995).

이러한 정의들을 종합해 볼 때, 지적장애의 발병연령은 18세 이전으로 되어 있으며, 표준화된 지능검사의 소견에서 유의하게 표준 이하의 지적인 기능과 동시에 그와 연관된 적응성, 제한성이 두 가지 혹은 그 이상의 실제 적응기술 영역들(의사소통, 자기관리, 가정생활, 사회성 기술, 지역사회활동, 자기지시, 건강과 안전, 기능적 학업효과, 여가, 직업기술의 영역)에서 존재하는 것으로 특징지어진다. 즉, 발달기(18세 이전)에 발현되고, 지능의 발달지체(IQ. 70 이하)와 적응행동의 결함으로 인한 사회적응의 한계라는 조건을 만족시키면 지적장애라고 볼 수가 있을 것이다. 이러한 지적장애의 정의는 2020년 실태조사에서의 정의와 동일하다.

2) 지적장애의 원인

지적장애의 원인은 다른 장애와 달리 선천적인 상황하에서 태어나는 경우가 대부분으로, 90% 이상이 원인불명에 의해 나타난다. 의료적 차원에서의 발생 원인은 산전 원인, 주산기 원인, 산후 원인으로 구분하며 산전 원인은 유전성인 경우는 염색체 이상, 그 외 우성・열성・반성 유전되는 여러 질환들, 심한 대사장애, 혈액형 부조화 등이 있으며, 비유전성인 경우 감염, 임신 중 출혈, 임신중독, 자궁 내 발육지연, 영양실조, 임신 중 흡연, 약물복용, 방사선 조사, 매독, 풍진 등 감염으로 구분된다. 주산기 원인으로는 조산, 난산이며 산후 원인으로는 뇌염, 독성, 외상, 반복성 저혈당증, 납중독 등을 들며 기타로는 고령 임산부를 들 수 있다.

최근에는 생의학적 요인, 사회적 요인, 행동적 요인, 교육적 요인 등 다요인적 접근방법으로 설명하려는 경향이 있다.

3) 장애정도와 판정방법

지적장애의 판별에 정확성을 얻기 위해서는 지능과 적응행동을 모두 측정해야 한다. 지적장애는 '웩슬러(Wechsler)[1] 지능검사'와 '고데 - 비네' 등 개인용 지능검사를 실시하여 얻은 지능지수(IQ)와 적응행동검사인 사회성숙도검사 등에 따라 판정하는데, 사회성숙도검사는 자조, 이동, 작업, 의사소통, 자기관리, 사회화 등 적응행동과 관련된 117개 문항으로 구성되어 있다. 지능지수는 언어성 지능지수와 동작성 지능지수를 종합한 전체 검사 지능지수를 말한다.

1) Wechsler Adult Intelligence Scale: 루마니아계 미국인 심리학자 데이비드 웩슬러가 만든 지능검사. 기존의 비네 검사, 미군에서 1차 대전 무렵 빠르게 입영 대상자[1]를 선정하기 위해 개발한 Army Alpha와 Army Beta, 그 밖에 검사들을 바탕으로 만든, WB-I를 개선하였다.
성인용 웩슬러 검사 K-WAIS(16~64세)와 아동용 웩슬러 검사 K-WISC(6~16세), 그리고 유아용 웩슬러 검사 K-WPPSI(만 2세 6개월~7세 7개월) 이 3가지로 나뉜다. 최고 점수는 160, 최하 점수는 40으로 설계되었으며, 표준편차는 15이다. 국내에서는 나이와 환경에 따라 다른 검사를 사용하고 있다.
현재 지능검사 중 세계에서 가장 많이 쓰이는 방식이며, 성인용뿐 아니라 소아, 영유아 등 다양한 버전이 존재한다. 현재까지 가장 신뢰성이 높은 지능검사로 인정받고 있다. 현장에서는 때때로 웨이즈(WAIS), 위스크(WISC), 그리고 윕시(WPPSI)라고도 언급한다.

표 4-5 지적장애의 판정기준

장애등급	장애정도
장애정도가 심한 장애인	1. 지능지수 35 미만인 사람으로 일상생활과 사회생활의 적응이 현저하게 곤란하여 일생 동안 타인의 보호가 필요한 사람 2. 지능지수 35 이상 50 미만인 사람으로 일상생활의 단순한 행동을 훈련시킬 수 있고 어느 정도의 감독과 도움을 받으면 복잡하지 아니하고 특수기술을 요하지 않는 직업을 가질 수 있는 사람 3. 지능지수 50 이상 70 이하인 사람으로 교육을 통한 사회적 · 직업적 재활이 가능한 사람

4) 지적장애의 특성 및 종류

지적장애는 개인의 지적능력과 적응행동에 따라 개인차가 매우 크다. 지적장애인은 보통 수리력이 떨어지고, 단순한 언어로만 의사소통이 가능하며, 운동감각이 떨어진다. 또한 주의가 산만하고 집중이 안 되며, 모방이 부족하고, 연령에 비해 전반적으로 지적능력이 떨어지며, 고집이 세고, 먹는 것에 집착을 많이 한다. 그리고 직업생활이나 결혼생활에서 스스로의 판단력이 부족하므로 일반적으로 가족이나 주위에 의해 의사결정을 하는 경우가 많다.

그 외 사회정서적 특징으로는 쉽게 좌절하고 부정적 자아개념, 정신구조의 경직성, 통찰력의 부족, 성취에 대한 내면적 충동의 희박, 소극적 · 도피적 행동, 반항적 · 공격적 특성을 지닌다. 지적장애의 진단은 지적 기능과 발달지체 정도에 따라 경도(mild), 중등도(moderate), 중도(severe), 최중도(profound)로 나누었으나, 1992년 미국정신지체협회에서는 새로운 정의에 따라 지적장애인의 분류를 지원 강도에 따라 간헐적 지원(intermittent support), 제한적 지원(limited support), 확장적 지원(extensive support), 전반적 지원(pervasive support)으로 구분하였다.

6. 언어장애의 정의 및 분류

1) 언어장애의 정의

언어장애는 어떤 사람이 의사소통상의 방해를 받아 사회생활 면에서 정상적인 적응이 불가능한 경우를 말하는 것으로, 말이 불완전하거나, 말이 쉽게 이해되지 않거나, 음성이 듣기에 거북하거나, 특정 음성의 변형이 있거나, 발성이 어렵거나 말의 리듬, 음조 혹은 고저에 이상이 있거나, 말하는 사람의 연령, 성, 신체적인 발달정도와 일치하지 않는 특성을 보이는 경우 등을 일컫는다.

2) 언어장애의 원인

언어장애의 선천적인 원인은 유전적인 것과 임신·출산 전후의 이상에서 찾을 수 있고, 임신 중 산모의 약물중독, 과도한 흡연 및 음주가 지적장애 등의 원인이 될 수 있다. 특수장애의 많은 경우는 원인을 유전적 이상에서 찾을 수도 있고, 신생아의 뇌에 손상이 생겨 지적장애나 뇌성마비가 될 경우 유아실어증의 원인이 되기도 한다.

또한 언어장애의 원인을 기질적 또는 기능적 원인으로 구분한다. 기질적 원인은 신경조직의 상해로 인해 오는 경우이며 손상 부위, 정도, 연령에 따라 다르기는 하지만 뇌의 좌반구 언어 영역 중 일부가 손상되어 상대방의 말을 이해하는 데는 문제가 없으나, 자신의 의사표시에 문제가 생기는 경우와 그 반대로 말은 할 수 있으나 언어이해능력의 결함을 나타내기도 한다. 기능적 장애의 대표적인 예는 조음장애를 들 수 있는데, 이 경우는 학습을 통하여 개선시킬 수 있다. 이와는 달리 성격적 요인으로 보는 입장도 있는데 이 경우는 성격장애의 치료가 우선되어야 한다. 언어장애는 원인이 밝혀지지 않는 경우가 많이 있다.

3) 언어장애의 유형

언어장애는 다음과 같이 분류될 수 있다.

① 조음장애(articulation disorder): 음운장애(phonological disorder)라고도 하며, 말할 때 말소리를 생략, 대치, 왜곡 또는 첨가하는 것을 말한다.

② 음성장애(voice disorder): 후두·구강·비강 등에 장애가 있으면 음성장애를 일으키게 되는데, 음성장애가 후두 내의 기능장애와 관련이 있으면 발성(phonation)장애, 구강 및 비강통로의 기능장애와 관련이 있으면 공명(resonance)장애라고 한다.

③ 유창성장애: 말의 흐름에는 유창성 · 속도 · 리듬 등 세 가지 요소가 포함된다. 이 세 가지 요소 중 일부 또는 전부에 이상이 있으면 말의 흐름에 장애가 있다고 한다. 이를 '말의 흐름장애' 또는 '유창성장애'라고 하는데, 여기에는 말더듬과 속화증(성급하게 말하기)이 있다.

- 말더듬(stuttering)은 말소리, 음절 또는 조음운동을 비정상적으로 반복, 또는 연장하는 것이다.
- 속화증(cluttering)은 말더듬과 유사하나, 말더듬과는 반대로 화자가 자기의 말에 주의를 기울이면 개선되고, 이완되어 있을 경우에는 두드러지게 나타난다.

④ 기타: 뇌성마비 · 지적장애 · 청각장애에 따른 언어장애, 언어발달지체, 실어증 등이 있다. 「장애인복지법 시행령」에서는 언어장애인이란 "음성 기능이나 언어 기능에 영속적으로 상당한 장애가 있는 사람"이라고 정의하고 있으며, 이에 포함되는 모든 언어장애 분류는 모두 법정장애의 대상에 포함될 수 있다. 2023년 실태조사에서의 언어장애의 정의는 2020년 조사와 동일하다.

4) 장애정도와 판정방법

언어장애는 재활의학과 전문의 또는 언어치료사가 배치되어 있는 의료기관의 이비인후과, 정신과, 신경과 전문의 등의 진단을 통하여 판정된다. 언어장애의 원인질환 등에 관하여 충분히 치료하여 장애가 고착되었을 때 진단하며, 그 기준 시기는 원인질환 또는 부상 등의 발생 또는 수술 이후 6개월 이상 지속적으로 치료한 후로 한다. 수술 또는 치료로 기능이 회복될 수 있다고 판단하는 경우에는 장애진단을 치료한 후로 유보한다.

「장애인복지법 시행령」에서는 다음과 같이 언어장애등급은 3급과 4급으로 되어 있으며, 언어장애는 주로 청각장애나 지적장애 등 다른 장애와 중복되어 나타나는 경우가 많다. 언어장애의 판정방법은 구음기관의 이학적 검사, 신경학적 검사 등 어법 검사법과 문진에 의한 검사가 있다. 말더듬의 경우 말의 흐름이 97% 이상 방해를 받는 경우와 자음정확도가 30% 미만인 조음장애의 경우 3급으로 판정한다.

말더듬, 조음 및 언어장애의 판정은 객관적인 검사를 통하여 진단한다. 유창성장애(말더듬)는 말더듬 심도검사, 조음장애는 그림자음검사, 3위치 조음검사, 한국어 발음검사 등과 같은 언어능력검사는 20세 이상의 성인은 보스턴 이름대기검사, K-WAB검사로 하며 아동은 그림어휘력검사, 취학 전 아동의 수용언어 및 표현언어의 발달척도(PRES), 영유아언어발달검사(SELSI), 문장이해력검사, 언어이해·인지력검사, 언어문제해결력검사, 한국 노스웨스턴구문선별검사 등을 시행한다.

표 4-6 언어장애의 판정기준

장애등급	장애정도
장애정도가 심한 장애	음성기능 또는 언어기능을 잃은 사람
장애정도가 심하지 않은 장애	음성·언어만으로는 의사소통을 하기 곤란한 정도로 음성 또는 언어기능에 현저한 장애가 있는 사람

5) 언어장애의 특징

대개 생후 9~24개월까지를 언어형성기라 하는데 일반적으로 연령이 2년 6개월에 이르러서도 언어발달이 충분하지 않을 때 언어발달지체라 하며, 7세에 이르러서도 완전하지 못할 때 언어장애가 있다고 한다.

언어장애는 대개의 경우 청각장애나 지적장애, 뇌성마비 등 다른 장애와 중복되어 나타나는 경우가 많으며 신체기능에는 문제가 없음에도 불구하고 운동, 힘, 운동협응검사에서 낮은 수준을 나타낸다. 특히 언어발달지체나 조음장애 등이 있는 아동은 학습발달의 지체를 가져오는 경우가 많지만, 지능과는 상관관계가 약하다.

7. 자폐성장애의 정의 및 분류

1) 자폐성장애의 정의

지난 1999년 「장애인복지법」 개정 때부터 새로이 장애범주에 포함된 자폐성장애는 1943년 Leo Kanner에 의해 처음 보고되었다. Kanner의 보고에 의하면, 이러한 아동들은 태어날 때부터 사람과 주변 환경에 대하여 관계형성이 어렵고, 언어의 발달에 심각한 장애가 있으며, 여러 종류의 행동장애가 동반된다고 하였다. 현재 공식적인 분류체계로는 DSM-IV(1994)와 ICD-10(1992)의 두 종류가 있는데, 전반적인 자폐성장애(Pervasive Developmental Disorder, PDD)라 명명되었고, 기본적으로 유아자폐증(전반적 자폐성장애)의 정의와 큰 차이는 없다. 「장애인복지법 시행령」에서 규정하고 있는 자폐성장애는 "소아기 자폐증, 비전형적 자폐증에 따른 언어 · 신체표현 · 자기조절 · 사회적응 기능 및 능력의 장애로 인하여 일상생활이나 사회생활에 상당한 제약을 받아 다른 사람의 도움이 필요한 사람"으로 진단받은 후 최소한 6개월이 경과되어야 판정을 받게 된다. 자폐성장애는 발달의 전 영역에 걸쳐서 장애가 일어나는 것으로 첫째, 대인관계의 형성이 일어나지 않으며, 둘째, 언어의 발달이 일어나지 않거나 발달의 심각한 지연이 있으며, 셋째, 상동증, 과잉운동증, 공격적인 행동, 자해적인 행동 등의 행동장애가 동반되는 특징이 있다. 자폐성장애는 우리나라에서 공식적인 정신질환 분류체계로 사용하고 있는 제10차 국제질병분류표 ICD-10(International Classification of Diseases 10th Version)의 진단기준에 따르는데, ICD-10의 진단명이 F84 전반성발달장애(자폐증)인 경우에 자폐성장애(자폐증) 등급판정을 받게 된다. 이러한 정의는 2020년 실태조사에서의 자폐성장애의 정의와 동일하다.

2) 자폐성장애의 원인

유사자폐증에 대한 원인은 분명하게 밝혀지지 않았으나 심리적인 원인과 생물학적 원인으로 구분할 때 생물학적인 원인일 가능성이 높다. 유사자폐증을 심리적인 요인에 의하여 설명하려는 시도가 있었으나 희박한 것으로 알려졌으며, 생물학적 내지 기질적 원인으로는 임신 · 분만을 전후한 합병증(고령 임신, 임신 중 약물중독, 난산 등), 경련성 질환의 동반, 대사장애의 동반, 풍진 등 감염성 질환, 뇌의 이상(측두엽 부위의 이상, 대뇌의 위축, 소뇌의 발달단계에서의 이상 등) 등 생화학적인 측면에서 연구가 진행되고 있으나, 의견의 일치를 보지 못하고 있다.

3) 장애정도와 판정방법

자폐성장애가 확실해진 시점에서 장애를 판정한다. 정신과 전문의에 의해 자폐증의 상태 확인, 자폐증으로 인한 정신적인 능력상태의 확인, 자폐증 등급의 종합적인 판정의 순서에 따라 이루어진다. 자폐성장애의 상태와 능력장애를 종합하며 보호자 및 주위 사람들의 정보와 일상 환경에서의 적응상태로 최종 장애판정을 내리는데, 연령증가에 따라 장애정도에 많은 변화가 예상되는 경우는 의사의 소견에 따라 일정 기간 후에 재판정을 할 수 있다.

표 4-7 자폐성장애의 판정기준

장애등급	장애정도
장애정도가 심한 장애인	1. ICD-10의 진단기준에 의한 전반성 발달장애(자폐증)로 정상발달의 단계가 나타나지 않고 지능지수가 70 이하이며, 기능 및 능력장애로 인하여 GAS 척도점수가 20 이하인 사람으로 주위의 전적인 도움 없이는 일상생활을 해나가는 것이 거의 불가능한 사람 2. ICD-10의 진단기준에 의한 전반성 발달장애(자폐증)로 정상발달의 단계가 나타나지 않고 지능지수가 70 이하이며, 기능 및 능력장애로 인하여 GAS척도가 21-40인 사람으로 주위의 많은 도움이 없으면 일상생활을 영위하기 어려운 사람 3. 1호 내지 2호와 동일한 특징을 가지고 있으나 지능지수가 71 이상이며, 기능 및 능력장애로 인하여 GAS척도가 41-50인 사람으로 일상생활과 사회생활을 영위하기 위하여 간헐적으로 도움이 필요한 사람

4) 자폐성장애의 특성

① 대인관계 형성을 하지 못한다.

② 언어습득이 지연되며 언어발달상 대화가 불가능한 언어를 사용한다.

③ 반향어를 사용하거나 대명사를 반전하여 사용한다.

④ 틀에 박힌 놀이를 반복한다.

⑤ 동일성 유지에 대한 강한 강박관념이 있다.

⑥ 상상력이 결여되어 있다.

⑦ 기계적 암기력이 뛰어나다.

⑧ 외관상 정상적인 신체발달을 보인다.

⑨ 대화 시 눈을 맞추지 않고 소리를 들어도 쳐다보지 않는다.

⑩ 안아주어도 좋아하지 않는다.

⑪ 친구관계 형성이나 공감적인 이성관계가 곤란하다.

⑫ 언어보다 신체행동으로 의사를 표현한다.

⑬ 사회적 문제(사회적 회피, 사회적 무관심, 사회적 어색함)가 나타난다.

⑭ 자해행동, 과잉행동, 과소행동을 나타낸다.

이와 같이 자폐성장애아동의 특성은 매우 다양한 형태로 나타나 유형화하기가 매우 어려우며, 장애에 대한 진단 또한 용이하지 않다. 특히 지적장애와 정신질환을 동반하는 경우도 종종 나타난다.

8. 정신장애의 정의 및 분류

1) 정신장애의 정의

지난 1999년「장애인복지법」개정으로 새로이 장애범주에 포함되기 시작한 정신장애는「장애인복지법 시행령」에 의하면, "지속적인 양극성 정동장애(情動障礙, 여러 현실 상황에서 부적절한 정서 반응을 보이는 장애), 조현병, 조현정동장애(調絃情動障礙) 및 재발성 우울장애에 따른 감정조절·행동·사고 기능 및 능력의 장애로 인하여 일상생활이나 사회생활에 상당한 제약을 받아 다른 사람의 도움이 필요한 사람"으로 정의하고 있다. 이러한 정신장애의 정의는 2020년 실태조사에서의 정의와 동일하게 사용되었다.

2) 정신장애의 원인

정신장애는 다양한 정신질환의 원인으로 일어난다. 병의 원인에 있어서는 유전, 가족의 상호작용 특성 그리고 다양한 발달단계 중 가족 외부의 스트레스에 의해 발생한다.

3) 장애정도와 판정방법

1년 이상 성실하고 지속적인 치료 후에 호전의 기미가 거의 없을 정도로 장애가 고착되었을 때 장애를 판정한다. 정신장애의 등급판정은 우리나라에서 공식적인 정신질환 분류체계로 사용하고 있는 국제질병분류표 ICD-10(International Classification of Diseases 10th Version)의 진단지침에 따라 ICD-10의 F20 조현병, F25 조현정동장애, F31 양극성 정동장애 및 F33 재발성 우울장애로 진단된 경우에 한하여 정신장애 판정을 한다. 정신장애 판정을 받기 위해서는 장애판정 직전 1년간 지속적으로 치료하였다는 것을 증명하는 치료력을 제출하여야 한다.

표 4-8 정신장애의 판정기준

<table>
<tr><th>장애등급</th><th>장애정도</th></tr>
<tr><td rowspan="3">장애정도가 심한 장애</td><td>1. 정신분열병으로 망상, 환청, 사고장애, 기괴한 행동 등의 양성증상 또는 사회적 위축과 같은 음성증상이 심하고 현저한 인격변화가 있으며 기능 및 능력장애로 인하여 주위의 전적인 도움 없이는 일상생활이 불가능한 사람(정신병으로 진단받은 지 1년 이상 경과한 사람)
2. 양극성정동장애로 기분, 의욕, 행동 및 사고장애 증상이 심하게 지속되거나 자주 반복되며 기능 및 능력장애로 인하여 주위의 전적인 도움 없이는 일상생활이 거의 불가능한 사람
3. 반복성우울장애로 정신병적 증상이 동반되고 기분, 의욕, 행동 등에 대한 우울증상이 심한 증상기가 지속되거나 반복되며 기능 및 능력장애로 인하여 주위의 전적인 도움 없이는 일상생활이 거의 불가능한 사람
4. 분열성정동장애로 1호 내지 3호에 준하는 증상이 있는 사람</td></tr>
<tr><td>1. 정신분열병으로 망상, 환청, 사고장애, 기괴한 행동 등의 양성증상 및 사회적 위축 등의 음성증상이 있고 중등도의 인격변화가 있으며, 기능 및 능력장애로 인하여 주위의 많은 도움이 없으면 일상생활을 영위하기 어려운 사람
2. 양극성정동장애로 기분, 의욕, 행동 및 사고장애 증상이 있는 증상기가 지속되거나 자주 반복되며, 기능 및 능력장애로 인하여 주위의 많은 도움이 없으면 일상생활을 영위하기 어려운 사람
3. 만성적인 반복성우울장애로 망상 등 정신병적 증상이 동반되고 기분, 의욕, 행동 등에 대한 우울증상이 있는 증상기가 지속되거나 자주 반복되며 기능 및 능력장애로 인하여 주위의 많은 도움이 없으면 일상생활을 영위하기 어려운 사람
4. 만성적인 분열성정동장애로 1호 내지 3호에 준하는 증상이 있는 사람</td></tr>
<tr><td>1. 정신분열병으로 인한 망상, 환청, 사고장애, 기괴한 행동 등의 양성증상이 있으나 인격 변화나 퇴행은 심하지 않은 경우로서 기능 및 능력장애로 인하여 일상생활 또는 사회생활을 영위하기 위한 기능수행에 제한을 받아 간헐적으로 도움이 필요한 사람
2. 양극성정동장애로 기분, 의욕, 행동 및 사고장애 증상이 현저하지는 않지만 증상기가 지속되거나 자주 반복되는 경우로, 기능 및 능력장애로 인하여 일상생활 또는 사회생활을 영위하기 위한 기능수행에 제한을 받아 간헐적으로 도움이 필요한 사람
3. 반복성우울장애로 기분, 의욕, 행동 등에 대한 우울증상이 있는 증상기가 지속되거나 자주 반복되는 경우로, 기능 및 능력장애로 인하여 일상생활 및 사회생활을 영위하기 위한 기능수행에 제한을 받아 간헐적으로 도움이 필요한 사람
4. 분열성정동장애로 1호 내지 3호에 준하는 증상이 있는 사람</td></tr>
</table>

4) 정신장애의 특성 및 유형

조현병(정신분열증) 환자는 일반적으로 매우 낮은 자기존중감과 자신이 주위 사람들에 의해 거부된다는 강한 정서를 가진다. 특징적으로 다른 사람들과의 정서적 관계나 심지어 의사소통에 있어서 자기를 방어한다. 정서의 단조로움이 나타나고 자신의 주변에 어떠한 일이 일어나는지는 상관없이 정서를 노출시키지 않으며, 대개의 경우 망상이나 환각 등과 같은 정신병적 증상과 함께 우울감이 가장 두드러지며 때로는 부적절한 죄의식을 갖기도 한다. 또 다른 특징으로는 그릇된 신념이나 환각 등으로서 예측할 수 없고, 매우 특이한 행동을 야기하는 자기통제력의 상실을 들 수 있다.

위의 정신장애의 정의에서 제시된 주된 정신질환명들에 대해 구체적으로 알아보면 다음과 같다.

① **조현병**: 주로 사춘기 전후부터 20대 초반에 발생하는 정신질환으로 환각 등의 지각장애, 망상이나 사고전파 등의 사고장애, 감정이 무뎌지는 감정장애, 무관심 등의 의지장애 등이 나타난다.

② **양극성 정동장애**: 기분 및 감정의 변동이 심한 증상이 반복적으로 나타나는데, 기분이 비정상적으로 너무 고양되고, 과대망상, 사고비약, 수면장애(잠을 거의 자지 않음) 등의 증상이 동반되는 조증상태와 기분이 비정상적으로 침울하고, 죄책망상, 자살사고, 수면장애(잠을 너무 많이 자거나 자고 싶어도 잠을 못 잠), 식욕부진, 대인관계 기피 등의 증상이 동반된 우울상태가 반복된다.

③ **재발성 우울장애**: 기분이 비정상적으로 침울하고, 죄책망상, 자살사고, 수면장애, 식욕부진, 대인관계 기피 등의 증상이 동반된 우울상태가 반복된다.

④ **조현정동장애**: 조현병의 증상과 정동장애(조증 또는 우울증)의 증상이 동일한 정도로 동시에 존재하는 경우이다.

9. 신장장애의 정의 및 분류

1) 신장장애의 정의

내부기관의 장애 중 신장장애는 통칭 만성신부전을 뜻하는 말로 정상적인 신장은 인체의 불순물을 제거하고 체내의 수분을 균형 있게 유지해 주지만, 만성신장질환으로 인해 신장에 이상이 발생하게 되면 신장은 더 이상 정상적인 기능을 할 수 없게 된다. 따라서 신장장애가 생기면 혈액정화를 목적으로 혈액투석기계를 사용하며, 혈액투석을 하거나 인체의 복막을 이용한 복막투석을 하게 된다. 진료일수가 길고 병원에서 소비하는 시간이 많아 취업 등 사회적 활동에 제약이 있으며, 의료비 부담이 커서 경제적인 고통을 받고 있다. 지난 1999년 개정된 「장애인복지법」에 의해 1차로 내부기관 장애로 장애범주에 포함되었는데, 최근 「장애인복지법 시행령」에 의하면 신장장애인이란 "신장의 기능장애로 인하여 혈액투석이나 복막투석을 지속적으로 받아야 하거나 신장 기능의 영속적인 장애로 인하여 일상생활에 상당한 제약을 받는 사람"으로 규정되어 있다.

2) 신장장애의 원인과 치료법

(1) 원인

신장질환에 의한 것으로 만성 사구체신염, 당뇨병성 신증, 고혈압성 사구체경화증 등으로, 우리나라의 경우 당뇨병성 신증이 34%로 가장 많은 비중을 차지하고 있으며, 말기신부전 환자의 발병률이 점차 증가하는 것으로 나타났다.

(2) 치료법

① **신장이식**: 다른 사람의 신장을 만성신부전증 환자에게 이식함으로써 정상적인 기능을 유지할 수 있지만, 경제적인 문제와 장기기증자 수의 제한으로 이식에 한계가 있으며 장기의 거부반응으로 면역억제제를 사용해야 한다.

② **혈액투석**: 혈액투석은 만성신부전증 환자의 혈액을 특수한 관을 통해 체외로 빼내어 특수한 필터(투석기)를 통해 노폐물과 수분을 걸러낸 후 체내로 다시 주입하는 치료방법이다. 이 투석요법은 1회 4시간, 주 2~3회 투석하는 것이 일반적이며, 한 번 투석 후에는 몇 시간 동안 안정을 취해야 하는 등의 어려움으로 취업 및 사회활동에 많은 제한을 받는다. 또한 의료비의 부담으로 경제적인 문제가 심각하여 의료보호를 받고자 가족이 해체되는 극단적인 상황을 감수하기도 한다.

③ **복막투석**: 복막투석은 환자 자신의 복막을 이용하여 투석하는 방법으로 환자 자신이 직접 실시하며, 일상생활 및 직장생활의 지속이 가능하여 식사가 자유롭고 수분섭취를 마음대로 할 수 있다. 그러나 1년에 1~2회 복막염에 걸리며 체중이 증가하고 단백질이 소실되는 특징이 있다.

3) 장애정도와 판정방법

신장의 기능장애가 앞으로 회복할 가능성이 극히 적고 일상생활활동이 현저히 제한되는 경우, 1개월 이상 지속적으로 혈액투석이나 복막투석치료를 받고 있는 사람으로 하고 있다. 신장이식자의 경우는 이식 후 유예기간을 1년으로 하여 그 후에 장애인 판정을 취소할 수 있다.

표 4-9 신장장애의 판정기준

장애등급	장애정도
장애정도가 심한 장애인	만성신부전증으로 인하여 3개월 이상 혈액투석 또는 복막투석을 받고 있는 사람
장애의 정도가 심하지 않은 장애인	신장을 이식받은 사람

4) 신장장애의 특성

신장장애로 판정이 내려지는 만성신부전증은 진행이 느리고 많이 진행된 후에 몸의 이상을 느끼는 경우가 많다. 최초로 느끼는 증상은 피로감이며, 식욕이 감퇴하고, 구토와 설사 등이 일어나고, 빈혈 및 출혈성 경향 등이 있다.

소변의 양이 줄어들거나 나오지 않으며, 이에 따라 다리에 부종이 생기고 폐에 물이 차서 호흡이 가빠지는 증상이 나타나며, 심한 경우에 우울증이나 정신착란 등의 정신장애도 생길 수 있고, 신장 기능이 떨어져 사망하기도 한다. 신장장애는 투석요법으로 인한 사회적 활동의 제한과 높은 의료비 부담으로 경제적 고통이 따른다.

10. 심장장애의 정의 및 분류

1) 심장장애의 정의

진료일수가 길고 의료욕구가 큰 만성심장질환이 해당되는 심장장애는 신장장애와 더불어 지난 1999년의 개정된 「장애인복지법」에 의해 1차로 내부기관 장애로 장애범주에 포함되었다. 이는 최근 만성심장질환의 유병률이 증가하고 의료수준의 향상으로 생존율이 높아짐에 따라 장애범주의 확대 요구도가 높아져 포함된 것으로 볼 수 있다. 「장애인복지법 시행령」에 의하면 심장장애인이란 "심장의 기능부전으로 인한 호흡곤란 등의 장애로 일상생활에 상당한 제약을 받는 사람"으로 규정되어 있다. 이러한 심장기능장애는 심장수축력의 정도와 운동능력의 정도에 따라 판정하는데, 심장수축력은 심초음파의 박출계수로, 운동능력은 활차를 이용하여 측정하게 되며, 다른 장애유형에 비해 비교적 중증인 경우에만 장애로 인정하고 있다. 이러한 심장장애의 정의는 2020년 실태조사의 정의와 동일하다.

심장장애는 심장의 기능부전으로 인하여 일상생활 정도의 활동에도 호흡곤란 등의 장애가 있어 일상생활활동에 현저한 제한을 받는 장애이다. 심장은 수축과 확장을 반복하여 혈액을 신체의 구석구석까지 보내는 펌프의 역할을 해야 하는데, 심부전증 또는 협심증의 증상 등으로 심장 기능의 장애가 지속되는 경우를 말한다.

2) 심장장애의 증상과 원인

심장장애의 증상으로는 협심증과 심부전증이 있다. 협심증은 심장근육에 혈액을 공급하는 관상동맥이 부분적으로 좁아져서 심장근육으로 가는 혈액 공급이 부족하여 생기는 증상으로, 주로 흉부 중앙 뒤쪽에서 조이는 느낌, 눌리는 압박감, 터지는 느낌, 답답함, 화끈 달아오르는 느낌 등의 통증을 느끼게 된다.

심부전증은 심장에서 폐와 전신에 혈액을 보내는 펌프작용이 저하하여 필요한 양의 혈액을 내보내지 못하게 된 상태로, 하지부터 몸이 붓거나 호흡이 괴로워지고 호흡할 때마다 목에서 그렁그렁 소리가 나는 증상을 보이는 것을 말한다. 심장장애의 원인으로는 심장판막결손, 심장근육질환 등 심장의 손상이나 동맥폐쇄질환, 혈전후증후군 같은 혈관의 손상, 고혈압 같은 혈압의 장애가 있다. 또한 심근염 등의 감염성 질환, 조산, 난산, 출산 시 외상 등의 원인도 있다.

3) 심장장애의 유형

(1) 부정맥

심장이 만들어 내는 동결절의 맥박이 불규칙하거나 자극을 전달하는 자극전도계 이외에서 이상 맥박이 발생하는 것을 말한다. 또한 정상적인 맥박이 전달되지 않거나 심장박동수가 너무 빠르거나 늦어도 정상적인 맥박에 영향을 초래한다.

(2) 허혈성 심질환

허혈성 심질환에는 협심증, 심근경색, 심근증, 선천성 심질환, 심부전이 있다.

4) 장애정도와 판정방법

1년간 동일 심장질환에 대하여 지속적으로 치료하였다는 것을 증명하는 치료력 또는 의사의 소견서를 확인하고, 최근 2개월간의 환자상태와 임상 및 검사소견으로 판정한다. 판정시기는 1년 이상 성실하고 지속적인 치료 후에 호전의 기미가 거의 없을 정도로 장애가 고착되었을 때 장애를 판정한다. 그러나 심장장애는 의료적 여건 및 치료 등에 의하여 장애상태에 변화의 가능성이 있으므로 2년마다 재판정을 받아야 하지만, 최초 판정을 포함하여 3회에 동급을 받은 경우에는 재판정에서 제외할 수 있다. 심장장애의 검사방법에는 혈액검사, 심전도(안정 시의 일반심전도, 24시간 기록하는 심전도, 운동부하 심전도)검사, 방사성동위원소검사, 관상동맥조영술, 초음파검사 등이 있다.

장애정도에 따라 1급은 심장기능의 장애가 지속되며, 안정 시에도 심부전 증상 또는 협심증 증상 등이 있어 운동능력을 완전히 상실하여 상시적으로 개호인이 필요한 사람으로 심장질환을 진단받은 지 1년 이상 경과한 사람에 한정한다. 2급은 심장기능의 장애가 지속되며, 신체 주위의 일은 어느 정도 할 수 있지만 그 이상의 활동으로는 심부전 증상 또는 협심 증상이 일어나 정상적인 일상생활이 어려운 사람, 3급은 심장기능의 장애가 지속되며, 가정생활에서의 가벼운 일상생활은 가능하나 그 이상의 활동에는 심부전 증상 또는 협심증 증상 등이 일어나서 정상적인 사회활동은 영위하기 어려운 사람으로 한다.

표 4-10 심장장애의 판정기준

장애등급	장애정도
장애정도가 심한 장애	1. 심장기능의 장애가 지속되며, 안정 시에도 심부전 증상 또는 협심증 증상 등이 있어 운동능력을 완전히 상실하여 상시적으로 개호인이 필요한 사람으로 심장질환을 진단받은 지 1년 이상 경과한 사람에 한정한다. 2. 심장기능의 장애가 지속되며, 신체 주위의 일은 어느 정도 할 수 있지만 그 이상의 활동으로는 심부전 증상 또는 협심 증상이 일어나 정상적인 일상생활이 어려운 사람 3. 심장기능의 장애가 지속되며, 가정생활에서의 가벼운 일상생활은 가능하나 그 이상의 활동에는 심부전 증상 또는 협심증 증상 등이 일어나서 정상적인 사회활동은 영위하기 어려운 사람으로 한다.

5) 심장장애의 특성

심장장애인의 경우 일상적인 생활뿐만 아니라 사회생활에서도 큰 어려움을 겪게 되며, 특히 직업생활이 어려운 경우가 많아서 경제적인 어려움 또한 가중되고 있다. 따라서 정기적인 진단이나 약복용 등으로 무리한 직업에는 취업하기에 부적합하여 선진국에서는 이들의 직업재활을 위한 재택근무나 시간제근무 등의 직무배치가 시도되고 있다.

11. 호흡기장애의 정의 및 분류

1) 호흡기장애의 정의

2003년 7월 「장애인복지법」 개정에 의해 기존의 10개 장애범주가 호흡기장애, 간장애, 안면장애, 장루·요루장애, 뇌전증장애 등 5개의 장애범주가 추가되어 총 15개의 장애범주로 확대되었다. 이 중 호흡기장애, 간장애, 장루·요루장애, 뇌전증장애는 내부기관의 장애로 분류되고 안면장애는 신체기능의 장애로 분류된다. 호흡기장애란 「장애인복지법 시행령」에 의하면, "폐나 기관지 등 호흡기관의 만성적 기능부전으로 인한 호흡기능의 장애로 일상생활에 상당한 제약을 받는 사람"으로 규정되어 있다. 즉, 충분한 내과적 치료에도 불구하고 장애가 지속적으로 유지되는 만성호흡기질환임을 확인해야 하며, 호흡곤란 정도, 폐기능검사에 의한 폐환기 기능, 동맥혈가스검사에 의한 동맥혈산소분압 등에 의해 장애정도를 판정한다. 이러한 호흡기장애의 정의는 2020년 실태조사의 정의와 동일하다.

2) 호흡기장애의 증상과 원인

호흡기장애는 주로 감기를 앓다가 기관지염이 되는 경우가 있고, 갑자기 찬바람을 맞아 생기는 경우도 있다. 증세로는 아침저녁으로 기침이 심하며, 겨울에는 더욱 심해진다. 또한 화농성 가래 또는 피가 섞인 가래를 배출하기도 하고, 운동 시 호흡곤란이 잘 나타나며, 안정 시에도 호흡곤란이 있으면 폐쇄성 질환의 진행이 의심된다.

주요 증상인 만성기관지염은 흡연이 주범이며, 그 외에도 황사현상이나 대기오염, 반복되는 기관지염, 작업장에서 노출되는 가스와 유전적인 요인 등에 의해 발생한다.

특히 만성폐쇄성기관지염은 단순한 기침 및 객담 이외에 기도폐쇄 증상이 동반되어 기도저항이 증가하고 폐쇄성 환기장애를 보인다. 천식성기관지염은 천식발작과 감별하기 힘든 경우가 많다. 폐기종은 말초세기관지와 폐포가 비정상적으로 늘어나서 폐장 고유의 신축 기능이 없어진 상태를 말한다.

3) 장애정도와 판정방법

호흡기장애의 판정은 현재 상태와 관련한 최초 진단 후 1년 이상 경과하고, 2개월 이상 적극적인 치료에도 불구하고 호전의 기미가 거의 없는 만성호흡기질환의 경우에 장애로 진단한다. 진단기관은 내과, 흉부외과, 결핵과 전문의가 있으며 장애인등록 직전 2개월 이상 진료한 의료기관이다.

장애를 판정하기 위해서는 호흡곤란 정도 판정, 흉부 X-선 촬영, 폐기능검사, 동맥혈가스검사 등에 의한 객관적인 검사소견이 있어야 하며, 필요한 경우 호흡기질환에 따라 흉부 CT, 기관지 내시경, 운동부하 폐기능검사, 폐 환기 - 관류 동위원소검사, 폐동맥촬영술 등을 시행하여 정확한 진단을 해야 한다.

수술 또는 치료로 회복될 수 있다고 판단하는 경우에는 장애진단을 처치 후로 유보하며, 향후 장애정도의 변화가 예상되는 경우에는 반드시 재판정을 받는다. 이 경우 재판정 시기는 최초의 진단일로부터 2년 이상 경과한 후로 한다. 심한 장애는 폐나 기관지 등 호흡기관의 만성적인 기능부전으로 안정 시에도 산소요법을 받아야 할 정도로 호흡곤란이 있고, 평상시의 폐환기 기능이 정상예측치의 25% 이하이거나 안정 시의 자연 호흡상태에서 동맥혈 산소분압이 55mmHg 이하인 사람이며, 호흡기관의 만성적인 기능부전으로 집안에서의 이동 시에도 호흡곤란이 있고, 평상시의 폐환기 기능이 정상예측치의 30% 이하이거나 안정 시 자연 호흡상태에서 동맥혈 산소분압이 60mmHg 이하인 사람이며, 3급은 호흡기관의 만성적인 기능부전으로 평지에서의 보행에도 호흡곤란이 있고, 평상시의 폐환기 기능이 정상예측치의 40% 이하이거나 안정 시 자연 호흡상태에서 동맥혈 산소분압이 65mmHg 이하인 사람을 말한다.

표 4-11 호흡기장애의 판정기준

장애등급	장애정도
장애정도가 심한 장애	1. 폐나 기관지 등 호흡기관의 만성적인 기능부전으로 안정 시에도 산소요법을 받아야 할 정도로 호흡곤란이 있고, 평상시의 폐환기 기능이 정상예측치의 25% 이하이거나 안정 시의 자연 호흡상태에서 동맥혈 산소분압이 55mmHg 이하인 사람 2. 호흡기관의 만성적인 기능부전으로 집안에서의 이동 시에도 호흡곤란이 있고, 평상시의 폐환기 기능이 정상예측치의 30% 이하이거나 안정 시 자연 호흡상태에서 동맥혈 산소분압이 60mmHg 이하인 사람 3. 호흡기관의 만성적인 기능부전으로 평지에서의 보행에도 호흡곤란이 있고, 평상시의 폐환기 기능이 정상예측치의 40% 이하이거나 안정 시 자연 호흡상태에서 동맥혈 산소분압이 65mmHg 이하인 사람을 말한다.

4) 호흡기장애의 특성

호흡곤란과 2차적인 세균감염으로 기침과 객담, 체중감소와 가슴이 아프고 숨이 차며, 입맛이 떨어지고 머리가 아프다. 급성기관지염을 잘 치료하지 않으면 만성기관지염으로 넘어가거나 처음부터 만성으로 경과하는 경우도 있다. 만성기관지염일 때는 열이 나거나 가슴 소견에서 특별한 것은 없으나, 찐득찐득한 가래가 목에 붙어서 잘 떨어지지 않으며 양은 적다.

만성기관지염이 심해지면 급성기관지염의 증상들이 나타나면서 고름이 섞인 가래가 많이 나온다. 이와 같은 기관지염을 예방하기 위해서는 항상 몸을 단련하여 저항성을 높여야 한다.

12. 간장애의 정의 및 분류

1) 간장애의 정의

2003년 「장애인복지법」 개정에 의해 내부기관의 장애로 장애범주에 추가된 간장애는 최근 「장애인복지법 시행령」에서 "간의 만성적 기능부전과 그에 따른 합병증 등으로 인한 간기능의 장애로 일상생활에 상당한 제약을 받는 사람"으로 규정하고 있다. 최초 진단 이후 1년 이상이 경과하고, 2개월 이상의 적극적인 치료에도 불구하고 호전의 기미가 거의 없는 만성간질환의 경우에 장애를 진단한다. 즉, 충분한 내과적 치료에도 불구하고 장애가 지속적으로 유지되는 간경변증, 간세포암종 등 만성간질환임을 확인하여 진단한다. 그리고 간이식을 시술받은 경우도 간장애에 포함된다. 2023년 실태조사에서 간장애의 정의는 2020년 실태조사의 정의와 동일하다.

2) 간장애의 원인

세계적으로 가장 흔한 원인은 만성간질환(간경변증, 간세포암)으로 B형 및 C형 간염바이러스의 만성적인 감염과 잔여 간기능의 평가등급이 C인 사람 또는 내과적 치료로 조절되지 않는 난치성복수, 자발성세균성복막염과 그 외 알코올의 과다 섭취이다. 간세포암의 원인은 대부분이 간염바이러스에 의한 감염이다. 간염바이러스에는 A부터 F까지 여섯 종류가 있으며, 최근에 G형이 발견되었다. 우리나라에서 문제가 되고 있는 것은 A, B, C의 세 종류인데, 이 중 간암과 관계되는 것은 B, C의 두 종류이다.

3) 장애정도와 판정방법

간장애의 판정은 질병상태 등에 대한 소관 전문의의 최초 진단 이후 1년 이상 경과하고, 2개월 이상 적극적인 치료에도 불구하고 호전의 기미가 거의 없는 만성간질환이나 간세포암종의 경우에 장애를 진단한다. 간장애의 유무는 병력, 문진, 진찰소견, 혈액검사, 간초음파검사 등을 종합하여 진단한다. 치료로 기능이 회복될 수 있다고 판단하는 경우에는 장애진단을 처치 후로 유보해야 한다. 다만 1년 이내에 국내 여건상 수술이 쉽게 행해지지 않는 경우와 장애인의 건강상태 등으로 인하여 수술 등을 하지 못하는 경우는 예외로 하며, 필요한 시기를 지정하여 재판정을 받도록 해야 한다. 수술 또는 치료로 기능이 회복될 수 있다고 판단하는 경우에는 장애진단을 처치 후로 유보하며, 향후 장애정도의 변화가 예상되는 경우에는 반드시 재판정을 받아야 한다. 이 경우 재판정의 시기는 최초 판정으로부터 2년 이상 경과한 후로 한다.

표 4-12 간장애의 판정기준

장애등급	장애정도
장애정도가 심한 장애	1. 만성간질환으로 진단받은 환자 중 잔여 간기능이 Child-Pugh 평가상 등급이 C이면서 만성간성뇌증, 내과적 치료로 조절되지 않는 난치성복수 등의 합병증이 있는 사람 2. 만성간질환으로 진단받은 환자 중 잔여 간기능 Child-Pugh 평가상 등급이 C이면서 간성뇌증의 병력, 자발성세균성복막염 등의 병력이 있는 사람 3. 만성간질환으로 진단받은 환자 중 잔여 간기능이 Child-Pugh 평가상 등급이 C인 사람
장애정도가 심하지 않은 장애	만성간질환으로 간이식을 받은 사람

4) 간장애의 특성

간장애의 증상으로는 피로, 구토, 식욕부진, 헛배 부름, 소화불량, 체중감소 등이 나타나며, 소변이 진해지고 황달이 나타난다.

간장애가 있을 경우 전신권태감, 식욕부진, 소변의 농염(소변의 색이 홍차처럼 짙어지는 것), 황달 등이 있다. 잇몸과 코에서 피가 나고 남자의 경우 성욕이 감퇴하고 고환이 수축되기도 하며, 여성의 경우는 생리가 없어지기도 한다. 얼굴이 흑갈색으로 변하거나 목이나 가슴에 거미줄 모양의 혈관종이 생기고, 비장이 커지고 복수가 차고 배가 부르며, 부종과 혈변을 보기도 한다. 말기 증상은 간세포기능장애와 합병증이다.

대체로 간암을 제외한 중증 간장애인은 고령층 이상으로 병원에서 지속적으로 치료를 받아야 하므로 일상생활과 사회생활에 어려움이 많다. 그러나 자각적으로는 아무런 징조가 없으며 자연적으로 치유되기도 한다.

13. 안면장애의 정의 및 분류

1) 안면장애의 정의

2003년 「장애인복지법」 개정에 의해 외부신체기능의 장애로 장애범주에 추가된 안면장애는 최근 「장애인복지법 시행령」에 의하면 "안면 부위의 변형이나 기형으로 사회생활에 상당한 제약을 받는 사람"으로 규정되어 있다. 안면장애에는 면상반흔, 색소침착, 모발결손, 조직의 비후나 함몰, 결손이 포함된다.

'함몰이나 비후'라 함은 연부조직, 골조직 등의 함몰이나 비후, 위축을 말한다. '안면부'라 함은 두부, 안면부, 경부, 이부와 같이 상지와 하지, 몸통 이외에 일반적으로 노출되는 부분을 의미하며, '노출된 안면부'라 함은 전두부와 측두부, 이개후부의 모발선과 정면에서 보았을 때 경부의 전면과 후면을 구분하는 수직선을 연결한 선을 경계로 얼굴, 귀, 목의 앞면을 포함한다. 모발결손은 탈모증에 의한 것은 제외하며 반흔을 동반한 모발결손으로 국한한다. 얼굴 전면에 혈관종을 앓고 있거나 화상으로 인한 얼굴변형도 그 정도에 따라 안면장애로 인정받을 수 있다. 안면장애는 신체기능상의 장애가 없기 때문에 일상생활에 불편을 느끼지 않는다. 그러나 안면장애인들의 사회활동이 활발하지 못한 이유는 사람들의 불편한 시선 때문이다. 이러한 안면장애의 정의는 2020년 실태조사의 정의와 동일하다.

2) 안면장애의 원인

안면장애의 원인은 크게 선천적인 원인과 후천적인 사고로 크게 나눈다. 선천적 원인에는 혈관종이나 혈관기형, 신경섬유종증, 거대모반증이 대표적이며, 후천적인 원인으로는 화상, 각종 사고, 화학약품, 질환, 산업재해로 인한 반흔을 들 수 있다. 가장 대표적인 예로 안면부의 화상은 치유 후에 다양한 정도의 반흔 및 반흔 구축을 초래하는데, 심한 경우 안면구조물의 주요 기능의 장애와 더불어 혐오감을 불러일으키는 비후성 반흔과 색소침착이나 구조물의 변형이 발생하게 된다.

3) 안면장애의 판정과 개요

(1) 안면장애의 판정과 재판정 시기

의료기관의 성형외과 또는 피부과 전문의가 진단서, 소견서, 진료기록 등으로 확인하여 판정한다. 첫째, 원인질환 등에 관하여 충분히 치료하여 장애가 고착되었을 때 진단하며, 그 기준 시기는 원인질환 또는 부상 등의 발생 또는 수술 이후 6개월 이상 지속적으로 치료한 후로 한다.

둘째, 향후 장애정도의 변화가 예상되는 경우에는 반드시 재판정을 받도록 하여야 한다. 이 경우 재판정의 시기는 최초의 판정으로부터 2년 이상 경과한 후로 한다. 2년 이내에 장애상태의 변화가 예상될 때에는 장애의 판정을 유보해야 한다. 셋째, 안면장애는 이학적 검사로 확인하며 단순 X선 촬영, CT, MRI 등으로 함몰이나 비후의 정도를 결정할 수 있다.

(2) 판정 개요

① 안면장애에는 면상반흔, 색소침착, 모발결손, 조직의 비후나 함몰, 결손이 포함된다.

② '함몰이나 비후'라 함은 연부조직, 골조직 등의 함몰이나 비후, 위축을 말한다. 단순한 함몰이나 비후(정상조직보다 최대 2cm 미만으로 함몰되거나 비후된 경우)에는 병변부위를 산정함에 있어서 75%로 계산한다.

③ 안면변형장애는 이학적 검사로 확인하며 단순 X선 촬영, CT, MRI 등으로 함몰이나 비후의 정도를 결정할 수 있다.

④ '안면부'라 함은 두부, 안면부, 경부, 이부와 같이 상지와 하지, 몸통 이외에 일상적으로 노출되는 부분을 의미한다.

⑤ '노출된 안면부'라 함은 전두부와 측두부, 이개후부의 모발선과 정면에서 보았을 때 경부의 전면과 후면을 구분하는 수직선을 연결한 선을 경계로 얼굴, 귀, 목의 앞면을 포함한다.

⑥ 한 부위에 다양한 종류의 증상이 공존할 때는 가장 중요한 증상만을 고려한다.

⑦ %는 정상부위에 대한 병변부위의 백분율을 말한다.

⑧ 모발결손은 탈모증에 의한 것은 제외하며 반흔을 동반한 모발결손으로 국한한다.

표 4-13 안면장애의 판정기준

장애등급	장애정도
장애정도가 심한 장애	1. 노출된 안면부의 90% 이상의 변형이 있는 사람 2. 노출된 안면부의 60% 이상의 변형이 있고, 코 형태의 2/3 이상이 없어진 사람 3. 노출된 안면부의 75% 이상의 변형이 있는 사람 4. 노출된 안면부의 50% 이상의 변형이 있고, 코 형태의 2/3 이상이 없어진 사람
장애정도가 심하지 않은 장애	1. 노출된 안면부의 60% 이상의 변형이 있는 사람 2. 코 형태의 2/3 이상이 없어진 사람

4) 안면장애의 특징

안면장애인은 대표적인 사회적 장애이며, 다른 사람들의 시선으로 인해 외출이 자유롭지 못하거나 이로 인해 성격이 소심해지는 경향을 보이기도 하고, 장애로 인해 경제활동이 자유롭지 못해 경제적 어려움을 겪는다. 특히 일상생활이 자유롭지 못해 정신과적 질환을 유발할 수 있으며, 피부변형과 건조로 인해 각종 질환을 유발한다. 또한 미용수술로 분류되어 보험혜택을 받을 수 없는 비싼 수술비로 인한 경제적 부담이라는 이중고를 겪는 특성이 있다.

14. 장루 · 요루장애의 정의 및 분류

1) 장루 · 요루장애의 정의

2003년 「장애인복지법」 개정에 의해 내부기관 장애로 추가된 장루 · 요루장애는 최근 「장애인복지법 시행령」에 의하면 "배변기능이나 배뇨기능의 장애로 인하여 장루(腸瘻) 또는 요루(尿瘻)를 시술하여 일상생활에 상당한 제약을 받는 사람"으로 규정하고 있다. 장루는 복부를 통해 결장부위에 수술로 만들어진 개구이다. 장루수술을 받게 되면 대변을 더 이상 항문을 통해 배출되지 않고 결장을 통해 배출되며, 배변활동을 스스로 조절할 수 없다. 따라서 대변을 모으기 위한 일회용 주머니를 착용해야 한다. 회장루는 아랫배를 관통하여 소장에 수술로 만든 개구인데, 상처나 질병으로 인해 직장 및 항문과 함께 결장을 수술로 제거할 수도 있다. 회장루에 의한 대변수술 후 대변은 소장에서 직접 나오기 때문에 피부에 매우 자극이 될 수 있다. 이로 인해 착용한 주머니는 인공항문 주변에 맞는 보호용 피부벽을 가져야 한다. 요루는 소변을 몸 밖으로 배출하게 해주기 위해 아랫배에 수술로 만든 개구이다. 요루수술을 하게 되면 소변은 더 이상 요도를 통해 배출되지 않게 되며, 요루를 통해 배출된다. 요루는 항문괄약근을 가지지 않으므로 요루수술을 한 사람은 소변을 보는 것에 대한 자기 스스로의 조절능력이 없다. 대신 소변을 모으기 위한 일회용 주머니를 착용한다.

2) 장루 · 요루장애의 원인

장루는 대부분 선 · 후천적 질병이 원인으로 발생하며, 우리나라 결장루 보유자들의 원인질환은 95% 이상이 직장암이나 대장암 등의 악성종양이다. 흔치는 않으나 장결핵, 크론씨병, 거대결장증, 척추기형, 무항문증 등이 원인이 되기도 한다. 요루의 원인은 대부분 방광암이며, 흔치 않게 방광결핵이나 방광경화증 등으로 방광자율신경이 마비된 때에도 시술하게 된다.

3) 장애정도와 판정방법

장루 · 요루장애의 판정은 외과 전문의(요루는 비뇨기과 전문의)에 의해 이루어지며, 충분한 치료를 했음에도 불구하고(수술 1년 경과 후) 장애가 고착되었음을 수술기록지, 병리소견서, 진단서, 진료기록서 등을 통해 판정한다.

판정시기는 복원수술이 불가능한 장루의 경우에는 장루조성술 이후 진단이 가능하며, 그 외 복원수술이 가능한 경우에는 장루조성술 후 1년이 지난 시점에 판정하고, 장애인등록 이후 3년마다 재판정을 받아야 한다. 다만 2회에 걸친 재판정에서 최초 판정과 동급 판정(최초 판정을 합하여 3회)을 받은 경우에는 이후의 의무적인 재판정에서 제외할 수 있다.

표 4-14 장루 · 요루장애의 판정기준

장애등급	장애정도
장애정도가 심한 장애	1. 요루와 함께 회장루, 상행 또는 횡행결장루를 가지고 있고 그중 하나 이상의 장루(요루를 포함한다)가 현저한 변형이 있거나 장루 주변의 피부가 현저히 헐은 사람 2. 고도의 배뇨장애와 함께 회장루, 상행 또는 횡행결장루를 가지고 있고 그중 하나 이상의 장루가 현저히 변형이 있거나 장루 주변의 피부가 현저히 헐은 사람 3. 장루 또는 요루를 가지고 있고 공장, 회장, 상행 또는 횡행결장이 방사선 등에 의한 손상으로 장루 이외의 구멍으로부터 장 내용물이 지속적으로 흘러나와 수술 등에 의해서도 치유될 가능성이 없으며 구멍 주변의 피부가 현저히 헐은 사람
	1. 요루와 함께 회장루, 상행 또는 횡행결장루를 같이 가지고 있는 사람 2. 요루와 함께 하행 또는 S결장루를 함께 가지고 있고 그중 하나 이상의 장루에 현저한 변형이 있거나 장루 주변의 피부가 현저히 헐은 사람 3. 회장루, 상행 또는 횡행결장루를 가지고 있고 고도의 배뇨기능장애가 있는 사람 4. 장루 또는 요루를 가지고 있고 공장, 회장, 상행 또는 횡행결장이 방사선 등에 의한 손상으로 장루 이외의 구멍으로부터 장 내용물이 대부분 흘러나오며 수술 등에 의해서도 치유될 가능성이 없는 사람
장애정도가 심하지 않은 장애	1. 요루를 가진 사람 2. 회장 또는 S결장루를 가지고 있고 배뇨기능장애가 있는 경우 또는 그중 하나 이상의 장루가 변형되었거나 장루 주변의 피부가 헐었기 때문에 장루 보조용품을 1일 1회 이상 교체하거나 장세척을 필요로 하는 사람 3. 장루 또는 요루를 가지고 있고 하행 또는 S결장이 방사선 등에 의한 손상으로 장루 이외의 구멍에서 장 내용물이 지속적으로 흘러나오며 수술 등에 의해 치유될 가능성이 없는 사람
	하행 또는 S결장루를 가지고 있는 사람

4) 장루 · 요루장애의 특성 및 종류

장루 · 요루장애인은 대변이나 소변 조절능력이 없어 1회용 주머니를 착용하므로 일상생활에서 냄새 등 여러 가지 문제점으로 대인기피증을 갖게 되어 정상적인 직장생활뿐만 아니라 일상생활이 매우 힘들며, 무리한 일은 절대 금물이어서 고용기피를 초래하며 높은 의료비 지출이 예상된다.

(1) 결장루

장루는 복부를 통해 결장부위에 수술로 만들어진 개구이다. 장루수술을 받게 되면 대변은 더 이상 항문을 통해 배출되지 않고 결장을 통해 배출된다.

(2) 회장루

회장루는 아랫배를 관통하여 소장에 수술로 만든 개구이다. 궤양성 대장염이나 대장의 질병과 같은 상처나 질병으로 인해 직장 및 항문과 함께 결장을 수술로 제거할 수도 있다.

(3) 요루

요루는 소변을 몸 밖으로 배출하기 위해 아랫배에 수술로 만든 개구이다. 요루는 '요로우회로(urinary diversion)'라고도 한다. 요루 또는 요로우회로는 상처, 선천적 결함, 암 같은 질병으로 인해 만들어진다.

15. 뇌전증장애의 정의 및 분류

1) 뇌전증장애의 정의

2003년 「장애인복지법」 개정에 의해 내부기관의 장애로 추가된 마지막 장애유형인 뇌전증장애는 2014년 6월 「장애인복지법 시행령」의 개정에 의해 간질장애에서 뇌전증장애로 장애명칭이 변경되었다. 개정된 「장애인복지법 시행령」에 의하면 "뇌전증에 의한 뇌신경세포의 장애로 인하여 일상생활이나 사회생활에 상당한 제약을 받아 다른 사람의 도움이 필요한 사람"으로 규정하고 있다. 대뇌의 이상 또는 손상이 있게 되면 원래 갖고 있는 전기에너지가 과도하게 방출하게 되어 주변으로 퍼져나가게 되고, 이로 인해 경련발작, 의식소실 등의 증세를 유발하게 된다. 뇌전증이란 이러한 현상들이 반복적으로 발생하는 질병을 말하는 것으로, 뇌전증의 원인은 다양하며 발작의 양상도 여러 형태로 나타난다. 뇌전증의 원인은 매우 다양하여 뇌손상을 가져올 수 있는 뇌출혈, 뇌경색, 뇌종양 등의 뇌손상에 의해 일어날 수 있고, 이러한 원인에 의해 손상된 부위에서 비정상적인 전기가 방출되어 재발성 경련이 일어나는 것으로 볼 수 있다. 이러한 뇌전증장애의 정의는 2020년 실태조사에서의 정의와 동일하다.

뇌전증장애는 간질에 의한 뇌세포신경의 장애로 인하여 일상생활 또는 사회생활을 하는 데 상당한 제한을 받아 다른 사람의 도움이 필요한 사람이다. 뇌전증장애는 만성적인 간질에 대한 적극적인 치료에도 불구하고 월 1회 이상의 중증발작 또는 2회 이상의 경증발작을 포함하여 연 6월 이상의 발작이 있고, 이로 인해 협조적인 대인관계가 현저히 곤란한 사람이다.

2) 뇌전증장애의 증상과 원인

뇌전증장애의 원인은 특별한 원인을 발견할 수 없는 간질증후군과 명확한 원인이 발견되는 징후성 간질로 구분할 수 있다. 실제로 소아 간질환자 중 60~70%는 원인을 발견할 수 없고, 30% 정도에서만 특정한 원인을 찾을 수 있다.

특정한 원인을 발견할 수 없는 뇌전증장애증후군 중 대부분은 원인이 있으리라 추측하지만, 현대의학 기술로도 원인을 발견하지 못하는 경우로서 이를 '원인불명 간질'이라 한다. 이에 반해 원인질환을 규명하지 못했지만 가족적 발생을 보이는 점을 고려할 때 유전적 성향이 있는 경우를 '특발성(일차성) 간질'이라 규정한다. 그러나 유전적 성향을 보이는 특발성 간질은 아직 어떤 방식으로 유전되며 어느 유전자가 관여되는지 명확히 알려져 있지 않은 상태이다.

3) 장애정도와 판정방법

뇌전증장애의 진단은 장애인등록 직전 6개월 이상 진료한 의료기관의 신경과, 신경외과, 정신과, 소아과(소아만 해당) 전문의에 의해 판정되며 원인질환 등이 3년 이상 경과하고 2년 이상의 지속적이고 적극적인 치료 후에도 장애가 고착되었을 때 진단서, 소견서, 진료기록 등으로 확인한다. 장애인등록 이후 성인은 3년마다, 18세 미만은 2년마다 장애등급을 재판정하며, 다만 2회에 걸친 재판정에서 최초 판정 시와 동급판정을 받은 경우에는 이후에는 재판정대상에서 제외된다.

표 4-15 뇌전증장애의 판정기준

장애등급	장애정도
장애정도가 심한 장애	1. 만성적인 뇌전증에 대한 적극적인 치료에도 불구하고 월 8회 이상을 포함하여 연 6회 이상 중증발작이 있고 발작 시 유발된 호흡장애, 흡인성 폐렴, 심한 탈진, 두통, 구역, 인지 기능의 장애 등으로 심각한 요양관리가 필요하며 일상생활 및 사회생활에 항상 타인의 지속적인 보호와 관리가 필요한 사람 2. 만성적인 뇌전증에 대한 적극적인 치료에도 불구하고 월 5회 이상 중증발작 또는 월 10회 이상 경증발작을 포함하여 연 6회 이상 발작이 있고 발작 시 유발된 호흡장애, 흡인성 폐렴, 심한 탈진, 두통, 구역, 인지 기능의 장애 등으로 요양관리가 필요하며 일상생활 및 사회생활에 수시로 보호와 관리가 필요한 사람
장애정도가 심하지 않은 장애	만성적인 뇌전증에 대한 적극적인 치료에도 불구하고 월 1회 이상 중증발작 또는 월 2회 이상 경증발작을 포함하여 연 6회 이상의 발작이 있고 이로 인하여 협조적인 대인관계가 현저히 곤란한 사람

4) 뇌전증장애의 특징 및 종류

뇌전증장애의 특성은 발작으로 인해 뇌의 기능이 일시적으로 정지되는 증상이 계속될 경우 뇌세포에 영향을 주어 학습장애, 기억력 감퇴, 집중력 저하, 지능 저하, 사회적응능력 저하를 유발한다. 정신병에서 볼 수 있는 심인성 병리기전은 없으며 나타나는 행동이상도 정신병과 다르다. 간질발작은 언제 어디서나 재발할 수 있는 만성적 질병상태로 부정적 인식이 잔존하여 일상생활은 물론 가정생활과 직장생활에 어려움이 많으며, 특히 여성이 임신 중일 때는 더욱 위험하므로 의사와 상의해야 한다.

(1) 부분발작

비정상적으로 방출되는 전기에너지가 뇌의 한 부분에서 발생하여 경련의 증상을 나타내는 것으로, 경련하는 동안 의식이 있으면서 얼굴 표정의 위축이나 손을 끄덕인다든지 하는 단순 부분발작과 경련하는 동안 의식이 혼탁한 상태로 고개가 돌아간다든지 하는 복잡 부분발작이 있다.

(2) 전신발작

비정상적으로 방출되는 전기에너지가 뇌의 한 부분에서 발생하는 것이 아니라 뇌 전반에 걸쳐 한꺼번에 발생되어 경련의 증상을 나타내는 것을 말한다. 경련하는 모양이나 뇌파의 소견에 따라 소발작(결신발작), 근간대성발작, 강직, 간대, 강직 - 간대발작, 탈력, 부동, 무동발작으로 나눈다.

(3) 미분류발작

어느 것인지 애매한 경우로 신생아 때 볼 수 있었던 청색증, 무호흡발작이 커서도 지속되는 경우를 말한다.

표 4-16 장애유형별 종전 장애등급[2)]과 장애정도 기준 대비표

장애유형 \ 장애정도		심한 장애인			심하지 않은 장애인		
		종전1급	종전2급	종전3급	종전4급	종전5급	종전6급
1. 지체 장애	상지절단	○	○	○	○	○	○
	하지절단	○	○	○	○	○	○
	상지관절	○	○	○	○	○	○
	하지관절	○	○	○	○	○	○
	상지기능	○	○	○	○	○	○
	하지기능	○	○	○	○	○	○
	척추장애		○	○	○	○	○
	변형장애					○	○
2. 뇌병변장애		○	○	○	○	○	○
3. 시각장애		○	○	○	○	○	○
4. 청각 장애	청력		○	○	○	○	○
	평형			○	○	○	
5. 언어장애				○	○		
6. 신장장애			○			○	
7. 심장장애		○	○	○		○	
8. 호흡기장애		○	○	○		○	
9. 간장애		○	○	○		○	
10. 안면장애			○	○	○	○	
11. 장루・요루장애			○	○	○	○	

2) 2019.7.1일부터 종전 1~6등급은 폐지되고 중・경증으로 단순 구분됨에 따라 종전 1~3등급은 심한 장애인, 4~6등급은 심하지 않은 장애인으로 일괄 전환됨.

12. 뇌전증장애		○	○	○	○	
13. 지적장애	○	○	○			
14. 자폐성장애	○	○	○			
15. 정신장애	○	○	○			

출처: 보건복지부, 장애인복지사업안내, 2024.

제3절 장애인등록 및 장애정도심사제도

1. 장애인등록제도의 의의

장애인의 장애등급과 관련하여 종전의 의학적 기준인 1~6등급 체계를 장애정도에 의한 '장애정도가 심한 장애인(1~3급)' 및 '장애의 정도가 심하지 않은 장애인(4~6급)'으로 단순화하였으나, 2019년 7월 이후 장애등급을 폐지[3])하고 새로운 기준안을 마련하였다. 우리나라에서 장애인으로 등록하는 것은 국가가 장애를 공식적으로 인정하는 것으로 다양한 정책적, 실천적 의미를 지니고 있다. 국가는 장애인등록을 통해 장애인정책의 대상을 명확히 한정하여 서비스를 제공하고 지원하는 출발점으로 삼으며, 또한 등록된 장애인을 근거로 정책적 방향 수립 및 제도 도입의 근거로 활용하고 있다. 또한 서비스 제공기관의 경우 등록된 장애인은 직접적 서비스의 대상이 될 수 있는 포괄적 적격성을 가지게 되어 장애인복지서비스의 준거로 삼고 있어 장애인등록제도는 우리나라 장애인복지의 근간으로 작용하고 있다. 즉, 장애인등록제도는 장애유형과 장애정도가 무엇인지를 평가하고 판정하는 선행적 조치를 통해 장애인으로 등록하는 것을 의미한다.

3) 가. 장애등급제 폐지 목적: 장애인 서비스 제공 기반 고도화, 장애인 개인의 다양한 욕구를 반영한 서비스 지원 기반 마련, 수요자 중심의 접근성 높은 맞춤형 지원체계 구축

나. 관련 법적 근거: 장애인복지법 제32조(장애인의 등록), 제32조의4(서비스 지원 종합조사), 제32조의6(복지서비스에 관한 장애인 지원 사업), 제32조의7(민관협력을 통한 사례관리)

2. 장애정도심사제도 의의

2011년 4월부터 신규 등록 및 장애정도조정, 재판정대상자 모두 장애정도심사를 시행하고 있고, 2013년 1월부터 외국인 및 재외동포도 장애인등록을 허용하고 있다.

장애등록 허용 자격은 주민등록을 한 재외국민, 외국국적동포(F-4), 한국영주권자(F-5), 결혼이민자(F-6)이다. 2015년 5월부터 국가유공자 및 보훈보상·지원대상자의 상이등급 판정을 받은 부위와 동일부위에 대해 장애인등록[4]을 하고 있다.

3. 장애인등록제도 연혁

장애인등록제도 연혁은 다음과 같다.

- 1982년 심신장애자복지법 시행규칙 제정(심신장애자의 장애등급표)함
- 1991년 장애인복지법 시행규칙으로 전면개정(장애인의 장애등급표)함
- 2000년 장애등급판정기준 제정(보건복지부 고시 제2000-2호): 10개 장애유형 확대함
- 2003년 장애등급판정기준 개정(보건복지부 고시 제2003-37호): 15개 장애유형 확대함
- 2007년 장애등급심사제도 도입(심사대상) 중증장애수당[5] 지급대상 확대 및 장애인복지법 시행령 개정으로 정신지체를 지적장애로 법률 용어 변경함
- 2010년(장애심사대상 확대) 1~3급 신규 등록·장애등급 조정·장애 재판정대상자, 국민연금공단이 장애인복지법에 의한 장애등급심사를 수행하도록 법적 근거 신설(법 제32조제6항), 장애인연금 신청자에 대해 장애등급을 재심사(장애인연금법 제9조제2항)하고 재심사에 관한 업무를 공단에 위탁(시행령 제16조제2항)하도록 규정함
- 2011년 장애등급판정기준 개정(보건복지부 고시 제2011-33호), 총론 적용원칙 신설과 장애등급심사대상 확대 및 판정절차 개선,[6] 장애등급판정기준 개정(보건복지부 고시 제2011-91호) 안면장애 기준 추가함
- 2012년 장애등급판정기준 개정(보건복지부 고시 제2012-60호)함
- 2013년 외국인 및 재외동포 장애등록 시행과 장애등급판정기준 개정(보건복지부 고시 제

---

4) 근거 규정은 장애인복지법 제32조(장애인등록) 및 제32조의2(재외동포 및 외국인의 장애인등록), 같은 법 시행규칙 제3조부터 제18조

5) 중증장애수당 지급대상: 1,2급 장애인(3급 지적·자폐 장애인 중 다른 장애가 중복된 경우 포함) 중 국민기초생활수급자 또는 차상위계층, 2007년도 중증장애수당액 상향 조정(월 7만 원→12~13만 원)을 계기로 함. (장애심사위탁기관) 국민연금공단

6) (장애심사대상) 신규등록, 장애등급 조정 또는 장애를 재판정하는 모든 경우, (절차 개선) 의사가 장애진단 후 공단에서 재심사→공단의 장애등급심사로 최종등급결정(의사는 장애진단서에 장애등급 미기재)

2013-56호) 일부 기준 신설 등, 장애등급판정기준 개정(보건복지부 고시 제2013-174호, 의무 재판정 기준 완화)함
- 2015년 장애등급심사규정 개정(보건복지부 고시 제2015-3호), 국가유공자 등 장애인등록 시행, 장애등급판정기준 개정(고시 제2015-188호): 간질장애 → 뇌전증장애 용어 변경과 장애인복지법, 시행령, 시행규칙 개정: 심사자료 발급대행 법률적 근거 마련함
- 2017년 장애인복지법, 시행규칙 개정(시행일 2017.8.9.)과 장애인등록 취소 등 조항 제정 및 장애인복지법 개정(시행일 2018.3.20.): 난민 인정자의 장애인등록 허용함
- 2019년 장애등급제 단계적 폐지(심한 장애인, 심하지 않은 장애인으로 심사)함
- 2020년 장애정도판정기준 개정(보건복지부 고시 제2020-59호)기준 신설 등과 장애정도심사규정, 장애정도판정기준 개정(보건복지부 고시 제2020-140호)과 장애정도판정기준 개정(보건복지부 고시 제2020-238호)함
- 2021년 장애정도판정기준, 장애정도심사규정 개정(보건복지부 고시 제2021-109호, 110호)함
- 2022년 장애정도판정기준, 장애정도심사규정 개정(보건복지부 고시 제2022-16호, 17호)함

4. 장애유형별 장애진단 시기

장애유형별 진단 시기는 다음과 같다.

1) 지체 · 시각 · 청각 · 언어 · 지적 · 안면장애

장애의 원인 질환 등에 관하여 충분히 치료하여 장애가 고착되었을 때 진단하며, 그 기준 시기는 원인 질환 또는 부상 등의 발생 후 또는 수술 후 규정기간(6개월 또는 2년) 이상 지속적으로 치료한 후로 한다(지체절단, 척추고정술, 안구적출, 청력기관의 결손, 후두전적출술, 선천적 지적장애 등 장애상태의 고착이 명백한 경우는 예외로 한다).

2) 뇌병변장애

① 뇌성마비, 뇌졸중, 뇌손상 등과 기타 뇌병변(파킨슨병 제외)이 있는 경우는 발병 또는 외상 후 6개월 이상 지속적으로 치료한 후에 장애진단한다.

② 파킨슨병은 1년 이상의 성실하고 지속적인 치료 후에 장애진단한 자

3) 정신장애

규정기간(1년 또는 2년) 이상의 성실하고, 지속적인 치료 후에 호전의 기미가 거의 없을 정도로 장애가 고착된 시점이다.

4) 자폐성장애

전반성발달장애(자폐증)가 확실해진 시점(최소 만 2세 이상)이다.

5) 신장장애

혈액투석 또는 복막투석치료를 3개월 이상 지속적으로 받고 있는 사람 또는 신장을 이식받은 사람에 대하여 장애진단한다.

6) 심장장애

1년 이상의 성실하고, 지속적인 치료 후에 호전의 기미가 거의 없을 정도로 장애가 고착되었거나 심장을 이식받은 사람에 대하여 장애진단한다.

7) 호흡기 · 간장애

현재의 상태와 관련한 최초 진단 이후 1년 이상이 경과하고, 최근 2개월 이상의 지속적인 치료 후에 호전의 기미가 거의 없을 정도로 장애가 고착되었거나 폐 또는 간을 이식받은 사람에 대하여 장애진단한다.

8) 장루 · 요루장애

복원수술이 불가능한 장루(복회음절제술 후 에스결장루, 전대장절제술 후 시행한 말단형 회장루 등), 요루(요관피부루, 회장도관 등)의 경우에는 장루(요루)조성술 이후 진단이 가능하며,

그 외 복원수술이 가능한 장루(요루)의 경우에는 장루(요루) 조성술 후 1년이 지난 시점이 진단시기이다.

9) 뇌전증장애

① 성인의 경우 현재의 상태와 관련하여 최초 진단 이후 2년 이상의 지속적이고 적극적인 치료를 받음에도 불구하고 호전의 기미가 거의 없을 정도로 장애가 고착된 시점에 진단한다.

② 소아청소년의 경우 뇌전증 증상에 따라 최초 진단 이후 규정기간(1년 내지 2년) 이상의 지속적인 치료를 받음에도 불구하고 호전의 기미가 거의 없을 정도로 장애가 고착된 시점에 진단한다.

5. 장애인등록 신청 및 절차

1) 장애인등록 신청

장애인등록을 신청하고자 하는 사람의 주소지 관할 읍·면·동사무소를 방문하여 '장애인등록 및 서비스 신청서'를 작성하여 제출하여야 한다. 구체적인 제출서류는 다음과 같다.

① 사진 1장 제출(3.5cm×4.5cm), 17세 이상 주민등록증 발급을 위한 사진자료 활용 가능하다.

② 장애인등록 신청은 본인이 하는 것을 원칙으로 한다. 다만, 만 19세 미만의 미성년자와 거동이 불가능한 경우 등 본인이 등록 신청을 하기 어려운 경우에는 보호자가 신청 대행이 가능하다.

③ 대리 신청이 가능한 보호자의 범위는 장애인을 보호하고 있는 장애인복지시설의 장, 장애인을 사실상 보호하고 있는 자(장애인의 배우자, 직계존·비속, 직계존·비속의 배우자, 형제·자매, 형제·자매의 배우자 등)이다.

2) 장애진단 및 장애정도 심사용 진단서 발급

신청인은 의료기관의 전문의사로부터 장애진단 및 검사를 통해 장애정도 심사용 진단서를 발급 받고, 장애유형별 필수 구비서류를 갖추어 주소지 관할 읍·면·동 주민센터에 제출한다. 의료기관에서 장애진단 후 장애정도 심사용 진단서와 구비서류를 갖춘 후 장애인등록을 신청하는 경우 장애진단 의뢰 절차를 이행한 것으로 본다.

3) 장애정도 의뢰 및 장애정도 심사 실시

장애심사 전문기관인 국민연금공단(이하 '공단')에 장애정도에 관한 심사[7]를 의뢰하면 공단은 2인 이상의 전문의사가 참여하는 의학 자문회의를 개최하여 장애정도 심사 후 심사결과를 해당 읍·면·동으로 통보한다.

4) 심사결과 확인 및 장애인등록, 신청인에게 심사결과 통지

시·군·구(읍·면·동) 담당자는 공단의 장애정도 결과를 토대로 장애인등록 및 신청인에게 결과를 통지하여야 한다. 장애정도 심사는 다음과 같이 이루어진다.

7) 정밀한 심사를 위하여 추가로 검사결과 등의 자료 보완 요구나 공단이 정한 장애진단기관 및 전문의로 하여금 직접 진단을 하게 할 수 있음.

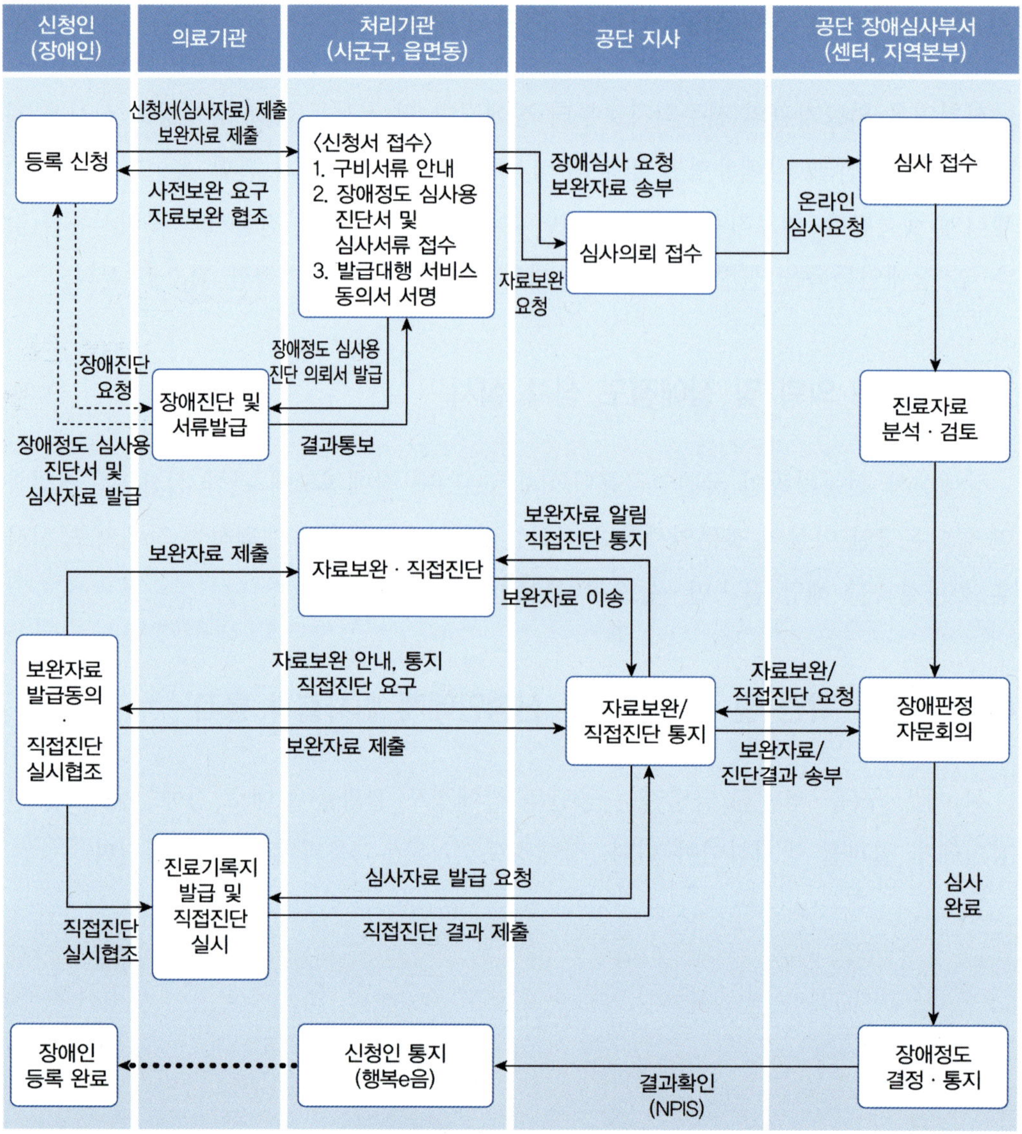

그림 4-1 장애정도 심사절차

출처: 보건복지부, 장애인복지사업안내, 2024.

CHAPTER 05

장애인구 현황 및 실태

제1절 장애인 인구 현황

1. 장애인구 및 일반사항

우리나라에서는 1988년 11월부터 장애인등록제도를 실시해 왔으며, 2023년 등록장애인 수는 264만 6,922명으로 나타났다. 장애인구 비율은 2010년 이후 약 5% 수준으로 유지되고 있다. 그런데 우리나라 전체인구는 2019년 5천184만 명으로 정점을 찍고 저출생의 여파로 점차 하락 중인 반면, 장애인구는 2020년 263만 명, 2023년 264만 명으로 지속적으로 증가하고 있다.

이 시기 전체인구 대비 장애인구 비율은 5.1%이며, 2023년도는 264만 6,922명으로 늘어 우리나라 전체인구수 5천143만 명의 5.2%를 차지했다. 만 65세 이상 등록장애인 비율은 지속적인 증가세를 보여주고 있다. 2010년 37.1%에서 2015년 42.3%, 2022년도에는 전체 등록장애인 수의 과반이 넘는 52.8%가 65세 이상이다. 이 비율은 같은 시기 전체인구 고령화 비율인 18%보다 거의 3배나 높은 수치이다.

우리나라 등록장애인 수는 2023년 5월 말 기준 264.7만 명이며 고령화 사회로 접어들면서 장애노인의 지속적인 증가 경향을 보였다. 장애인구 중 65세 이상 노인의 비율은 54.3%로 2020년 49.9%에 비해 4.4%p 증가하는 등 고령화 경향이 지속되고 있다.

장애인가구 중 1인가구 비율은 26.6%로 2020년 27.2%에 비해 소폭 감소하였다. 평균 가구원 수는 2.28명으로 2020년 2.31명에 비해 감소하는 등 지속적인 감소 경향을 보이고 있다.

표 5-1 장애인구 및 일반사항 (단위 : 명)

구분	2011년	2014년	2017년	2020년	2023년
장애인 추정[1)]	2,683,477	2,726,910	2,668,411	–	–
등록장애인[2)]	2,519,241	2,494,460	2,545,637	2,623,201	2,646,922

주 1) 2020, 2023년 조사는 등록장애인DB를 모집단으로 하여 미등록장애인을 포함한 장애인 추정수를 제시하지 않음.
2) 2011, 2014, 2017년은 등록장애인DB의 해당 연도 12월 말 기준이며, 2020, 2023년은 해당 연도 5월 말 기준임.

65세 이상 장애인구	38.8%	43.3%	46.6%	49.9%	54.3%
장애인가구 중 1인가구	17.4%	24.3%	26.4%	27.2%	26.6%

출처: 보건복지부, 한국보건사회연구원, 장애인실태조사, 2023.

장애 발생은 후천적 원인에 의한 경우가 88.1%로, 후천적 '질환'에 의해 발생한 경우(58.1%)가 후천적 '사고'에 의한 경우(29.9%)에 비해 높았다.

표 5-2 고령장애인 및 가구 규모 및 1인가구 비율1)

(단위 : %)

구분	장애인구 및 고령장애인 비율		장애인가구 규모와 1인가구 비율	
	장애인 수	만 65세 이상 비율	장애인가구 평균 가구원 수	1인가구 비율
2011년	268.3만 명	38.8	2.82명	17.4
2014년	272.7만 명	43.3	2.61명	24.3
2017년	266.8만 명	46.6	2.59명	26.4
2020년	262.3만 명	49.9	2.31명	27.2
2023년	264.7만 명	54.3	2.28명	26.6

주 1) 장애인 수는 2011년, 2014년, 2017년은 추정수이며, 2020년, 2023년은 등록장애인 수임.
출처: 보건복지부, 한국보건사회연구원, 장애인실태조사, 2023.

2. 교육정도

교육 정도는 대학 이상 학력자가 17.4%로 2020년 14.4%에 비해 증가하였고, 고등학교 47.5% 등 전반적인 학력 수준이 높아졌다.

표 5-3 교육 정도1)

(단위 : %)

구분	2011년	2014년	2017년	2020년	2023년	
					전체	25~65세 미만
무학	12.3	12.0	10.9	9.2	8.5	1.7
초등학교	33.0	29.4	27.5	28.4	26.8	9.5
중학교	18.4	16.0	16.8	18.1	16.3	12.2
고등학교	24.5	27.2	29.6	29.9	31.0	47.5
대학 이상2)	11.8	15.3	15.2	14.4	17.4	29.0
계	100.0	100.0	100.0	100.0	100.0	100.0

주 1) 25세 이상 기준.
2) 대학 이상은 3년제 이하 대학~대학원 모두 포함.

3. 결혼상태

장애인 중 배우자가 있는 경우는 51.8%이며, 사별 20.7%, 미혼 17.0%, 이혼 9.7% 등으로 나타났다.

표 5-4 결혼상태[1] (단위 : %)

구분	2011년			2014년			2017년			2020년			2023년		
	남자	여자	전체	남자	여자	전체	남자	여자	전체	남자	여자	전체	남자	여자	전체
미혼	16.9	8.8	13.5	19.2	10.1	15.4	18.1	11.5	15.3	21.8	11.5	17.4	21.4	11.1	17.0
유배우	68.0	44.7	58.1	63.7	42.5	54.7	65.0	42.5	55.3	60.4	39.1	51.3	61.2	39.0	51.8
사별	5.0	38.2	19.1	5.6	38.2	19.5	5.3	36.6	18.7	6.6	39.9	20.8	5.6	41.2	20.7
이혼	8.8	7.2	8.1	9.3	8.0	8.7	9.9	7.9	9.0	10.5	8.7	9.7	10.9	8.1	9.7
별거	1.3	1.1	1.2	2.0	1.0	1.6	1.6	1.5	1.6	0.7	0.7	0.7	0.9	0.6	0.8
기타 (미혼모/부)	0.1	–	0.0	0.1	0.1	0.1	0.0	0.1	0.1	0.0	0.2	0.1	0.0	0.1	0.02
계	100.0	100.0	100.0	100.0	100.0	100.0	100.0	100.0	100.0	100.0	100.0	100.0	100.0	100.0	100.0

출처: 보건복지부, 한국보건사회연구원, 장애인실태조사, 2023.

4. 국민기초생활보장 급여 유형별 수급자

장애인 중 국민기초생활보장 급여 유형별 수급자 비율은 생계급여 17.4%, 의료급여 17.3%, 주거급여 20.7% 등으로 나타났다. 장애인 중 국민기초생활보장 수급자 총비율은 20.8%로 전체인구 4.8%(2022년 12월 기준)에 비해 약 4.3배 높은 수준이다.

표 5-5 국민기초생활보장 급여 유형별 수급 (단위 : %)

구분	2017년	2020년	2023년
생계급여	15.0	19.0	17.4
의료급여	16.2	25.8	17.3
주거급여	14.4	14.8	20.7
교육급여	1.4	1.8	1.2

출처: 보건복지부, 한국보건사회연구원, 장애인실태조사, 2023.

제2절 장애인 건강 실태

19세 이상 장애인 중 만성질환을 가지고 있는 경우는 84.8%이며, 평균 2.5개의 만성질환을 보유하는 것으로 나타났다. 질환별로는 고혈압 49.3%, 이상지혈증 27.6%, 당뇨병 25.1%, 골관절염 23.3%, 만성통증 15.8% 등이다.

장애인은 전체인구에 비해 고혈압, 당뇨병 등 만성질환 유병률[1]이 높은 경향을 보였다. 30세 이상 비교 시, 장애인은 고혈압 52.9%(전체인구 34.8%), 당뇨병 26.8%(전체인구 14.8%)로 전체인구보다 높았다.

1. 재활치료 이용

장애인 중 현재 재활치료[2]를 이용하는 경우는 23.7%로, 특히 18세 미만 아동은 83.5%가 재활치료를 이용하고 있었다.

표 5-6 재활치료 이용 비율

(단위 : %)

구분	2011년	2014년	2017년	2020년	2023년
전체 연령	23.0	25.4	26.0	22.9	23.7
18세 미만	63.7	68.5	73.8	74.9	83.5
65세 이상	28.1	31.8	31.4	24.1	25.9

출처: 보건복지부, 한국보건사회연구원, 장애인실태조사, 2023.

2. 주관적 건강상태

장애인의 주관적 건강인식은 '좋다'고 인식하는 경우가 18.9%로 2020년 14.0%에 비해 높아졌지만, 전체인구 36.2%에 비해서는 낮았다.

1) 전체인구 유병률: 2022년 국민건강영양조사임.
2) 재활치료서비스: 물리치료, 작업치료, 언어치료, 음악치료, 놀이치료, 미술치료, 심리행동치료, 기타

표 5-7 주관적 건강상태[3](주관적 건강인지율) (단위 : %)

구분		장애인			전체인구
		2017년	2020년	2023년	
주관적 건강상태	좋음	14.9	14.0	18.9	36.2
	보통	33.8	37.3	33.9	45.0
	나쁨	51.3	48.7	47.2	18.8
계		100.0	100.0	100.0	100.0

출처: 보건복지부, 한국보건사회연구원, 장애인실태조사, 2023.

3. 스트레스 인지 및 우울감

19세 이상 장애인의 스트레스 인지율은 31.2%로 2020년 33.7%에 비해 낮아졌지만, 전체인구 25.6%에 비해서 높은 수준이었다.

표 5-8 스트레스 인지율[4] (단위 : %)

구분	2020년	2023년			전체인구
		전체	19~64세	65세 이상	
대단히 많이 – 많이 느끼는 편임	33.7	31.2	35.7	27.6	25.6
조금 느끼는 편임	52.1	45.8	45.7	45.9	57.8
거의 느끼지 않음	14.2	23.0	18.6	26.5	16.6
계	100.0	100.0	100.0	100.0	100.0

출처: 보건복지부, 한국보건사회연구원, 장애인실태조사, 2023.

장애인의 우울감 경험률은 12.4%로 2020년 18.2%에 비해 낮아졌지만, 전체인구 4.7%와 비교하면 높은 수준이었다. 장애인의 자살 생각 경험률은 8.9%로, 2020년 11.1%에 비해 낮아졌지만, 전체인구의 5.7%에 비하면 높게 나타났다.

3) 19세 이상, 2022년 국민건강통계(질병관리청)
4) 19세 이상, 평소 스트레스 인지율에 대한 4점 척도(대단히 많이 느낌-많이 느끼는 편-조금 느끼는 편-거의 느끼지 않음), 2022년 국민건강통계(질병관리청)

표 5-9 우울감 경험, 자살생각[1)]

(단위 : %)

구분	2020년	2023년	전체인구
우울감 경험	18.2	12.4	4.7[2)]
자살 생각	11.1	8.9	5.7[3)]

주: 1) 19세 이상 기준.
2) 2022년 국민건강통계(질병관리청), 우울증 선별도구(PHQ-9) 총점 27점 중 10점 이상인 분율임.
3) 2022년 사회조사(통계청), 13세 이상 기준.

19세 이상 장애인의 현재 흡연율은 15.7%, 고위험 음주율은 5.6%로 전체인구 흡연율 16.9%, 고위험 음주율 13.4%[5)]에 비해 낮은 수준이다.

4. 보건 · 의료서비스

정기적 · 지속적으로 보건 · 의료서비스를 이용하는 장애인 비율은 88.5%로 2020년 코로나19 상황에서 76.3%로 낮아졌던 것에 비해 증가하였다. 장애인의 미충족 의료서비스 경험(최근 1년간 병의원에 가고 싶을 때 가지 못한 경험)은 17.3%로, 2020년 코로나19 시기 32.4%로 높아졌던 것에 비해 낮아졌다. 미충족 의료서비스 경험 이유는 이동불편(36.5%), 경제적 이유(27.8%), 시간이 없어서(13.0%), 동행자가 없어서(7.1%) 등으로 나타났다.

표 5-10 현재 치료, 재활, 건강관리 목적의 정기적, 지속적 진료 여부

(단위 : %)

구분	2011년	2014년	2017년	2020년	2023년
지속적 진료 받음	72.4	78.3	82.3	76.3	88.5
지속적 진료 받고 있지 않음	27.6	21.7	17.7	23.7	11.5
계	100.0	100.0	100.0	100.0	100.0

출처: 보건복지부, 한국보건사회연구원, 장애인실태조사, 2023.

5) 전체인구 현재 흡연율, 고위험 음주율은 2022년 국민건강통계 참조

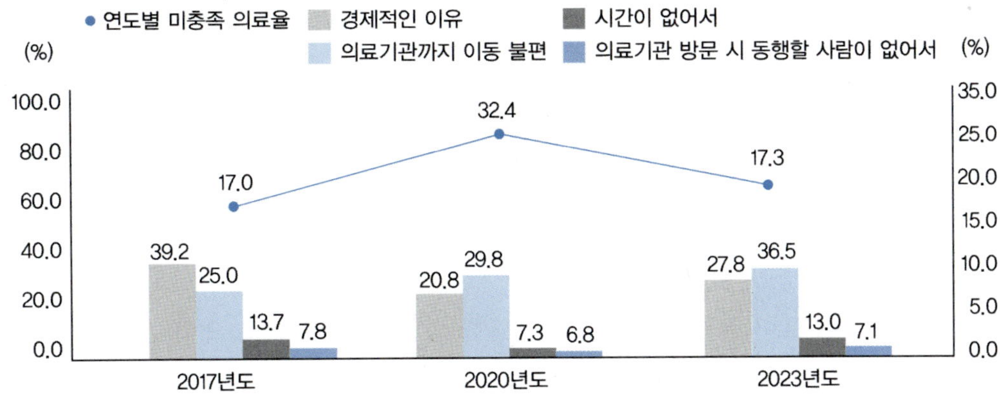

그림 5-1 연간 미충족 의료율(병의원) 및 주된 이유

출처: 보건복지부, 한국보건사회연구원, 장애인실태조사, 2023.

5. 장애인 건강증진의 보건 · 의료 정책

장애인 건강증진을 위해 정부가 강화해야 한다고 생각하는 보건의료, 건강 서비스는 만성질환 관리(33.7%), 장애관리 및 재활서비스(24.9%), 건강상태 평가 및 관리(22.2%) 등으로 조사되었다.

표 5-11 강화해야 할 보건의료 및 건강 관련 서비스 (단위 : %)

건강상태 평가관리	만성질환 관리	장애관리 및 재활	건강검진	예방접종	건강교육 및 건강교실	일반진료	구강보건	정신건강	기타
22.2	33.7	24.9	4.3	2.5	2.6	3.7	2.6	3.4	0.0

출처: 보건복지부, 한국보건사회연구원, 장애인실태조사, 2023.

제3절 장애인 일상생활 돌봄지원 실태

1. 일상생활 지원

일상생활 수행 시 지원이 필요하다고 응답한 장애인은 35.3%로, 2020년 32.1%에 비해 3.2%p 증가하였다. 일상생활지원 필요는 지원 필요 수준을 5점 척도('혼자서 스스로', '대부분 혼자서', '일부 지원 필요', '대부분 지원 필요', '거의 모든 일에 지원 필요')로 응답하여 그중 '일부', '대부분', '거의 모든 일' 지원 필요 비율의 합이다.

일상생활지원서비스를 이용한 경험률은 16.0%로 2020년 14.1%에 비해 증가하였다. 일상생활지원서비스로는 장애인활동지원사업, 노인장기요양보험, 발달장애인 활동서비스, 장애인 생활도우미, 여성장애인 가사도우미 지원사업, 장애아양육지원사업 등이었다.

(단위 : %)

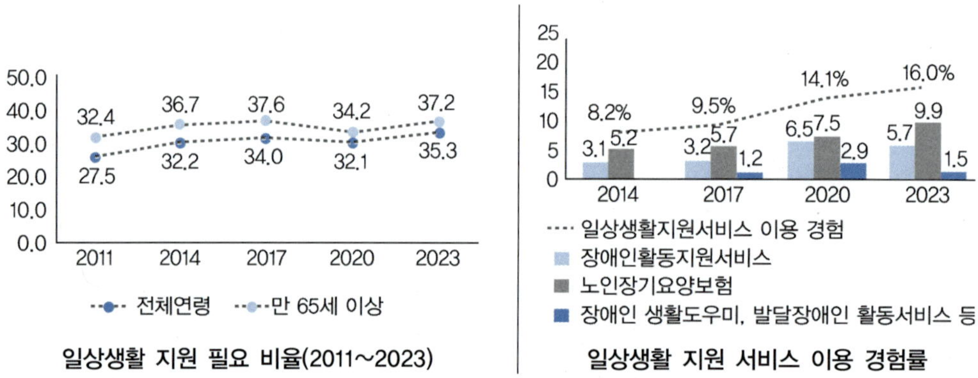

그림 5-2 일상생활 지원 필요 및 지원 서비스 이용 경험

2. 일상생활 주된 지원자

일상생활의 주된 지원자는 가족구성원인 경우가 82.1%로 가장 높았고, 공적 돌봄서비스 제공자(장애인활동지원사, 요양보호사 등)인 경우는 13.8%로 나타났다. 65세 이상은

주된 지원자가 공적 돌봄서비스 제공자인 경우가 17.3%로 전체 장애인에 비해 높았다. 현재 일상생활지원이 충분하다고 생각하는 경우는 62.3%로, 2020년 54.9%에 비해 7.4%p 높아졌다.

(단위 : %)

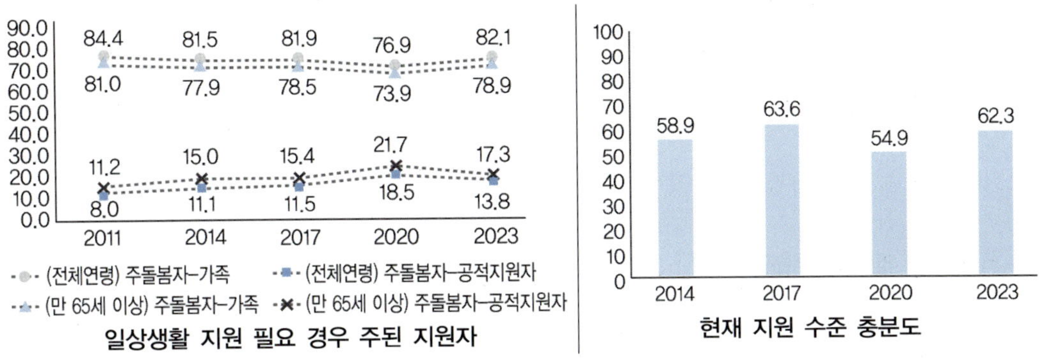

그림 5-3 일상생활 지원 필요 주된 지원자 및 현재 지원 수준

출처: 보건복지부, 한국보건사회연구원, 장애인실태조사, 2023.

표 5-12 주된 지원자 유형[6]

(단위 : %)

구분	2014년		2017년		2020년		2023년	
배우자	37.7		39.4		38.7		37.8	
부모	20.1		21.1		20.8		21.2	
자녀(며느리, 사위)	16.7		16.6		13.3		18.5	
형제, 자매	5.1	81.5	3.7	81.9	2.8	76.9	3.6	82.1
조부모	1.1		0.5		0.4		0.5	
손자녀	0.5		0.3		0.4		0.3	
기타 가족	0.3		0.3		0.5		0.1	
친척	0.8		0.5		0.6		0.5	
친구	0.8		0.2		0.4		0.3	
이웃	1.1		1.1		0.2		0.9	
활동지원사	3.3		2.2		8.5		3.4	
가정봉사원	0.5	11.1	0.6	11.5	0.5	18.5	0.7	13.8
요양보호사	7.3		8.7		9.5		9.7	
간병인	2.0		2.4		1.3		1.6	
기타	2.7		2.4		2.1		0.7	
계	100.0		100.0		100.0		100.0	

출처: 보건복지부, 한국보건사회연구원, 장애인실태조사, 2023.

6) 일상생활 지원이 필요하며, 현재 지원해 주는 사람이 있는 경우 중 지원자 유형별 비율임.

제4절 장애인 사회적 실태

1. 장애인 생활만족도

장애인의 생활만족도는 평균 3.3점[7])으로 2020년 3.2점에 비해 높아졌다. 가족관계(3.9점), 결혼생활(3.9점), 살고 있는 곳(3.8점)은 상대적으로 높았고, 건강상태(2.9점), 한달수입(3.0점), 여가활동(3.1점)은 낮았다.

표 5-13 장애인 생활만족도

(단위 : 점)

구분	가족 관계	친구들 수	살고 있는 곳	건강 상태	한 달 수입	여가 활동	하고 있는 일	결혼 생활	전반적 생활 만족도
2023년	3.9	3.4	3.8	2.9	3.0	3.1	3.7	3.9	3.3
2020년	3.8	3.3	3.6	2.8	2.8	2.9	3.4	3.7	3.2

출처: 보건복지부, 한국보건사회연구원, 장애인실태조사, 2023.

2. 장애인의 행복감

장애인의 전반적 행복감[8])은 5.79점으로 전체인구의 6.56점에 비해 낮은 것으로 나타났다. 18세 미만 6.15점, 18~65세 미만 5.93점, 65세 이상 5.68점으로 연령대가 높아질수록 전반적 행복감 점수는 낮아졌다.

표 5-14 전반적 행복감[9])

(단위 : %)

구분	전체	연령별			전체인구
		18세 미만	18~64세	65세 이상	
전반적 행복감	5.79	6.15	5.93	5.68	6.56

출처: 보건복지부, 한국보건사회연구원, 장애인실태조사, 2023.

7) 5점 기준: 5점 매우 만족~1점 매우 불만족
8) 전반적 행복감: 모든 것을 고려할 때 행복한 정도를 의미함. 0~10점 중 응답하며 0점은 '전혀 행복하지 않음', 10점은 '매우 행복함'을 의미함.
9) 13세 이상 기준, 전반적 행복감: 모든 것을 고려할 때 행복한 정도를 의미함. 0~10점 중 응답하며 0점은 '전혀 행복하지 않음', 10점은 '매우 행복함'을 의미. 전체인구는 2023년 한국인의 행복조사(3차조사)-기초분석보고서. 국회미래연구원.

3. 장애인차별 인식

장애인이 장애인차별금지법을 알고 있는 비율은 14.9%로, 2020년 10.5%보다 높아졌다. 이러한 법 인식 증가와 함께 '장애인 차별이 있다'고 주관적으로 인식하는 비율도 80.1%로 2020년 63.5%보다 높아졌다. 2017년 조사의 경우 장애인 차별이 있다고 응답한 비율은 79.9%였다.

표 5-15 장애인차별금지법 인식

(단위 : %)

구분	2020년	2023년	연령별		
			19세 미만	19~64세	65세 이상
알고 있다	10.5	14.9	20.3	23.7	7.7
들어본 적이 있으나 내용은 모른다	25.9	21.2	27.0	28.4	15.3
알지 못한다	63.6	63.9	52.7	47.9	77.0
계	100.0	100.0	100.0	100.0	100.0

출처: 보건복지부, 한국보건사회연구원, 장애인실태조사, 2023.

표 5-16 장애인차별 인식

(단위 : %)

구분	2020년	2023년	연령별		
			19세 미만	19~64세	65세 이상
없다	36.5	19.9	7.7	13.3	25.8
있다	63.5	80.1	92.3	86.7	74.2
계	100.0	100.0	100.0	100.0	100.0

출처: 보건복지부, 한국보건사회연구원, 장애인실태조사, 2023.

4. 장애인 외출 및 교통수단

장애인 중 지난 1개월 동안 '거의 매일' 외출한 비율은 63.4%로 코로나19가 유행한 2020년 45.4%에 비해 크게 높아졌고, '전혀 외출하지 않음' 비율은 3.5%로 2020년 8.8%보다 낮아졌다. '전혀 외출하지 않은' 주된 이유는 '장애로 인해 몸이 불편해서'(66.8%), '하고 싶지 않아서'(17.2%), '외출을 도와줄 도우미가 없어서'(8.5%) 등으로 나타났다.

표 5-17 외출 빈도

(단위 : %)

구분	2017년	2020년	2023년	연령별		
				19세 미만	19~64세	65세 이상
거의 매일	70.1	45.4	63.4	94.8	72.1	54.7
주 1~3회	19.5	32.9	24.6	2.1	20.3	29.3
월 1~3회	5.9	12.9	8.6	1.4	5.1	11.7
전혀 외출 않음	4.5	8.8	3.5	1.7	2.4	4.4
계	100.0	100.0	100.0	100.0	100.0	100.0

출처: 보건복지부, 한국보건사회연구원, 장애인실태조사, 2023.

외출 시 교통수단 이용에 어려움이 있는 경우는 35.2%로, 2020년 39.8%에 비해 낮아졌다. 교통수단 이용 시 주된 어려움은 '버스·택시의 물리적 접근과 탑승 어려움'(53.2%), '버스·택시 이용 시 정보접근 어려움'(17.9%), '장애인 전용 교통수단(장애인 콜택시 등) 부족'(15.5%) 등으로 조사되었다.

(단위 : %)

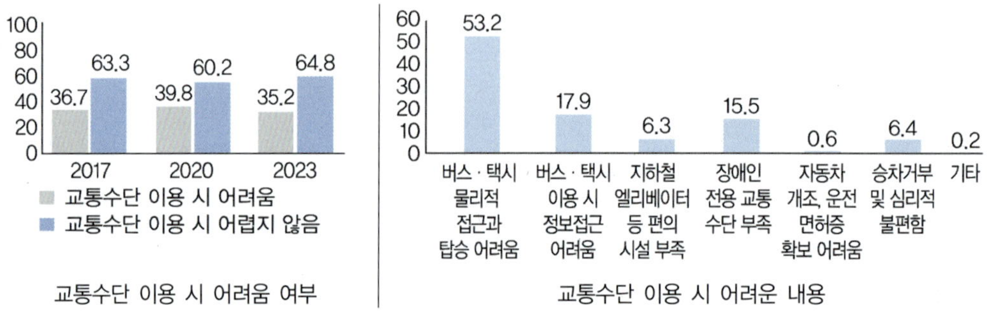

그림 5-4 교통수단 이용 시 어려움 및 어려운 내용

출처: 보건복지부, 한국보건사회연구원, 장애인실태조사, 2023.

5. 재난 발생 시 필요한 지원

재난 발생과 관련해서 장애인에게 필요한 지원은 '재난 대비 시설·장비 지원'(20.0%), '재난 대응 지침 및 매뉴얼 개발·보급'(19.2%), '재난 사후 생활안정 지원'(16.6%) 등으로 나타났다.

표 5-18 재난 발생 관련 국가의 장애인에 대한 시급한 지원 (단위 : %)

구분	2020년	2023년
장애를 고려한 재난 대응 지침 및 매뉴얼 개발・보급	18.3	19.2
장애를 고려한 재난대비 시설・장비 지원	24.3	20.0
장애를 고려한 재난대응 훈련	14.6	15.2
장애를 고려한 재난상황의 정보제공	10.6	12.8
재난 사후 생활안정 지원	18.0	16.6
긴급 사회서비스(돌봄) 지원	9.4	13.2
심리・정서적 지원	4.9	3.1
계	100.0	100.0

아프거나 우울할 때 도움받을 사람이 없는 경우로 판단한 사회적 고립 수준[10)]은 35.4%로 나타났으며, 장애인 1인가구의 경우 42.8%로 특히 높았다. 장애인의 사회적 고립 수준은 전체인구 33.0%(2023년 사회조사, 통계청)에 비해 다소 높았다.

표 5-19 사회적 관계망[1)] – 도움받을 사람[2)]이 있는지 여부 (단위 : %)

구분		전체	연령별		장애인 1인가구
			18~64세	65세 이상	
사회적 고립[3)]		35.4	38.3	33.0	42.8
몸이 아파서 집안일을 부탁해야 할 때	도움 받을 사람이 없음	22.3	27.4	18.3	28.5
낙심하거나 우울해서 이야기 상대가 필요할 때		29.3	30.3	28.5	36.1
갑자기 큰 돈을 빌려야 할 때		56.6	59.3	54.5	64.7

주: 1) 18세 이상.
2) 도움받을 사람 범위: 함께 살지 않는 가족(동거 가족 제외), 친척, 친구, 이웃, 직장 동료 등임.
3) 사회적 고립도: '몸이 아픈데 집안일 부탁하거나', '낙심하거나 우울한데 이야기 상대가 필요한 경우' 둘 중 하나라도 도움받을 곳이 없는 사람의 비율임.
출처: 보건복지부, 한국보건사회연구원, 장애인실태조사, 2023.

10) 사회적 고립도: '집안일을 부탁하거나', '이야기 상대가 필요한 경우' 둘 중 하나라도 도움받을 곳이 없는 사람의 비율(사회조사, 통계청)

제5절 장애인 경제적 실태

1. 장애인의 주관적 인식

장애인의 주관적 계층 인식은 전체인구 대비 낮게 나타났다. '중하'로 인식하는 비율 46.0%, '하'로 인식하는 경우 41.1%로, 각각 전체인구 '중하' 38.3%, '하' 35.4%보다 높았다. 반면 '상', '중상'으로 인식하는 경우는 각각 0.4%, 12.6%로, 전체인구 '상' 3.0%, '중상' 23.3%보다 낮았다.

표 5-20 주관적 경제적 계층 의식[1)]

(단위 : %)

구분	장애인[2)]				전체인구[3)]			
	2014년	2017년	2020년	2023년	2015년	2017년	2019년	2023년
상층으로 인식	0.8	0.7	1.0	0.4	2.4	2.7	2.4	3.0
중층 (중상)으로 인식	31.5	37.3	29.0	12.6	57.9	57.6	58.5	23.3
(중하)로 인식				46.0				38.3
하층으로 인식	67.7	62.0	70.0	41.1	39.7	39.7	39.1	35.4
계	100.0	100.0	100.0	100.0	100.0	100.0	100.0	100.0

주 1) 19세 이상.
2) 장애인 - 경제적 상태를 고려한 주관적 계층 인식. 2023년은 '상층-중상-중하-하층'으로 응답범주 변경.
3) 전체인구 - 사회조사 각 년도(통계청). 사회경제적 지위를 고려한 주관적 계층 인식.
출처: 보건복지부, 한국보건사회연구원, 장애인실태조사, 2023.

표 5-21 주관적 소속 계층

(단위 : %)

구분	하층으로 인식	중하층으로 인식	중상층으로 인식	상층으로 인식
장애인	41.1	46.0	12.6	0.4
전체	35.4	38.3	23.3	3.0

출처: 보건복지부, 한국보건사회연구원, 장애인실태조사, 사회조사(통계청), 2023.

2. 장애인가구 월평균 소득

장애인가구의 월평균 소득은 3,058천 원, 월평균 지출은 2,426천 원으로 전국 가구 평균(2022년 4분기)과 비교할 때 각각 63.3%, 66.9% 수준[11])으로 나타났다.

표 5-22 월평균 가구소득 및 가구지출액

(단위 : 천원)

구분	2014년		2017년		2020년		2023년	
	장애인 가구	전국 가구[1)]	장애인 가구	전국 가구[2)]	장애인 가구	전국 가구[3)]	장애인 가구	전국 가구[4)]
가구소득액 (전국 가구 대비율)	2,235	3,609 (61.9%)	2,421	3,635 (66.6%)	2,536	4,285 (59.2%)	3,058	4,834 (63.3%)
가구지출액 (전국 가구 대비율)	1,706	2,822 (60.5%)	1,908	2,761 (69.1%)	1,895	3,288 (57.6%)	2,426	3,625 (66.9%)

주 1) (소득) 통계청『가계동향조사(2013. 4/4분기)』, (지출) 통계청『가계동향조사(2013. 4/4분기)』.
2) (소득) 통계청『가계동향조사(2016. 4/4분기)』, (지출) 통계청『가계동향조사(2016. 4/4분기)』.
3) (소득) 통계청『가계동향조사(2019. 4/4분기)』, (지출) 통계청『가계동향조사(2019. 4/4분기)』.
4) (소득) 통계청『가계동향조사(2022. 4/4분기)』, (지출) 통계청『가계동향조사(2022. 4/4분기)』
출처: 보건복지부, 한국보건사회연구원, 장애인실태조사, 사회조사(통계청), 2023.

장애인가구의 소득원은 근로·사업·재산소득 71.9%, 공적이전소득 23.3%, 사적이전소득 4.6% 등으로 나타났다. 공적이전소득은 국민기초생활보장 급여, 기초연금, 장애인연금(장애수당), 장애아동수당, 국민연금 등 공적연금, 고용 및 산재보험 급여, 보훈급여, 기타 정부 지원금이 포함되었다.

표 5-23 가구 소득의 소득원별 비율

(단위 : %)

구분	2014년	2017년	2020년	2023년
근로·사업·재산소득	76.2	76.0	72.6	71.9
공적이전	18.1	18.7	23.4	23.3
사적이전	5.5	5.2	3.2	4.6
기타	0.2	0.1	0.8	0.2
계	100.0	100.0	100.0	100.0

출처: 보건복지부, 한국보건사회연구원, 장애인실태조사, 사회조사(통계청), 2023.

11) 통계청 가계동향조사 각 년도, 전국 1인 이상 가구 월평균 소득, 월평균 가계지출

3. 장애인 취업자

15세 이상 장애인 인구 대비 취업자 비율은 37.2%로 2020년 29.5%에 비해 높아졌으나, 전체인구의 취업자 비율 63.3%에 비해 여전히 낮은 수준이었다.

취업 장애인이 일하는 곳은 일반사업체 49.6%, 자영업 25.3%, 정부 및 관련 기관 7.4%, 장애인 보호작업장 · 근로작업장 · 표준사업장 3.8% 등으로 나타났다.

취업 장애인의 종사상 지위는 임시근로자 29.6%, 상용근로자 25.9%, 자영업자 24.3%, 일용근로자 18.0% 등으로 나타났다.

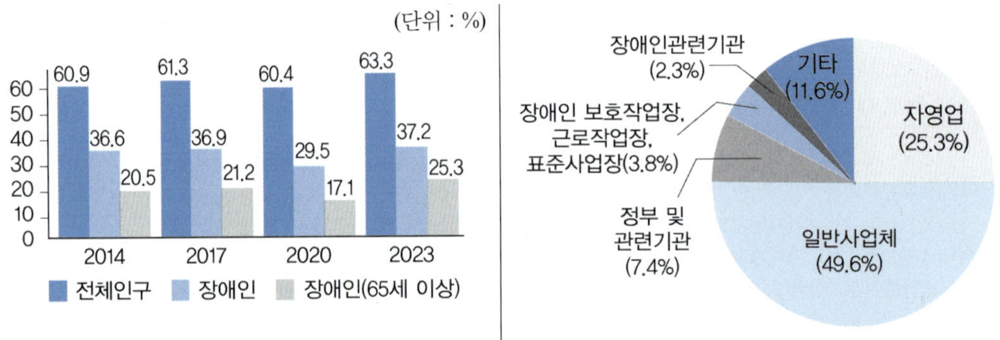

만 15세 이상 인구대비 취업자 비율(2014~2023)

취업 장애인의 일하는 곳(2023)

그림 5-5 만 15세 이상 장애인 취업자 비율 및 일하는 곳

출처: 보건복지부, 한국보건사회연구원, 장애인실태조사, 2023.

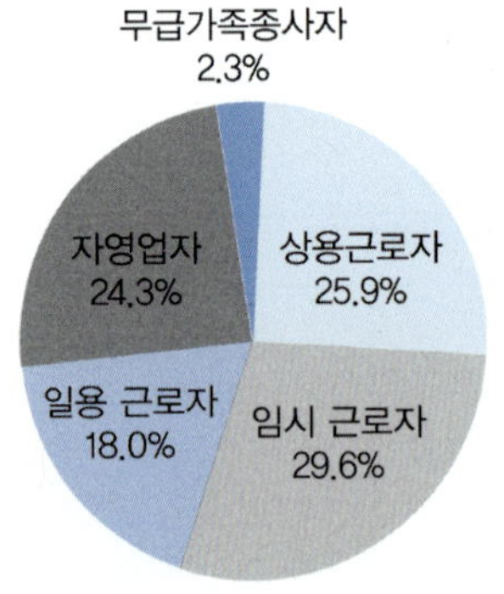

그림 5-6 취업 장애인의 지위

출처: 보건복지부, 한국보건사회연구원, 장애인실태조사, 2023.

장애인 취업자 수는 2022년 940,575명[12]이다. 연령별로는 15~64세가 50.3%, 15세 이상은 36.4%로 2010년 대비 각각 3.8%와 0.4% 상승하였다. 임금 근로자 수는 2022년 651,897명, 비임금 근로자 수는 288,679명이다. 법정 의무고용률은 2021년 국가·공공기관 3.4%, 민간기업 3.1%이며, 고용률은 2021년 2.40%(순고용률), 3.10% (중증 이배수 적용) 수준이다. 장애인 근로자 수는 2021년 207,795명(순인원), 268,663명(중증 이배수 적용)이고 장애인 공무원 수는 23,668명(순인원), 27,618명(중증 이배수 적용)으로 나타났다.

1) 연령별 장애인 취업자 현황

우리나라의 연령별 장애인 수는 15세~29세 128,160명, 30세~54세 538,968명, 55세 이상 1,916,402명이다. 장애인 취업자 수는 15세~29세 45,059명(35.2%), 30세~54세 299,311명(56.6%), 55세 이상 596,205명(30.9%)이다. 의무고용 장애인 수는 2021년 기준 연령별로는 15세~29세 25,851명, 30세~54세 102,708명, 55세 이상 79,236명으로 청년 장애인과 고령장애인의 의무고용률이 낮게 나타나고 있다.

장애인의 여성 취업자는 15세~29세 35.6%, 30세~54세 31.3%, 55세 이상 46.0%로 청년과 중장년 취업 비율이 고령자보다 낮은 편이다. 고등학생 이상 학력의 취업자 비율은 15세~29세 89.9%, 30세~54세 83.0%, 55세 이상 31.4%로 청년과 중장년 취업 비율에 비해 상대적으로 낮은 현실이다.

장애인 생활에 있어서는 사회적 차별을 느끼는 비율은 15세~29세 42.0%, 30세~54세 38.9%, 55세 이상 25.0%로 장애인 고령자의 사회적 차별이 심각한 수준으로 나타났으며, 일부분 이상 도움 필요 비율은 15세~29세 50.3%, 30세~54세 26.7%, 55세 이상 30.9%로 청년층에 비해 중장년층과 고령자의 취업이 제한적인 것을 알 수 있다.

장애로 인한 추가비용이 있는 비율과 추가비용이 있는 경우 월평균 추가비용은 15세~29세 21만 원(82.7%), 30세~54세 14만 1천 원(56.4%), 55세 이상 13만 1천 원(60.8%)으로 각 연령대 추가비용 부담이 높게 나타나고 있다. 일상생활에 만족하는 비율은 15세~29세 65.6%, 30세~54세 60.2%, 55세 이상 53.3%로 나타났다.

12) 2022년 상반기 통계

표 5-24 연령별 장애인 취업자 현황

구분	15~29세	30~54세	55세 이상
인구수(2021)	128,160명	538,968명	1,916,402명
구성비(2021)	4.8%	20.4%	72.5%
2011년 대비 2021년 증감률	-4.4%	-35.9%	28.7%
심한 장애 비율(2021)	82.8%	48.7%	29.5%
지체장애 비율(2021)	10.4%	42.8%	49.4%
발달장애 비율(2021)	65.9%	17.3%	1.9%
여성 비율(2021)	35.6%	31.3%	46.0%

자료: 보건복지부, 2021년 등록장애인 현황, 2022.

구분	15~29세	30~54세	55세 이상
취업자 수(2022 상반기)	45,059명	299,311명	596,205명
고용률(2022 상반기)	35.2%	56.6%	30.9%
경제활동참가율(2022 상반기)	39.8%	58.9%	32.3%
임금근로자 수(2022 상반기)	43,559명	238,057명	370,280명
비임금근로자 수(2022 상반기)	1,500명	31,253명	225,925명
비경활 취업희망자(2022 상반기)	33,238명	51,989명	109,624명
의무고용 장애인 수(2021)	25,851명	102,708명	79,236명

자료: 한국장애인고용공단, 2022년 상반기 장애인경제활동실태조사, 2022
한국장애인고용공단, 2021년 장애인 의무고용 현황(내부자료), 2022

구분	15~29세	30~54세	55세 이상
고등학교 이상 비율(2020)	89.9%	83.0%	31.4%
사회적 차별을 느끼는 비율(2020)	42.0%	38.9%	25.0%
일부분 이상 도움 필요 비율(2020)	50.3%	26.7%	30.9%
장애로 인한 추가비용이 있는 비율(2020)	82.7%	56.4%	60.8%
추가비용이 있는 경우 월평균 추가비용(2020)	21만 원	14만 1천 원	13만 1천 원
일상생활 만족하는 비율(2020)	65.6%	60.2%	53.3%

자료: 보건복지부 · 한국보건사회연구원, 2020년 장애인실태조사, 2021
출처: 한국장애인고용공단, 한눈에 보는 장애인통계, 2022.

2) 장애정도별 장애인 취업자 현황

장애정도별 기준 심한 장애인은 984,813명(37.2%), 심하지 않은 장애인은 1,659,887명(62.8%)으로 2011년 대비 2021년 증감률은 각각 -0.8%, 8.7%로 나타나고 있다.

표 5-25 장애별 취업자 현황

구분	심한 장애			심하지 않은 장애		
인구수(2021)	984,813명			1,659,887명		
구성비(2021)	37.2%			62.8%		
2011년 대비 2021년 증감률	-0.8%			8.7%		
연령 구성 비율(2021)	10.8%	26.6%	57.3%	1.3%	16.7%	81.4%
	15~29세	30~54세	55세 이상	15~29세	30~54세	55세 이상
지체장애 비율(2021)	23.6%			57.8%		
발달장애 비율(2021)	25.9%			–		

자료: 보건복지부, 2021년 등록장애인 현황, 2022.

구분	중증	경증
취업자 수(2022 상반기)	167,262명	773,313명
고용률(2022 상반기)	21.2%	43.1%
경제활동참가율(2022 상반기)	22.9%	44.8%
임금근로자 수(2022 상반기)	134,024명	517,872명
비임금근로자 수(2022 상반기)	33,238명	255,441명
비경활 취업희망자(2022 상반기)	73,316명	121,535명
월평균 임금(2022 상반기)	141만 원	210만 원
의무고용 장애인 수(2022 상반기) (중증 이배수 미적용)	66,304명	141,491명

자료: 한국장애인고용공단, 2022년 상반기 장애인경제활동실태조사, 2022
한국장애인고용공단, 2021년 장애인 의무고용 현황(내부자료), 2022

구분	심한 장애	심하지 않은 장애
고등학교 이상 비율(2020)	51.1%	41.0%
사회적 차별을 느끼는 비율(2020)	43.3%	20.9%
일부분 이상 도움 필요 비율(2020)	53.2%	19.4%
장애로 인한 추가비용이 있는 비율(2020)	75.7%	53.1%
추가비용이 있는 경우 월평균 추가비용(2020)	20만 1천 원	11만 1천 원
일상생활 만족하는 비율(2020)	48.4%	60.2%

자료: 보건복지부 · 한국보건사회연구원, 2020년 장애인실태조사, 2021
출처: 한국장애인고용공단, 한눈에 보는 장애인통계, 2022.

취업자 수는 심한 장애 167,262명, 심하지 않은 장애는 773,313명으로 고용률은 각각 21.2%, 43.1%이다. 월평균 임금은 심한 장애 141만 원, 심하지 않은 장애 210만 원이고, 임금근로일자리에서 일한 근로자의 평균소득은 333만 원[13)]으로 상대적으로 낮은 임금을 받고 있어 소득 불균형이 지속되고 있다. 일상생활에 있어서 추가비용이 있는 경우 월평균 추가비용은 심한 장애는 20만 1천 원(75.7%), 심하지 않은 장애는 11만 1천 원(53.1%)로 추가비용 부담이 심각한 것으로 나타나고 있다.

4. 장애인 고용

1) 장애인 고용률

장애인 고용은 중증장애인 2배수 산정제도를 적용한 2010년 이후 정부부문이나 민간부문 등에서 꾸준히 증가하여 정부부문은 2.39%에서 3.83%로 상승하였고 민간부문도 2.21%에서 2.96%로 상승하였다. 정부부문은 전체 고용률 3.10%보다도 8.6% 상승한 것으로 나타났다.

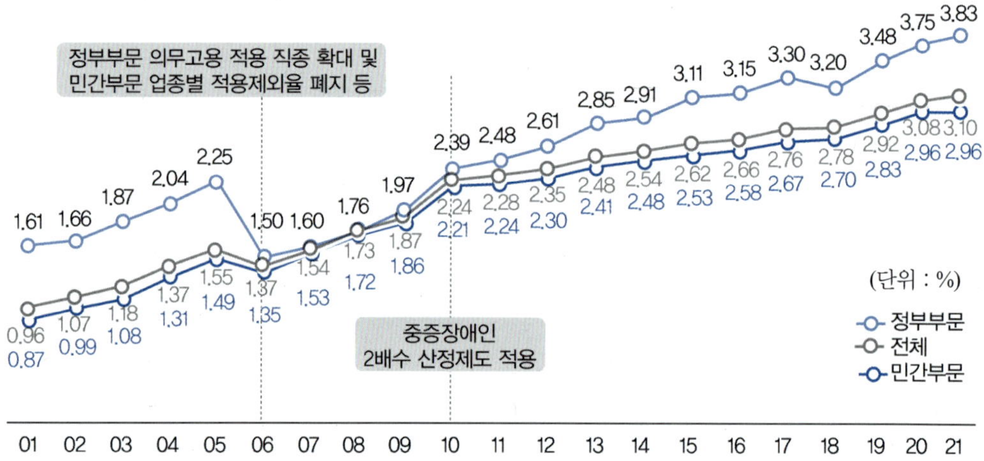

주 1) '정부부문'은 공무원 및 비공무원을 합산하고, '민간부문'은 공공기관 및 민간기업 합산한 수치(이하 동일)
2) 법정 의무고용률 변화

민간기업-공공기관-정부: 2.0%(2000~2008) → 민간기업-공공기관: 2.0%, 정부: 3.0%(2010)
민간기업-정부(비공무원): 2.3%(2010~2011) → 2.5%(2012~2013) → 2.7%(2014~2016) → 2.9%(2017~2018)
민간기업: 3.1%(2019~2021)
정부(공무원)-공공기관: 3.0%(2010~2016) → 정부(공무원 · 비공무원)-공공기관: 3.4%(2019~2021)

그림 5-7 장애인 고용률 추이

출처: 한국장애인고용공단, 2021년 장애인 의무고용 현황(내부자료), 2022.
한국장애인고용공단, 한눈에 보는 장애인통계, 2022.

13) 2021년 기준임.

2) 의무고용 이행률

장애인 법정 의무고용률과 중증장애인 고용 현황은 정부부문 공무원 70.0%, 정부부문 비공무원 90.8%, 공공기관 64.3%, 민간기업 42.9%, 전체 43.7%로 나타났으며, 중증장애인 고용은 정부부문 공무원 16.2%, 정부부문 비공무원 45.5%, 공공기관 20.0%, 민간기업 34.3%, 전체 31.9%로 중증장애인 고용 비율이 모든 부문에서 현저히 낮은 것으로 나타나고 있다.

표 5-26 장애인 법정 의무고용

<table>
<tr><th>구분</th><th>1991년</th><th></th><th>2021년</th></tr>
<tr><td rowspan="2">법정
의무고용률</td><td>2.0% 국가・공공기관</td><td>1.4%p ↑</td><td>3.4% 국가・공공기관</td></tr>
<tr><td>1.0% 민간기업</td><td>2.1%p ↑</td><td>3.1% 민간기업</td></tr>
<tr><td rowspan="2">고용률</td><td rowspan="2">0.43%</td><td rowspan="2">1.97%p ↑</td><td>2.40% (순고용률)</td></tr>
<tr><td>3.10% (중증 이배수 적용)</td></tr>
<tr><td rowspan="2">장애인
근로자 수</td><td rowspan="2">10,462명</td><td rowspan="2">19.7만 명 ↑</td><td>207,795명 (순인원)</td></tr>
<tr><td>268,663명 (중증 이배수 적용)</td></tr>
<tr><td rowspan="2">장애인
공무원 수</td><td rowspan="2">1,698명</td><td rowspan="2">25,920여 명 ↑</td><td>23,668명 (순인원)</td></tr>
<tr><td>27,618명 (중증 이배수 적용)</td></tr>
</table>

출처: 한국장애인고용공단, 2021년 장애인 의무고용 현황(내부자료), 2022.
한국장애인고용공단, 한눈에 보는 장애인통계, 2022.

표 5-27 장애인 의무고용 이행률 현황 및 중증장애인 고용 비율

구분	의무고용 이행률 현황(2021)	중증장애인 고용 비율(2021)
정부부문(공무원)	70.0	16.2
정부부문(비공무원)	90.8	45.5
공공기관	64.3	20.0
민간기업	42.9	34.3
전체	43.7	31.9

출처: 한국장애인고용공단, 2021년 장애인 의무고용 현황(내부자료), 2022.
한국장애인고용공단, 한눈에 보는 장애인통계, 2022.

제6절 장애인복지서비스 수요 실태

1. 국가 및 사회에 대한 요구사항

국가・사회에 가장 우선적으로 요구하는 사항은 '소득보장' 43.9%, '의료보장' 26.9%, '고용보장' 7.9%, '주거보장' 6.5%, '장애인 건강관리' 4.2% 등이다.

2020년에 비해 소득보장과 의료보장은 감소한 반면, 고용보장, 이동권 보장, 보육・교육 보장, 장애인 인권보장, 장애인 건강관리 등 다양한 영역의 욕구가 높아지는 것으로 나타났다.

표 5-28 국가 및 사회에 대한 요구사항 (단위 : %)

구분	2014년	2017년	2020년	2023년	연령별		
					19세 미만	19~64세	65세 이상
소득보장	38.5	41.0	48.9	43.9	29.1	45.5	43.5
의료보장	32.8	27.6	27.9	26.9	16.7	19.3	33.4
고용보장	8.5	9.2	3.6	7.9	9.3	12.4	4.3
주거보장	6.4	5.1	7.4	6.5	6.9	7.5	5.7
이동권 보장	1.8	3.0	1.5	2.9	2.0	2.3	3.4
보육・교육 보장	1.7	1.2	0.7	1.6	23.3	1.3	0.4
문화여가생활 및 체육활동보장	1.6	1.4	1.4	1.5	1.5	1.4	1.7
장애인 인권보장	2.7	2.5	1.9	2.3	3.6	3.3	1.5
장애인 인식개선	2.2	2.0	1.5	1.4	4.0	1.8	1.0
장애인 건강관리(장애예방 포함)	1.2	6.0	2.5	4.2	2.1	4.1	4.4
의사소통 및 정보접근 참여보장	0.6	0.5	0.3	0.5	1.2	0.6	0.5
재난안전관리	0.5	0.3	0.1	0.4	0.2	0.4	0.3
기타	0.3	0.2	0.3	0.1	0.0	0.2	0.0
없음	1.3	–	2.0	–	–	–	–
계	100.0	100.0	100.0	100.0	100.0	100.0	100.0

표 5-29 국가나 사회에 대한 요구사항 상위 4개 추이 (단위 : %)

구분	2014년	2017년	2020년	2023년
소득보장	38.5	41	48.9	43.9
의료보장	32.8	27.6	27.9	26.9
고용보장	8.5	9.2	7.4	7.9
주거보장	6.4	5.1	3.6	6.5

출처: 보건복지부, 한국보건사회연구원, 장애인실태조사, 2023.

2. 보육 · 교육에서 필요한 지원

향후 보육・교육에서 가장 필요한 지원은 특수교육 지원인력 증원 27.8%, 장애 영유아・아동을 위한 발달재활서비스 확대 26.4%, 대학 등 고등교육 지원 강화 9.2% 등으로 나타났다.

50세 미만 여성장애인이 필요로 하는 지원은 '가사지원 및 활동지원서비스'가 24.1%로 높았고, '자녀 양육 지원 서비스' 18.4%, '직업훈련 및 취업지원' 16.3% 등으로 나타났다.

(단위 : %)

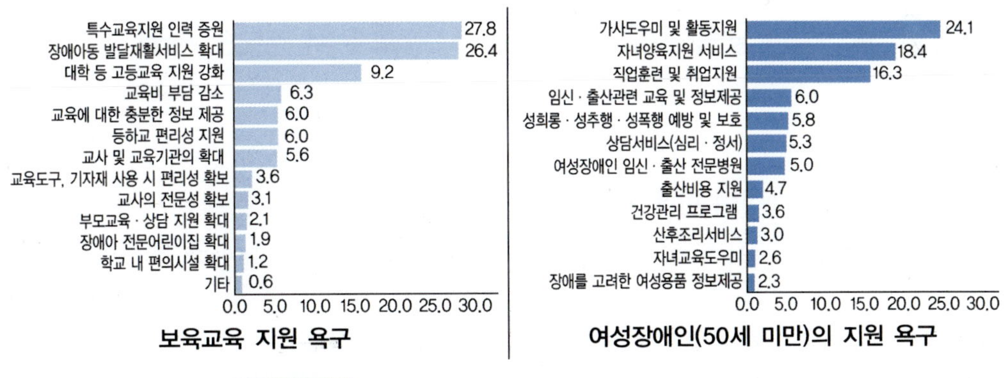

그림 5-8 보육교육 지원 및 여성장애인 지원 욕구

출처: 보건복지부, 한국보건사회연구원, 장애인실태조사, 2023.

3. 장애인 기관 이용

장애인의 이용 경험률이 높은 기관은 장애인복지관(10.6%), 교통약자이동지원센터(8.9%), 특수교육지원센터(5.3%) 등이며, 향후 이용을 희망하는 기관은 교통약자이동지원센터(44.3%), 장애인 재활병의원(25.9%), 장애인복지관(21.8%), 장애인 체육시설(14.7%) 등으로 나타났다.

(단위 : %)

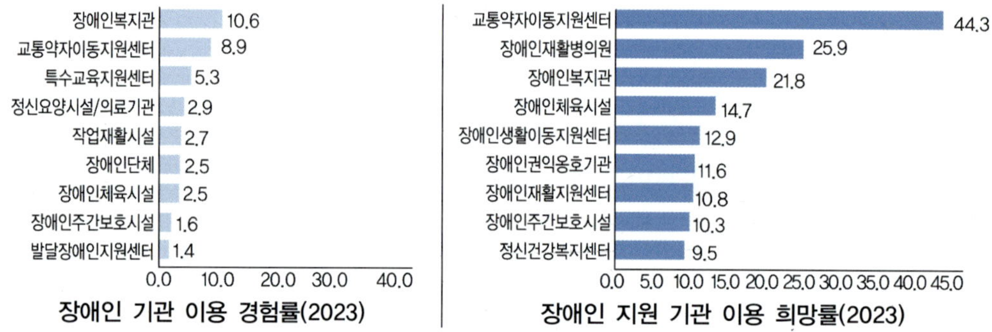

그림 5-9 장애인 기관 이용 경험률 및 희망률

출처: 보건복지부, 한국보건사회연구원, 장애인실태조사, 2023.

4. 장애등록 이후 국가나 사회로부터 받은 지원

장애등록 이후 국가나 사회로부터 어느 정도 지원을 받았는지에 대한 인식 수준[14]은 2.9점으로, 2020년 2.6점에 비해 높게 나타났다. 장애정도가 심한 장애인이 심하지 않은 장애인에 비해 국가·사회 지원 수준에 대한 인식 점수가 더 높았다.

표 5-30 장애등록 이후 국가나 사회로부터 받은 지원 인식 평균값 (단위 : 점)

구분	2014년	2014년	2017년	2020년	2023년
전체	2.8	2.8	2.9	2.6	2.9
장애정도가 심한 장애인	3.10	3.16	3.18	2.98	3.36
장애정도가 심하지 않은 장애인	2.56	2.57	2.65	2.37	2.69

출처: 보건복지부, 한국보건사회연구원, 장애인실태조사, 2023.

14) 5점 기준으로, 점수가 높을수록 지원 충분도가 높음을 의미함.

장애인의 98.2%는 중앙부처가 운영하는 장애인 서비스[15)]를 이용한 경험이 있으며, 평균 4.8개의 서비스를 이용하였다. 장애정도가 심한 장애인은 99.6%가 장애인 서비스를 이용하였고, 평균 6.6개 서비스를 이용하였다. 장애정도가 심하지 않은 장애인은 97.5%가 장애인 서비스를 이용하였고, 평균 3.9개의 서비스를 이용하였다.

장애인 실태조사에서 장애인의 고령화가 증가하고 있는 것으로 확인되었으며, 복지 욕구도 전통적인 소득·의료 외에 고용, 이동권, 건강관리 등 다양화되고 있는 것이 확인되었다. 장애인 정책을 보다 다각화하고 세심하게 설계하여 복지체감도를 높이는 것이 필요하다.

15) 장애인 서비스: 조세를 통한 연금·수당지원, 보육·교육, 의료 및 재활지원, 돌봄지원, 세제혜택, 공공요금감면, 일자리·자립자금대여, 기타 장애인자동차 표지발급, 주택 관련 분양알선·가산점 부여 등 총 34개 사업에 대한 응답함.

CHAPTER 06

장애인복지 전달체계와 전문 인력

제1절 전달체계의 개념과 원칙

1. 개념

장애인복지서비스의 효과적이고 효율적인 전달체계는 장애인의 욕구증대와 문제해결을 위하여 매우 중요하다. 서비스전달체계는 서비스를 제공하는 조직과 서비스 이용자인 수요자를 연결해 주는 조직적이고 체계적인 장치(Girbert & Specht, 1974)를 의미하며, 서비스의 제공 방법과 절차에 관련된 영역으로 서비스전달망이라 한다.

2. 원칙

장애인에게 필요한 서비스를 적절하게 제공하고 효율성과 효과성을 극대화시키기 위하여 그 기준과 원칙이 제시되어야 한다.

1) 전문성의 원칙

사회복지서비스는 전문적 활동 영역이다. 물론 업무의 특성에 따라 일반적 업무 영역이 존재하지만, 서비스프로그램의 계획과 집행 등에서는 전문 인력에 의해 이루어지고 있다. 따라서 전문가의 권위와 자율성을 보장하기 위한 행정 구조를 마련해야 하며, 특히 장애인의 구체적인 특성과 욕구 및 문제를 정확하게 파악하여 그러한 욕구 및 문제를 해결할 수 있는 프로그램을 계획하고 실천하는 전문적 역할이 필요하다.

2) 통합성의 원칙

사회복지서비스는 복잡하고 다양한 욕구와 문제를 해결할 필요성이 있다. 특히 장애인의 문제는 의료적 · 정서적 · 사회적 · 경제적 · 교육적 · 직업적 · 대인관계적 영역에서 복잡하게 얽혀 있는 상황이므로 다양한 서비스가 동시에 제공되는 것이 장애인의 복잡한 문제해결에 효과적이다.

3) 접근성의 원칙

서비스 제공의 장소와 이용자의 거주지와의 지리적 접근성, 심리적 친밀감, 동등한 권리를 보장하는 편의성 등을 포함하고 있다. 특히 장애인의 사회통합과 가치 있는 일에 종사하기 위해서는 이동권과 접근권이 확보되어야 하므로 접근성은 아무리 강조해도 지나치지 않다.

4) 지역사회 참여의 원칙

장애인의 정상화와 사회통합을 이루기 위해서는 장애인이 지역사회에서 가치 있는 존재로 인식되고 동등한 인격체로서 대우받아야 한다. 그리고 지역사회구성원이 장애인의 능력을 존중해 주며 그들이 당당한 생활인으로 참여할 수 있도록 환경을 적극적으로 조성해야 한다. 따라서 지역사회의 다양한 자원을 통해 지역주민이 자발적이고 능동적으로 접근함으로써 큰 효과를 볼 수 있다.

제2절 공공전달체계

1. 중앙부서

1) 장애인정책조정위원회

국무총리 산하의 조직으로 장애인 종합정책을 수립하고 관계부처 간의 의견을 조정하며 그 정책의 이행을 감독하고 평가하는 조직이다.

위원장은 국무총리가 되고, 부위원장은 보건복지부장관이 되며, 위원은 당연직 위원과 위촉위원으로 구분한다. 당연직 위원은 기획재정부장관, 교육부장관, 행정안전부장관, 국가보훈부장관, 문화체육관광부장관, 산업통상자원부장관, 고용노동부장관, 여성가족부장관, 국토교통부장관, 국무조정실장, 법제처장 및 위원회의 심의사항과 관련되어 위원장이 지정하는 중앙행정기관의 장이 된다. 위촉위원은 장애인 관련 단체의 장이나 장애인 문제에 관한 학식과 경험이 풍부한 자 중에서 위원장이 위촉하되, 위촉위원 중 2분의 1 이상은 장애인으로 구성한다.

장애인정책조정위원회는 다음의 사항을 심의, 조정한다(「장애인복지법」 제11조 제2항).

① 장애인복지정책의 기본방향에 관한 사항

② 장애인복지 향상을 위한 제도 개선과 예산지원에 관한 사항

③ 중요한 특수교육정책의 조정에 관한 사항

④ 장애인고용촉진정책의 중요한 조정에 관한 사항

⑤ 장애인 이동보장 정책조정에 관한 사항

⑥ 장애인정책 추진과 관련한 재원조달에 관한 사항

⑦ 장애인복지에 관한 관련부처의 협조에 관한 사항

⑧ 그 밖에 장애인복지와 관련하여 대통령령으로 정하는 사항

2) 보건복지부

장애인복지를 담당하는 대표적인 부처로 장애인정책국과 그 하위조직인 장애인정책과, 장애인권익지원과, 장애인자립기반과, 장애인서비스과, 장애인건강과가 있다.

수행업무 내용은 첫째, 법령의 제・개정 등 제도 개선, 둘째, 등록장애인의 실태분석 및 관련자료 제공이다. 각 부서의 업무분담은 다음과 같다.

표 6-1 보건복지부 업무 내용

부서	업무 내용
장애인정책과	장애인복지 관련 종합계획의 수립 및 조정, 장애인복지 관련 정책의 수립 및 평가, 장애인복지 관련 법령에 관한 사항, 장애인등록 및 판정에 관한 사항, 장애인복지업무 평가에 관한 사항, 장애인단체에 관한 사항, 한국장애인개발원 운영 지원, 장애예방과 발생에 관한 사항 총괄 및 조정, 외국인 장애인복지서비스에 관한 사항, 장애인차량 LPG지원사업, 장애인복지 전문 인력의 양성 및 지원, 그 밖에 국내 다른 과의 주관에 속하지 않는 사항
장애인 권익지원과	장애인거주시설의 지원 및 육성, 장애인복지관 등 지역사회재활시설의 지원 및 육성, 장애유형별 재활 프로그램의 개발 및 지원, 장애인자립생활센터 및 관련 서비스의 지원·육성, 장애인 차별 관련 관리·운영 및 종합대책 수립, 장애인차별금지 관련 법령 및 제도 개선에 관한 사항, 장애인의 권익증진 및 사회적 인식개선에 관한 사항, 「장애인의 권리에 관한 협약」 등 국제협력에 관한 사항, 장애인의 사회참여 평가에 관한 사항, 장애인 편의증진에 관한 계획의 수립 및 평가, 장애인 편의증진 관련 법령에 관한 사항, 장애인의 이동편의 지원에 관한 사항
장애인 자립기반과	장애인의 직업재활 및 소득보장에 관한 계획의 수립 및 조정, 장애인 소득보장 관련 법령에 관한 사항, 장애인의 일자리 창출 관련 사항, 장애인 직업재활시설의 지원 및 육성, 장애인 직업재활 프로그램의 실시 및 평가, 장애인생산품의 판매촉진 및 우선구매제도에 관한 사항, 장애인의 창업 지원 및 자립자금의 대여사업 등 생활안정 지원에 관한 사항, 장애인 직업재활 전문인력제도의 운영 및 지원, 장애인연금 관련 법령 및 제도에 관한 사항, 장애인연금 운영에 관한 사항, 장애인연금 국비·지방비 부담 기준 관리 등 재정운영에 관한 사항, 장애인연금 수급자의 선정 및 적정관리에 관한 사항, 장애수당 및 장애아동수당 운영에 관한 사항, 장애아동 특별보호연금에 관한 사항, 장애인 자산형성 및 경제적 지원 대책에 관한 사항
장애인 서비스과	발달장애인 지원 기본계획의 수립 및 평가에 관한 사항, 여성장애인 관련 정책의 개발 및 지원에 관한 사항, 장애아동 및 장애인가족 지원에 관한 사항, 장애인 후견제도 지원에 관한 사항, 장애인활동지원 관련 법령 및 제도에 관한 사항, 장애인활동지원 수급자의 관리 및 지원정책 수립·조정에 관한 사항, 장애인활동지원급여의 기준 및 급여비용의 산정에 관한 사항, 장애인 활동지원 관련 이용지원에 관한 사항, 장애인활동지원기관 운영 및 활동보조인 양성에 관한 사항, 장애인활동지원기관의 현지조사 및 관리·평가 등에 관한 사항, 장애인활동지원급여의 사후관리에 관한 사항, 장애인활동지원사업 관리기관의 관리·감독에 관한 사항, 장애인활동지원사업 국비·지방비 부담 기준 관리 등 재정운영에 관한 사항, 장애인활동지원사업에 관한 조사·연구·홍보 및 통계관리에 관한 사항, 발달장애인지원센터 운영에 관한 사항, 발달장애인 권리보장 및 지원 사업에 관한 조사·연구·홍보 및 통계관리에 관한 사항
장애인건강과	장애인 건강권 및 의료접근성 보장에 관한 법령에 관한 사항, 장애인 건강보건관리 전달체계의 구축 및 지원에 관한 사항, 장애인 건강보건관리사업에 관한 사항, 장애인 의료재활에 관한 사항, 국립재활원의 운영 및 지원에 관한 사항, 여성장애인 건강 관련 정책에 관한 사항, 장애아동 발달재활서비스에 관한 사항, 장애인 보조기기에 관한 사항, 장애인 의료비 지원에 관한 사항, 발달장애인 거점병원 및 행동발달증진센터에 관한 사항

출처: 보건복지부, 장애인복지사업안내, 2024.

3) 고용노동부

고용노동부의 장애인 직업재활서비스 전달체계는 통합고용정책국 내의 장애인고용과와 실천기관인 장애인고용공단을 통해 지도·감독이 이루어진다.

(1) 장애인고용과

장애인 의무고용, 통합고용지원서비스, 장애인고용부담금 및 연계고용, 장애인 표준사업장 설립 및 운영 지원, 장애인고용촉진 6개년 계획, 장애인 취업지원에 관한 사항, 장애인 취업성공패키지 등의 업무를 수행한다.

(2) 장애인고용공단

장애인고용촉진 및 직업재활을 위한 직업상담, 직업적성검사, 직업능력평가, 직업적응훈련, 직업능력개발훈련, 취업알선, 취업 후 적응지도 등의 업무를 한다.

4) 교육부

교육부의 특수교육정책과는 특수교육정책과 장애학생 진로평생교육을 포함한 특수교육과 관련된 업무를 담당하고 있다. 특수교육정책과에서는 특수학교 설립, 장애학생 예술체육활동, 특수교육지원센터 운영 지원, 특수학교 자유학기제, 장애학생 진로직업교육 지원, 특수교사 증원, 장애학생 인권보호, 법령개정 등의 업무를 한다.

5) 지방자치단체

지방정부의 경우 일선 전달체계 없이 행정안전부의 일반 지방행정조직인 시·도, 시·군·구, 읍·면·동을 통하여 장애인복지서비스를 제공하고 있다.

(1) 서울시 및 시·도

장애인등록사업 추진현황 관리 및 보건복지부 보고업무 및 행정심판 및 행정소송 업무를 담당한다.

(2) 시 · 군 · 구

복지환경국(시 · 군 · 구에 따라 명칭이 상이함) 산하 사회복지과에서 장애인복지를 담당하고 있다. 담당업무에는 장애인복지업무의 총괄 · 기획, 장애인단체 · 장애인편의시설, 장애인복지시설 관리, 장애인활동보조사업 및 일자리사업, 장애인등록, 장애인연금, 장애인생활안정자금 관리, 장애인복지관, 장애인생활시설, 장애인직업재활센터, 사회적 기업의 지원 · 관리 등이다.

(3) 읍 · 면 · 동

복지대상자에 대한 정기적인 생활실태 파악 및 욕구조사 및 복지대상자의 가구방문 계획 및 이행(분기별 1회) 등의 업무를 수행한다.

(4) 시 · 군 · 구, 읍 · 면 · 동

장애인등록사업 실무 총괄 및 장애인등록신청의 접수 및 장애정도 심사용 진단의뢰서 발급, 장애정도 심사용 진단서의 진단내용 확인 및 장애정도 심사 의뢰, 장애심사 결과 등록 및 장애인등록증 교부, 신장 · 심장 · 간 장애인 등의 이식자 장애정도 조정, 장애인정보의 전산입력 및 관리, 장애진단기관과의 협조체계 구축 및 유지에 관한 사항, 장애인등록제도 홍보, 장애인등록 사후관리, 행정심판 및 행정소송 업무 등을 수행한다.

(5) 고용노동부

고용노동부 산하 6개의 지방노동청, 40개 지방사무소, 장애인고용공단 및 14개 지방사무소를 통해 장애인 관련 서비스를 제공한다.

(6) 교육부

17개의 시 · 도 교육청(주로 초등교육과), 지역교육청 및 일선학교에서 특수교육서비스를 제공하고 있다.

(7) 실천기관(장애인고용공단)

장애인고용공단은 장애인의 직업재활을 통하여 자립할 수 있도록 지원하고 고용촉진 및 직업재활업무를 효율적으로 수행하기 위한 목적으로 장애인고용촉진 및 직업재활법 제43조 제1항에 의거하여 1990년 9월 1일에 고용노동부 산하에 설립되었다. 조직은 본부(2이사, 8실국), 소속기관(1고용개발원, 5직업능력개발원, 6지역본부, 16지사, 1보조공학센터)으로 조직되어 운영되고 있다.

업무는 장애인의 고용촉진 및 직업재활에 관한 정보의 수집 · 분석 · 제공 및 조사 · 연구, 장애인에 대한 직업상담, 직업적성 검사, 직업능력 평가 등 직업지도, 장애인에 대한 직업적응훈련, 직업능력개발훈련, 취업알선, 취업 후 적응지도, 장애인 직업생활 상담원 등 전문요원의 양성 · 연수, 사업주의 장애인 고용환경 개선 및 고용 의무 이행 지원, 사업주와 관계 기관에 대한 직업재활 및 고용관리에 관한 기술적 사항의 지도 · 지원, 장애인의 직업적응훈련시설, 직업능력개발훈련시설 및 장애인 표준사업장 운영, 장애인의 고용촉진을 위한 취업알선기관 사이의 취업알선전산망 구축 · 관리, 홍보 · 교육 및 장애인 기능경기 대회 등 관련 사업, 장애인 고용촉진 및 직업재활과 관련된 공공기관 및 민간기관 사이의 업무 연계 및 지원, 장애인 고용에 관한 국제협력, 그 밖에 장애인의 고용촉진 및 직업재활을 위하여 필요한 사업 및 고용노동부장관 또는 중앙행정기관의 장이 위탁하는 사업 등의 업무를 담당하고 있다.

2. 공적 - 민간 전달체계

1) 시 · 군 · 구, 읍 · 면 · 동

(1) 개인별, 가구별 DB 구축

지방자치단체에서 집행하는 약 120여 개의 복지급여 및 서비스 이력을 개인별, 가구별로 통합 관리하는 체계로 개편하는 사회복지 통합관리 체계를 구축하였다. 여기에는 장애인연금, 장애아동부양수당, 장애인의료비 등을 관리 · 운영하고 있다.

(2) 소득, 재산조사의 표준화

기존에는 15개 사업별로 소득, 재산조사 방법이 각각 달라 복지수요자들이 각각 신청하였으나, 사업별로 다른 소득, 재산조사를 통일시켜 여러 사업에서 공통적으로 활용할 수 있도록 하였다.

(3) 상담사례 관리체계

시·군·구, 읍·면·동의 초기상담업무를 강화하고 사례관리를 통해 대상자를 개인별, 가구별로 관리하여 지역사회복지 차원에서 효율적인 자료를 제공한다.

제3절 민간전달체계

민간전달체계는 대체로 구체적이고 직접적인 서비스를 제공하는 사회복지조직으로 구성되어 있다. 따라서 민간전달체계는 민간에 의해 운영되는 사회복지시설과 장애인의 권익보호 및 회원의 복지증진을 목적으로 설립된 장애인단체가 중심이 된다.

장애인복지시설은 거주시설과 이용시설로 구분할 수 있으며, 거주시설은 사회복지법인이 설립목적에 따라 의료, 직업, 사회재활을 실시하고 있고 기본적으로 생활보호를 중심으로 하고 있다. 이용시설은 정부 및 지방자치단체가 설립하여 사회복지법인에 운영권을 위탁하는 경우가 많으며 치료적 서비스와 재가복지서비스를 제공하고 있다.

장애인복지시설의 설치·운영은 원칙적으로 국가나 지방자치단체의 권한이지만 보건복지부장관이 정한 기준만 충족한다면 개인도 시장, 군수, 구청장에게 신고함으로써 설치·운영이 가능하다. 입소 대상은 원칙적으로 「국민기초생활 보장법」의 수급권자이나 시설 정원의 30% 이내에서 실비입소도 가능하다.

또한 정부의 '2010년 사회복지통합관리망' 구축에 따라 '새올행정시스템'과 '사회복지시설정보시스템'을 사회복지통합관리망으로 통합하여 사회복지시설 시설정보시스템을 도입·운영하고 있다.

이에 따라 기존의 아동, 노인, 장애인, 노숙인 시설, 정신요양시설, 모·부자시설 등 사회복지시설 업무표준화와 시스템 내 모든 업무 즉, 회계관리, 사회서비스 이력 등이 연결되어 업무의 중복성을 줄이고 효율성을 도모하고 있다.

1. 장애인복지시설

1) 개념

장애인복지시설은 봉건체제에서 근대자본주의로 변화되어 가는 가정에서 발생한 것으로, 그 기원은 구빈원에서 찾아볼 수 있다. 우리나라의 장애인복지시설은 1950년대 전쟁고아 보호시설에서 출발하였다. 1956년 당시의 시설은 갱생원, 지체부자유자 갱생시설, 맹아 갱생시설 등으로 이어오다가 1970년대에 들어서면서 이러한 시설들이 장애인재활시설로 대대적으로 전환되었고, 1981년 「심신장애자복지법」에서 지체부자유자 재활시설, 시각장애자 재활시설, 언어·청각장애자 재활시설, 정신박약자 재활시설 등 장애종류에 따른 분류와 심신장애자 요양시설, 근로시설, 점자도서관, 점자출판시설 등 서비스에 따라 분류하였다.

1989년 전면 개정된 「장애인복지법」에서는 장애인 재활시설, 장애인 요양시설, 장애인 유료시설과 이용시설을 새롭게 채택하고 직업재활시설을 근로시설과 보호작업장으로 이원화하였다. 1990년 기존의 유형들 외에 소규모 공동생활가정 및 단기보호시설이 설치되기 시작했다. 1999년 개정된 장애인복지시설의 종류는 장애인생활시설, 장애인 지역사회재활시설, 장애인 직업재활시설, 장애인 유료복지시설, 장애인 생산품 판매시설로 분류되고 있다. 2011년 3월 30일 다시 동법이 개정된 이래 현재 장애인복지시설의 종류는 장애인 거주시설, 장애인 지역사회재활시설, 장애인 직업재활시설, 장애인 의료재활시설, 장애인 생산품 판매시설로 분류되고 있다.

장애인복지시설은 스스로 자립생활이 어려운 장애인에게 사회적 공공성을 실현하면서 심신의 미발달, 미성숙, 노화 또는 장애로 인한 사회적 핸디캡을 극복할 수 있도록 지원하고 도와줌으로써 가정의 대리적 역할을 수행한다. 따라서 장애인복지시설은 생활의 장이며 치료의 장이고 교육의 장이며 사회성 함양의 장으로서 장애인의 심리적 안정을 위한 정서적 지지와 격려, 일상생활 영위를 위한 생활지원, 기능강화와 사회적응을 위한 서비스, 가치 있는 일에 종사하고 대인관계를 증진시키는 사회적 서비스 등의 모든 서비스를 제공한다. 즉, 장애인복지시설은 장애인을 거주시키거나 통원하여 재활에 필요한 상담, 치료, 교육, 훈련 및 요양 등의 서비스를 제공한다.

2) 종류

(1) 거주시설

거주공간을 활용하여 일반가정에서 생활하기 어려운 장애인에게 일정 기간 동안 거주・요양・지원 등의 서비스를 제공하는 동시에 지역사회생활을 지원하는 시설로, 그 종류는 다음과 같다.

표 6-2 장애인거주시설

종류	기능
장애유형별 거주시설	장애유형이 같거나 유사한 장애를 가진 사람들을 이용하게 하여 그들의 장애유형에 적합한 주거지원・일상생활지원・지역사회생활지원 등의 서비스를 제공하는 시설
중증장애인 거주시설	장애의 정도가 심하여 항상 도움이 필요한 장애인에게 주거지원・일상생활지원・지역사회생활지원・요양서비스를 제공하는 시설
장애영유아 거주시설	6세 미만의 장애영유아를 보호하고 재활에 필요한 주거지원・일상생활지원・지역사회생활지원・요양서비스를 제공하는 시설
장애인 단기거주시설	보호자의 일시적 부재 등으로 도움이 필요한 장애인에게 단기간 주거서비스, 일상생활지원서비스, 지역사회생활서비스를 제공하는 시설
장애인 공동생활가정	장애인들이 스스로 사회에 적응하기 위하여 전문 인력의 지도를 받으며 공동으로 생활하는 지역사회 내의 소규모 주거시설

출처: 국가법령정보센터, 장애인복지법, 2024.

(2) 이용시설

재가 장애인에게 치료・교육・훈련・재활에 필요한 전문적 서비스를 제공하는 시설로, 다음과 같은 종류가 있다.

표 6-3 장애인복지시설

분류	종류	기능
장애인 지역사회 재활시설	장애인복지관	장애인에 대한 각종 상담 및 사회심리·교육·직업·의료재활 등 장애인의 지역사회생활에 필요한 종합적인 재활서비스를 제공하고 장애에 대한 사회적 인식 개선사업을 수행하는 시설
	장애인 주간이용시설	일상생활 및 지역사회생활을 영위하는 데 지원이 필요한 장애인에게 낮 시간 동안 활동 위주의 프로그램 및 교육 지원 등을 제공하는 시설
	장애인 체육시설	장애인의 체력증진 또는 신체기능 회복활동을 지원하고 이와 관련된 편의를 제공하는 시설
	장애인 수련시설	장애인의 문화·취미·오락활동 등을 통한 심신수련을 조장·지원하고 이와 관련된 편의를 제공하는 시설
	시각장애인 등 생활지원센터	시각장애인 등에게 이동서비스를 지원하고, 지역사회 거주 시각장애인 등을 적시에 발굴하여 재활상담, 보행·점자·정보화 등 교육, 일상생활기술 훈련 등 개인별 맞춤 복지서비스를 제공하는 시설
	수어통역센터	의사소통에 지장이 있는 청각·언어장애인에게 한국수어 통역 및 상담서비스를 제공하는 시설
	점자도서관	시각장애인에게 점자간행물 및 녹음서를 열람하게 하는 시설
	점자도서 및 녹음서 출판시설	시각장애인을 위한 점자간행물 및 녹음서를 출판하는 시설
	장애인 재활치료시설	장애아동을 포함한 장애인에게 언어·미술·음악 등 재활치료에 필요한 치료, 상담, 훈련 등의 서비스를 제공하고 서비스를 이용한 자로부터 비용을 수납해 운영하는 시설
장애인 직업재활시설	장애인 보호작업장	직업능력이 낮은 장애인에게 직업적응능력 및 직무기능 향상훈련 등 직업재활훈련프로그램을 제공하고, 보호가 가능한 조건에서 근로의 기회를 제공하며, 이에 상응하는 노동의 대가로 임금을 지급하며, 장애인 근로사업장이나 그 밖의 경쟁적인 고용시장으로 옮겨갈 수 있도록 돕는 역할을 하는 시설
	장애인 근로작업장	직업능력은 있으나 이동 및 접근성이나 사회적 제약 등으로 취업이 어려운 장애인에게 근로의 기회를 제공하고, 최저임금 이상의 임금을 지급하며, 경쟁적인 고용시장으로 옮겨갈 수 있도록 돕는 역할을 하는 시설
	장애인 직업적응훈련시설	작업능력이 극히 낮은 장애인에게 작업활동, 일상생활훈련 등을 제공하여 기초작업능력을 습득시키고, 작업평가 및 사회적응훈련 등을 실시하여 장애인 보호작업장 또는 장애인근로사업장이나 그 밖의 경쟁적인 고용시장으로 옮겨갈 수 있도록 돕는 역할을 하는 시설
장애인 의료재활시설	장애인을 입원 또는 통원하게 하여 상담, 진단·판정, 치료 등 의료재활서비스를 제공하는 시설	
장애인 쉼터	장애인학대로 인하여 인권침해 등의 피해를 입은 장애인의 임시 보호 및 사회복귀 지원을 위한 시설	
피해장애아동 쉼터	장애인학대로 인하여 인권침해 등의 피해를 입은 장애아동의 임시보호를 위한 시설	
장애인생산품 판매시설	장애인 생산품의 판매활동 및 유통을 대행하고, 장애인 생산품이나 서비스·용역에 관한 상담, 홍보, 판로 개척 및 정보제공 등 마케팅을 지원하는 시설	

출처: 국가법령정보센터, 장애인복지법, 2024.

3) 한계

한계로는 첫째, 서비스 공급자인 복지조직이 재정적 지원에 의존하는 또 다른 소비자가 되고 외부로부터 받는 도덕적 정당성에 대한 기대이다.

둘째, 전통적인 사회복지의 출발은 자선과 봉사에서 출발하였고, 지금도 그에 대한 기대는 변화하지 않고 있지만 일부 시설에서 나타나는 여러 가지 문제점으로 인해 전체 사회복지시설이 사회적 오명을 갖게 되는 예를 흔히 볼 수 있다.

셋째, 조직목표의 다양성과 모호성으로 조직의 사명과 비전 그리고 공식적 목적은 나타나 있지만 매우 추상적으로 표현되어 있어 정확하지 않은 경우가 많다. 이로 인해 목표달성을 제대로 하고 있는지 판단하기가 어렵다. 또한 서비스 지식과 기술의 불확실성으로 복지서비스 분야에서는 일정한 표준화된 지식과 기술이 사용되지 못하는 사례가 많다. 즉, 그때그때 다른 서비스가 제공되는 특성으로 인해 업무의 표준화, 효율성 측면에서 다른 조직과는 다른 어려움을 겪고 있다.

넷째, 운영자금의 외부 의존성이 강해 만성적 재원부족에 시달린다. 이로 인해 최근에는 비영리조직의 마케팅이 강조되고 있다. 장애인복지의 대상자가 비자발적이고 장애의 특성상 본인이 문제의식을 갖지 못하는 경우가 많아 개입의 성과를 기대하기 어려운 경우가 많다.

다섯째, 장애인복지사업의 성과와 관련하여 효과성을 측정하기 어렵다. 이는 사업의 목표, 개입기술 등과 관련이 있는데, 사업의 목표가 구체적이고 명확하며 접근방법이 표준화되어 있다면 성과를 비교하기 용이하겠지만 그렇지 못한 경우가 많다. 직업재활시설의 생산형태가 경쟁력이 낮은 사업형태가 많아 장애인의 진정한 자립과 취업에는 별로 도움이 되지 않고 있다.

그 외에도 정책지원의 부재, 이용자의 인권보호 문제, 서비스전달체계의 부재, 중복장애아동시설의 부재, 성인시설 및 장애인복지시설의 부족, 복합치료시설의 부재, 직업연계훈련시설의 낙후, 시설운영의 비전문성과 폐쇄성, 프로그램 예산의 부족, 시설근무자의 열악한 처우 등을 들 수 있다.

4) 개선방안

(1) 조직적 측면

조직적 측면에서는 서비스의 효과적인 제공과 조직의 효율적 관리가 다음과 같이 필요하다. 첫째, 클라이언트 중심의 목표설정을 한다. 둘째, 시설운영의 민주화와 투명성 확보 차원에서 이사회 및 운영위원회를 지역사회에 개방하여 전문가, 지역주민, 변호사, 의사 등의 참여를 높임으로써 시설의 운영을 민주화하는 한편, 시설 운영의 투명성을 제고하여 서비스의 질을 높여야 한다. 셋째, 복지조직의 경쟁시대에 맞게 전문적인 조직과 경영체계를 구축해야 한다. 넷째, 적극적인 홍보와 민간자원의 개발이 필요하다. 다섯째, 시설의 전문화 및 소 규모화를 유도하고 주·단기 보호시설의 활용성 증대 방안을 강구한다.

(2) 관리자 측면

관리자 측면에서는 첫째, 다양한 재원확보를 위한 노력을 해야 한다. 둘째, 효과성, 효율성, 서비스의 질 제고를 위한 노력이 필요하다. 셋째, 복지수요에 대한 정확한 예측과 서비스 그리고 자원개발에 대한 연구가 필요하다. 넷째, 홍보로서 조직에 대한 정보의 제공과 외부환경과의 의사소통을 활성화해야 한다.

(3) 서비스 측면

서비스 측면에서는 첫째, 소비자 중심의 서비스를 제공한다. 둘째, 창의적이고 전문적인 프로그램을 개발한다. 셋째, 자활, 자립 등 근로와 연계된 생산적인 프로그램을 개발한다. 넷째, 이용자의 시설선택권을 부여하고 입·퇴소의 자유를 보장한다.

(4) 지식과 기술 측면

지식과 기술적 측면에서는 첫째, 전문적 발달을 위한 지식과 기술로서 자아인식, 전문적 성장에 대한 책임감, 효과성 평가에 관한 지식이 필요하다. 둘째, 행정적 측면의 지식과 기술로 기관의 사명과 철학에 대한 이해, 기관의 공식적·비공식적 구조, 관료

제도 내에서 기능하는 능력, 기록 등의 능력이 요구된다. 셋째, 정책적 측면에서 국가 및 지방정부의 복지정책에 대한 이해가 필요하다. 넷째, 지역사회에 대한 이해로 장애인복지전달체계에 대한 지식 및 활용기술을 익힌다. 다섯째, 기본적 대인관계기술로 장애인과의 의사소통기술, 동료와의 관계형성 기술을 익힌다. 여섯째, 클라이언트 체계 개입을 위한 지식 및 기술로 인간행동의 다양성에 대한 지식과 기술, 집단활동 실천기술, 옹호활동, 의뢰 및 사례관리기술 등이 필요하다.

(5) 지역사회 측면

지역사회 측면에서는 사회복지시설평가담당기구의 상설화를 통해 서비스의 질에 대한 국가관리 감독이 강화되어야 한다.

2. 장애인운동단체

장애인단체는 우리 사회의 장애인 문제를 한 개인의 병리적 문제로 규정하던 것을 사회구조적 문제와 모순으로 규정하는 인식의 전환을 위하여 장애인 당사자가 주도적으로 나서서 문제를 해결하고 정책형성 과정에 참여하여 영향력을 행사하여 구체적인 제도의 변화를 끌어내기 위해 형성된 단체이다. 현재 활동하는 단체의 종류로는 전국장애인차별철폐연대, 한국장애인단체총연합회, 한국장애인부모회, 한국장애인단체총연맹, 한국여성장애인연합 등이 있다.

3. 민간활동단체

장애인 관련 민간활동단체는 사단법인, 사회단체, 사회복지법인, 재단법인 또는 임의단체로 구분되어 있으며 장애인의 권익을 옹호하기 위하여 활동하고 있다. 그 종류에는 한국장애인재활협회, 한국시각장애인연합회, 한국장애인부모회, 한국지적장애인복지협회, 한국농아인협회, 한국뇌성마비복지회 등이 있다.

4. 국제활동단체

민간 차원의 국제교류는 주로 장애 관련 국제기구회의 참가로 이루어지고 있는데, 장애 관련 양대 국제기구는 국재재활협회(RI)와 국제장애인연맹(DPI)이 있다.

제4절 장애인복지 전문 인력

장애인복지 전문 인력은 장애인의 의료, 교육, 사회, 심리, 직업 및 사회통합에 이르기까지 생의 전 영역에 걸쳐 장애인의 재활을 전문적으로 원조하는 인력이다.

우리나라 장애인 재활인력은 장애 영역별, 기능별로 다양한 종류가 있으나 정규 교육과정과 자격제도가 마련되어 있는 직종과 공식적인 양성과정조차 마련되어 있지 않은 직종이 혼재되어 있는 등 직종 간 편차가 심하고, 명칭이나 분류체계 등이 마련되어 있지 않다. 특히 양성과정과 자격제도가 미비한 직종의 경우 점증하는 장애인구와 복지수요에 적절하게 대응하기에는 공급기반이 구축되어 있지 않으며, 미자격자에 의한 서비스 제공에 따른 서비스 질의 저하문제로 인해 수요자인 장애인에게 피해가 돌아가는 등의 부작용도 우려되고 있어 근본적인 개선책이 요구되고 있다.

1. 의료 영역 전문 인력

의학전문의는 사고, 질병, 선천적 요인 등에 의해 신체기능, 정신적 기능과 관련된 서비스를 제공하여 손상 기능을 회복하게 하는 전문의이다. 가장 대표적인 전문의가 재활의학전문의였으나, 장애가 15종으로 확대되면서 15종 영역의 전문의가 포함된다.

1) 장애인 관련 전문의

1983년 전문의 자격시험에 재활의학전문의가 처음 도입하였으며 전국에 재활의학전문의 양성교육 지정병원 57개, 해마다 전문의 증가하여 의학전문의는 의료재활의 중심 인력으로서 앞으로 재활의학, 신경정신과, 정신과, 정형외과, 피부과, 내과, 이비인후과, 소아과 등이 양성되어야 한다.

2) 물리치료사

열, 광선, 전기 및 각종 기구들을 사용하여 장애인에게 적절한 서비스를 제공함으로써 2차적 기형이나 잔류능력 손실이 따르지 않도록 도와주는 의료재활 분야의 필수 인력으로 1963년 고려대 병설 보건전문대에 처음으로 물리치료학과를 신설(현재 55개교 교육)하였고 1965년 의료기사법에 근거하여 국가자격시험을 처음 도입하였다.

1979년 4년제 교육과정을 연세대학교에서 시작하여 3년제 대학(37개교), 4년제 대학(37개교), 대학원(16개교), 박사과정(5개교)에서 매년 약 3,380여 명의 신입생 모집하고 있다. 우리나라의 자격취득자 수는 1인당 GNP를 감안하더라도 물리치료사 1인당 인구수에 있어서 3,537명으로 미국의 3,654명, 일본 7,269명보다 많은 수준이다.

3) 작업치료사

작업이나 동작, 놀이를 통해 장애인의 불완전한 신체기능을 회복시키고 일에 대한 동기를 부여하여 장애인으로 하여금 최대한의 독립된 생활이 가능하도록 돕는 의료재활 분야의 필수 인력이다.

1997년 처음 교육을 시작하였으며, 물리치료사에 비해 크게 부족하여 3년제 대학(29개교), 4년제 대학(31개교), 석 · 박사과정(17개교)에서 신입생 모집을 하고 있으며 작업치료에 대한 인식 결여로 양성기관이 절대적으로 부족한 현실이다.

4) 보장구 기사(의지 · 보조기 기사)

장애인의 신체기능을 보완하고 향상시키기 위한 보장구를 개발하고 제작하는 전문가로서 의료재활 분야에서 중요한 인력이다. 1986년까지 정규교육기관이 없어 대만 등

지에서 연수교육을 통해 배출되었으나 1997년 보장구 기사를 양성하는 재활공학과가 설치되었다.

5) 언어재활사

언어장애인의 잠재되어 있는 언어능력을 최대한 개발시키고 의사소통 기술을 습득케 하여 일상생활에서의 원만한 의사소통과 정상적인 언어발달을 유도하는 전문 인력으로 현재 71개 대학에서 교육을 하고 있다.

6) 청각임상가

청각장애인의 청력손실 정도를 진단하고 잔존 청력을 최대한 살릴 수 있도록 도와주며, 다른 사람의 말을 이해하고 말을 할 수 있도록 지도해 주는 전문 인력으로 1997년 한림대학교 대학원에 청각임상가 양성과정을 설치하여 청력검사자, 청능훈련사, 보청기전문가를 양성하고 있다.

2. 교육 영역 전문 인력

특수교육 교사가 활동하고 있으며 장애가 있는 아동들에게 그들의 독특한 교육적 요구에 맞게 교육을 시키는 핵심적인 재활 전문 인력으로 특수교육 교사는 특수학교 교사와 일반학교 특수학급 교사로 구분되고 있다. 장애아동 가운데서 특수교육의 혜택을 받고 있는 비율이 21.6%에 불과한 사실로 미루어 볼 때 국내 특수교육 교사의 수는 부족한 실정으로 선진국처럼 특수교육 분야가 장애유형에 따라 세분화·전문화되지 못하고 있다.

3. 직업재활 전문 인력

1) 직업훈련 교사

직업훈련 기본법에 근거한 국가자격으로 장애인에게 각 직업에서 필요로 하는 기술, 이론 등을 강의와 실기를 통하여 가르치고 시험으로 평가하며 취업상담과 진로지도 등을 실시하는 전문 인력으로 장애인 직업교육을 전문적으로 교육받고 종사하는 자로서 인력이 매우 부족(특수교사, 사회복지사)한 현실이다.

2) 직업재활사

장애인들이 신체적 · 정신적 · 사회적 · 직업적 가용능력을 직업재활 과정을 통해 최대한 회복시켜 그들이 지역사회에서 직업을 통해 경제적 생활을 영위해 나가도록 하는 직업재활의 전반적인 업무를 담당하는 인력으로 한국직업재활학회가 운영하고 있으며 2000년 이후 직업재활상담사에서 직업재활사로 명칭을 변경하였다.

3) 직업생활상담원

장애인 근로자의 효율적인 고용관리와 직장 내 생활상담 지도업무 등의 역할을 담당하는 전문 인력인 직업생활상담원을 두도록 규정(장애인고용촉진 및 직업재활법 제65조에 명시)하고 있다. 상담원 선임 대상 업체 직원을 대상으로 2주간 교육수료 후 자격증을 부여(현재 전문적인 직업재활 인력으로 인정받고 있지 못함)하고 있다.

4. 사회 · 심리재활 영역

사회 · 심리적 재활은 다른 재활 영역에 비해 양성과정과 자격제도가 미비한 실정으로 체계적인 양성이 더욱 요구되는 분야이다. 특히 이 분야의 재활은 장애인들의 일상생활은 물론 사회활동의 편의를 도와주기 위한 영역으로서 중요한 의미를 가지고 있다.

1) 사회복지사

경제적, 심리적, 주변환경에서의 문제를 가지고 있거나 문제가 있을 것으로 예상되는 장애인들에 대해 문제를 해결하도록 도움을 제공하는 일을 하는 사회재활 영역에 있어서의 대표적인 전문 인력이다.

문제해결을 위해 면접상담, 사례관리, 자원 활용, 후원자 · 자원봉사자 연계 업무 수행을 하고 있으며, 1972년 시작되어 전문대학, 대학, 대학원 등과 보건복지부 위탁 사회복지사 양성과정[1)]에서 자격을 취득하였다.

대학에서는 총 16과목(대학원 14과목)을 이수하고 2급 자격을 취득한 후, 1급 자격을 취득하기 위해서는 국가자격시험(2003년부터 시행)을 통과해야 한다.

2) 점역교정사

시각장애인이 촉각을 활용하여 도서를 읽을 수 있도록 자판기, 타자기, 컴퓨터, 점자프린터기 등을 이용하여 점자도서를 제작하여 시각장애인이 각종 도서와 정보를 자유롭고 편리하게 얻도록 도와주는 전문 인력으로 1998년 점역교정사 연수교육과정을 설치(한국시각장애인연합회)하여 양성하고 있다.

3) 보행훈련사

시각장애인이 재활센터나 학교, 직장 등에서 보행 및 일상생활을 할 수 있게 도와주는 전문 인력으로 한국시각장애인복지재단에서 연 1회 일주일간의 일정으로 강습회를 통해 평균 12~13명의 보행훈련사를 배출하고 있다.

1) 1958년부터 보사부 사회사업종사자 훈련원에서 양성을 시작하였고, 그 후 보건복지인력개발원에서 간헐적으로 교육을 진행하다 보호받는 대상자들의 인권침해 등의 문제가 심각하여 2002년 미신고시설양성화 정책을 수립, 전국을 5개 권역(수도권, 충청권, 호남권, 경북권, 영남권)으로 구분 수도권을 담당한 명지대학교 등 5개 대학에서 교육을 진행, 2004부터 공무원 교육과정 명지대 통합, 2006년부터 4개 권역은 교육을 종료하고 시설종사자 등 양성교육을 수도권인 명지대학교로 통합 운영 후 2020년 코로나19 확산으로 잠정 중단 후 사회복지사업법 개정 폐지됨.

4) 수어통역사

청각장애인의 언어인 수어를 통하여 청각장애인이나 일반인에 대하여 의사소통을 해줌으로써 청각장애인의 사회참여를 지원하는 전문 인력으로서 국가공인 수어통역사(민간자격 국가공인제도[2])로 구분하여 양성하고 있다.

(1) 국가공인 수어통역사

청각장애인의 원활한 사회참여를 위해 필요한 의사소통의 기반을 조성하며, 의료, 복지, 법률, 교육, 사회, 문화 등의 전반에서 바른 권리를 행사하며 시민으로서의 균등한 기회를 갖게 하는 수어통역의 기본 이념을 바르게 구현하기 위하여 공인평가체제를 통해 수어통역인에 대한 전문자격을 취득한 자이다.

(2) 수어통역사

수어통역사는 농인과 청인의 의사소통 상황에서 메시지를 전달하는 문화 중계자의 역할을 담당하며, 의미가 통하는 인습기호 · 몸짓 · 표지 · 수어를 사용하여 생각과 감정을 소통하는 체계적인 의사소통 촉진자로 정규교육기관이 아닌 관련단체(수어통역센터), 대학동아리 등에서 교육을 실시하고 있다.

5) 생활체육지도자

체육을 지도하는 특수교육 교사, 장애인 생활체육회 강습회 이수자가 임무수행으로 장애인에게 각종 체육활동을 지도함으로써 장애로 인한 건강과 체력의 감퇴를 예방해 주며, 건전한 여가활동의 기회를 제공해 주는 전문 인력이다.

2) 민간자격 국가공인제도: 자격기본법(법률 제10907호, 2011.7.25) 제19조에 따라 국가 외의 법인 · 단체 또는 개인이 운영하는 민간자격 중에서 사회적 수요에 부응하는 우수 민간자격을 국가가 공인해 주는 제도이다. 이 법은 자격에 관한 기본적인 사항을 정함으로써 자격제도의 관리 · 운영을 체계화하고 평생직업능력 개발을 촉진하여 국민의 사회경제적 지위를 높이고 능력중심사회의 구현에 이바지하는 데 목적이 있다.

6) 치료레크리에이션 지도자

정규 교육과정은 없으며, 한국치료레크리에이션협회에서 치료를 목적으로 한 다양한 레크리에이션 활동을 통해 정신적으로 부족한 기능을 회복시키고 사회에 적응할 수 있도록 도와주는 전문 인력이다.

7) 미술치료사

정신병원, 복지관 등에서 성인, 장애아동, 대인관계에 어려움이 있는 장애인 대상 교육의 다양한 미술활동을 통하여 심신의 어려움을 겪고 있는 내담자의 갈등해소와 치료를 돕는 전문 인력이다.

8) 음악치료사

기능을 회복시키기 위해 음악적 경험과 관계들을 통해 역동적인 변화를 이끌어 내는 체계적인 치료를 담당하는 전문 인력이다.

9) 놀이치료사

사회・정서적 적응문제로 성장 발달과 학습에 어려움을 겪는 장애아동과 청소년들을 놀이를 통해 진단하고 치료, 교육하는 전문 인력이다.

10) 장애인활동지원사

장애인활동지원사는 국가에서 실시하는 장애인활동지원에 있어서 이를 돕는 역할을 하는 전문 인력이다. 장애인 삶의 질 향상을 근본적으로 개선하기 위한 목적으로 복지제도를 다양하게 실행하고 있는 만큼 관련 업무를 담당하는 지원인력으로 장애인활동지원사를 필요로 하는 인력이다.

11) 기타 관련 자격

원예치료사, 공예치료사, 행동치료사, 심리치료사 등이 있다.

표 6-4 장애인복지 전문 인력

전문 인력	재활 영역	양성과정		자격제도		관련 법률
		양성기관	교육기간	종류	운영주체	
재활의학 전문의	의료	재활의학전공의 수련병원	4년	국가자격	보건복지가족부	의료법
물리치료사	〃	전문대학 4년제 대학	3년 4년	국가자격	〃	의료기사 등에 관한 법률
작업치료사	〃	전문대학 4년제 대학	3년 4년	국가자격	〃	〃
의지 보조기기사	〃	전문대학	2년	민간자격	한국보장구협회	장애인복지법
언어재활사	〃	대학, 대학원	4년 2년	〃	한국언어청각임상학회 한국언어치료학회	
청각임상가	〃	대학원	1~2년	〃	한국언어청각임상학회	
특수교육 교사	교육	4년제 대학	4년	국가자격	교육부	초·중등교육법
직업생활 상담원	직업	한국장애인고용공단	2주	민간자격	한국장애인고용공단	고용촉진법
직업훈련 교사	〃	기능대 등		국가자격	노동부	직업훈련기본법
직업재활 상담사	〃	4년제 대학	4년	민간자격	한국직업재활학회	
점역교정사	사회	한국시각장애인연합회	1월	〃	한국시각장애인연합회	
사회복지사	〃	전문대학 4년제 대학, 대학원	2년 4년	국가자격	한국사회복지사협회 (한국산업인력공단)	사회복지사업법
보행훈련사	〃	한국시각장애인복지재단	1주일			
국가공인 수어통역사/ 수어통역사	〃	청각장애인관련단체	3~6월	민간자격 국가공인/ 민간자격	한국농아인협회	
생활체육 지도자	〃	4년제 대학 대한장애인체육회	4년 7~8월		교육이수자에게 수료증 발급 (대한장애인체육회)	
치료 레크리에이션	〃	한국치료레크리에이션 협회	33주	민간자격	한국치료레크리에이션 협회	

출처: 제7회 RI KOREA 재활심포지엄 자료집 재편집.

제5절 전달체계의 문제점과 개선방안

1. 문제점

장애인 복지전달체계는 보건복지부를 중심으로 교육부, 고용노동부, 행정자치부 등 상당수의 중앙정부가 적용 대상에 따라 부분적으로 관여하고 있다. 장애인의 다양한 욕구와 문제해결을 위하여 다양한 조직이 유기적으로 협력과 조정을 통하여 서비스를 전달하는 것은 매우 바람직하다. 하지만 한편으로 각 부처의 담당 업무를 중심으로 단편적으로 서비스를 제공하기 때문에 서비스 효과를 발생시키지 못한 측면을 간과할 수 있다.

공공・민간의 전달체계는 결과적으로 장애인의 욕구와 문제를 해결하기 위한 서비스 전달체계를 의미하며 이를 장애인복지 목표체계로 구성할 수 있다. 장애인의 개인적 욕구와 문제를 해결하기 위하여 개인의 능력을 강화하기 위한 서비스 전달체계가 대체로 공공・민간의 전달체계에 해당된다. 하지만 근본적인 문제는 사회적 장애에 있다는 것을 알 수 있다. 따라서 서비스 중심의 전달체계와 함께 사회적 환경을 개선하기 위한 효율적인 장애인복지 전달체계가 강조되어야 한다. 이러한 활동은 민간단체 활동의 적극적인 노력이 선행되고 장애인운동 단체 및 국제활동 단체의 노력이 병행된다면 장애인이 희망하는 총체적 생활수준에서의 사회통합이 달성될 수 있을 것이다. 장애인복지 전달체계의 문제점은 다음과 같다.

첫째, 중앙행정기관이 여러 개로 나누어져 있고 집행행정기관도 각각 독립적으로 운영되고 있고 지방자치제도의 실행과 함께 복지사업이 지나치게 지방으로 이양되어 있다. 둘째, 장애인복지 전담부서가 부족하며 대체적으로 수직적 전달체계로 조직되어 있다. 셋째, 전문 인력의 부족과 전문 인력 양성기관이 부실하고 충분하지 못하다. 넷째, 중앙정부와 지방정부, 광역자치단체와 기초자치단체, 공공전달체계와 민간전달체계 각각의 역할 분담이 미비하고 유기적인 연계성이 부족하다. 다섯째, 수요자 중심의 서비스가 부족하고 복지시설의 기능이 불명확하고 서비스 연계가 부족하다.

2. 개선방안

첫째, 장애인복지조정위원회의 위상을 강화해야 하고 중앙정부와 지방정부의 역할 분담이 명확해야 한다. 둘째, 지방단위복지위원회를 활성화할 필요성이 있으며 민간참여를 확대하는 방향으로 나아가야 한다. 셋째, 네트워크 구축을 통한 장애인의 사회참여를 활성화하고 장애인의 욕구를 반영한 사정체계를 마련하여야 한다. 넷째, 서비스 전달과정에서 장애인의 자기결정과 의사결정 과정에의 참여 보장을 위한 법적 근거를 마련하여야 한다. 다섯째, 직접지불제도[3)] 도입 및 수요자 중심의 평가체계를 마련하여야 한다.

3) 장애를 가진 이용자에게 사회서비스에 해당하는 현물서비스를 현금으로 제공하는 것을 의미한다. 서비스를 구매하는 것뿐만 아니라 개인돌봄인(활동보조), 고용, 직업 및 고용훈련, 취미활동과 같은 여가 및 사회활동 서비스도 구매할 수 있다.

CHAPTER 07

장애인 재활분야

제1절 재활의 정의 및 과정
제2절 의료재활
제3절 교육재활
제4절 심리재활
제5절 사회재활

제1절 재활의 정의 및 과정

1. 재활의 정의

1940년대 초 미국국립재활협의회에서는 재활(rehabilitation)의 개념을 "장애인의 신체적 · 정신적 · 사회적 · 직업적 · 경제적 가용능력을 최대한으로 회복시키는 것"이라고 정의하였다. Rusk는 재활이란 "신체적 · 정신적 · 직업적 잠재능력을 최대한으로 회복시켜 충분한 생활을 영위할 수 있게 하는 것"이라고 정의하였으며, WHO에서는 "의학적 · 사회적 · 교육적 · 직업적 수단을 동원하고 이를 상호 조정하여 훈련 또는 재훈련을 통하여 장애인의 기능적 능력을 가능한 최고수준에 도달하도록 하는 것"이라고 정의하였다. 또 Kessler는 재활을 "장애인에 대하여 외과적 및 이학적 요법을 비롯하여 여러 진료과가 온 힘을 다하여 장애를 입기 이전의 상태로 회복시키려고 하는 과정인 의학적 재활과 이학적 처치를 마친 자에 대하여 사회 전체가 신체적 · 정신적 · 직업적 · 경제적으로 자립시키려고 하는 광범위한 과정으로 이루어진 것"이라고 하였다. Basinger는 "장애를 지니게 된 자의 신체적 · 정신적 · 사회적 · 직업적 회복과 그 적응을 위한 통합 조정된 서비스프로그램"이라고 하였다.

재활은 인본주의에 입각하여 장애인이 하나의 완전한 인격체이자 사회인으로서 자립할 수 있게 함을 목적으로 하는 전인적 · 종합적 활동이며, 장애인의 잠재능력을 평가하고 이를 개발할 수 있도록 다방면의 전문가들과 지역사회의 자원을 동원하여 사회구성원으로서의 권리와 의무를 다할 수 있게 돕는 활동이다. 이러한 재활을 위해서는 다양한 분야의 전문가들의 협력에 기반을 둔 과학적이고 합리적 방법의 서비스가 제공되어야 한다. 즉, 재활은 장애인 개개인의 욕구에 대응하여 그들의 잠재능력을 최대한으로 회복시키기 위해 의학, 심리학, 교육학, 기타 여러 전문 분야의 협조를 필요로 한다.

재활에 관한 논의에서 '지역사회 중심 재활(CBR, Community Based Rehabilitation)'이란 1960년대 말 국제장애인재활협회의 개발도상국 장애인의 재활의 기본원칙에 관한 논의에서 제시된 것으로, 이후 WHO에서는 개발도상국에 대하여 지역사회 중심 재활사업을 권장하였다. CBR은 지역사회의 기존 자원을 효과적으로 활용하여 장애인이 완전히 자립하고 지역사회 내에 완전히 통합되고 참여할 수 있도록 지원하는 것으로, 지역사회 차원에서 재활이 가능하게 하는 것이다. 장애인의 삶은 그가 살고 있는 지역사회에서 실현되어야 한다는 이념하에 더 이상 보호의 대상이 아니라 지역사회 안에서 자립할 수 있도록 가능한 한 모든 수단을 활용해야 한다는 것을 주장한다.

지역사회 중심 재활사업을 위하여 활용 가능한 지역사회 자원에는 크게 물리적 자원과 인적 자원이 있다. CBR이 올바르게 적용되기 위해서는 우선적으로 실효성과 타당성에 대한 검토가 있어야 하며, 지역사회 자원이 전제되어야 한다. 지역사회 참여를 도모하기 위해서는 교육을 통한 인식의 확립이 필요하며, CBR은 가정방문재활의료팀을 구성하여 수시로 재가 장애인 가정을 방문하여 각종 치료와 상담, 간호 등을 실시하고 농촌지역의 1차 보건의료원에 대한 지속적인 교육을 통하여 재활의 원리와 기법을 전달한다. CBR을 통해 장애인에게 양질의 삶을 제공하고 지역사회를 발전시키고 일반인의 장애인에 대한 태도와 행동의 변화를 기대한다. 기존의 시설이나 기관 중심의 재활(IBR, Institution Based Rehabilitation)이 막대한 인력과 재원을 필요로 하는 데 비해 CBR은 장애인 자신과 가족, 주위의 기존 지역사회 자원과 인력을 활용함으로써 보다 효율적으로 사회적 통합을 꾀할 수 있다.

2. 재활의 과정

재활과정은 연속적이고 역동적이며 총체적인 과정이다. 의료 분야에서의 재활, 교육 분야에서의 재활, 직업 분야에서의 재활, 사회 및 심리 분야에서의 재활은 유기적이고 상호보완적인 관계에 있다. 재활과정은 어떤 기관이나 시설을 통하여 검사받고 치료받는지부터 사회생활에 적응해 나가는 방법을 습득하는 하나의 체계이다. 이러한 재활과정은 일련의 연속적인 과정이므로 장애인과 재활 프로그램에 대한 지속적인 평가가 이루어져야 한다. 체계적인 재활과정에 따라서 재활 프로그램을 실시해야만 효과적인 재활이 될 수 있다.

장애인이 재활서비스를 받기 위해서는 예비진단과 세부진단 과정을 거치는데, 예비진단은 재활서비스를 받기에 적절한지 여부를 결정하며, 취업에 곤란을 야기할 장애를 수반하고 있는지의 여부와 재활서비스를 제공함으로써 일반적인 건강상태에 대한 검사를 포함한다. 세부진단연구는 어떤 재활서비스가 필요할 것인지를 결정할 목적으로 실시한다. 이와 같은 종합평가는 작성된 서류에 의해 재활상담 강화 장애인이 공동으로 작성하는 일종의 재활계획서라 할 수 있다.

장애인 재활과정의 평가는 첫째, 의료적 평가로 취업하는 데 있어 기능적 한계나 장애에 대한 판별을 한다. 둘째, 심리적 평가는 장애인의 비신체적 능력과 한계를 규명하고 개별화된 재활 프로그램의 작성과 서비스 결정에 영향을 주는 장애인의 태도, 관심, 성격 등에 대한 판별을 한다. 셋째, 사회적 평가는 장애인의 사회력에 대한 평가로 학력, 가족, 직업경력, 경제사정 등에 대한 정보능력을 판별한다. 넷째, 직업적 평가는 장애인의 직업적 태도나 능력에 대한 사정을 판별한다. 다섯째, 교육적 평가는 장애인의 학습경험을 확인함으로써 그의 태도, 지식, 기술 등에 대한 이해능력을 판별한다.

제2절 의료재활

1. 재활의 의의

재활 분야 중 첫 단계로 가장 기본적이자 필수적인 재활 분야이며 다른 재활 분야를 극대화하기 위한 토대가 된다. 의료재활의 목표는 장애를 완화하거나 장애 발생을 예방하며 신체적인 기능을 최대한 증진시키는 것이다. 즉, 의료적 치료는 외상이나 질병을 치유하는 것으로 끝나는 것이 아니라 장애의 예방, 조기발견, 조기치료, 기능검사, 적응훈련, 추후관리 등으로 일상생활은 물론 직업생활, 사회생활 등 모든 영역에서 자립할 수 있도록 훈련시키는 것까지 포함된다.

장애인의 재활의료서비스는 전문적인 의료시설을 통해서만 가능한 것은 아니다. 장애인의 의료재활은 장기적 효과를 기대할 수 있는 경우가 대부분이기 때문에 초기에는 수술이나 치료가 필요하나, 이후에는 지속적인 재활과 적응단계가 필요하다. 따라서 기본적으로 지역사회를 바탕으로 한 최소한의 의료적 서비스를 받을 수 있는 기제의 마련이 필요하다(UN, 1983).

장애인에 대한 재활의료서비스는 장애를 완화하거나 장애 발생을 예방하며 신체적인 기능을 최대한 증진시키는 것이다. 즉, 의료적 치료는 외상이나 질병을 치유하는 것으로 끝나는 것이 아니라 장애의 예방, 조기발견, 조기치료, 기능검사, 적응훈련, 추후관리 등으로 일상생활은 물론 직업생활, 사회생활 등 모든 영역에서 자립할 수 있도록 훈련시키는 것까지 포함된다.

2. 재활의 방법

의료서비스의 단계는 다음과 같다. 첫째, 기본적인 기능을 개선시키는 것으로 손상이 있는 부분을 치료하는 일차적인 방법이다. 둘째, 기본적인 기능장애의 한계가 있는 경우 다른 기능을 훈련시켜 통상적인 기능을 발휘할 수 있도록 전체적인 능력의 향상을 도모하고 재활보조기구 등을 활용하여 기능장애를 대체하는 것이다. 셋째, 장애인이 자립생활을 할 수 있도록 생활환경이나 직장환경에 대한 개선을 의료적인 입장에서 자문하는 것이다.

결국 의료서비스는 약물치료, 수술치료, 물리치료, 작업치료, 언어치료 등을 통해 수행하며, 성공적인 의료재활을 위해서는 의료진 간의 협력이 필수적이고 체계적인 치료여야 하며, 가족의 이해와 격려가 필요하다.

3. 의료 및 재활지원

1) 장애인 의료지원

지원대상은 「의료급여법」에 의한 의료급여 2종 수급권자인 등록장애인과 건강보험의 차상위 본인부담 경감 대상자인 등록장애인(만성질환 및 18세 미만 장애인)이다. 단, 「국민기초생활 보장법」에 의한 수급자 중 근로능력세대의 등록장애인과 장애인 의료비는 장애인에게만 지원되므로 당해 장애인과 세대를 같이하는 비장애인인 가족원은 지원대상이 아니다.

지원내용은 의료기관 이용 시 발생하는 급여항목 본인부담금의 일부 또는 전액 지원

(비급여 제외)을 하는데, 1차 의료기관 외래진료 본인부담금 일괄지원과 2차, 3차 의료급여기관 진료의료(요양)급여수가 적용은 본인부담진료비 15%(차상위 14%, 암환자 5%, 입원 10% 등) 전액을 지원하되 본인부담금 식대는 지원하지 않는다(의료급여증과 장애인등록증을 제시).

표 7-1 의료재활[1] 지원내용

<table>
<tr><th>구분</th><th colspan="2">의료급여기관</th><th>구분</th><th>본인부담금</th><th>장애인 의료비 지원내용</th></tr>
<tr><td rowspan="7">외래</td><td colspan="2" rowspan="2">제1차 의료급여기관
(의원, 보건의료원)</td><td>원내 직접 조제</td><td>1,500원</td><td>750원</td></tr>
<tr><td>그 이외의 경우</td><td>1,000원</td><td>750원</td></tr>
<tr><td rowspan="4">제2차
의료
급여
기관</td><td rowspan="3">제17조
만성질환자</td><td>원내 직접 조제</td><td>1,500원</td><td>전액</td></tr>
<tr><td>그 이외의 경우</td><td>1,000원</td><td>전액</td></tr>
<tr><td>특수장비촬영
(CT, MRI, PET)</td><td>특수장비 총액의 15%
(차상위 14%)</td><td>전액</td></tr>
<tr><td>만성질환자 외</td><td colspan="2">의료(요양)급여비용총액의 15%(차상위 14%)</td><td>전액</td></tr>
<tr><td colspan="2">제3차 의료급여기관</td><td colspan="2">의료급여비용총액의 15%(차상위 14%)</td><td>전액</td></tr>
<tr><td rowspan="2">입원</td><td colspan="2" rowspan="2">제1・2・3차
의료급여기관</td><td colspan="2">의료급여비용총액의 10%(차상위 14%)</td><td>전액</td></tr>
<tr><td colspan="2">본인부담 식대</td><td>없음</td></tr>
<tr><td rowspan="2">약국</td><td colspan="2" rowspan="2">약국에서 의약품을
조제하는 경우</td><td>처방조제</td><td>500원</td><td rowspan="2">없음</td></tr>
<tr><td>직접조제</td><td>900원</td></tr>
</table>

출처: 보건복지부, 장애인복지사업안내, 2024.

2) 건강보험지역가입자의 보험료 경감

(1) 자동차분 건강보험료 전액면제

지원대상은 「장애인복지법」 규정에 의해 등록한 장애인 소유 자동차이며, 해당 자동차는 건강보험료 산정 시 제외(국민건강보험 공단지사에 확인)한다.

(2) 산출보험료 경감

지원대상은 지역가입자 중 등록장애인이 있는 세대로 소득이 360만 원 이하인 동시

1) 2015. 7월부터 장애인보장구 구입 본인부담금이 전액 건강보험(의료급여)으로 지원됨에 따라 장애인 의료비 지원사업에서 장애인보장구 구입비 지원하지 않음.

에 과표 재산이 1억 3천 5백만 원 이하인 자이다.

지원내용은 장애의 정도가 심한 장애인은 30% 감면, 장애의 정도가 심하지 않은 장애인 20% 감면(국민건강보험 공단지사에 신청)한다.

(3) 장기요양보험료 경감

지원대상은 지역가입자 중 등록장애인이 있는 세대로 소득이 360만 원 이하인 동시에 과표 재산이 1억 3천 5백만 원 이하인 자이다.

지원내용은 장애의 정도가 심한 장애인은 장기요양보험료의 30% 감면, 장애의 정도가 심하지 않은 장애인 20% 감면(국민건강보험 공단지사에 신청)한다.

3) 장애인등록진단비 지급

지원대상은 「국민기초생활 보장법」상의 생계급여 또는 의료급여 수급자로서 신규 등록장애인 및 재판정 시기가 도래한 장애인이다.

지원내용은 진단서 발급 비용을 지적장애 및 자폐성장애 4만 원, 기타 일반장애 1만 5천 원을 지원하고, 장애판정을 위한 검사비용은 본인이 부담(시 · 도 및 시 · 군 · 구에서 의료기관에 직접 지급 또는 읍 · 면 · 동에 신청)한다.

4) 장애검사비 지원

지원대상은 기존 등록장애인 중 장애인연금 및 중증장애 아동수당 신청으로 인한 서비스 재판정 및 의무 재판정 등으로 재진단을 받아야 하는 수급자 및 차상위계층인 자, 행정청 직권으로 재진단을 받는 자이다.

지원내용은 생계급여, 의료급여수급자는 소요비용이 5만 원 이상 초과금액 중 최대 10만 원 범위 내에서 지원, 교육급여수급자 또는 차상위계층은 소요비용이 10만 원 이상 초과금액 중 최대 10만 원 범위 내에서 지원, 직권 재진단 대상자는 소요비용과 관계없이 10만 원 이하의 범위 내에서 지원(읍 · 면 · 동에 신청)한다.

5) 발달재활서비스

지원대상은 기준 중위소득 180% 이하 가구의 만 18세 미만 뇌병변・지적・자폐성・언어・청각・시각 등록장애아동이다. 단, 소득기준이 기준 중위소득 180% 초과하는 경우에는 장애아동 2명 이상 가구, 부모 중 1명 이상이 중증장애인(1, 2급 및 3급 중복장애)인 가정에 대하여 시・군・구청장이 인정하는 경우에는 예산범위 내에서 '마형'(본인부담금 8만 원)을 지원할 수 있다. 다만, 등록이 안 된 만 6세 미만 아동은 의사진단서(검사자료 포함)로 대체 가능하다.

지원내용은 매월 17만 원~25만 원의 발달재활서비스 바우처 지원, 언어・청능, 미술・음악, 행동・놀이, 심리, 감각・운동 등 발달재활서비스를 선택하여 이용(읍・면・동에 신청)할 수 있다.

6) 언어발달지원

지원대상은 기준 중위소득 120% 이하 가구의 만 12세 미만 비장애아동(한쪽 부모 및 조손가정의 한쪽 조부모가 시각・청각・언어・지적・뇌병변・자폐성 등록장애인)이다.

지원내용은 매월 16만 원~22만 원의 언어재활 등 바우처 지원, 언어발달진단서비스, 언어・청능재활 등 언어발달서비스, 독서지도, 수어지도(읍・면・동에 신청) 등이다.

7) 장애인 보조기구 교부

지원대상은 등록장애인 중 「국민기초생활 보장법」상의 수급자 및 차상위계층인 자이다. 품목 및 교부대상은 다음과 같다.

① 욕창방지용 방석 및 커버는 장애정도가 심한 뇌병변・심장장애인
② 와상용 욕창예방 보조기구는 장애정도가 심한 심장장애인
③ 보행차, 좌석형 보행차, 탁자형 보행차, 목욕의자, 휴대용경사로는 지체・뇌병변 장애인
④ 음식 및 음료섭취용 보조기구, 식사도구, 젓가락 및 빨대, 머그컵, 유리컵, 컵 및 받침대, 접시 및 그릇, 음식보호대, 기립훈련기, 이동변기는 장애정도가 심한 지

체 · 뇌병변장애인

⑤ 목욕의자는 지체 · 뇌병변장애인, 휴대용경사로는 지체 · 뇌병변장애인, 이동변기는 장애정도가 심한 지체 · 뇌병변장애인

⑥ 미끄럼 보드, 미끄럼 매트 및 회전 좌석은 장애정도가 심한 지체 · 뇌병변 · 심장 · 호흡장애인

⑦ 장애인용 의복은 지체 · 뇌병변 · 심장 · 호흡장애인, 휠체어용 탑승자, 고정장치 및 기타 액세서리는 장애정도가 심한 지체 · 뇌병변 · 심장 · 호흡장애인

⑧ 독립형 변기 팔지지대 및 등지지대는 지체 · 뇌병변 장애인, 환경조정장치는 장애정도가 심한 지체 · 뇌병변장애인, 대화용장치는 뇌병변 · 발달 · 청각 · 언어장애인 등이다.

8) 보조기기 건강보험급여(의료급여) 적용

등록장애인의 보조기기급여 지급청구서 제출 시 첨부 서류는 다음과 같다.

① 의사발행 보조기기 처방전 및 보조기기 검수 확인서를 각 1부 제출한다.

② 요양기관(의료급여기관) 또는 보조기기 제조 · 수입 · 판매업소 발행 세금계산서 1부 제출한다. 단, 지팡이, 목발, 흰 지팡이, 보조기기의 소모품(전동휠체어 및 전동스쿠터용 전지) 청구 시 급여신청서 및 위 1호 첨부 서류와 전동휠체어, 전동스쿠터, 이동식전동리프트, 수동휠체어, 욕창예방방석, 욕창예방매트리스, 전 · 후방보행차, 돋보기, 망원경의 경우 위 1호 서류 중 보조기기 검수 확인서는 제출하지 않는다.

③ 업체계좌로 직접 입금할 경우 관련 법령 등에 따라 제조 · 수입 또는 판매된 것임을 입증하는 서류 등이다. 보조기기급여비 지급청구서는 건강보험은 공단에 신청한다. 단, 사전 승인 신청보조기기는 전동휠체어, 전동스쿠터, 자세보조용구, 이동식전동리프트, 수동휠체어(활동형, 틸팅형, 리클라이닝형) 등이다.

④ 의료급여는 시 · 군 · 구청에 신청한다. 단, 의료급여수급권자는 보조기기 급여신청서 제출 후 적격통보받은 자가 보조기기급여비 지급 청구 대상자(지팡이, 목발, 흰지팡이, 보조기기 소모품은 제외)이다. 건강보험대상자는 대상 품목의 기준액, 고시

금액 및 구입금액 중 최저금액(지급기준금액)의 100분의 90에 해당하는 금액이다. 단, 고시제품은 전동휠체어, 전동스쿠터, 자세보조용구, 이동식전동리프트, 욕창예방방석, 욕창예방매트리스, 보청기는 기준액 · 고시액 · 실구입가액 중 낮은 금액의 90%를 공단이 부담한다.

⑤ 의료급여수급권자는 대상 품목의 기준액, 고시액, 실구입가액 중 낮은 금액을 기금에서 부담한다. 단, 고시제품은 전동휠체어, 전동스쿠터, 자세보조용구 등이다.

표 7-2 의료재활 보장구[2] 유형

<table>
<tr><th>분류</th><th colspan="2">보장구 유형</th><th>전문 과목</th></tr>
<tr><td>의지 · 보조기</td><td colspan="2">팔의지, 다리의지, 팔보조기, 척추보조기, 골반보조기, 다리보조기, 교정용신발류</td><td>재활의학과, 정형외과, 신경외과, 신경과, 외과</td></tr>
<tr><td rowspan="7">기타 보장구[3]</td><td colspan="2">저시력보조안경, 콘택트렌즈, 돋보기, 망원경, 의안</td><td>안과</td></tr>
<tr><td colspan="2">보청기, 체외용 인공후두</td><td>이비인후과</td></tr>
<tr><td rowspan="3">수동휠체어,
전동휠체어,
전동스쿠터</td><td>지체 · 뇌병변장애</td><td>재활의학과, 정형외과, 신경외과, 신경과, 외과</td></tr>
<tr><td>심장장애</td><td>재활의학과, 내과(순환기분과), 흉부외과</td></tr>
<tr><td>호흡기장애</td><td>재활의학과, 내과(호흡기분과, 알레르기분과) 흉부외과, 결핵과</td></tr>
<tr><td colspan="2">자세보조용구</td><td>재활의학과, 정형외과</td></tr>
<tr><td colspan="2">욕창예방방석, 욕창예방매트리스, 이동식전동리프트, 전방보행보조차, 후방보행보조차</td><td>재활의학과, 정형외과, 신경외과, 신경과, 외과</td></tr>
</table>

출처: 보건복지부, 장애인복지사업안내, 2024.

4. 기타 서비스

1) 장애아동 의료재활시설 운영비 지원

지원대상은 등록장애인이고, 지원내용은 장애의 진단 및 치료보장구 제작 및 수리, 장애인 의료재활상담 등이다. 의료급여수급권자 및 시 · 군 · 구청장의 무료진료추천자는 무료, 그 외의 자는 실비부담(의료급여증과 장애인등록증(복지카드)을 제시)을 한다.

2) 흰지팡이, 지팡이, 목발 및 소모품(전지)은 제외함. 수동휠체어 · 전동휠체어 · 전동스쿠터의 경우에는 장애유형별 처방전 발급 시에만 해당됨.

3) 무료교부: 기초생활수급자 및 차상위계층에게는 욕창예방매트리스(심장 장애인), 음성유도장치(음향신호기리모컨)와 음성시계(시각장애인), 신호장치(시각신호표시기)(청각장애인)를 무료 지원한다.

2) 희귀난치성질환 의료비 지원

희귀난치성질환은 혈우병, 만성심부전증 등 1,147종을 대상으로 하며 진료비, 만성신장병 요양비, 보조기기 구입비(93개 질환), 인공호흡기 및 기침유발기 대여료(103개 질환)는 요양급여 중 본인부담금 10% 부담, 간병비(월 30만 원 이내)를 지원한다.

3) 여성장애인 출산비용 지원

출산비 지원대상은 「장애인복지법」 제32조에 의한 등록 여성장애인 중 출산한 자 및 4개월 이상의 태아를 유산·사산한 자 중 출산(유산, 사산 포함) 경우 태아 1인 기준 120만 원을 지원한다. 단, 인공임신중절수술은 지원 불가(모자보건법 제14조 제1항의 경우는 제외)하다.

4) 장애친화 건강검진기관

지원대상은 등록장애인, 노인 등 거동이 불편한 수검자이고, 건강검진 시 유니버설 검진장비, 탈의실, 접수대 등 편의시설, 검진보조인력(수어통역사) 배치 등 지원서비스를 제공하며, 거주지 인근 장애친화 건강검진기관에 문의(장애의 정도가 심한 장애인의 경우 건강검진 시 건강검진표와 복지카드 지참) 등이 있다.

5) 장애친화 산부인과

지원내용은 여성장애인이 불편 없이 의료서비스를 받을 수 있는 시설·장비 및 인력을 갖추고, 편의 및 의사소통 지원서비스를 제공하며, 거주지 인근 장애친화 산부인과에 문의한다.

6) 지역장애인보건의료센터

지원대상은 등록장애인, 예비 장애인이고 지원내용은 의료를 기반으로 보건의료·

복지서비스를 통합적으로 연계 및 제공하여 대상자의 지역사회 조기복귀를 지원하며, 거주지 인근 지역장애인보건의료센터에 문의한다.

7) 보건소 지역사회중심재활(CBR)

지원대상은 등록장애인, 예비 장애인이고 지원내용은 집중관리군, 정기관리군 자기역량 지원군으로 대상자를 분류하여 필요도에 따라 건강관리서비스, 재활훈련서비스, 사회참여서비스, 자원연계서비스, 자기역량서비스, 지역사회조기적응 프로그램 등을 제공하며, 거주지 인근 보건소에 문의한다.

5. 재활의 문제점과 개선방안

우리나라에 비해 주요 선진국의 경우 장애인의 의료재활에 필수적인 보장구(재활보조기기)에 대해서는 국가적 책임으로 지원하고 있다. 예를 들면, 일본에서는 장애인의 소득수준에 따라 법에서 정하고 있는 장애인용 보장구 및 생활용구 50여 종에 대해 소득수준에 따라 무료 또는 최소한의 본인부담만으로, 즉 거의 무상으로 지원하고 있다. 미국의 경우에도 의료보험을 통해 본인부담(10%)을 최소화함으로써 보장구를 통한 의료재활이 활성화되어 있다.

따라서 장애인의 재활과 사회통합을 위해서는 일상생활용구를 포함하여 보장구의 보급이 폭넓게 이루어져야 하며, 이를 위해서는 장애인의 소득수준에 따라 기초생활수급대상 장애인에게는 무료로 지원하고, 그 밖의 계층에 대해서는 건강보험의 적용품목과 수가를 확대하여 본인부담을 최소화할 수 있도록 해야 한다.

1) 문제점

장애인 의료서비스의 문제점으로는 첫째, 재활전문 의료기관과 재활전문 인력이 부족한 실정이다. 둘째, 의료재활 영역 간의 상호협력이 부족하다. 셋째, 재활보조기구가 낙후되어 있다.

2) 개선방안

개선방안으로는 첫째, 지원대상자의 선정기준이 완화되어야 한다. 둘째, 의료·진료체계가 개선되어야 한다. 셋째, 재활 관련 보험수가가 현실화되어야 한다. 넷째, 장애인 진단 및 치료에 필수적인 부분에 대한 급여항목이 확대되어야 한다.

제3절 교육재활

1. 교육의 의의

교육재활이란 장애인이 가지고 있는 능력을 최대한 향상시키고 잠재능력을 개발하여 사회생활에 적응하도록 도움을 주는 교육제도와 교육 방법 및 기술을 통한 교육적 서비스를 지칭한다. 아동 및 청소년기(5~17세)에 있는 장애아의 교육은 장애정도에 따라 다르나 일반적으로 장애로 인해 대부분 특별한 교육적 배려가 필요하다. UN에서 채택한 '장애인에 관한 세계행동계획'에서는 기회의 균등화 차원에서 교육의 중요성을 강조하고 있다. 즉, 국가는 장애인에게 다른 사람과 똑같은 교육의 기회를 부여하는 정책을 채택해야 하며, 장애인의 교육은 가능한 한 일반학교 제도 내에서 실행할 것을 권고하고 있다(UN, 1983). 또한 의무교육은 중증장애인을 포함한 모든 장애인을 대상으로 하도록 하고 있다.

장애아동의 교육은 성인이 되어 취업이나 기타 사회생활과 직결되는 재활 영역이기 때문에 다른 어떤 분야보다 중요하다. 따라서 장애인의 교육기회 확대를 위한 교육시설의 확충과 함께 장애인들이 사회적 편견 없이 교육받을 수 있는 여건의 개선이 필요하다. 따라서 기본적으로는 장애아에 대한 공교육 기회의 확충이 필요하고, 장애아의 연령과 장애정도와 무관하게 특수한 요구가 있는 모든 대상에게 포괄적 교육이 제공되어야 한다. 즉, 장애유아에 대한 공립 특수유치원이나 특수학교에 유치부 과정을 설치하여 운영해야 한다.

장애인교육의 기본방향은 장애 유무에 관계없이 이루어지는 통합교육을 지향하는 것이라 하겠다. 다만 중증장애와 같이 특별한 욕구가 있는 경우에는 일정 기간 특수시설이나 가정에서 교육을 받을 수 있도록 하되, 점진적으로 주류교육으로의 통합이 필요하다.

2. 교육의 목적

장애인교육의 목적은 교육을 필요로 하는 모든 학생의 잠재능력을 최대한 활용하여 점자, 수어 등의 방법을 사용하고, 교육 및 취업알선을 하며, 실생활에 필요한 지식을 위한 교과교육과 언어치료, 물리치료, 작업치료 등 치료활동과 통합교육을 하는 것이다. 그리고 장애아동이 할 수 없는 일에 초점을 두지 않고 할 수 있는 능력을 강조하여 완전한 학습권의 보장이 이루어져야 한다.

3. 교육받을 권리

교육은 모든 사람에게 사회적응을 위한 필수적인 핵심과정으로 인간다운 삶을 실현하는 방법이며 개인에게 부여된 당연한 권리이다. 특히 장애인에게는 교육이 무엇보다 필요한 과정이며 당연한 권리와 의무이다.

1998년 '한국장애인인권헌장'에는 "장애인은 자신의 능력을 개발하기 위하여 장애유형과 정도에 따라 필요한 교육을 받을 권리를 가진다."라고 규정하고 있으며, 우리나라 「특수교육진흥법」에는 장애인에 대한 교육은 국가와 지자체의 의무사항이며, 특히 조기교육, 개별화교육, 통합교육 등을 할 것을 규정해 놓고 있다.

4. 특수교육

1) 교육의 개념

특수교육이란 특수교육 대상자의 교육적 요구를 충족시키기 위하여 특성에 적합한 교육과정 및 특수교육 관련 서비스를 말한다. 특수교육은 특수학교를 통한 특수교육, 일반학교에서의 특수학급을 통한 특수교육, 일반학교에서의 일반학급을 통한 통합교육, 순회교육, 유아특수교육으로 구분할 수 있으며 관련 서비스란 상담지원, 가족지원, 치료지원, 보조인력지원, 보조공학기기지원, 학습보조기기지원, 통학지원 및 정보접근지원 등 교육을 효율적으로 실시하기 위하여 제공되는 인적·물적 자원의 제공을 말한다.

특수교육은 특수교육 대상자들의 정상화라는 전제 아래 추진되고 있으며, 일반교육이 주도하는 특수교육과 완전통합교육이라는 과정을 통해 진행되고 있다.

특수교육이 국가적 교육체제로 성립된 것은 18~19세기이다. 초기에는 주로 청각이나 시각장애아동을 위한 교육기관이 설치되었는데, 1755년 최초의 농아학교가 프랑스에 설립되었고 이후 맹학교가 설립되어 오늘에 이르고 있다.

장애인에 대한 교육은 각 장애의 특성과 독특한 교육적 욕구에 맞는 특수교육이 주가 되며 생애주기적 교육이 실현되어야 한다.

2) 교육의 원리

원리로는 첫째, 통합교육을 지향한다. 둘째, 일반교육과 개별화교육을 병행한다. 셋째, 전문가의 협력체계를 갖춘다. 넷째, 필수교과와 보조서비스를 제공한다.

3) 교육의 목적

특수교육의 목적은 일반교육의 목적과 결코 다르지 않다. 단지 일반교육이 갖는 보편성 내에서 장애학생들의 특수성을 인정하고 고려하여 특수아동의 잠재성을 발굴하고 가능성 신장을 통한 자립적이고 인간다운 삶을 위한 기초능력을 배양하는 데 있다. 특수교육 대상 학생들의 인권보장과 사회정의의 실현을 위한 통합교육의 실현이 특수교육의 목표이다.

4) 교육의 대상

우리나라「장애인 등에 대한 특수교육법」제15조에서 특수교육의 대상자들은 장애가 있는 사람 중 특수교육을 필요로 하는 사람으로 평가되어 선정된 사람이다. 여기에는 시각장애, 청각장애, 지적장애, 지체장애, 정서・행동장애, 자폐성장애, 의사소통장애, 학습장애, 건강장애, 발달지체 그리고 기타 대통령이 정한 11개 분야가 있다.

5) 교육의 형태

특수교육은 특수학교, 특수학급(전일제, 시간제, 특별지도, 순회교육, 연계통합학급방식)의 형태로 운영된다. 유치원은 특수학교, 특수학교 유치부, 유치원 특수학급의 형태로 운영된다.

6) 교육의 전문 인력

특수교육을 위한 전문 인력에는 특수교사, 특별지도실교사, 순회교사, 말・언어병리사, 작업치료사, 물리치료사, 청능사, 교육심리사, 완전통합전문가, 교육치료사, 방향정위 및 이동전문가, 특수체육교사, 사회복지사, 재활상담사 등이 있다.

5. 통합교육

1) 개념

우리나라 장애인들에 대한 특수교육법에서는 통합교육을 특수교육 대상자가 일반학교에서 장애유형과 정도에 따라 차별을 받지 아니하고 또래와 함께 개개인의 교육적 요구에 적합한 교육을 받는 것을 의미한다. Kauffman 등(1975)의 정의에 따르면 장애아동을 일반학급에 물리적으로 통합하는 것 외에도 학문적(교수활동), 사회적으로 통합하는 것을 말한다. 우리나라「초・중등교육법」에서는 장애아동이 그들만의 특별한 시설과 공간(특수학교 등)이 아닌 비장애 또래 학생들과 같이 생활하고 교육받는 것으로 정의하면서 국가 및 지자체의 통합교육을 마련해야 할 의무를 규정하고 있다.

그렇지만 우리 사회는 아직까지 장애와 관련된 편견과 차별의식이 강해, 「장애인 등에 대한 특수교육법」과 「장애인 차별금지 및 권리구제 등에 관한 법률」이 제정되어 있기는 하지만 지역사회 주민의 의식은 부정적인 측면이 매우 강하다. 그러므로 현재 통합교육에 대한 희망은 계속 증가하고 있지만 통합교육을 위한 특수학급이 부족하고 교육과정별 학급설치도 불균형하다. 즉, 장애학생 통합교육의 기초 인프라(infras)인 일반학교 내 특수학급 설치율이 낮고, 초·중·고 과정별 특수학급 설치율이 불균형하여 연계성이 보장되지 않는다.

2) 배경과 원리

통합교육의 배경은 기회의 균등과 정상화를 통한 사회적 환경의 변화 시도를 들 수 있다. 최근의 이슈는 일반교육 주도와 완전통합으로 특수교육과 일반교육의 이중체계의 비효율성을 극복하기 위한 방법으로 특수교육과 일반교육을 단일화하여 완전통합, 즉 일반학급에서 일반교사와 특수교사가 협동하여 장애아동을 교육하는 방향으로 나아가는 것으로 오늘날 통합교육의 가속화에 기여하였다.

그리고 통합에서도 완성(integration)과 포함(inclusion)의 개념 구분이 중요한데, 이는 지금까지의 통합교육적 모델에 대한 이해와 향후 통합교육의 방향과도 핵심적 맥을 같이하는 중요한 과제이다. 'integration'은 학교생활의 일부를 통합하여 장애학생을 일반학교체제에 적응하도록 유도하는 부분통합의 개념이고, 'inclusion'은 장애의 다양성과 그에 따른 개별성을 인식 및 수용함과 동시에 일반학교의 체제개선을 통해 비로소 완전한 통합을 이루고자 하는 개념이다.

통합교육의 원리에는 특수교육 대상자를 무엇보다 일반학교의 일반학급 배치를 최우선으로 해야 하며, 그밖에 배제금지, 비차별적 평가, 최소 제한적 환경, 적법절차, 부모와 학생의 참여 등을 들 수 있다.

3) 유형과 방법

교사유형으로는 일반교사, 자문교사, 방문교사 등이 있다. 특수학급의 유형에는 전일제 특수학급, 시간제 특수학급, 특별지도, 순회지도가 있으며 교육방법은 개별화교육으로 이루어져야 한다.

4) 통합교육의 효과

(1) 장애아동에 대한 효과

첫째, 사회성 향상 차원에서 일반아동의 행동을 관찰하고 모방할 수 있고, 비장애아동과의 상호작용을 통한 바람직하지 못한 행동을 감소시킬 수 있으며 사회적으로 수용된 다양한 행동을 배울 수 있다. 둘째, 다양한 어휘와 바른 언어 표현방식을 배울 수 있으며, 잠재력의 발휘 기회 차원에서 일반아동과 정상적인 생활을 하면서 자신의 숨겨진 잠재력을 발견하고 이를 발휘할 수 있는 기회를 가질 수 있다. 셋째, 자아존중감 발달에 긍정적인 영향을 미치고, 학습・태도에서의 긍정적 향상과 전인적 발달에 긍정적인 영향을 미친다.

(2) 일반아동에 대한 효과

첫째, 인간의 다양성과 존엄성을 인식할 수 있으며, 다른 사람을 배려하는 마음과 태도를 가진다. 둘째, 자신의 건강함에 대한 감사의 마음을 가지고, 남을 도울 기회를 가져 다양한 사회적 행동을 학습할 기회를 가진다. 셋째, 인성교육에 도움이 되고, 장애인에 대한 두려움이나 오해를 감소시켜 인식개선에 도움이 된다.

5) 통합교육의 성공요인

전통적인 장애유형에서 탈피한 교육적인 분류가 이루어져야 하며 다음과 같은 요인이 필수적이다. 첫째, 일반교사와 비장애 학부모의 이해와 인식개선이 형성되어야 하고 또한 통합교육에 대한 신념과 의지가 확고하여야 한다. 둘째, 가정・학교・지역사회의 지원과 협력적인 관계형성이 필수적이고, 조기통합교육과 교육과정의 통합이 필요하다. 셋째, 직업과 연계된 통합교육이 이루어져야 하며 체계적인 전문 인력의 양성과 재정적 지원이 확대되어야 한다. 넷째, 일반학교의 질적인 재구조화가 이루어져야 하고, 특수교육지원센터의 확충이 필요하며 편의시설 확충이 확대되어야 한다.

6) 제6차 장애인 특수교육발전 5개년 계획(2023~2027)

제6차 장애인 특수교육발전 5개년 계획의 목표는 다음과 같다.

첫째, 장애영유아 교육 지원 확대와 학생 중심 특수교육 지원체계 강화 및 특수학교(급) 다양화로 교육 선택권을 확대한다. 둘째, 협력 기반을 통한 통합교육 여건을 조성하고, 학교 구성원의 통합교육 역량 강화와 일상적 장애공감문화 정착을 마련한다. 셋째, 에듀테크 활용 맞춤형 교육과정 운영과 장애유형·정도에 따른 교육 지원 확대에 있다. 넷째, 지역사회 연계 진로·직업교육 다양화 및 장애인 고등교육 지원체계 강화와 장애인 평생교육 활성화에 기반을 조성하는 데 있다.

6. 장애인교육의 방향

1) 특수교육의 방향

장애인 특수교육의 방향으로 제6차 장애인 특수교육발전 5개년 계획(2023~2027)에서 모두가 존중받는 교육여건을 조성해서 국가책임 맞춤형 교육을 실현하고 장애인과 비장애인의 교육의 격차를 완화하고 특수교육 수요자가 선택할 수 있는 다양한 교육환경을 조성하는 목표이다.

최근 장애학생 확대 추이에 따라 특수학교(급)의 증가로 과밀학급은 점차 줄어들고는 있지만, 여전히 높은 상황이다. 특수교사 배치율은 향상되었지만, 순회교육을 제공하는 교사는 지속적으로 증가하고 있는 상황이다.

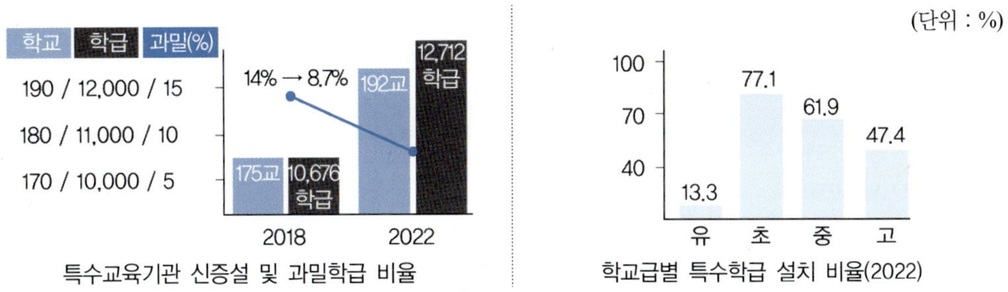

그림 7-1 특수교육기관 과밀학급 및 특수학급 설치 비율

출처: 교육부, 장애인특수교육발전 5개년 계획, 2023.

2) 특수교육 추진의 주요 과제

특수교육발전 5개년 계획에서 추진하는 주요 과제 4가지의 내용은 다음과 같다.

(1) 학생 중심 특수교육 전달체계 내실화

자녀의 장애(위험) 발견 즉시 보호자에게 특수교육 정보 안내체계 마련과 장애(위험) 자녀의 양육정보를 제공하고, 부모님들을 위한 양육자료 개발 및 보급 사이트 개설로 장애영유아부터 성인까지 양육과 교육을 위한 정보를 한눈에 살펴볼 수 있다. 그리고 학생(보호자) 중심 맞춤형 지원을 위한 특수교육지원센터 허브기능을 강화하여 전문 인력을 상시 지원하는 체계를 마련하고, 학교현장의 필요에 따라 특수교육 분야별 세분화된 지원을 확대하고 영아학급을 확대하고 지역별 우수사례를 발굴・보급하며, 특수학교(급) 운영형태의 다양화로 교육 수요자 선택권 확대를 위해 가장 필요한 것은 인프라(infras) 확충을 통해 교육현장을 효율적・체계적으로 지원할 수 있도록 특수교육지원센터의 물리적 환경개선 및 전담 인력 확충이다. 뿐만 아니라, 지역사회 기반의 체계적인 특수교육 지원을 위한 특수교육지원센터 시설을 설비하고 특수교육 전공 전담 장학사 등의 배치를 확대한다.

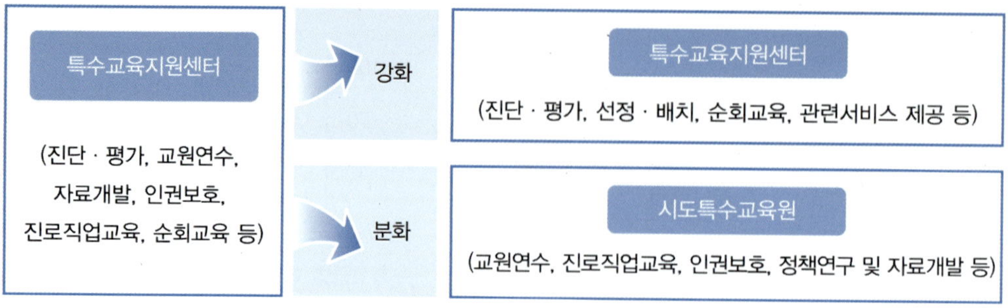

그림 7-2 특수교육지원센터-특수교육원 역할 전문화 사례

출처: 교육부, 장애인특수교육발전 5개년 계획, 2023.

(2) 학생 중심 통합교육 지원 강화

초·중등학교용 '학교장애인식지수' 활용으로 맞춤형 장애이해교육을 실시하고 장애인식 수준을 진단하기 위해, 장애이해교육의 내실화를 위해 학생과 교원의 장애인식 수준을 진단할 수 있는 '학교장애인식지수'를 개발하고 활용하게 되며, '정다운학교'[4] 대상, '학교장애인식지수'를 시범 적용하고, 활용성 제고를 위한 동형검사 개발 및 온라인 검사 체계를 구축한다.

또한 예비·일반·특수교사의 특수교육 역량 강화로 통합교육 여건을 개선하여 통합교육 역량 제고를 위해 교원양성기관 교직 과목에 통합교육 관련 내용을 포함하고, 특수학급 교육실습 참여 기회를 확대한다. 그리고 일상적 장애공감문화 정착으로 서로 존중하는 교육환경을 조성하여 장애이해교육을 위해 미래형 장애이해교육이 내실화되고 디지털 기반 '장애이해체험존'과 직접 체험하는 '장애이해체험관' 설치가 확대된다.

특히, 다양한 상황과 장면에서 실시간 학습이 가능한 메타버스 활용 '장애이해체험존'을 개발하고, 유니버설 디자인을 적용한 체험형 '무장애 장애이해체험관'[5]을 운영한다.

(3) 개별 맞춤형 특수교육 확대

급변하는 미래사회 에듀테크(Edtech) 기반 교육환경을 조성하여 장애학생을 위한 맞

4) 정다운학교는 통합교육 협력모델이다.
5) 무장애 장애이해체험관은 무장애시설, 제품, 재활보조 공학기기 등을 경험하고 사용할 수 있는 체험관이다.

춤형 디지털 교육이 확대되어 AI · 에듀테크를 활용하여 맞춤형 학습을 제공할 수 있는 교육환경을 조성하고, 장애유형 및 특성을 고려한 AI형 에듀테크 및 실감형 콘텐츠를 보급한다. 뿐만 아니라, 실감형 콘텐츠 체험교실과 체험버스 운영 확대로 보다 실제적인 특수교육이 될 수 있도록 지원한다.

희망학교 소프트웨어 교실(민간협업 사례)

- (대상) 전국 특수학교
- (프로그램) SW개발, ICT, 체험형 프로그램
- (내용)
  ① 실생활에 필요한 로봇과 SW 개발(코딩)
  ② 다양한 디지털기기 활용법
  ③ 스마트 앱 활용 SNS 소통 능력 강화

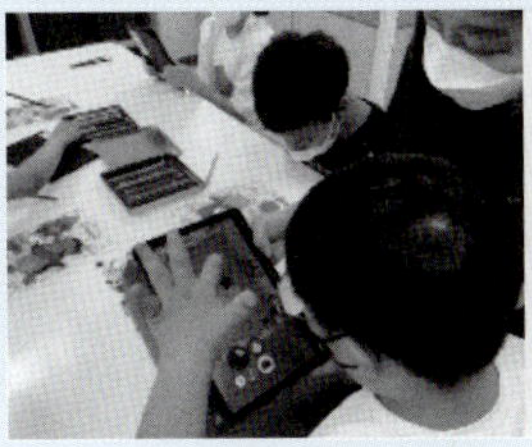
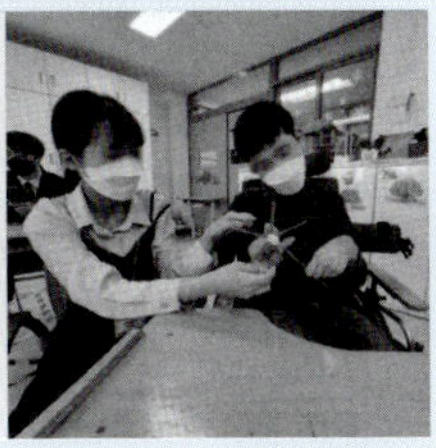

출처: 교육부, 장애인특수교육발전 5개년 계획, 2023.

지능형 로봇을 활용한 체험형 교육도 확대한다. 지역 · 민간 인프라를 활용하여 드론 · 로봇 등 체험형 교육 프로그램을 제공하고, 지역 SW교육기관 방문, 찾아가는 교육 프로그램, 장애학생 SW대회 등 다양한 소프트웨어 교육을 지원하며 특수교육 플랫폼(열린 배움터) 온 · 오프라인 융합수업 등 특수교육 수업 혁신을 위해 장애학생 맞춤형 교육 플랫폼을 운영하고 있다.

장단기 결석이 불가피한 건강장애학생의 학습권 보장을 위해 맞춤형 원격교육 플랫폼을 운영한다. 맞춤형 원격교육 플랫폼은 건강장애학생의 학습데이터를 활용하여 군집의 특성, 로그인 패턴, 학습유형, 학습수준 등의 정보를 시각적으로 제공하는 고유 학습 플랫폼이다. 장애학생의 특별한 교육적 요구를 고려한 두텁고 세심한 지원을 통해 실시간 음성인식과 자막지원이 가능하며, 개별 화상수업 등의 기능을 지원하는 교육 플랫폼이다.

또한 장애유형과 정도에 따라 학교 내 의료적 지원도 이루어진다. 부처 간 협력을 통해 시도(단위학교)와 의료기관 간 협력체계를 강화하고, 학교 내 의료적 지원 여건을 마련한다. 특히 의료 관련 전문 인력풀로 교직원, 학부모 대상 학생 건강관리 교육 및 교내 의료인력 대상 장애이해교육 등 전문 연수를 운영한다.

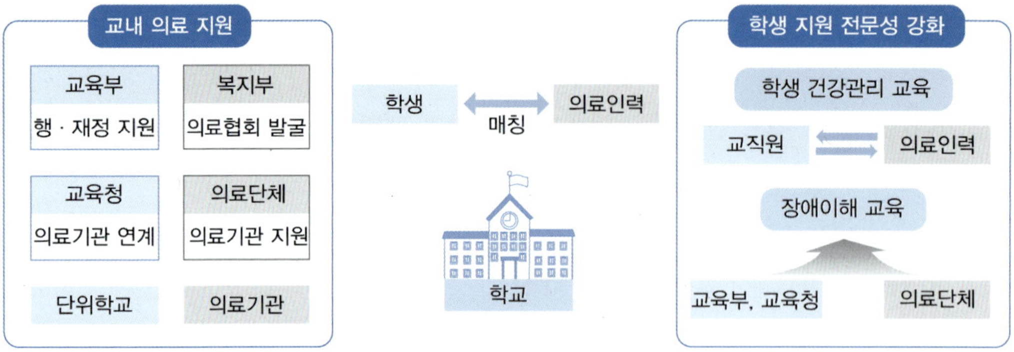

그림 7-3 의료적 지원체계

출처: 교육부, 장애인특수교육발전 5개년 계획, 2023.

지역사회 연계 전공과 운영으로 장애학생 사회참여 기회를 확대하여 장애학생들이 졸업 이후 받는 교육기회 또한 확대하고 특수학교 전공과 중심에서 대학 연계 전공과, 평생교육 프로그램 참여 등 교육 기회를 다양화하며 특히, 지역사회의 다양한 사업체, 대학 내 인적 · 물적 자원을 활용한 학생 맞춤형 직무 체험 프로그램을 운영하여 안정적인 취업 전환을 지원한다. 관계부처(기관)도 적극적으로 협력하고, 취업지원을 확대할 계획으로 장애학생 취업지원 서비스를 적시 제공하고, 이력 관리를 위해 범부처(교육부 - 고용노동부 - 보건복지부) 장애학생 진로취업 시스템을 고도화한다.

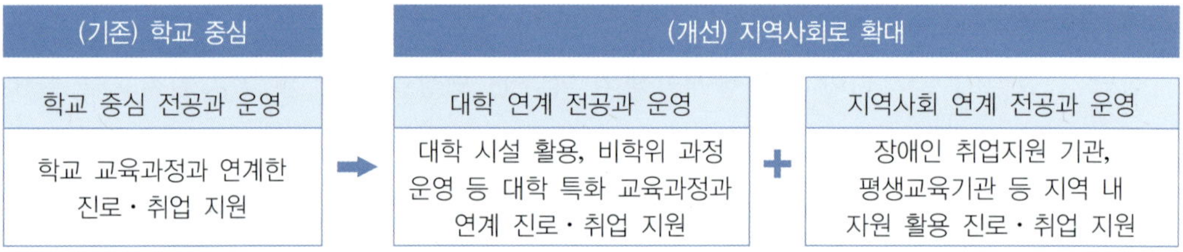

그림 7-4 학교졸업 이후 교육기회 확대를 위한 전공과 운영 다양화

출처: 교육부, 장애인특수교육발전 5개년 계획, 2023.

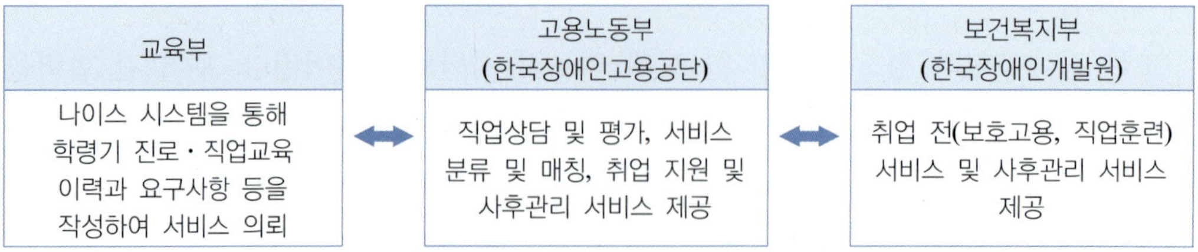

그림 7-5 각 기관별 역할 및 기능

출처: 교육부, 장애인특수교육발전 5개년 계획, 2023.

(4) 장애인 고등 · 평생교육 기회확대

중앙단위 장애인 고등교육지원센터 운영으로 대학(원)생 통합적 지원체계 마련하여 장애인고등교육지원센터는 장애대학(원)생에 대한 통합적 지원을 위해 만들어진 중앙단위 교육지원센터이다. 장애학생 교육복지실태조사 등 다양한 기능을 갖추고 있다. 또한, 장애학생 고등교육 기회 확대 및 학습권 보장을 위해 교육과정 모델을 개발하고 있으며, 문화예술 특성화 대학 발굴 등 수요자 중심으로 점차 교육 기회를 확대할 예정이다.

대학별 발달장애인 대상 교육과정 운영 사례

- 나사렛대 - 재활자립학부: 사회성 증진 및 자립 능력 향상을 목표로 기초준비교육 - 직업탐색 - 직무기술 훈련 - 취업 4년 학위과정으로 운영 중('09.~)
- 부산대 - PUN 꿈나래대학: 공통교육(자기관리, 대인관계, 자립기술 등), 문화예술교육, 진로직업교육 중심 교육과정으로 3년 비학위 과정으로 운영('19.~)

출처: 교육부, 장애인특수교육발전 5개년 계획, 2023.

장애인 평생학습도시를 100개까지 확대하여 지역별 기반 조성 및 접근성을 제고하여 장애인 평생학습도시를 위해 지역단위 협력도 필요하여 지역별 우수사례 발굴 등을 통해 지역단위 활성화 방안으로, 장애인 학습자에게 평생교육이용권을 지원(2023년 3,000명)하여 학습자 수요에 맞는 양질의 평생교육 프로그램 제공과 장애학습자가 원하는 평생교육 프로그램을 자기주도적으로 이수할 수 있도록 평생교육이용권을 지원하고, 사용기관을 확대할 방안이다. 또한, 장애유형 및 정도를 고려한 프로그램을 개발하고, 문해교육 콘텐츠를 개발, 생애주기별 지원을 통해 아낌없는 평생교육과정을 보급할 예정이다.

장애인 평생학습도시 운영 사례

- 장애인 사회통합: 마을별 장애공감 교육 프로그램(대구 달서구), 장애인 "다가치(다같이)" 문화예술 동아리 육성(세종시), 발달장애인 1:1 스마트폰 교실(부산 수영구)
- 장애인 역량 강화: 청년기업 + 장애인 공감을 꿈꾸다(취 · 창업 프로그램)(충북 청주시), 컴퓨터 기초반 / DIAT 자격증반(경기 김포시)

출처: 교육부, 장애인특수교육발전 5개년 계획, 2023.

7. 교육재활의 문제점 및 개선방안

1) 문제점

장애인교육의 문제점으로는 첫째, 장애아동의 교육기회 부족과 일반학급에서 특수교육의 지원이 부족하다. 둘째, 장애인에 대한 고등교육과 성인교육이 미비하며, 특수교육기관과 특수교육시스템이 시대적 변화에 대응하지 못하고 있다. 셋째, 특수교육 공학기기의 개발과 보급이 부족하고 전문 인력이 부족하다.

2) 개선점

장애인교육의 개선점으로는 첫째, 완전취학과 완전학습권을 보장해야 하고 통합교육이 지속적으로 확대되어야 한다. 둘째, 교원의 책무성 및 전문성 강화가 필요하고, 조기교육, 고등교육, 전환교육, 평생교육의 기회가 확대되어야 한다. 셋째, 개별화교육이 실시되어야 하며, 부모의 참여가 필요하다. 넷째, 일반학교의 장애인 편의시설 확충이 필요하다.

3) 장애인교육 패러다임의 변화

장애인교육 패러다임(paradigm)의 변화가 필요하다. 그 내용은 다음과 같이 요약 정리할 수 있다.

구분	과거 교육	현재 교육
정의	재활보조기구 사용, 교정, 직업보도	특성에 맞는 교육과정, 매체를 통한 교과과정, 치료교육, 직업교육
목적	지식과 기능교육	자주적 생활능력 향상
방법	분리 및 부분통합	분기교육, 통합교육, 순회교육, 개별화교육, 전환교육, 보호자교육
실시기관	특수학교, 특수학급	특수학교, 특수학급, 일반학급, 병원, 복지시설, 가정 등
보호자 참여	없음	진단 · 평가과정, 교육계획 수립 시 보호자 참여

서비스 개시	초등학교	출생부터 시작
프로그램	특수 제작된 프로그램	일반교육프로그램
서비스 제공	분리된 기관에서 제공	지역사회 내의 일반기관에서 제공
시설활용	별도의 대규모시설 활용	기존의 다양한 시설, 기관이 통합적으로 활용
직업교육	장애교육과정의 적용과 직업경험	지역사회프로그램의 활용과 직업경험
사회교육 참여	별도의 교육, 직업훈련	고등교육기관이나 직업훈련프로그램의 일반훈련

제4절 심리재활

1. 의의

심리재활은 장애인 자신과 그 가족 및 주위 사람들의 심리적 문제, 재활과정 중에 갖는 욕구, 정서, 관심, 가치관, 태도 등과 같은 심리적 요인에 접근하여 그들의 심리적 향상을 도모하는 것으로 예전의 의료적·교육적·직업적 재활 위주의 관심에서 벗어나 현재는 장애인의 전인적 재활에 역점을 두면서 그 중요성이 높아진 분야이다.

인간의 신체와 정신은 상호작용하기 때문에 신체적 장애는 곧 정신에 영향을 미치고 가족이나 사회에까지 파급된다. 특히 신체적 장애로 인한 인간관계의 긴장, 불안감, 열등감, 욕구불만, 자존심 손상, 무기력, 좌절, 거부 등을 가지며 자신의 능력을 비관하고 이로 인해 재활의욕을 상실하게 되는 것을 방지하고 새로운 가능성을 찾도록 도와 장애를 현실적으로 극복하고 사회적 기능을 다할 수 있도록 하는 것이 목표이다.

심리적으로 재활이 되었다는 것은 장애인이 자신의 장애를 현실적으로 극복하고 자신의 사회적 기능을 다할 수 있음을 의미한다. 장애인이 부정적 심리상태에서 벗어나 건전한 상태로 회복되기 위해서는 장애인 본인뿐만 아니라 가족과 주위 사람들에 대한 심리적 원조가 필요하다.

심리적 재활과정에는 각종 심리검사, 인성검사, 약물요법 등의 임상심리요법이 사용된다. 심리적 재활에 관여하는 전문가는 인간 성장과 발달에 대한 이해를 바탕으로 사회적 · 직업적 적응에 영향을 주는 정신적 상태에 대한 이해, 바람직한 상담관계 수립 능력과 상담기술 등이 필요하다. 심리적 재활은 장애인을 대상으로 하여 행해지는 것이 아니라 장애인과 더불어 행하는 것이므로 장애인 자신이 재활에 대한 욕구와 의지를 가지고 협력하지 않으면 재활의 성과를 기대하기 어렵다.

2. 장애의 적응단계(Shontz, 1965)

① **충격**: 장애가 생겼을 때 처음 나타나는 심리적 변화로, 이때 상담자는 내담자와 관계를 설정하는 단계이다.

② **실감**: 자신이 처해 있는 현실과 장애의 심각성에 대해 지각하는 단계이다. 이때는 내담자를 이해하는 방식으로 수용하고 주목한다.

③ **방어적 은둔**: 장애에 대한 심각성이나 존재를 거부함으로써 그에 따른 위협을 방어한다. 이때는 장애에 의해 초래된 문제점과 제한점에 관해 충분한 정보를 알려준다.

④ **승인**: 장애의 본질과 그에 따른 제한점에 대해 정확한 이해를 하고 받아들인다. 이때는 내담자의 감정에 이입하고 앞으로의 계획을 같이 세운다.

⑤ **적응**: 본인의 제한점에 대해 현실적으로 인지하고 본인의 잠재능력을 사용하기 위해 심리적 준비를 하는 단계이다. 이때는 적응의 실제적인 문제를 내담자가 스스로 해결하도록 돕는다.

3. 상담전략과 심리치료

1) 심리재활의 과정

심리재활의 과정은 크게 검사, 상담, 심리치료로 나누어진다.

첫째, 심리검사는 심리검사도구를 통해 개인의 다양한 심리적 특성을 측정하며 진단, 분류, 상담, 치료 등에 유용한 정보를 얻고자 하는 과정이다. 이때 개인의 행동방식을 객관적으로 표준화된 방식으로 측정하는데, 여기에는 지능검사와 성격검사가 있다. 지능검사는 인간의 감각, 지각, 사고, 판단력 등 일련의 정신 기능을 측정하며 성격검사는 성격의 특성과 심리 선호적 경향의 일부를 과학적으로 측정 · 평가함으로써 학업이나 진학 및 취업, 성격지도와 교정 등에 기초자료로 사용하며 피검사자의 자신에 대한 객관적 이해를 높이는 것을 지원하기 위함이다.

둘째, 심리상담은 장애인과 그 가족이 가진 심리적 문제를 수용하고 문제해결을 위해 지역사회자원을 연결시킴으로써 문제해결을 돕도록 지지하는 과정으로, 흔히 개별상담, 집단상담, 전화상담 등을 통해 이루어진다.

셋째, 심리치료는 심리재활전문가와 치료대상자의 의도적 관계형성으로 정서적 문제를 심리학적 방법으로 치료하는 것으로, 심층 분석적 문제해결과 무의식적 동기의 통찰에 중점을 둔다. 방법은 주로 음악치료, 미술치료, 놀이치료, 가족치료 등이 있으며, 최근에는 동물매개치료, 원예치료, 독서치료 등의 방법도 활용되고 있다.

2) 상담자의 역할

상담자의 역할은 첫째, 내담자와 동일화되어 일체감을 가지고 진정으로 돕고 내담자의 있는 그대로의 모습을 인정하고 받아들인다. 둘째, 상담자는 자기의 주관이나 견해를 유지함과 동시에 내담자의 사고 속으로 이입하기 위해 노력하며, 상담자 스스로가 자기 문제를 이해하고 정리하도록 돕는다. 셋째, 내담자의 생각이나 감정 등에 암시되었거나 내포된 의미를 명확하게 부각시켜 말해 주어야 하고 내담자에 대한 새로운 판단개념을 제공함으로써 자기문제에 대한 이해를 돕는다.

3) 심리재활전문가의 역할

심리재활가의 역할은 첫째, 인간 성장 발달에 대한 이해와 인체의 해부학적 · 생리학적 이해가 필요하며, 장애상태의 이해와 그로 인한 직업적 · 사회적 영향에 대한 이해가 필요하다. 둘째, 의료적 치료에 대한 이해가 필요하고 상담의 바람직한 관계 수립능력과 상담기술을 익힌다. 셋째, 지역사회자원 발견능력과 활용능력이 있어야 한다.

4) 부모의 태도

부모는 전문가를 믿고 무엇을 해주어야 하는가를 파악해야 하며, 다른 자녀와 동일하게 대하고 모든 가족의 태도가 일관성 있게 한다.

4. 예술적 접근

1) 음악치료

음악 감상, 음악과 신체의 율동, 악기, 음성, 신체의 적극적 표현, 악기연주, 노래 부르기 등의 방법으로 긴장이완, 정신적 안정, 환자와 가족을 위한 정서지지 그리고 감정표현을 위한 수단으로 활용한다.

2) 무용치료

신체의 통합, 행동에 대한 통찰력, 사회적 관계형성에 효과가 있으며, 특히 움직임을 통해 무의식 속 개인의 갈등요인을 표출해 내어 심리적 정화를 통해 정서적 안정을 얻을 수 있다.

3) 레크리에이션 치료

지각운동 기능, 리듬감, 눈과 손의 협응운동 기능 등을 높이는 데 유용한 치료방법으로 기능이나 행동수정을 목적으로 하며, 스트레스 해소, 리더십과 협동심, 적극적인 생활을 하는 데 효과적이다.

4) 심리극 치료

내적 자아와 개인에 초점을 맞춘 치료법으로 거울기법, 역할전환, 이중자아 등 300여 가지 방법이 있다. 심리극을 통해 대인관계 문제해결력 향상, 무한한 상상력과 협동 그리고 의사소통의 방향을 제시하게 하며, 추상적 사고를 촉진시키고 구어 표현능력의 향상과 자발적인 대화를 유도할 수 있다.

5) 놀이치료

근육과 신체부분의 발달과 감정의 표현으로 쌓인 에너지를 발산하고 욕구에 대한 배출구를 제공하여 부정적인 인간의 마음을 치유하고, 창조성의 개발과 함께 교육적인 기능이 있다. 그리고 자기통찰의 기능, 사회적 관계를 확립하는 방법, 남녀 역할, 도덕성을 배우는 데 도움이 된다.

6) 미술치료

내재되어 있는 기본적인 창의적 욕구에 만족을 주며 이것은 곧 지적·신체적 발달을 돕고 미술에서의 성공적인 경험은 자신감을 주며 창의성을 길러준다. 그리고 손을 이용하여 섬세한 작업과 근육조절에 도움이 되고 자신의 욕구를 스스로 소화해 낼 수 있다. 또한 여러 가지 감각을 활용하고 통합하는 훈련의 기회를 가지며, 정서적 안정과 사회적 안정에 도움을 주며, 자신감을 높일 수 있고 환경에의 적응력을 높여주어 심리적 안정과 정서발달에 도움이 된다.

7) 원예치료

관찰력이 향상되며 자기의 맡은 역할을 인지하며 협동하는 자세를 기른다. 또한 근육을 사용함으로써 대뇌자극뿐만 아니라 손의 기능을 회복시키고 정서에도 효과적이다.

8) 독서치료

책을 통해 정서적·사회적 부적응을 치료하는 것으로 새로운 사실을 배우고 비슷한 문제를 성공적으로 극복한 극중 인물을 통해 그의 문제해결에 도움을 주며 문제들에 대해 다르게 생각하는 방법을 배울 수 있다.

제5절 사회재활

1. 의의

사회재활은 장애인이 사회생활이나 가정생활에 적응하도록 원조하는 전문적 과정이다. 즉, 장애인도 인간으로서 존엄과 권리를 가지고 완전참가와 평등의 이념에 입각하여 아무런 차별과 불편을 느끼지 않고 그가 속한 주류문화를 공유하면서 사회생활을 충분히 영위하도록 국민적인 수용적 태도와 사회적 인식을 개선하는 것을 말한다.

장애인이 의학적으로나 직업적으로 문제가 해결되었다 하더라도 가정이나 사회에 적응하려면 적응에 지장을 주는 물리적 · 경제적 · 사회적 · 심리적 문제들을 해결해야 한다. 사회적 재활은 공동체를 이루며 서로 더불어 살아간다는 의미이다. 그러므로 장애인의 재활목표는 장애인을 사회로부터 격리시키지 않고 사회의 일원으로 삶을 영위할 수 있도록 하는 데 있다.

그리고 장애인이 스스로 자기 문제를 해결하는 데 사회자원을 활용할 수 있도록 지원해야 하는데, 예를 들면 소득보장, 편의시설 확충, 장애에 대한 사회적 편견의 불식, 사회적 지원망의 구축, 여가활동이나 스포츠의 활성화를 필요로 한다. 따라서 사회재활을 위해서는 법률적 환경, 행정적 환경, 경제적 환경, 물리적 환경, 문화적 환경 등이 정비되어야 한다.

2. 목적

사회재활서비스의 목적은 장애인이 스스로 자기문제를 이해하고 그 문제를 해결하는 데 주위의 자원을 활용할 수 있도록 돕는 것이다. 이러한 스스로를 돕는 과정에서 나타나는 장벽들을 장애인 개인적으로, 행정적으로 또는 입법적으로 제거해 나가는 것이 사회적 재활서비스의 과업이라고 할 수 있다. Wright(1980)는 사회재활의 목적을 장애인을 도와 가정, 지역사회, 직장의 요구에 적응할 수 있게 하여 사회에 통합 또는 재통합하는 데 있다고 정의하고 있다.

성인기의 발달과업은 육체적 성숙뿐만 아니라 사회·문화적 압력 또는 개인의 포부와 가치관과 관련하여 독립된 개체로써 가정과 직업생활을 시작하고 생활수준을 확립하고 유지하며 자녀를 양육하고 변화하는 성인생활의 요구에 적응하는 것을 특징으로 하고 있다. 이를 위한 사회재활은 장애인에게 장애에 대한 의료적 치료와 교육 그리고 그들이 갖고 있는 사회심리적 문제, 즉 열등감, 소외감, 좌절감 등을 해소하도록 도와 무엇인가 할 수 있도록 하는 또 다른 목적을 가지고 있다(이청자, 1997).

또한, Rusk(1968)는 "비록 신체적 질환이 치료되었다 할지라도 환자가 자기 일상생활과 일에 적응하지 못한다면 그 치료가 완전치 못한 것이라는 것을 오늘날 의료인들은 받아들이게 되었다."고 말하고 있다. Kessler(1968)는 "재활이란 희망의 귀중한 선물이고 이 희망은 행동으로 변한다."라고 말했다. McGowan과 Porter(1967)는 신체장애의 심리적 영향을 다음과 같이 설명하고 있다.

불구 자체가 직접적으로 영향을 미치는 경우(예: 중추신경계통의 손상으로 인한 이상행동)는 장애가 자기 불구에 대한 관점에서 오는 심리적 영향으로 첫째, 불구 발생 이전의 경험으로 가족과 친구들에게서 취급되어 온 경험이다. 둘째, 자기 불구에 대한 지식으로 가족과 친구들에게서 취급되어 온 경험이다. 셋째, 독립과 안정을 되찾고자 하는 희망, 장애인에 대한 일반인들의 태도에서 오는 영향 등을 말한다.

이러한 모든 사회생활이나 가정생활에 직면하는 문제들을 해결하여 개인의 사회적응을 성취하는 것이 사회재활의 주된 목적이 된다. 장애인 재활의 종합적인 측면이며, 스스로 문제해결을 위한 자원을 활용하는 데 초점을 둔다. 즉, 사회재활의 목적은 장애인의 삶에 있어서 물리적, 사회적, 심리적 환경의 제반조건을 만족하게 하는 것이다.

3. 사회재활의 필요성

국제연합(UN)의 장애인의 권리에 관한 선언에 보면 장애인은 보장구를 포함한 의학적, 심리학적 및 기능적인 치료를 받아, 의학적, 사회적 재활뿐만 아니라, 교육 및 훈련, 재활간호, 카운슬링, 직업알선 등 기타 장애인의 능력과 기능을 최대한으로 개발할 수 있는 재활서비스를 받을 권리를 가진다고 하였다. 또한, 국제 장애인 재활협회

(Rehabilitation International)는 1970년대를 재활의 원년으로 정하여, 장애인들에게 실제적으로 도움이 되는 원조를 하려면, 의학적인 치료뿐만 아니라, 특수교육, 직업재활, 사회사업을 실시할 수 있는 재활시설이 필요하다고 강조하였다.

장애인이 심리적으로 자기의 장애를 현실적으로 받아들여 더 이상 장애된 상태에 집착하지 않고 새로운 자기인생의 가능성을 찾아 이를 승화시켜 가도록 심리적으로 돕고 장애인의 사회적응을 돕기 위해 물리적 환경을 개선해 나가는 것들이 장애인의 재활과정에 반드시 있어야 한다. 이를 위해 전문 사회재활서비스가 필요하고 사회의 장애인 수용태도의 적극화를 위해서는 다양한 사회생활을 통한 사회계몽이나 입법이 필요하다. 이 법률로서 공공건물에 건축물상의 장애물을 제거시킨다거나 공공교통시설에 장애인의 승하차를 위해 특별한 배려를 함에 의해 장애인의 사회적 기능을 좀 더 발휘할 수 있게 된다. 장애인의 여가 선용 문제도 사회적 재활서비스의 중요한 부분이 된다. 여름캠프나 수영강습, 각종 취미 클럽활동의 기회를 부여하는 것은 장애인의 재활의욕을 일으키고 나아가 재활의욕을 지속시킨다.

장애인이 오락, 종교, 여가생활, 스포츠, 대중문화 등 많은 영역에서 일반사회로부터 분리되어 있는 상태에서 장애인이 전인격 측면의 사회적, 심리적 요인장애로 수반되는 사회적, 심리적 문제를 장애인 스스로 인식하고 해결할 수 있도록 돕는 일이 사회재활서비스라고 볼 수 있다. 이들의 대인관계와 의사소통 방식, 가치관 형성 등 여러 측면에서 장애인과 장애를 지니지 않은 사람들 사이의 간격을 좁히려는 노력이 필요하고 이러한 서비스의 결과 장애인이 자기의 장애를 현실적으로 극복하고 사회적 기능을 다할 수 있을 때 사회적으로 재활되었다고 볼 수 있다.

미국 건강 · 교육 · 복지성(Department of Health, Education and Welfare, HEW, 1974)은 재활상담자로서 역할 수행에 필요한 지식을 다음과 같이 정리하고 있다.

첫째, 인간 성장 발달에 관한 이해, 인체의 해부학적 이해와 생리학적 이해와 사회적, 직업적 적응에 영향을 주는 정신적, 정서적 상태에 대한 이해이다.

둘째, 불구상태의 명확한 이해와 그 불구 상태가 미치는 직업적, 사회적 영향과 의료적 치료에 대한 이해, 상담관계의 바람직한 관계의 수립 능력 및 상담 기술, 직업분석력, 적성, 기술, 흥미, 교육적 배경, 상호관련성에 대한 이해이다.

셋째, 지역사회 자원 활용력, 지역사회 조직에 대한 지식과 지역사회 재활사업의 필요 분야의 발전과 그 해결을 위한 자원 발견력 및 사례연구 기록평가보고서에 대한 지식, 재활행정에 대한 이해 등이다.

4. 사회재활의 방법

1) 개별사회사업

(1) 사정의 과정

장애인과 부모 또는 서비스 의뢰인이 서비스기관에 처음 찾아왔을 때 대개의 경우 초기면접을 한 후 각각의 사정과정을 거쳐 서비스를 이용하게 된다. 일반적으로 사정의 과정은 다음과 같다.

① **인테이크 단계**: 내담자의 욕구를 파악하고 기관의 역할과 기능을 정립하며 관련 서비스의 파악과 진단과정에 대한 정보를 제공하는 단계이다.

② **사회복지조사**(내담자 조사): 내담자의 개인정보, 생육사, 건강상태, 가정환경, 학교생활 등과 주위환경에 대한 조사를 하는 단계이다.

③ **진단**: 표준화된 검사도구를 사용하여 수집된 정보를 종합하고 해석하는 단계이다.

④ **사회치료**: 서비스 계획을 수립하고 실시하는 단계이다.

⑤ **평가**: 이제까지의 과정을 모니터링하고 기록하며 추후서비스 계획에 이용하기 위한 평가를 실시하는 단계이다.

(2) 재활과정

사회재활 과정은 다음과 같다. 사례파악 ⇨ 선별검사 ⇨ 진단 ⇨ 판정 ⇨ 서비스 제공 ⇨ 평가의 순으로 이루어진다.

2) 집단사회사업모델

집단사회사업모델은 다음과 같은 내용으로 이루어진다.

종류	내용
사회적 목표모델	집단활동을 통한 사회적 의식, 사회적 책임의 목적 달성
치료모델	집단과 개인의 행동변화를 위해 전문가의 치료계획에 따라 치료적 집단활동을 받는다.
상호작용모델	대인관계의 향상
집단프로그램 개발	장애정도, 발달, 연령 등을 고려하여 운동기능 발휘

3) 지역사회복지사업모델

지역사회사업모델은 다음과 같은 내용으로 이루어진다.

형태	내용
지역사회조직	지역사회 주민으로 구성된 조직체를 통하여 주민의 욕구가 표현되고 목표가 설정되고 사업이 추진되며, 여기서 지역사회 자원이 동원된다.
지역사회개발	경제발전에 초점을 둔 것으로 지역사회자원을 개발하고 새로운 프로그램을 계획한다.
지역사회관계	각종 기능적 공동체(협의회 등)가 그 활동을 위해 주민의 관심과 지지를 얻도록 홍보
사회행동	조직적인 사회복지활동이 사회제도와 정책을 수립·수정·유지하도록 하는 것, 즉 사회복지 목적달성을 위해 합법적이고 조직적인 여론의 환기와 입법조치, 사회운동을 하는 것

4) 지역사회 중심 재활

지역사회 중심 재활이란 장애인의 재활과 사회통합을 달성하기 위하여 장애인 자신과 그 가족 및 지역사회의 인적·물적 자원을 가동·활용하고 지역사회를 기초로 하여 채택된 모든 방법을 포함하는 것으로, 1981년 세계보건기구의 중요한 재활정책으로 권장되어 온 재활방법이다. 이러한 분야는 지역사회구성원들의 참여를 통해 이루어지며, 장애인의 재활은 장애인의 생활기점인 가정과 지역사회를 중심으로 그 안에서 이루어지는 것이 바람직하다고 판단하고, 이를 위해서는 장애인 본인과 가족 그리고 이웃과 지역사회 주민이 서로 협조하고 협력해야 한다는 점이 강조된다. 지역사회 중심 재활에서 필요한 기술적인 부분은 간단하지만 필수적인 기술과 전문적이며 복잡한 기술로 나누어진다. 지역사회 중심 재활은 지역사회 주민이면 누구나 실천할 수 있는 간단하지만 필수적인 기술을 활용하여 이루어지며, 서비스 전달체계는 먼저 장애인의 가족 내의 자원에 의존한다. 장애인을 명확히 규정한 후에 도움을 주는 사람을 가족구성원

중에서 찾아야 한다. 만일 가족이 없다면 의지할 수 있는 친구나 이웃을 찾아야 하는데, 이 과정에서 중간관리자가 있어야 하며, 이들은 일정한 훈련을 받은 후 장애인을 찾아내고 훈련자를 동원하여 일련의 훈련과정을 제공해야 하며, 이것이 어떻게 이용되는가를 제시하고 그 결과를 평가할 수 있어야 한다.

(1) 원칙(WHO, 1983)

서구사회에서는 1950년대부터 기존의 시설 중심 재활에 대한 반성이 일어나기 시작했다. 클라이언트의 입장에서 볼 때 시설은 결코 인간적으로 바람직하지 않다는 생각으로 탈시설화에 대한 움직임과 함께 지역사회 중심 재활이 논의되기 시작했다. 이런 흐름에 맞추어 세계보건기구는 효율적인 지역사회 중심 재활사업을 위해 다음과 같은 원칙을 제시하였다.

첫째, 지역사회는 그 지역 내에서 장애 발생을 예방하고 이미 발생한 장애인에 대해 재활서비스의 일차적인 책임을 져야 한다. 이는 지역사회에서 모든 것을 해결해야 함을 의미하는 것이 아니라 지역사회가 기본적인 서비스를 제공한 다음 국가 차원의 서비스가 연계되어야 함을 말한다.

둘째, 지역사회 내의 가능한 인적·물적 자원을 최대한 동원해야 하며, 공동체 정신과 연대의식은 재활문제를 해결하는 데 중요하다.

셋째, 지역사회의 경제적·사회적 발전수준에 적합하고 적절한 비용으로 구할 수 있으며, 효과도 기할 수 있는 쉬운 기술을 활용한다.

넷째, 관련된 여러 부분이 통합된 다면적 접근방법을 시도한다. 즉, 의료재활, 교육재활, 직업재활, 사회재활 등의 다면적인 서비스가 모두 필요하며 이러한 서비스가 단편적으로 제공되기보다는 장애인과 그 가족의 욕구에 기반을 두고 장애인의 입장에서 지역사회 수준으로 수평적인 통합이 필요하다.

다섯째, 연계·협력 체제를 강화하기 위해 지역위원회 또는 조사위원회를 구성·운영한다. 이를 위해 전문가뿐만 아니라 지역사회 전체가 장애인 문제에 대해 책임의식을 갖도록 하며, 관련 분야의 서비스 협력 체제를 유지하기 위한 지역사회 내의 협의체를 중심으로 장기적인 전략을 수립해 나갈 필요가 있다.

(2) 필요성

지역사회 재활의 필요성으로는 첫째, 시설보호로는 전체 장애인을 수용하여 서비스를 제공할 수 없고 경비가 많이 들고 장애인의 재활과 자립에 효과적이지 못하다. 둘째, 사회통합을 이루는 점과 지역사회의 인식개선에 효과적이다. 셋째, 장애인 자신과 그 가족, 지역사회 전체의 참여를 유도할 수 있으며, 간단하고 비전문적으로도 해결 가능한 70%의 재활수요를 가장 경제적으로 해결할 수 있다.

(3) 지역사회 재활의 구성요소

지역사회 재활의 구성요소로는 첫째, 장애를 가진 사람들에 대하여 긍정적인 태도를 만들어 가는 것이고, 기능적인 재활서비스의 제공에 있다. 둘째, 교육과 훈련의 기회 제공과 경제적인 활동을 할 수 있는 기회를 제공할 수 있다. 셋째, 요양시설의 구비로 장애 발생 원인을 예방할 수 있고 지역사회 중심 재활 프로그램의 유지와 점검 및 평가이다.

(4) 효과적인 방법

지역사회 재활의 효과적인 방법으로는 첫째, 새로운 기구나 단체를 만들기보다 기존의 복지서비스 전달체계를 개선한다. 즉, 보건의료나 복지담당부서 등 기존 조직 사이에 협력 체제를 구성하고 새로운 시각에서 장애인 문제를 부각하여 업무를 설정하는 것이 효율적이다.

둘째, 장애인의 삶의 질 보장 측면에서 장애문제를 검토해야 한다.

셋째, 장애인가족을 비롯하여 장애인 자조그룹의 참여를 유도한다. 즉, 장애인이 재활서비스의 소비자로서 지역사회 재활 프로그램의 계획과 평가과정에 주체적으로 참여하도록 해야 한다.

넷째, 지역 내 가용자원을 이용한다. 지역사회 외부의 자원을 사용할 때는 상황에 따라 프로그램이 중단될 수 있으므로 장기간에 걸쳐 지속적으로 사회변화를 유도하기 위해서는 지역사회 내에 존재하는 자원을 사용하는 것이 효과적이다.

다섯째, 지역 내에 축적되어 있는 일반화된 기술을 사용한다. 즉, 전문가에게 의존하기보다는 필요할 때 언제나 손쉽게 이용할 수 있으며, 재활 관련 전문지식의 많은 부분이 지역사회의 일반화된 기술로 전수되어야 한다.

(5) 운영과정

지역사회 재활의 운영과정으로는 첫째, 장애에 대한 인식형성단계이다. 언제, 어떻게 인식을 형성할 것인지를 정하는 것이 중요하며 외부적 도움이나 특별한 기관의 원조 없이도 많은 것을 성취할 수 있다는 것을 인식한다. 어떻게 인식을 형성할 것인가는 각 지역의 문화에 따라 다르게 적용될 수 있는데, 대중매체나 소셜네트워크를 포함한 다양한 방법이 고려될 수 있다.

둘째, 동기부여단계이다. 이는 지역사회프로그램에 착수하기로 결정하는 단계이며 결정하기 전에 동기부여를 위한 충분한 노력이 이루어지는 것이 도움이 된다.

셋째, 지역사회 자원의 동원단계이다. 이는 지역사회 내의 자원과 자원봉사자를 개발하는 것이다.

넷째, 지역사회 조직화단계이다. 이때는 지역위원회 등의 기존 인프라를 적극 활용하는 것이 효과적이다.

다섯째, 프로그램의 실행단계이다. 우선 장애인실태조사를 거친 후 대상 장애인을 선정한다.

여섯째, 후송체계 형성단계이다. 지역사회 내에서 지방병원, 복지관, 행정기관, 교육기관, 노동기관 사이에 상호 장애인을 의뢰하고 도움을 받을 수 있는 관계를 유지·발전시켜야 한다.

일곱째, 프로그램 평가단계이다. 사업의 적절성, 효과성, 효율성, 지속성 그리고 사업의 영향 등에 대한 평가가 이루어져야 한다.

(6) 우리나라 지역사회재활사업의 과제

우리나라 지역사회 재활의 과제로는 첫째, 체계적인 지역사회의 장애인복지 자원 및 욕구조사 실시와 지역사회 중심 재활서비스 연계망의 구축이다. 둘째, 지역사회 중심 재활사업 교육훈련의 활성화 방안 마련과 장애인 당사자와 가족의 적극적인 참여유도 및 지역사회 주민의 인식변화를 위한 활동 등이다.

CHAPTER 08

장애인의 고용

제1절 장애인 고용의 개념

제2절 장애인 고용의 필요성과 유형

제3절 장애인 고용 장려정책

제4절 장애인고용정책의 문제점과 개선방안

제1절 장애인 고용의 개념

1. 개념

장애인의 사회통합을 위한 궁극적인 과제가 직업대책이라고 볼 때 직업재활이 장애인복지에서 차지하는 비중은 매우 중요하다.

직업재활이란 장애인들이 직업적인 능력을 최대한 개발하여 적절한 직업을 얻고 유지할 수 있도록 직업상담, 직업평가, 직업훈련, 취업알선, 직무지도, 사후지도를 해줌으로써 직업인으로서의 완전한 사회복귀와 능동적인 사회참여를 돕는 과정을 의미한다. 직업재활의 의의는 장애인의 직업적·사회적·심리적 욕구충족의 중요한 수단이며 자기실현과 자존심 고취의 방법이다. 또한 직업재활은 장애인의 인간존엄성을 높이는 인도주의적 사업이며 보호와 면세의 대상에서 생산과 납세의 주체로 변화시키는 데 그 의의가 있다.

직업재활의 목표는 장애인이 자신의 능력과 적성에 맞는 직업을 찾아 한 시민으로서의 역할을 수행하며, 장애를 극복하고 직업기술을 습득하며, 동료와 고용주와의 인간관계를 원활하게 하는 능력을 개발하고, 노동력을 향상시키며, 만족스러운 직업생활을 하는 것이다.

2. 고용의 원칙

장애인 고용의 원칙으로는 첫째, 지역사회통합의 원칙이다. 둘째, 기회균등의 원칙이다. 셋째, 고객 중심의 원칙이다. 넷째, 전문 인력에 의한 서비스의 원칙 등이 있다.

3. 직업재활의 과정

1) 접수 및 직업상담

직업적 욕구에 합당한 효과적 대안을 모색하는 과정이다. 즉, 개인적 능력과 기술, 적성, 흥미 등을 객관적으로 평가하면서 내담자에게 스스로 직업적 문제인식과 현실적 이미지 형성, 향후 진로계획과 의사결정 및 책임이 가능하도록 원조한다.

2) 진단 및 직업(능력)평가

직업에 대한 장애인의 잠재력을 예측함으로써 어떠한 분야에 직업적 가능성을 가지고 있는지 평가한다. 직업평가는 향후 실제적인 직업훈련과 사회적응을 원조하기 위한 단계로서 직업재활의 핵심이라 할 수 있으며, 평가는 의료적 · 사회적 · 심리적 · 직업적 평가로 나눌 수 있다.

3) 직업적응훈련

직업에 대한 기본인식과 태도 및 능력을 고취시킴으로써 개인의 최적의 작업행동 및 환경을 조성하여 직업적 환경에 대한 적응력을 향상시키는 것이다.

또한 더 나아가 장애인에게 적합하다고 선택된 직무에 대한 실질적인 준비과정을 의미한다. 즉, 앞으로 직장에서 수행해야 할 직무와 관련한 필수적인 지식과 기술을 습득하고 근로자로서의 전체적인 능력을 배가시킬 수 있도록 원조하는 과정이다. 여기서 지원프로그램은 기초학습지도활동, 시 · 지각훈련, 직업 전 현장적응훈련, 직업활동평가 및 모의작업, 직업탐색 및 직업인 성교육, 일상생활 및 지역사회적응훈련, 부모간담회 등을 들 수 있다.

4) 현장중심 직업훈련

실제 사업체 현장에서 직업적응훈련을 한다.

5) 취업알선(직무개발 및 배치)

직업평가활동에서 얻어진 결과들을 직무분석과 직업정보를 토대로 한 정보와 연결시키는 것이 중요하다.

6) 취업 후 훈련

장애인 근로자들이 직업생활에서 발생하는 문제들을 해결하기 위해 개입하는 원조활동이다. 이를 통해 자발적인 문제해결을 도모하고 향후 보다 안정적인 직업생활이 되도록 하며, 경우에 따라서는 직업적 요구사항의 변화에 따른 보충훈련의 실시나 건강서비스의 제공 등을 포함한다.

7) 사후지도

장애인의 계속적인 고용유지와 변화하는 환경에 대비하고 만족스러운 직업생활을 유지하기 위해 인간관계 개선교육 등은 취업 후에도 계속 이루어져야 한다.

제2절 장애인 고용의 필요성과 유형

1. 고용의 필요성

장애인의 고용이 우리 사회에서 반드시 필요한 이유는 크게 경제적 필요성, 정치적 필요성, 사회적 필요성으로 나누어 생각해 볼 수 있다.

경제적으로는 장애인의 고용증대는 비장애인의 실업을 초래하지 않는 이상 경제적인 재화의 총생산을 증대시키고 국가의 재정지출에서 사회복지 지출을 감소시키며, 정치적으로는 어느 한 집단이 노동에서 소외되었을 때 정치적 지지를 철회하게 되므로 평등한 참여를 통한 국민통합을 이루어 정치적 안정을 기할 수 있으며, 사회적으로 어느 계층의 직업적 소외는 사회불안을 야기할 뿐만 아니라 인력확보와 인력활용의 차원에서도 필요하다고 하겠다.

표 8-1 장애인 고용의 필요성

분류	편익	비용
국가적 측면	•소득증대로 인한 세수증대 •소득증대로 인한 소득지원 및 지출 감소 •다른 재활 프로그램의 비용 감소	•제도시행 비용
개별적 측면	•장애인 근로자의 소득증가 •소득지원 감소에 의한 국민의 세금부담 감소 •고용에 따른 기업의 분담금 감소	•재활활동의 노동비용 •재활활동의 자본비용 •재활활동의 상실소득

2. 고용의 유형

1) 일반고용(경쟁고용)

일반사업장에서 비장애인과 같이 제공하는 것으로 그 종류는 의무고용, 자영업으로 나눌 수 있다.

(1) 의무고용(할당고용제)

정부나 지자체, 50인 이상의 상시근로자를 고용한 일반사업장에서 5% 범위 내에서 대통령이 정한 비율을 의무적으로 고용해야 한다. 정부나 지자체는 2023년 현재 3.6%, 일반사업장은 3.1%를 고용해야 하며 장애인 비율, 장애인 근로자 비율, 장애인실업자 수를 감안하여 5년마다 의무고용률을 새롭게 정한다.

(2) 자영업

자영업을 희망하는 장애인에게는 창업에 필요한 자금 등을 융자하거나 영업장소를 임대한다.

2) 보호고용

중증·중복장애인을 위하여 특별히 계획된 조건하에서 행해지는 훈련 및 고용으로, 보수가 있는 근로의 기회를 제공하여 개인적·직업적 특성 및 지역적 특성을 고려하여 장애인의 직업적 욕구를 해소하는 고용정책이다. 그 대상으로는 취학연령 이상으로 어느 정도의 노동능력을 가지며 주로 지적장애, 자폐성장애, 뇌병변장애인이 해당된다. 보호고용의 유형은 다음과 같다.

표 8-2 장애인 보호고용 형태

종류	내용
보호작업장	조정된 작업환경 - 장애인시설 내 보호작업장, 산재근로자의 자립작업장
기업 내 집단고용	일반기업의 생산 공정 일부를 보호공장에서 파견된 장애인이 담당
재택고용	코로나19 등 재난 시 재택근무
옥외작업 프로젝트	공원 등 공공시설의 유지·관리
사무작업 프로젝트	문서보관작업 - 도서관, 박물관 등
준 보호고용	노동시간 단축, 임금보조 등의 지원적 서비스를 수반한 일반기업의 고용형태

3) 지원고용

보호고용의 한계를 극복하기 위하여 중증장애인이 비장애인과 더불어 경쟁고용시장으로 통합시키는 것을 목적으로 1주에 20시간 이상 정기적으로 일하고 임금을 받으며 부족한 노동력만큼 정부가 지원해 주는 제도로, 직무지도원에 의해 전문적인 지원서비스를 받는다. 그 대상은 주로 독자적인 업무수행이 불가능한 지적장애, 자폐성장애, 정신장애, 신체적 장애인들이다.

지원고용의 유형은 다음과 같다.

표 8-3 장애인 지원고용 형태

종류	내용
개별배치모델	선 - 배치 후 - 훈련모델, 직무지도원 1명이 장애인 1명을 훈련, 사후지도
이동작업대원모델	3~8명이 짝을 지어 고용되지만 고정된 장소가 아니라 공공건물 청소대행, 빌딩이나 극장 관리, 도색작업 등 하청작업 수행

소기업모델	소규모사업체를 설립 · 운영하는 형태로 수익으로 임금을 지급하는 일반기업과 같은 형태
고용훈련모델	소수의 장애인들이 특정작업에 대해 집단훈련을 받아서 일정기준이 성취되었을 때 특정한 직업에 배제되고 그 작업현장에서 직무지도원에 의해 재훈련을 받는 형태
소집단모델	3~8명의 장애인을 지역사회기업에 배치하는 경우로 장애가 심해 개별적 통합이 어려운 경우
벤치워커모델	소규모기업에서 중증장애인에게 전자나 기타 작은 부품을 조립하는 작업

제3절 장애인 고용 장려정책

1. 의무고용이행확보제도

의무고용이행확보제도에는 상시근로자 100인 이상 사업장에서 의무고용비율 이하로 장애인을 고용했을 때 부담금을 부과하는 고용부담금제도와 장애인고용공표제도 그리고 장애인고용계획수립제도가 있다.

2. 사업주 지원제도

1) 고용장려금

장애인을 고용한 사업주의 경제적인 부담을 경감해 주고 장애인 고용을 장려하기 위해 의무고용률을 초과하여 장애인을 고용했을 때 초과하는 장애인 수에 비례하여 일정액(최저임금기준)을 지원해 주는 제도이다(단, 이때는 지급단가와 월임금액의 60%를 비교하여 낮은 단가를 적용한다).

표 8-4 장애인 고용장려금

구분	경증남성	경증여성	중증남성	중증여성
2019년 발생분까지	30만 원	40만 원	50만 원	60만 원
2020년~2022년 발생분	30만 원	45만 원	60만 원	80만 원
2023년 발생분부터	35만 원	50만 원	70만 원	90만 원

출처: 고용노동부, 장애인지원사업안내, 2023.

2) 장애인 표준사업장 설립지원

취업에 어려움이 있는 장애인, 특히 중증장애인에게 안정된 일자리를 제공하기 위하여 표준사업장 설립 사업주에게 사업장을 설립할 경우에 지급한다.

표 8-5 장애인 표준사업장 설립지원

<table>
<tr><th>상시근로자 수</th><th>장애인 고용인원</th><th>중증장애인 고용인원</th></tr>
<tr><td>100명 미만</td><td rowspan="3">상시근로자 수의 100분의 30</td><td>상시근로자 수의 15%</td></tr>
<tr><td>100명 이상 300명 미만</td><td>상시근로자 수의 10% +5명</td></tr>
<tr><td>300명 이상</td><td>상시근로자 수의 5% + 20명</td></tr>
</table>

<table>
<tr><th>지원내용</th><th>지원범위</th><th>지원한도</th><th>융자기간, 대출금리</th></tr>
<tr><td>작업시설: 장애인 고용에 따라 설치·구입·수리하는 작업장, 작업설비, 작업장비 등</td><td rowspan="4">시설투자비 전액</td><td rowspan="4">사업주당 15억 원 이내 (장애인 1인당 1억 원, 고용의무 인원의 25% 중증 고용조건)</td><td rowspan="4">• 융자기간: 2년 거치 3년 균등분할상환
• 대출금리: 사업주대출금리에서 이자차액보전금리(5%)를 제한 금리</td></tr>
<tr><td>편의시설: 장애인, 노인, 임산부 등의 편의증진 보장에 관한 법률 시행령 제4조 규정에 의한 시설</td></tr>
<tr><td>부대시설: 장애인 고용에 따라 설치·구입·수리하는 기숙사, 식당, 휴게실, 의무실 또는 물리치료실 등</td></tr>
<tr><td>출·퇴근용 승합자동차 구입비용</td></tr>
<tr><td>직업지도비용: 중증장애인(청각·언어 제외)을 월 12시간 이상 지도할 경우</td><td>장애인 1인당 월 14만 원</td><td>최대 3년간 지원</td><td></td></tr>
</table>

출처: 고용노동부, 장애인고용지원사업, 2023.

3) 장애인 고용관리비용 지원

중증장애인을 고용한 사업주의 고용관리비용 부담완화와 장애인 근로자의 직장적응력을 고취시키기 위한 제도이다. 사업주가 중증장애인을 고용하여 기준에서 정한 자격을 갖춘 작업지도원을 배치하여 장애인 1명당 월 12시간 이상 작업지도를 실시할 경우 대상 장애인 1인당 월 14만 원을 최대 3년간 지원한다.

4) 장애인고용시설 자금 융자

장애인을 고용하였거나 고용하고자 하는 사업주에 대해 장애인 고용 관련 작업시설, 부대시설, 편의시설 등의 설치비를 융자하여 이자차액 보전방식으로 지원하여 장애인 신규고용 창출 및 고용안정을 도모한다. 지원내용은 장애인 1인당 1억 원 이내, 사업주당 15억 원 한도 내에서 사업주는 은행대출금리에서 이자보전금리 5% 제한금리를 부담하며 5년(2년 거치 3년 균등분할 상환) 동안 이자차액을 보전한다. 그 외에도 장애인고용시설 장비 무상지원, 장애인 신규 고용장려금 등이 있다.

3. 근로장애인지원제도

근로를 희망하는 장애인에게 창업을 위한 사업화 자금 지원과 온라인 구인구직, 고용알선, 장애인 취업성공패키지, 온라인 취업준비사이트, 직업능력평가, 온라인직업심리검사, 중증장애인 지역맞춤형 취업지원, 보조공학기기 지원, 근로지원인 지원, 장애인 직업영역개발 지원 제도가 있다.

1) 근로장애인 출 · 퇴근 비용지원

중증장애인에게 출 · 퇴근 비용을 지원하여 근로의욕을 고취시키고 안정적인 직업생활 유지를 지원하는 제도로, 최저임금 적용 제외 또는 중위소득 50% 이하인 중증 장애인 근로자에게 월 5만 원 한도 내에서 교통실비를 지원한다.

2) 장애인보조공학기기 지원

장애인이 작업을 효율적으로 수행할 수 있도록 보조공학기기, 기기의 구입 · 대여비용을 지원하여 장애인의 안정적이고 지속적인 직업생활을 지원하는 것으로, 대상은 장애인 근로자, 장애인공무원, 장애인 고용 사업주, 장애인인 사업주로 장애인 1인당 1천 5백(중증장애인은 2천만 원) 한도 내에서 지원한다. 단, 보조공학기기 구입일로부터 2년간 고용 또는 근로관계를 유지하여야 한다.

그 외에도 장애인근로지원인제도, 장애인직업능력 개발 지원(훈련수당 지급), 장애인 인턴제, 장애인 취업성공패키지, 장애인 지역맞춤형 취업지원 등이 있다.

4. 장애인직업재활시설

1) 장애인보호작업장

직업능력이 낮은 장애인에게 직업적응능력 및 직무기능 향상훈련, 직업재활 프로그램을 제공하고 보호가 가능한 조건하에서 근로기회를 제공하며 임금을 지급하는 직업재활시설이다. 이 시설에서는 향후 장애인근로사업장이나 경쟁고용시장으로 옮겨갈 수 있도록 돕는다.

2) 장애인근로사업장

직업능력은 있으나 이동 및 접근성이나 사회적 제약 등으로 취업이 어려운 장애인에게 근로의 기회를 제공하고 최저임금 이상의 임금을 지급하며 향후 경쟁고용시장으로 옮겨갈 수 있도록 돕는다.

3) 장애인직업적응훈련시설

작업능력이 극히 낮은 장애인에게 작업활동, 일상생활훈련 등을 제공하여 기초작업능력을 습득시키고, 작업평가 및 사회적응훈련 등을 실시하여 장애인보호작업장 또는 장애인근로사업장이나 그 밖의 경쟁적인 고용시장으로 옮겨갈 수 있도록 돕는다.

5. 장애인일자리사업

미취업 취약계층인 장애인에게 전일제 및 시간제 일자리 제공을 통한 사회참여 기회 확대 및 일정한 소득을 보장하며, 근로연계를 통한 장애인복지 실현 및 일반노동시장 전이를 위한 취업연계와 실질적인 직무능력 습득을 활성화하기 위한 것이다.

참여기준은 만 18세 이상 등록장애인으로 시·군·구, 읍·면·동 주민센터, 비영리 복지시설에서 장애인복지 등 행정업무를 보조한다. 전일제는 주 40시간으로 월 2,011천 원(사회보험료 본인부담금 포함)이며, 시간제는 주 20시간으로 월 1,005천 원을 지급한다.

1) 일자리사업의 종류

장애인 일자리사업의 종류는 다음과 같다.

(1) 복지일자리사업

대상은 만 18세 이상 취업이 어려운 중증장애인으로 특수교육-복지연계형은 특수교육기관의 고등학교 3학년 또는 전공과 재학생이다. 주요 업무는 사서보조, 우편물분류요원, 룸메이드, 주차단속보조원, 급식도우미 등이고, 근무지는 도서관, 우체국, 숙박시설, 학교, 복지관 등이다. 근무시간은 월 56시간(주 14시간)이고, 급여는 월 539천 원(사회보험료 본인부담금 포함)이다.

(2) 시각장애인 안마파견사업

대상은 만 18세 이상 안마사 자격이 있는 미취업 시각장애인이다. 주요 업무는 안마서비스 제공이고, 근무지는 경로당, 노인복지관 등 노인복지시설 등이다. 근무시간은 주 25시간(일 5시간)이고, 급여는 월 1,260천 원(사회보험료 본인부담금 포함)이다.

(3) 발달장애인, 요양보호사 보조일자리사업

대상은 만 18세 이상 지적장애 및 자폐성 장애인이다. 주요 업무는 요양보호사 보조

업무이고, 근무지는 노인복지시설 및 노인전문병원 등이다. 근무시간은 주 25시간(일 5시간)이고, 급여는 월 1,260천 원(사회보험료 본인부담금 포함)이다.

2) 중증장애인 직업재활 지원사업

중증장애인의 직업상담, 직업능력평가, 직업적응훈련, 지원고용 등 직업생활을 통한 장애인의 자립을 도모하기 위한 사업이다. 대상은 만 15세 이상 등록장애인 및 특수교육 대상자이다. 사업내용은 직업지도 – 직업평가 – 직업적응훈련 – 현장중심 직업훈련 – 취업알선 및 취업 후 적응지도 과정을 거친다.

3) 장애인생산품 판매시설

「중증장애인생산품 우선구매 특별법」에 따라 장애인직업재활시설 등 중증장애인이 생산한 생산품이나 서비스에 대한 유통대행을 하고 용역에 관한 상담, 홍보, 판로개척, 각종 정보의 제공 등의 활동으로 마케팅을 지원하여 근로장애인의 소득창출 및 안정적인 고용 기회를 제공하는 것을 목적으로 한다. 중증장애인생산품 수요자는 공공기관(국가기관, 지방자치단체, 공기업 등)으로 한다.

제4절 장애인고용정책의 문제점과 개선방안

그동안 우리나라의 장애인고용정책은 장애인도 생산 가능한 인력으로 손색이 없다는 전제에서 정책의 합리성과 타당성을 설명해 왔다. 하지만 이제부터라도 더 나아가 기업이 원하는 생산성을 낼 수 없는 장애인이라도 일자리를 제공해야 하며, 그 주체는 국가여야 한다. 즉, 우리나라 헌법에서 정의하듯이 인간다운 삶을 위해서는 누구나 일을 해야 하고 장애인 또한 예외가 될 수 없으며, 이제는 생산성 여부와 관계없이 국가가 책임지고 장애인에게 노동할 기회를 주어야 한다는 것이다. 이른바 '장애인을 위한 노동권'을 보장하라는 주장이다. 이를 다른 말로 표현하면 '권리 중심의 일자리'이다.

장애인들에게 선언적으로 노동권을 보장하는 것에 머무는 것이 아니라 장애인 당사자가 직접 '권리를 생산하는 주체'가 되어야 한다는 것이다. 단지 돈을 벌기 위해서가 아니라 인간다운 삶을 영위하기 위한 기본권 보장 차원에서 중증장애인이 일할 기회를 제공해야 하는 것을 말한다. 이때 장애인 일자리는 기존 노동시장의 일자리 범위를 뛰어넘어 다양한 활동까지도 일로, 노동으로 인정해 줘야 한다. 장애인 진보 단체들이 오래전부터 논의하고 펼쳐온 주장들이다. 중증장애인의 노동을 바라보는 관점에 대한 새로운 도전의 시작이 시대 흐름이다.

노동권은 노동의 능력과 의욕을 지닌 사람이 사회적으로 노동할 기회 보장을 요구하는 권리라고 할 수 있다. 최근 장애인 일자리 관련 정책과 사업은 지금까지 장애인의 인권과 노동권 보장을 위해 국가가 노력하고 있다지만 구체적으로 어떤 철학과 관점을 갖고 정책을 추진해 왔는지, 장애인 당사자의 의견과 입장을 얼마나 반영하고 고려했는지 성찰해 볼 필요가 있다.

중증장애인에게 노동은 생계 수단을 위해 어쩔 수 없이 선택해야 하는 필수적인 과정이 아니라 인간 권리를 실현할 수 있는 활동이어야 한다. 물론 이러한 노동에 대한 관점의 변화는 중증장애인만의 문제가 아니라 한국사회 전체적으로 다시 고려해 봐야 할 문제인데, 그동안 노동시장에서 상대적으로 소외되어 온 중증장애인을 위한 노동문제부터 시작하는 것이 출발점이 될 것이다.

우리나라 중증장애인 고용정책의 근간이 되는 장애인 고용의무제가 시행된 지 30년이 지났다. 그동안 정책의 성과는 분명히 있었다. 그러나 미래의 장애인 일자리 정책은 장애인의 노동할 권리에 대한 새로운 관점과 철학을 바탕으로 전환적 시각에서 출발해야 한다. 정책을 수립하기 위한 패러다임 전환이 필요한 것이다.

중증장애인 노동의 가치와 개념이 정책으로 전환되어 현실적으로 실현되기 위해서는 장애인 당사자는 물론 관련 전문가와 활동가들이 방향 전환에 대한 필요성을 명확하게 이해하고 공감하는 과정이 반드시 선행되어야 한다. 물론 정책결정을 위해서는 무엇보다도 공급자 중심이 아닌 장애인 당사자의 욕구가 반영되어야 한다.

1. 문제점

장애인 고용에 있어서 대표적인 문제점으로는 첫째, 정부 및 의무고용사업체의 고용률 저조와 낮은 고용부담금이다. 둘째, 낮은 시설개선자금 등의 지원과 정부의 지원방안이 임의규정으로 되어 있는 점과 취약한 근로조건과 편중된 직업분포이다. 셋째, 장애인보호작업장과 근로작업장이 거의 동일한 형태로 운영되고 단순고용에 머물러 있으며 판로의 어려움과 부가가치가 낮고 단순작업을 요하는 직종이 대부분이다. 넷째, 취업지원서비스의 부족과 종합적인 지원협력체제의 부족 및 장애인 고용 관련 전문 인력의 부족과 개별화된 직업능력개발프로그램의 미비와 사회적 편견으로 볼 수 있다.

2. 개선방안

장애인 고용에 있어서 대표적인 개선방안으로는 첫째, 장애인 인력의 국가자원화와 고부가가치의 장애인 인력의 양성과 공급을 위해 특수학교의 직업교육, 직업훈련원 및 장애인복지관 등의 직업훈련의 효과적인 연계를 활성화하여 노동시장의 변화에 따른 정보산업을 중심으로 한 직업훈련을 강화해야 한다. 둘째, 장애인을 고용한 사업주에 대한 부담 경감정책을 확대하고 의무고용제를 보완하여 의무고용 대상사업체의 고용 불이행에 대한 고용부담금 인상과 함께 의무고용률을 장애인 출현율에 따라 상향조정하고, 특정 직종은 장애인만 고용토록 하는 지정고용제를 실시하도록 해야 한다. 셋째, 직업적 장애의 개념 확립과 공공부문의 우선고용으로 민간부문의 고용을 적극적으로 유도하고 장애인직업재활시설의 체계화를 통해 장애인의 고용확대를 통한 소득향상 및 장애인의 자립향상을 위한 장애인복지정책과 연계하고, 생산성이 떨어져 최저임금을 받지 못하는 장애인 근로자에게는 임금보조를 실시하여야 한다. 넷째, 자영업 장애인을 위한 지원을 통해 고용촉진기금을 직업재활기금으로 활용하여 자영업 창업에도 지원하고, 실질적으로 자영업을 시작할 수 있도록 융자액의 규모를 높여야 한다. 또한 자금의 지원뿐 아니라 교육, 훈련과 상담을 통해 사업을 제대로 운영할 수 있도록 지원하여야 한다.

CHAPTER 09

장애인 소득보장제도

제1절 장애인 소득보장제도

장애인 소득보장제도는 실업, 빈곤, 노령, 질병 등 일반적인 소득상실 위험에 대응하는 보편적 소득보장제도의 일부로서 장애라는 독립적인 소득상실 위험요인에 직면해 있는 장애인을 대상으로 하는 특수한 소득보장제도이다.

우리나라의 장애인 소득보장제도는 장애인에게 소득과 추가비용을 보전하여 경제적 상황을 개선하고 이를 통해 장애인의 생활안정을 도모하고 자립생활을 촉진하고자 하며, 국민연금 장애연금, 장애인연금, 국민기초생활보장제도의 소득보전급여체계와 장애수당, 장애아동수당 및 장애인연금 부가급여의 추가비용급여체계로 구성하여 운용하고 있다. 소득보전급여체계는 1차적으로 국민연금 가입자 중에서 장애가 발생한 자에게 지급하는 장애연금, 2차적으로 생활이 어려운 중증장애인에게 지급하는 장애인연금 기초급여, 3차적으로 저소득층 장애인의 최저생활을 보장하기 위해 지급하는 국민기초생활보장제도의 급여가 단계적으로 운용되고 있다. 추가비용급여체계는 「장애인복지법」의 장애수당, 장애아동수당과 장애인연금의 부가급여가 독립적으로 운용되고 있다.

2023년 장애인실태조사를 통해 빈곤층이라고 할 수 있는 국민기초생활보장제도 수급자 비율을 살펴보면 장애인 수급자 비율은 20.8%를 나타내고 있는 반면, 동일 연도의 전체 국민 중 수급자 비율은 4.8%로 확인되어 장애인의 수급자 비율이 약 4.3배 높은 것으로 나타나고 있다.

이러한 결과는 장애인 소득보장제도의 운용에도 불구하고 장애인의 생활수준이 열악한 상황임을 나타내고 있다. 또한, 장애인은 장애로 인한 근로능력의 상실 또는 감소로 인해 근로소득이 낮은 상황에서 장애로 인한 추가 비용도 발생하기 때문에 빈곤상태에 처할 가능성이 높으므로 이를 극복하기 위해서는 장애인 소득보장제도를 통한 소득과 추가비용의 지원 유지가 필요하고, 더 나아가 안정적인 생활을 위해서는 장애인 소득보장제도의 기능 강화가 필요하다.

제2절 직접적 소득보장제도

직접적 소득보장제도는 장애인의 생존권을 보장하고 기본적 생활을 영위하는 데 필요한 비용을 현금의 형태로 제공하는 것을 말한다. 적극적인 의미에서 장애로 인해 발생하는 추가비용을 보전하고, 단기·장기실업과 관련된 위험을 완화시키고 사회불안을 사전에 예방하며 소득재분배를 통해 공평한 사회로 가기 위한 제도로, 그 종류에는 국민연금, 산재보험 등의 사회보험과 장애연금, 국민기초생활보장제도, 장애수당 등이 있다.

1. 장애연금(장애인연금법)

1) 개념

장애로 인하여 생활이 어려운 심한 장애인에게 소득보장을 강화함으로써 생활안정 지원과 복지증진을 위해 2010년 7월부터 시행하고 있다. 장애연금은 국민연금과 국민기초생활보장제도의 기여요건을 충족하지 못해 사회적 안전망에서 제외되던 상당수의 장애인에게 최저생활을 보장하고 사회통합을 도모하고자 마련되었다.

2) 급여대상

만 18세 이상의 등록 중증장애인(종전 1급, 2급, 3급 중복) 중 소득인정액이 보건복지부 장관이 매년 결정·고시하는 금액(단독가구 130만 원, 부부가구 208만 원) 이하인 경우에 지원한다. 여기서 소득인정액은 수급권자와 그 배우자의 소득평가액과 재산의 소득환산액을 합산한 금액이다.

3) 구성과 내용

구성은 기초급여와 부가급여로 구성되는데 기초급여는 근로능력의 상실 또는 현저한 감소로 인하여 줄어드는 소득을 보전해 주기 위해 지급하는 급여로 18~65세가 되는 전달까지 수급권을 유지하고 있는 자이다. 부가급여는 장애로 인하여 추가로 드는 비용의 전부 또는 일부를 보전해 주기 위해 지급하는 급여이다.

기초급여액은 보건복지부장관이 그 전년도 기초급여액에 대통령령으로 정하는 바에 따라 전국소비자물가변동률(「통계법」 제3조에 따라 통계청장이 매년 고시하는 전국소비자물가변동률을 말한다)을 반영하여 매년 고시한다. 수급권자와 그 배우자가 모두 기초급여를 받는 경우에는 각각의 기초급여액 20%를 감액하여 지급한다. 수급권자 중 「기초연금법」에 따른 65세 이상 기초연금 수급권자에게는 기초급여를 지급하지 않는다. 부가급여액은 월정액으로 하며, 수급권자와 그 배우자의 소득 수준 및 장애로 인한 추가비용 등을 고려하여 대통령령으로 정한다.

표 9-1 장애인연금 지급액(2024년 기준)

구분		기초급여	부가급여	합계
생계 · 의료급여수급자 (재가)	18～64세	334,810원	90,000원	424,810원
	65세 이상	–	424,810원	424,810원
생계 · 의료급여수급자 (시설)	18～64세	334,810원	–	334,810원
	65세 이상	–	–	–
주거 · 교육급여수급자, 차상위	18~64세	334,810원	80,000원	414,810원
	65세 이상	–	80,000원	80,000원
차상위초과	18~64세	334,810원	30,000원	364,180원
	65세 이상	–	50,000원	50,000원

출처: 보건복지부, 장애인연금사업안내, 2024.

4) 문제점 및 개선점

장애인소득보장의 중요한 역할을 해 왔던 장애수당이 장애연금의 실시로 인하여 부가급여 특례조항에서 제외되었다. 따라서 장애연금을 받는 중증장애인은 더 이상 장애수당을 받을 수 없게 된다. 이렇게 될 경우 부가급여는 장애수당을 명칭만 변경한 것에 불과하며, 장애연금이 도입되어도 실질적인 소득보장의 효과는 크지 않다.

또한 장애연금의 기초급여는 노인과 같이 '근로무능력계층'으로 보고 기초연금과 동일하게 설정되어 있다. 그러나 장애인은 연령적으로 노인이 아닐 뿐더러 그들은 한창

일을 해야 할 경제활동인구에 해당하므로 취업해서 일을 하게 되면 받는 최저임금을 기준으로 하여 장애연금의 수준을 정하는 것이 바람직하다.

2. 장애수당

1) 개념

다른 사람의 도움 없이는 일상생활을 영위하기 어려운 기초생활보장 중증장애인가구의 생활안정을 도모하기 위한 목적으로 실시되었다. 장애인수당의 성격은 장애로 인해 발생하는 추가비용에 대한 보전 성격이며, 모든 장애인에게 지급되는 것이 아니라 장애로 인해 소득능력이 떨어지는 대상에게만 지급된다.

2) 대상

18세 이상의 등록장애인 중 「장애인연금법」[1)]상 중증장애인에 해당하지 않는 자로 국민기초생활수급자 및 차상위계층이다. 단, 20세 이하로서 「초·중등교육법」에 따른 학교에 재학(휴학 및 의무교육대상자 중 유예자도 포함됨) 중인 자는 제외한다.

3) 금액

지급되는 금액은 기초생활수급자(생계 또는 의료급여) 장애인은 월 6만 원, 기초생활수급자(주거 또는 교육급여), 차상위계층 장애인 월 6만 원, 보장시설 입소자(생계, 의료급여) 장애인은 월 3만 원이다.

4) 문제점 및 개선점

기초생활수급자나 차상위계층을 선정할 때 장애인가구의 특성, 즉 추가비용 등을 전

1) 장애인연금법 제2조 제1호, 같은 법 시행령 제2조, 장애정도 판정기준 제5장(장애인연급 수급을 위한 중증장애인 판정기준)

혀 고려하지 않고 선정하고 있으며, 재산기준의 문제도 소득이 전혀 없는 중증장애인에게 주거의 의미만 있는 주택을 재산기준에 적용하고 있고, 급여수준도 매우 비현실적이다.

또한 장애수당의 급여 산정 시 장애유형별, 등급별, 연령별 추가비용을 고려하여 최저생계비 수준을 산정하고 차등지급할 필요가 있으며 장애등급의 조정 및 범위의 확대와 노동능력의 상실 정도에 따라 장애등급을 판정해야 한다. 그리고 장애수당은 추가비용의 성격이므로 모든 장애인에게 지급해야 하며 급여수준도 현실화시키는 것이 바람직하다.

3. 장애아동수당

1) 개념

다른 사람의 도움 없이는 일상생활을 영위하기 어려운 중증장애아동 보호자에게 장애아동수당을 지급하여 저소득장애인가구의 생활안정을 도모하는 것이다.

2) 대상

기초생활수급자 및 차상위계층의 18세 미만 등록장애아동이다. 단, 「초·중등교육법」에 따른 학교에 재학(휴학 및 의무교육대상자 중 유예자도 포함) 중인 20세 이하의 장애인은 포함된다(단, 장애연금을 받는 경우는 제외).

3) 내용

장애아동수당은 기초생활수급자(생계·의료) 중증장애인 1인당 월 22만 원, 기초생활수급자(생계·의료) 경증장애인 1인당 월 11만 원, 기초생활수급자(주거·교육) 및 차상위계층 중증장애인 1인당 월 17만 원, 기초생활수급자(주거·교육) 및 차상위계층 경증장애인 1인당 월 11만 원, 보장시설(생계·의료) 중증장애인 1인당 월 9만 원, 보장시설(생계·의료) 경증장애인 1인당 월 3만 원(2024년 기준)을 지급하고 있다.

4. 장애아동 양육 지원

1) 내용

중증장애아동에 대해 양육자의 질병, 사회활동 등 일시적 돌봄서비스 필요시 일정한 교육과정을 수료하고, 시·도에서 지정받은 제공기관에서 돌보미를 가정에 파견하여 장애아동을 보호하고 휴식을 지원한다.

2) 대상

만 12세 미만의 장애정도가 심한 장애아동이 대상이며 소득기준은 기준중위소득 120% 이하가 해당된다.

표 9-2 장애아가족 양육지원

(단위 : 천 원)

가구원 수	1인	2인	3인	4인	5인
기준중위소득 65%	–	1,945	2,516	3,087	3,658
기준중위소득 120%	2,109	3,590	4,645	5,699	6,753

출처: 보건복지부, 장애인복지사업안내, 2024.

5. 보육·교육 지원

대상은 장애인복지카드(등록증)를 소유한 미취학 만 12세 이하의 장애아동으로, 보호자의 소득수준과 상관없이 지원한다. 장애아반 편성아동과 3~5세 누리반(장애아)아동은 587,000원을 지원하고, 일반아동반 편성 장애아동은 시·도지사가 고시한 연령별 보육료 수납한도액을 지원한다.

보육 및 교육지원 내용은 다음과 같다.

표 9-3 보육 · 교육 지원

주요 사업명	지원대상	지원내용	비고
장애아 보육료 지원	장애인복지카드(등록증)를 소지한 12세 이하의 미취학 장애아동(장애등록 외국인 중 난민 및 특별기여자, 재외국민 포함하나 재외국민 출국자는 제외) - 예외적으로 장애소견이 있는 의사진단서 또는 특수교육대상자 진단 · 평가 결과 통지서 제출자 가능	• 장애아보육료: 인건비지원시설 58만 7천 원, 인건비미지원시설 수납한도액 • 장애아 방과후보육료: 12세 이하 등록장애아 또는 8세 이하 특수교육대상 취학아동 29만 8천 원	읍 · 면 · 동에 신청
여성장애인 교육지원	등록 여성장애인	여성장애인 사회참여 교육 지원(역량강화교육프로그램, 상담 및 사례관리, 자조모임, 지역사회 연계)	제공기관에 신청

출처: 보건복지부, 장애인복지사업안내, 2024.

6. 사회보험

1) 장애연금(국민연금)

(1) 내용

장애연금은 「국민연금법」을 근거로 하여 국민연금 가입자가 국민연금 가입기간 중에 발생한 질병 또는 부상으로 신체적 또는 정신적 장애가 발생할 경우 제공하는 급여로서 장애로 인한 소득 감소분을 보전하여 장애인 및 장애인가구의 안정적인 생활을 보장하고자 한다. 장애인연금은 「장애인연금법」을 근거로 운용되는 무기여식 공공부조제도이며 중증장애인의 근로능력 상실 또는 현저한 감소로 인해 줄어드는 소득과 장애로 인한 추가비용을 보전하기 위해 제공하는 급여로서 소득보전과 추가비용 보전을 위한 기초급여와 부가급여로 구성되어 있다. 장애로 인한 노동능력의 상실 또는 감소에 따른 소득을 보장하는 보편적인 사회보장제도로 1988년도에 도입되었다. 대상은 18세 이상 60세 미만으로 초진일로부터 1년 6개월이 경과하여도 완치되지 않을 경우 초진일로부터 2년이 경과한 날부터 지급한다.

장애정도가 심한 장애는 노령연금, 유족연금, 반환일시금, 사망일시금이 있으며 심하지 않은 장애인은 일시보상금(기본연금액의 225%)을 지급한다. 그리고 장애정도에 따라 기본연금액의 100, 80, 60% 지급에 가산연금액 그리고 부양가족연금액을 합산하여 지급한다.

(2) 문제점 및 개선방안

국민연금은 기여가 반드시 필요한 사회보험으로 선천적인 장애가 있거나 노동시장에 진입하지 못한 장애인들은 연금을 받을 수 없으며, 장애등급의 판정 시에도 근로능력에 대한 고려가 미비하며, 지급액도 가입기간 20년 미만인 평균소득자의 경우 장애연금의 소득대체율이 18~30%에 불과하여 턱없이 낮다고 볼 수 있다.

또한 가입시점의 문제, 발병시기의 문제, 초진일의 개념 정립 등이 해결되어야 할 문제들이다. 초진일의 법적 개념을 명확히 해야 하며 장애정도의 판정기준을 통일시켜야 하고 진행성 장애인은 대기기간을 줄일 필요가 있다. 그리고 장애호전의 가능성이 없는 장애정도가 심한 장애인은 대기기간에 관계없이 즉시 연금을 지급해야 하며, 조기 장애인을 위한 실질적인 생활에 도움이 되는 장애연금의 도입이 필요하다.

2) 장해급여(산재보험)

(1) 내용

업무상 재해로 인한 장애로 노동력의 상실이 발생하였을 때 산재근로자와 그 가족의 생활을 보장하기 위하여 지급한다. 산재보험에는 여러 급여가 있지만 장애인과 관련되는 급여는 장해급여가 해당된다.

대상은 근로자가 업무상의 사유로 부상을 당하거나 질병에 걸려 치유된 후 신체 등에 장해[2]가 있는 경우에 지급한다. 연금과 일시금 중 선택할 수 있다.

(2) 문제점 및 개선방안

사회의 변화에 따라 새로운 질병들이 많이 발견되고 있지만 이에 대한 대처가 미흡하고 업무상 인과관계의 판단이 매우 어려운 경우가 많다. 장애정도의 판정도 노동능

2) 장해등급: 14등급 체계(1~3급은 연금으로만 지급, 4~7급은 연금 또는 일시금 선택 가능, 8~14급은 일시금으로만 지급), 장해보상연금: 1급(329일분)~7급(138일분), 장해보상일시금: 1급(1,474일분)~14급(55일분)

력의 상실 정도를 고려하지 않고 있으며 의료재활 위주의 보상이 이루어지고 있고 보험료 수준도 생활을 영위하기에는 부족한 실정이다.

또한 장애정도를 노동력 상실에 따라 판정할 필요가 있으며 근로자의 직업적 특성을 고려한 소득손실을 추정하는 방식이 되어야 한다. 급여형태도 일시적인 현금급여가 아닌 사회재활, 직업재활이 체계적으로 이루어져 근로자가 다시 노동시장에 복귀할 수 있는 제도 개선이 필요하다.

제3절 간접적 소득보장제도

간접적 소득보장제도는 소극적 의미에서 서비스를 제공받는 데 사용되는 경비를 감면하는 성격의 의료비, 교육비 등과 같은 현금급여와 각종 세제혜택과 요금감면을 말한다. 장애인자녀교육비 지원제도, 장애인자립자금대여제도, 각종 경제적 부담경감제도가 있다.

장애인자녀(초·중·고등학생)가 있는 가정에 의료, 교통, 재활보조기구 등의 교육 간접비용을 보전하여 최소한의 교육의 기회를 보장하고 생활안전을 기하기 위한 제도이다.

기준 중위소득 50% 이하인 가구의 초중고 학생에게 교육활동지원비를 지급하는 제도이다. 초등학생 461,000원, 중학생 654,000원, 고등학생 727,000원을 지원한다.

1. 장애인 자립자금 대여

자활·자립이 가능한 저소득 장애인에게 생업자금, 생업용 자동차 구입, 출·퇴근용 자동차 구입비, 취업에 필요한 기술훈련비, 보조기구 구입 등에 필요한 자금을 장기 저리로 대여하여 자립을 유도하여 생활안정을 도모하기 위하여 실시한다(단, 생활가계자금, 주택전세자금, 학자금 등의 용도로 융자 불가).

대상은 성년(19세 이상) 등록장애인으로 소득기준은 가구의 소득인정액이 중위소득

50% 초과 100% 이하로 금융기관의 여신 규정상 결격사유가 없는 자로 한다(단, 「국민기초생활 보장법」상의 수급자 및 차상위계층은 미소금융재단의 자금대여상품을 이용).

대여한도는 무보증대출은 가구당 1,200만 원 이내이고(단, 자동차 구입자금의 경우 특수설비 부착 시 1,500만 원 이내), 담보대출은 5,000만 원 이하(담보범위 내)이다.

2. 공동주택 특별공급 알선

한국토지주택공사 등의 공공기관 또는 민간업체에서 국민주택 등에 해당하는 공동주택을 공급할 때 무주택 세대주인 장애인(지적장애·정신장애 및 정도가 심한 뇌병변장애인인 경우에는 그 배우자)에 대한 특별공급을 알선함으로써 장애인의 주거안정을 지원하고자 하는 제도이다.

3. 공동주택 공급 알선

한국토지주택공사 등의 공공기관 또는 민간업체에서 국민주택 등에 해당하는 공동주택을 공급할 때 무주택 세대주인 장애인(지적장애, 정신장애 또는 3급 이상의 뇌병변장애는 그 배우자 포함)에 대한 특별공급을 알선함으로써 장애인의 주거안정을 지원하고자 하는 제도이다.

4. 그 외 경제적 부담경감

국가나 지방자치단체 또는 민간기관에서 실시하며 장애인의 사회참여와 통합의 기회를 제공하기 위한 취지로 현금지급이나 이용료 감면, 면세, 결연사업, 무료법률구조 등 60여 종이 있다.

표 9-4 장애인 경제적 부담 시책

주요 시책	지원대상	지원내용
철도 · 도시철도 요금 할인	• 등록장애인	• 장애의 정도가 심한 장애(50%, 보호자 1인 포함) • 장애의 정도가 심하지 않은 장애(30%) • 도시철도(지하철, 전철): 100%
항공료 할인	• 등록장애인 기존 1～3급 및 보호자	• 대한항공(기존 1~4급), 아시아나항공 국내선요금 50% 할인(1~3급 장애인은 동행하는 보호자 1인 포함) • 대한항공(기존 5~6급 장애인) 국내선 30% 할인
유선통신요금 할인	• 등록장애인 • 장애인복지시설, 장애인복지단체, 특수학교, 아동복지시설	• 시내전화: 월 통화료 50% 감면 • 시외전화: 월 통화료 50% 감면(월 3만 원 한도) • 인터넷전화: 월 통화료 50% 감면 * 이동전화에 거는 요금: 월 1만 원 사용 한도 이내에서 30% 감면, 114 안내요금 면제(자동연결은 요금부과) • 초고속인터넷: 월 이용료 30% 감면 * 단체의 경우 2회선 감면(청각장애인 단체 등은 FAX용 1회선 추가 제공), 시·내전화, 인터넷전화 중복 감면 없음
이동통신요금 할인	• 등록장애인 • 장애인복지시설, 장애인복지단체, 특수학교, 아동복지시설 • 장애인복지법에 따른 장애수당, 장애아동수당 수급자, 장애인연금법에 따른 장애인연금수급자 중 국민기초생활 보장법에 따라 차상위계층으로 지정된 자	• 가입비 면제 • 기본료 및 통화료(음성 및 데이터에 한함) 35% 할인 * 차상위계층은 가구당 4인 한도 감면 가능, 월 최대 감면액은 10,500원 * 단, 이동전화재판매사업자(MVNO, 알뜰폰)는 감면 미실시
의료비 공제	• 등록장애인	• 당해년도 의료비 - 의료비 지출액 전액의 15% 공제
증여세 과세가액 불산입	• 등록장애인	• 장애인이 증여받은 재산을 신탁업자에게 신탁해 그 이익을 지급받은 경우 최고 5억 원까지 증여세 과세가액에 미포함
시 · 청각 장애인 TV 수신료 면제	• 시각 · 청각장애인이 있는 가정 • 사회복지시설에 입소한 장애인을 위하여 설치한 텔레비전 수상기	• 전액 면제
소득세 공제	• 등록장애인	• 장애인 1인당 연 200만 원 추가공제
상속세 상속 공제	• 등록장애인 - 국가유공 상이자 및 이와 유사한 사람으로서 근로능력이 없는 사람, 항시 치료를 요하는 중증환자 포함	• 상속인 및 동거가족인 등록장애인에게 상속 공제 • 「상속세 과세가액」에서 1천만 원에 상속 개시일 현재 통계법 제18조에 따라 통계청장이 승인하여 고시하는 통계표에 따른 성별 · 연령별 기대여명의 연수(소수점 이하는 버림)를 곱한 금액을 공제 * 상속세과세가액 = 당초의 상속세과세가액 - (1천만 원 × 기대여명의 연수)

장애인용 수입물품 관세 감면	• 등록장애인	• 장애인용 물품으로 관세법 시행규칙 별표2에서 정한 101종의 수입물품에 대하여 관세 면제 • 재활병원 등에서 사용하는 지체·시각 등 장애인 진료용구에 대해 관세 면제
장애인 차량 관련	• 심한 장애	• 장애인 승용자동차에 대한 개별소비세 면제(심한 장애): 개별소비세 500만 원 한도로 면제(교육세는 개별소비세의 30% 한도) * 장애인을 위한 특수장비 설치비용은 과세표준에서 제외 • 장애인차량 취득세(종전 등록세 포함) 자동차세 면제: 심한 장애(시각·지체·청각·신장·뇌전증·간·안면·장루·요루), 장애인용 자동차 1대에 한해 취득세(종전등록세 포함), 자동차세 면세 • 고속도로 통행료 및 공영주차료 할인(50%)

출처: 보건복지부, 장애인복지사업안내, 2024.

제4절 소득보장제도의 문제점 및 개선방안

장애인 소득보장제도가 운용됨에도 불구하고 여전히 경제적 어려움에 처해 있는 장애인들의 여건을 개선하기 위해 장애인 소득보장제도의 문제점과 개선방향을 제시하고자 한다. 우리나라의 장애인에 대한 소득보장제도로는 국민연금에서의 장애연금, 국민기초생활보장제도, 산업재해보상보험, 장애인연금 및 각종 수당제도 등을 통하여 장애인과 관련된 급여를 지급하고 있지만 실제 시행되는 제도들의 내용들은 다양성 및 포괄성에 있어서 부족하다.

1. 문제점

장애인 소득보장을 위한 각각의 제도들은 제한된 수급조건으로 인해 수급자 수가 적고 장애인의 소득보장과 자립생활의 촉진이라는 제도의 취지를 감안하면 지급액이 충분하지 못하다는 점에서 본연의 역할과 기능을 수행한다고 보기에는 어려움이 있다.

1) 소득보전 급여제도의 문제점

첫째, 소득보전 급여제도의 문제점은 장애연금과 장애인연금의 기초급여는 공통적으로 낮은 급여수준을 보인다. 장애연금 또는 장애인연금 기초급여 수급으로는 최저생활을 유지하기가 힘들어 소득보장을 통해 안정적인 생활을 보장하고자 하는 제도로서의 기능이 원활하지 못하다.

둘째, 장애연금은 장애기준과 장애등급 판정기준의 불일치가 발생하고 있다. 국민연금 장애심사규정에서 "장애"라 함은 부상 또는 질병이 완치되었으나 신체에 남아 있는 정신적 또는 육체적 손상상태로 인하여 생긴 노동력의 손실 또는 감소로 정의하며, 근로능력의 상실을 장애로 간주하지만 장애등급은 근로능력에 대해 검토를 하지 않고 의학적 기준만을 이용하여 4개의 등급으로 판정하고 있다.

셋째, 근로능력 상실로 소득활동이 중단되더라도 의학적 기준에 부합하지 않아 장애등급을 판정받지 못하면 장애연금을 수급할 수 없어 장애인의 경제적 어려움을 유발하고 있다. 장애인연금은 중증장애인의 대상 범위를 축소한 기준으로 운용하고 있다.

장애인 및 장애정도를 정의하는 「장애인복지법」에서 동법의 장애정도가 심한 장애인보다 좁은 기준으로 「장애인연금법」상의 중증장애인을 정하여 장애인연금의 대상 범위가 축소하고 있다. 「장애인복지법」에서는 장애등급제 폐지 전 1~3급을 판정받은 장애인을 중증장애인으로 정하고 있었으나, 「장애인연금법」상에서는 중증장애인은 1급, 2급, 중복 3급을 판정받은 장애인으로 「장애인복지법」과는 다르게 규정하고 있어 단일 3급을 판정받은 장애인은 장애인연금의 대상이 될 수 없다.

넷째, 국민기초생활보장제도는 장애인의 근로활동에 대한 기회비용의 고려가 부족한 실정이다. 국민기초생활보장 수급자인 장애인이 근로를 통해 소득이 발생할 경우 소득 자체가 수급상황에서 벗어날 정도로 많지 않으나 이로 인해 수급액이 감소하게 되거나 수급자격이 중단되어 경제적 어려움을 초래하고 있다. 수급자 장애인이 기초생활보장제도에 의존하더라도 소득활동을 하는 것과 생활수준에는 큰 차이가 없고 의료급여가 중요한 장애인의 특성상 수급자격의 중단은 생존의 문제와 직결되므로 근로활동을 포기하고 급여 수급을 선택하게 되는 경향이 높은 문제점이 있다.

2) 추가비용 급여제도의 문제점

첫째, 장애수당과 장애인연금의 부가급여는 장애로 인한 추가비용을 보전하기에 급여수준이 낮으며, 장애아동수당도 장애정도에 따른 장애로 인한 추가비용을 보전하기에 부족하다.

둘째, 「장애인복지법」 제50조는 각각 장애아동수당과 보호수당을 규정하고 있으나 장애아동수당만이 시행되고 있고 보호수당은 시행되고 있지 않다. 장애인 돌봄으로 인해 비장애 가구원은 전일 근로가 어려워 소득수준이 낮은 경향이 높으므로 보호수당을 통한 소득보전이 필요한 것으로 보인다.

2. 개선방안

1) 소득보전 급여제도의 개선방안

첫째, 장애연금의 급여 수준을 높이기 위해 100%~60%인 현재 지급률을 120%~80%로 상향 조정하는 방안이 있다. 장애연금액을 규정하고 있는 「국민연금법」 제62조를 개정하여 장애등급에 따른 지급률의 상향 조정이 가능하며, 동 방안은 기금고갈에 미치는 영향이 거의 없으면서 장애연금의 급여 수준을 높여 장애인에게 소득보장을 통한 생활개선을 가능하게 한다.

둘째, 장애인연금의 기초급여 수준을 높이기 위해 최저임금을 기준으로 기초급여를 지급하고 있는 일본과 네덜란드를 참고하여 기초급여 지급액을 인상하는 방안이 있다.

일본은 기초급여를 최저임금의 50%, 네덜란드는 최저임금의 21~70%까지 지급하고 있으며, 일본의 경우를 적용하여 기초급여를 2024년 최저임금 50%로 지급하여 현재 기초급여 최대금액인 40만 원을 훨씬 초과하여 소득보전 기능이 증대될 것으로 보인다.

이와 같은 동 방안의 시행을 위해서는 기초연금과 연동되어 있는 기초급여를 분리하여 장애인연금 기초급여만의 새로운 지급기준 마련이 필요하며, 이는 「장애인연금법」 제6조의 개정을 통해서 제도 개선이 가능할 것으로 보인다.

중증장애인은 근로활동에 제약이 크고 이로 인해 소득이 낮아 경제적으로 어려운 상태에 놓여 있으므로 중증장애인의 안정적인 생활보장과 자립생활 지원을 위해 장애인 연금 기초급여를 인상하여 공적 지원을 강화할 필요가 있다.

셋째, 장애연금의 장애등급 판정기준은 의학적 손상을 기반으로 하는 현재의 기준에서 벗어나 근로능력을 평가하여 장애등급을 부여하는 체계로 개편하고, 더 나아가 근로능력 평가를 기반으로 의료·직업 재활서비스를 제공하여 장애인의 직업생활 복귀를 도모할 필요가 있다.

근로능력 평가를 통해 장애를 판정하고 있는 영국, 네덜란드, 아일랜드 등 외국의 사례를 검토하여 장애정도 판정기준을 설계하고, 재활서비스 제공을 통해 장애인의 지속적인 소득활동을 가능하게 하며 이를 통해 장애급여 지출의 축소와 기금의 재원을 마련하는 선순환을 구축할 수 있을 것으로 보인다.

넷째, 「장애인연금법」의 중증장애인 범위에 단일 3급을 포함하여 장애인연금의 대상자 범위를 확대하고 장애인연금 수급자를 증가시켜 중증장애인의 생활안정을 지원하는 것이 필요할 것으로 보인다. 장애정도 외에 소득수준을 심사하는 장애인연금의 특성상 중증장애인의 기준을 확대한다고 해서 중증장애인 모두가 장애인연금의 대상이 되지는 않겠지만 대상자 확대와 지급액 상승은 불가피하므로 예산확보의 노력이 수반되어야 할 것이다.

다섯째, 장애인의 근로활동을 통한 자립생활 도모를 위해 국민기초생활보장 수급자 선정 시 「국민기초생활 보장법 시행령」 제5조의2에서 정하고 있는 장애인의 근로소득 공제율과 직업재활사업에 참가한 장애인의 근로소득 공제율을 인상하는 방안을 검토해 볼 수 있다.

장애인의 근로소득 공제율은 30%이고 직업재활사업에 참가한 장애인의 근로소득 공제율은 50%로서 장애인의 근로활동으로 인한 수급자격의 박탈이나 수급액의 감소에 대한 거부감을 해소하는데 부족해 보이므로 각각의 근로소득 공제율을 인상하여 지속적인 근로활동을 유도할 필요가 있다.

2) 추가비용 급여제도의 개선방안

첫째, 장애수당과 장애인연금 부가급여를 통합하여 장애로 인한 월평균 추가비용을 전액 보전하는 방안을 마련하는 것이 필요해 보이며, 장애정도와 소득수준에 따라 차등 지급하는 장애아동수당은 소득기준을 폐지하고 장애정도에 따라 발생하는 장애로 인한 월평균 추가비용을 전액 보전하는 방향으로 개편하는 방안을 검토할 필요가 있다.

장애로 인한 추가비용은 소득수준과 상관없이 발생하지만 「장애인복지법」과 「장애인연금법」은 장애인과 장애인가구원의 소득수준을 고려하여 지급하고 있으므로 제도의 개선에 있어서 소득수준의 적용을 폐지하는 것이 필요할 것으로 보인다.

둘째, 장애수당을 규정하고 있는 「장애인복지법」 제49조를 개정하여 장애인연금의 부가급여를 통합하고 소득기준은 폐지하며, 장애인실태조사를 통해 나타난 장애로 인한 추가비용을 보전하도록 규정하고 있다. 「장애인복지법」 제50조를 개정하여 장애아동수당의 소득기준은 폐지하고, 장애인실태조사를 통해 나타난 장애정도에 따른 장애로 인한 추가비용을 보전하도록 규정하여야 한다.

셋째, 「장애인복지법」 제50조에서 규정하는 바에 따라 보호수당제도를 조속히 시행하되 보호수당 지급액의 산정을 위해 외국 사례를 검토할 필요가 있다.

CHAPTER 10

장애인 접근권 및 자립생활

제1절 접근권

1. 개념 및 정의

장애인 접근권은 교육, 의료, 직업, 문화, 오락 그리고 복지 등의 활동과 서비스를 이용하는 경우에 반드시 행할 수밖에 없는 일상생활에 대한 권리이며, 일상생활에서 장애인의 선택과 결정이 수용되고 사회참여가 보장되는 구체적인 방법이라 할 수 있다.

접근권은 장애인에게는 생존권이며 모든 권리, 즉 노동권, 교육권 등의 다른 권리를 향유할 수 있는 수단이며, 접근권이 보장되지 않는다는 것은 국가 및 민간에서 제공하는 다양한 기회를 박탈당하는 것이고, 장애인의 인권이 사회적으로 박탈당하는 것이다. 이동권은 접근권에 대한 수단적 개념으로 사용되며 접근권은 이동에 필요한 보행로 등 도로, 지하철을 포함한 각종 교통수단에서부터 정보통신시설 및 주거 등 공공건축물에 이르기까지 생활하면서 반복해서 사용하는 생활 필수시설을 장애인이 이용하는 데 지장이 없도록 하는 것을 말한다. 접근권은 이동권뿐만 아니라 문화예술 등에 대한 접근을 의미하는 정보이용을 포함하는 개념이다.

접근권의 정의는 1993년 '세계인권대회의 비엔나 선언 및 행동계획'에서 장애인에 대한 차별의 금지와 국가는 모든 권리에 대한 접근을 보장해 줄 입법을 채택하거나 체계화할 것을 촉구하며 장애인에 대한 접근권의 보장을 국가의 책임으로 규정하고 있다. 우리나라에서도 1997년 「장애인, 노인, 임산부 등의 편의증진 보장에 관한 법률」에서 "장애인 등은 인간으로서의 존엄과 가치 및 행복을 추구할 권리를 보장받기 위하여 장애인 등이 아닌 사람들이 이용하는 시설과 설비를 다른 사람의 도움 없이 동등하게 이용하고 정보에 자유롭게 접근할 수 있는 권리를 가진다."고 선언하고 있다.

'장애인인권헌장' 제4항에서는 "장애인은 자유로운 이동과 시설 이용에 필요한 편의를 제공받아야 하며 의사표현과 정보이용에 필요한 통신, 수어통역, 자막, 점자, 음성조서 등 모든 서비스를 제공받을 권리를 가진다."고 규정하고 있다.

이후 장애인복지에서 접근권의 강조는 2002년 일본에서 개최된 아시아 · 태평양 지역대회의 아 · 태 장애인 10년(1993~2002) 행동계획안의 이행에 대한 주요 성과의 종결과 평가에 따른 보고 핵심내용 13개 영역에서도 지속되었으며, 같은 해 열린 국제연합 아・태지역경제사회위원회(UN ESCAP) 고위급 회의에서 채택한 비와코 헌장의 7개 핵심 사업영역에서도 동일하게 나타났다.

또한 Wolfensberger[1])는 사회통합에 이르는 방법으로 가치 부여된 물리적・사회적 환경 내에서 가치 부여된 활동에 종사함으로써 이루어지는 완전한 참여를 강조하였다. 이러한 완전한 참여는 접근권이 보장될 때 비로소 가능해질 것이다.

2. 접근권의 원칙

장애인은 접근권이 보장되어야 다양한 사회활동에 참여 및 시설 이용 등이 가능하기 때문에 접근권이 보장되지 않는 것은 장애인에 대한 사회적 차별의 또 다른 형태이다. 장애인 접근권은 안정성, 편리성, 유용성, 즉시성의 원칙을 지킴으로써 완전하게 보장될 수 있다.

1) 안전성의 원칙

임시적이고 형식적인 차원의 접근권이 아니라 영구적이고 편리하며 신변의 안전을 보호할 수 있는 접근권의 확보가 보장되어야 한다.

2) 편리성의 원칙

모든 시설은 최단거리로 이용할 수 있어야 하며 편안하고 쾌적하게 이용할 수 있어야 한다.

3) 유용성의 원칙

장애인만을 위한 특별한 대우의 접근성이 아니라 보편적 수단으로서의 접근성이 보장될 때 접근성이 확보된다. 접근권을 특별한 방법으로 이원화하는 것은 결과적으로

1) 정상화 이론을 1970년대와 1980년대 초반을 거치면서 정교화하였다.

장애인의 선택을 배제하고 특별한 수단을 강제화하는 것이다. 즉, 장애인의 접근권이 유용하게 이용되지 않고 제한적으로 제공됨으로써 불편함을 초래한다.

4) 즉시성의 원칙

언제 어디서나 장애인이 편리하게 대중교통수단을 이용하여 원하는 곳에 원하는 시간에 접근권이 확보되어야 한다.

3. 접근권의 내용

1) 물리적 접근권

물리적 접근권의 종류에는 이동권, 공공건물 및 공중이용시설, 공동주택, 공원 등의 이용권, 보조공학 등을 들 수 있다. 물리적 환경은 인간문명의 발전에 따라 발달해 온 기술(문화)에 의해 다양한 형태를 이룬다. 물리적 사회 환경은 거주 및 생활공간과 사회적 목적달성을 위한 물리적 수단을 포함한다. 이러한 물리적 환경은 누구에게나 필수불가결한 사회적 조건이지만, 사회 환경은 비장애인을 중심으로 형성되어 있기 때문에 장애인에게는 커다란 사회적 장벽이 되고 있다.

2) 정보접근권

정보접근권은 통신시설로서 컴퓨터 및 소셜네트워크(Social Network Service), 전화기, 우체국 등의 서비스를 들 수 있다. 특히 인터넷(Internet)과 같은 매체는 시・공간의 제약을 하지 않고, 가상공간의 자유를 허용함으로써 장애인들에게 새로운 가능성을 열어주었지만, 정보의 형태나 전달 방법 및 정보에 접근하는 방법을 점점 복잡하게 만듦으로써 신체 및 감각 부분에 어려움을 가진 장애인에게는 또 다른 장벽을 초래할 수 있다.

특히 의사소통이나 감각기능에 장애가 있는 경우 정보접근이 중요하다. 시각 및 청각장애인이 보거나 듣지 못해 정보접근을 제한받게 되면 기본적인 권리마저 제약을 받게 되며, 이는 또 다른 차별이다. 청각장애인이 수어통역 서비스를 받지 못해 범죄자로

부당하게 구금되어 인권이 침해된 사례도 있다. UN의 행동계획은 공공기관에서 제공되는 정보는 장애인을 포함하여 모든 사람에게 적절한 방법으로 전달될 수 있도록 조치를 취할 책임을 강조하고 있다.

장애인이 이용할 수 있는 권리와 이용 가능한 서비스가 무엇인지 구체적으로 알려주어야 하고, 일상적인 의사전달 수단으로 쉽게 의사를 전달할 수 없는 사람들을 위한 특수자료(점자, 수어 등)의 마련을 권고하였다.

'장애인 정보화'란 장애인이 정보통신을 활용하여 사회 환경에 적응하게 하는 한편, 환경체계의 정보통신기술과 서비스를 장애인에게 적응시키며, 나아가 양 체계 및 공유영역에서 행해지는 복지서비스를 정보통신을 활용하여 개선·발전시키려는 노력이다.

여기에는 정보통신기기와 서비스를 장애인도 접근·이용할 수 있게 만들고, 장애인에게 정보통신기기와 특수한 하드웨어, 소프트웨어를 개발·보급·교육하며 비용을 보조해 주는 노력이 포함된다.

또한 장애인복지 종합정보시스템은 클라이언트를 위한 원스톱 통합 민원창구, 복지서비스 제공자들의 네트워크, 복지활동 참여를 위한 시민의 네트워크 등으로 역할을 수행할 수 있다. 정보화 사회에서 모든 장애인이 장애와 상관없이 기본적인 정보통신서비스에 접근할 수 있도록 보장해 주어야 한다. 특히 행정서비스를 제공하는 공공기관은 시각장애인에게 점자안내서나 음성서비스, 청각장애인에게 수어통역이나 자막방송을 제공하여야 한다.

정부기관이나 공공성이 있는 행정서비스에 대해서는 장애인용 사용지침을 반드시 제작하도록 규정해야 한다. 편의시설이 갖추어지기 전까지 최소한 대인적 서비스를 통해 편의를 보장하는 체계가 마련되어야 한다.

4. 접근권의 문제점과 개선방안

1) 물리적 접근권의 문제점과 개선방안

첫째, 보편적 인권존중에 기반을 둔 장애인차별금지에 대한 국민적 인식이 미흡하다. 둘째, 편의시설 설치가 과거에 비해 확대되고 있지만 장애인의 사회참여 욕구의 증대에 비해 여전히 미흡한 실정이다. 셋째, 장애유형별 욕구의 수용이 제한되고 특정영역의 설치율만 높을 수 있어 장애인의 실질적인 이용편의를 도모하는 데는 어려움이 있다.

이러한 제한점을 해소하고 실질적인 물리적 접근권을 보장하기 위해서는 장애인차별 개념 및 사례에 대한 지속적인 홍보 및 장애인 인식개선 노력이 요구되며 고용, 교육, 시설물 접근과 이용, 이동, 교통수단의 이용, 정보접근, 문화, 예술, 체육 등, 제도·법령 도입에서 장애 통합적 접근이 필요하다.

2) 정보접근권의 문제점과 개선방안

첫째, 정보화기기의 부족으로 보조공학기기의 개발과 투자에도 불구하고 실제적으로 장애인들은 보조공학기구들에 대한 정보가 부족하고 개발된 도구들이 각 개인의 장애특성에 적합하지 않으며 장애인들의 접근성을 높이기 위한 시스템이 부족하다. 또한 컴퓨터 등 정보통신 설계 시 장애인을 고려한 보편적인 설계가 아직까지 제대로 이루어지지 않고 있다. 둘째, 장애특성에 적합한 기기의 개발지원과 보급을 지원하는 등의 포괄적인 관리체계가 미흡하다. 셋째, 장애인을 대상으로 한 정보화 교육이 미흡하고 전문 인력이 부족하다.

3) 문화접근권의 문제점과 개선방안

첫째, 문화시설에서 제공하는 기존 프로그램 또는 인프라가 장애인의 욕구를 충분히 수용하지 못해 장애인의 문화활동 참여율이 저조하다. 둘째, 정보접근이나 편의시설의 부족으로 문화 참여가 어렵다. 이에 따라 문화접근권을 높이기 위해서는 문화 인프라를 조성할 때 장애인의 욕구를 반영할 필요가 있으며, 특히 민간 차원의 적극적인 참여가 요구된다.

제2절 편의시설

1. 개념

편의시설이란 “장애인 등이 신체적, 정신적 장애로 인하여 비장애인이 사용하는 여러 가지 시설을 이용하는 데 많은 어려움이 따르기 때문에 장애인의 사회통합에 대한 불완전을 완화 또는 제거하기 위한 기구나 시설, 설비” 등을 말한다. 편의시설은 장애인의 생활에 직접적으로 많은 영향을 미치며, 기회와 평등을 보장하는 장치이며, 사회참여를 통한 사회통합에 가장 기본적인 요소라고 할 수 있다(권선진, 2020).

편의시설을 설치해야 할 구체적인 대상물로는 도로, 공원, 공공건물, 공중이용시설(제1종 근린생활시설, 제2종 근린생활시설, 문화 및 집회시설, 종교시설, 판매시설), 의료시설(병원, 장례식장), 교육연구시설(학교, 교육원, 도서관), 노유자시설(아동관련시설, 노인복지시설, 기타 사회복지시설), 수련시설, 운동시설(체육관, 운동장), 업무시설, 숙박시설, 공장, 자동차관련시설(주차장, 운전학원), 교정시설, 방송통신시설, 묘지관련시설, 관광휴게시설, 공동주택(아파트, 연립주택, 다세대주택, 기숙사), 교통수단, 통신시설 등이며 장애인들의 사회적응에 대한 불편이나 제약을 최소화 또는 제거하기 위한 사회적 기구나 제반시설과 설비이다.

의무적으로 설치해야 하는 편의시설의 종류에는 주출입구 높이 차이 제거(전체 시설), 점자블록, 주출입구 접근로, 출입구 문, 대변기, 장애인전용주차구역, 복도, 계단 또는 승강기 등이 있다.

편의시설은 장애인들과 비장애인들이 동일하게 이동 또는 사회에 참여할 수 있도록 보장하는 것이며 장애인들이 가지고 있는 사회적 불리를 인적 · 물적 · 사회적 자원의 활용과 협력을 통해 최대한으로 감소시키는 데 필요한 시설이다. 장애인들만을 대상으로 하는 것이 아니라 사회적 구성원을 대상으로 무장애의 환경구축을 목적으로 한다.

편의시설은 장애인의 사회참여를 위한 가장 기본적인 것이며, 장애인복지서비스를 적절하게 제공하기 위해서는 제공되는 장소에 대한 접근 또는 이동이 갖추어져야 한다. 한편 장애인 접근권 확보를 위한 편의시설의 설치 및 확충은 단순하게 장애인의 대상물 접근과 이동의 편의만을 위한 것이 아닌, 설치에 따라 파생되는 사회적 · 경제적 측면이 내포되어 있다.

그러나 편의시설 대상 시설의 제한, 이동상의 연계미비 등으로 실제로는 편의시설이 매우 부족하며, 특히 교통수단이나 교육시설 등에 있어서 장애인의 편의를 고려한 설비가 제대로 갖추어져 있지 않은 실정이다.

2. 편의시설의 종류

편의시설의 종류는 다음과 같다.

표 10-1 편의시설의 종류

매개시설	주출입구 접근로	마감재, 이음새, 단차, 기울기, 보행 장애물
	장애인전용주차구역	출입구 접근 가능성, 주차면수, 넓이, 표시 및 표지판 등
	주출입구 높이 차이 제거	단차, 출입구 폭, 경사로
내부시설	출입구 문	높이 차이, 점자블록, 폭, 손잡이, 전·후면 유효거리
	복도	폭, 바닥면, 단차, 보호벽 등
	계단 또는 승강기	폭, 면적, 손잡이, 점자표시 등
위생시설	대변기	남녀 구분, 연결통로, 단차, 점자블록, 점자표시, 칸막이, 유효 폭, 높이, 손잡이 등
	소변기	손잡이, 높이
	세면대	높이, 수도꼭지
	욕실	폭(출입구, 내부), 바닥면, 미닫이문, 욕조 높이 등
	샤워실 및 탈의실	폭, 바닥면적, 의자 높이, 수도꼭지 형태 등
안내시설	점자블록	연속성, 표준형
	유도 및 안내시설	안내판(촉지도식), 음성안내장치 등
	경보 및 피난시설	청각경보시스템, 연속설치 등
기타	객실, 침실	접근 가능성, 개수, 유효 폭, 침대 높이, 화장실 등
	관람석, 열람석	위치, 단차, 면적
	접수대, 작업대	단차, 접근 가능성, 높이, 깊이
	매표소, 판매기, 음료대	높이, 점자표시 등
	임산부 등을 위한 휴게시설	모유 수유를 위한 별도의 장소 마련

출처: 국가법령정보센터, 장애인·노인·임산부 등의 편의증진 보장에 관한 법률 시행령 『대상시설별 편의시설의 종류 및 설치기준』, 2024.

3. 설치규정

편의시설 설치규정은 다음과 같다.

표 10-2 편의시설 설치규정

시설	기준항목	내용
경사로	설치장소	공공건물, 공중이용시설, 공원, 통신시설, 공공주택
	경사도	1/12(높이 1m 이하 - 1/8)
	바닥마감	미끄러지지 않는 것
	보호벽	경사로 끝부분에 5cm 이상의 단 또는 측벽
	기타	폭, 참, 여유 공간, 손잡이, 추락 방지턱 등
승강기	설치장소	교통시설 및 6층 이상의 연면적 2,000㎡ 이상 건축물
	크기	1.5×1.5m
	입구 폭	0.9m 이상
	틈	2cm 이하
	조작기 높이	0.8～1.2m
	전면거울	견고한 재질
	기타	유효바닥면적, 손잡이, 표시, 자동레벨 조작장치, 호출기, 바닥마감, 개폐시간 등
안내표시	설치장소	장애인시설이 설치된 곳
	기타	크기, 작동법 등 세부기준
위생시설	설치장소	5개 이상의 대변기가 설치된 공공건물 및 공중이용시설
	입구 폭	0.9m 이상
	칸막이 크기	1.0×1.8m
	손잡이	수평 : 65～70cm, 수직 : 0.6～1.5m 높이
	기타	변기구조, 높이 등
관람공간	설치장소	500석 이상의 관람석을 설치하는 공연장 또는 관람장
	기타	위치, 보청장치 등
주차장	설치장소	장애인용 승강기 설치대상 건축물에 부설주차장 대수의 1%
	크기	너비 3.3m 이상, 길이 5m 이상, 평행주차는 6.5m 이상
	기타	장소, 단차, 바닥면, 유도표시 등
도로 및 횡단보도	설치장소	도로, 일반도로, 지하도로
	단차	2cm 이하 또는 연석경사로 설치
	신호기, 유도블록	설치
	기타	보도바닥재, 경계, 유효 폭, 기울기 등

통신시설	설치장소	장애인 요구가 있는 경우 : 장애인용 전화기 1대 이상 설치
	기타	공중전화대, 우체통 등

출처: 국가법령정보센터, 장애인 · 노인 · 임산부 등의 편의증진 보장에 관한 법률 시행령 『대상시설별 편의시설의 종류 및 설치기준』, 2024.

4. 유니버설 디자인(Universal design)

유니버설리즘(Universallism)은 21세기 장애인 편의복지의 가장 보편적 가치 이념이 될 것이다. 유니버설 디자인은 "장애인뿐만이 아닌 모든 사람을 위한 보편적 디자인으로 이동장애뿐만 아니라 의사소통 장애에 이르기까지, 대상은 아동에서부터 청 · 장년층, 노인층에 이르기까지 누구나 어디서든지 이용할 수 있는 제품이나 시설 등이 갖추어진다는 것을 의미한다. 보편적 설계의 목적은 누구나 신체장애 유무에 상관없이 모든 사람이 사용할 수 있는 환경이나 제품을 만드는 것을 의미한다.

유니버설 디자인에 대한 논의는 1998년 개최된 제1회 국제 유니버설 디자인 대회를 통해 보편적 디자인의 7원칙이 제시되었다.

표 10-3 유니버설 디자인의 7원칙

7원칙	내용	사례
공평한 사용 (equitable use)	• 능력이 각기 다른 사람들에게 유용하고 판매가 가능한 것	• 매장의 입구를 모든 사람이 마음에 들도록 디자인하는 것
사용상의 융통성 (flexibility in use)	• 개인의 다양한 기호와 능력을 폭넓게 수용, 선택의 가능성, 변경가능성, 조절가능성 등의 특성, 시간의 경과에 따른 사용자의 능력변화에 대한 수용까지 가능한가	• 사용방법상의 선택의 가능성을 제공하는 것 • 오른손잡이와 왼손잡이가 모두 쉽게 접근하고 사용할 수 있게 하는 것
간단하고 직관적인 사용 (simple and intuitive use)	• 결과물이 사용자의 지식, 경험, 언어능력, 현재의 전념정도와 상관없이 이해하기 쉬워야 함 • 디자인 결과물이 지니고 있는 지원성이 모든 사람에게 쉽게 인지될 수 있는가	• 안내물을 중요성에 따라 일관되게 배열하는 것
쉽게 인지할 수 있는 정보 (perceptible information)	• 결과물이 주위의 상태나 사용자의 지각능력에 상관없이 필요한 정보를 효과적으로 전달 · 정보(위험, 사용방법, 지시, 방향 등) 전달을 쉽게 인지시키기 위한 측면	• 중요한 정보는 다양한 방법(그림, 음성, 촉각 등)을 사용하여 다양하게 표시하는 것

오류에 대한 포용력 (tolerance for error)	• 의도하지 않았던 행동으로 인한 불리한 결과와 장애를 최소화 • 오류와 장애의 결과적 측면의 예방에 초점을 두었는가	• 가장 많이 사용하는 요소는 가장 접근하기 쉽게, 장애를 일으키는 요소들은 제거, 분리하거나 막아 놓는 것
적은 물리적 노력 (low physical effort)	• 사용 시 최소한 피로감을 느끼면서 효율적으로 사용	• 사용자가 자연스러운 신체자세를 유지하는 것 • 반복적인 조절행위와 물리적인 힘을 지속적으로 사용하는 것을 최소화하는 것
접근과 사용을 위한 크기와 공간 (size and space for approach and use)	• 사용자의 신체크기, 지세, 이동과 상관없이 접근하고 손이 닿고 조작하기 적합한 크기와 공간을 제공	• 중요한 요소들은 앉거나 설 경우 확실히 볼 수 있는 시야에 제공하는 것 • 무엇을 잡을 때 쥐는 손의 크기가 다양한 시설을 수용하는 것

출처: 국가법령정보센터, 장애인 · 노인 · 임산부 등의 편의증진 보장에 관한 법률 시행령 『대상시설별 편의시설의 종류 및 설치기준』, 2024.

5. 문제점과 개선방안

1) 문제점

편의시설에 대한 문제점은 첫째, 보건복지부 중심의 계획으로 추진하다 보니 여러 부서의 협조가 이루어지지 않고, 예산확보에도 구체적 방안이 미흡하다. 둘째, 보편적 인권존중에 기반을 둔 장애인차별금지에 대한 국민적 인식이 미흡하다. 셋째, 편의시설 설치가 과거에 비해 확대되고 있지만 장애인의 사회참여 욕구의 증대에 비해 여전히 미흡한 실정이다. 넷째, 장애유형별 욕구의 수용이 제한되고 특정영역의 설치율만 높을 수 있어 장애인의 실질적인 이용편의를 도모하는 데는 어려움이 있다. 다섯째, 편의시설이 규정에 맞지 않게 설치되어 있는 경우가 많아 장애인의 사용에 불편한 경우가 많다. 여섯째, 민간시설의 편의시설이 미비하나 그에 대한 지원이 부족하다.

2) 개선방안

장애인 편의시설의 개선방안으로는 첫째, 장애인편의시설은 한 부서 중심의 추진을 벗어나 국토해양부나 행정안전부, 지방행정부서와 유기적으로 협조가 되어야 하며, 정책적으로 접근해야 한다.

둘째, 민간부문의 편의시설의 설치를 높이기 위하여 시설설치에 따른 부담을 경감시키는 세제혜택이나 지원금의 확대가 필요하다. 셋째, 장애인의 주거 및 생활공간 중심의 편의시설 설치를 확충하여야 한다. 넷째, 편의시설 설치에 대한 사회적 인식개선과 교육이 강화되어야 한다.

특히, 일반시민뿐만 아니라 공무원이나, 학생, 건축업종사자에 대한 홍보와 교육을 강화할 필요가 있다.

제3절 보조공학

1. 개념

보조공학(assistive technology)이란 장애인이 직면하는 문제들을 개선하기 위한 보조공학기기, 보조공학 서비스 그리고 그와 관련된 학문분야를 말한다. 그중에서 보조공학기기는 장애인이 과제나 작업, 일상생활을 할 때 그것이 없으면 할 수 없거나 또는 더 쉽고 나은 방법으로 할 수 있게 해주어 장애인의 기능적인 능력의 개선, 유지, 확대에 필요한 도구나 물품 및 생산시스템이다. 보조공학이 응용되는 분야는 일상생활, 컴퓨터 대체접근, 주택 및 직장환경 개조, 착석 및 자세 보조, 이동보조, 학습증진, 보완대체 의사소통, 장애인 여가 및 스포츠를 보조하는 분야가 있다.

보조공학이라는 용어는 1980년대 후반부터 미국에서 사용하기 시작하였으며, 그 정의는 보조공학법(Technical Assistance to the states Act)에 제시되어 있는데 이 법에 보면, 보조공학이란, "상업적으로 시판되어 언제든지 쉽게 구입할 수 있거나 개조·변형하거나 주문·제작할 수 있는 장애인 개개인의 기능적 역량을 증진, 유지 또는 향상하기 위해 사용될 수 있는 물품이나 장비 또는 생산시스템이다"라고 규정하고 있다(우주형 외, 2023).

국제표준화기구(ISO)에서는 재활보조기구란 "장애인이 사용하는 제품, 기기, 시스템으로 장애를 경감 또는 완화시키기 위해 제작되는 제품"으로 정의하고 있다.

2. 보조기기 서비스 이용실태

장애인보조기기 서비스 이용경험에서는 전 장애영역에서 상담과 평가 단계, 사용교육 및 훈련 단계, 사후관리 단계 모두에서 비슷하게 경험이 많지 않은 것으로 나타났다. 그리고 보조기기 서비스 이용경험이 가장 높은 장애종류는 청각장애가 모든 영역에서 가장 높고, 그다음이 호흡기장애, 장루·요루장애 순으로 나타났다.

표 10-4 보조기기 서비스 이용경험

구분	지체 장애	뇌병변 장애	시각 장애	청각 장애	언어 장애	지적 장애	자폐성 장애	정신 장애	신장 장애	심장 장애	호흡기 장애	간 장애	안면 장애	장루·요루 장애	뇌전증 장애	전체
상담과 평가	11.3	21.7	13.0	42.4	12.2	4.1	3.8	6.5	9.1	7.3	34.9	2.7	5.5	28.1	6.4	16.2
사용교육 및 훈련	9.9	20.3	10.2	41.3	10.0	3.1	1.5	2.7	8.5	5.0	29.4	1.8	2.2	28.4	2.7	14.7
사후 관리	7.5	16.7	8.2	36.3	8.7	1.3	1.8	0.9	5.9	2.9	22.7	1.8	2.2	22.0	2.6	11.9

출처: 보건복지부, 장애인실태조사, 2020.

그리고 장애인보조기기를 구입하지 않는 주된 이유에서는 "구입비용 때문에"가 42.3%로 가장 높았고, "별효과가 없을 거 같아서"가 15.5%, "사용이 불편할 거 같아서" 12.2%, "적합한 보조기기가 무엇인지 몰라서"가 12.0% 순으로 나타났다.

표 10-5 보조기기를 구입하지 않는 주된 이유

구분	성별		연령별				장애정도		전체
	남	여	17세 이하	18~44세	45~64세	65세 이상	중증	경증	
적합한 보조기구가 무엇인지 몰라서	12.2	11.9	15.5	13.3	13.1	11.2	12.8	11.5	12.0
별 효과가 없을 것 같아서	16.5	14.6	8.5	10.9	13.9	17.4	17.7	13.8	15.5
사용이 불편할 거 같아서	12.8	11.7	–	6.0	10.7	14.5	9.7	14.2	12.2
미관상 흉해서	2.5	3.6	2.3	5.4	1.0	3.7	1.5	4.3	3.1
구입비용 때문에	42.6	41.9	45.4	45.5	44.8	40.4	41.1	43.1	42.3
구입처를 몰라서	1.2	2.8	–	2.8	2.1	2.3	1.3	2.5	2.0
구입할 시간이 없어서	1.0	1.1	–	–	1.5	1.0	0.4	1.6	1.0
적합한 보조기기가 없어서	4.5	8.9	18.6	9.4	6.5	5.8	8.5	5.2	6.7

국내생산이 안 되어서	0.3	–	–	–	–	0.2	0.3	–	0.1
기타	6.6	3.4	9.7	6.6	7.5	3.4	6.6	3.7	5.0
계	100.0	100.0	100.0	100.0	100.0	100.0	100.0	100.0	100.0

출처: 보건복지부, 장애인실태조사, 2020.

장애인보조기기 구입 시 외부지원 경험에서는 43.2%로 아직까지 보조기기 구입에서의 지원이 미흡한 것으로 나타났으며, 외부 지원받은 경험자 중에서 17세 이하 연령층에서 71.0%로 가장 높게 나타났다.

표 10-6 보조기기 구입 시 외부지원 경험 여부

구분	성별		연령별				장애정도		전체
	남	여	17세 이하	18~44세	45~64세	65세 이상	중증	경증	
예	44.6	41.8	71.0	51.0	41.0	42.8	53.2	37.1	43.2
아니요	55.4	58.2	29.0	49.0	59.0	57.2	46.8	62.9	56.8
계	100.0	100.0	100.0	100.0	100.0	100.0	100.0	100.0	100.0

출처: 보건복지부, 장애인실태조사, 2020.

3. 우리나라의 보조공학 관련제도

보조공학과 관련하여 제정된 특별법으로 2015년 「장애인 · 노인 등을 위한 보조기기 지원 및 활용촉진에 관한 법률」(약칭, 장애인보조기기법)이 있다. 이 법은 장애인과 노인 등을 위한 보조기기의 지원과 활용촉진에 대한 사항을 규정하고 보조기기 서비스를 효율적으로 제공하여 장애인 · 노인 등의 활동의 제약을 최소화함으로써 삶의 질 향상에 이바지함을 목적으로 한다. 이 법은 장애인이나 노인들의 필요와 요구에 따라 보조기기를 관리하고 자유롭게 활용할 수 있도록 보장하고, 이를 통해 자아를 실현하여 사회참여와 삶의 질 향상을 통하여 사회통합을 이루는 것을 기본이념으로 하고 있다.

「장애인보조기기법」에서는 보조기기의 연구개발과 활성화에 대한 내용을 담고 있으며, 여기에서는 보조기기업체의 육성과 연구지원을 통해 우수 보조기기업체를 발굴하고 재정적 지원을 하여 보조기기에 대한 연구 개발활동 및 보조기기의 서비스 제공을 지원하도록 규정하고 있다. 또한 보조기기 관련 전문 인력으로 보조공학사를 명시하고 있으며, 이에 관한 자격증 교부 결격사유와 자격취득 후 보수교육에 대한 의무 및 자격의 취소, 종지에 대한 내용 등을 담고 있다.

보조기기 전달체계는 중앙보조기기센터와 지역보조기기센터가 있으며 각각의 역할과 수행사업은 다음과 같다.

표 10-7 보조기기센터의 사업

중앙보조기기센터	지역보조기기센터
1. 보조기기 관련 정책연구 및 개발 사업 2. 보조기기 전문 인력에 대한 교육, 연수 및 보조기기 정책 홍보 3. 보조기기 관련 정보의 수집 및 데이터베이스 구축·제공 4. 지역보조기기센터의 운영 및 관리 지원 5. 보조기기 이용자 및 이용실태 관련 모니터링 6. 보조기기 관련 국제 협력 7. 그 밖의 보조기기지원 및 활용촉진을 위하여 필요한 사업으로 보건복지부장관이 정하는 사업	1. 보조기기 관련 상담·평사·적용·지원 연계 및 사후관리 등 사례관리 사업 2. 보조기기 전시·체험장 운영 3. 보조기기 정보제공 및 교육·홍보 4. 보조기기 서비스 관련 지역 연계 프로그램 운영 5. 보조기기 장지 및 단기 대여, 수리, 맞춤 개조 제작, 보완 및 재사용 사업 6. 다른 법률에 따른 보조기기 교부 등에 관한 협조 7. 중앙센터가 수행하는 사업 협력 8. 그 밖에 보건복지부장관이 정하는 사업

4. 보조공학의 문제점 및 개선방안

장애인보조기기 서비스의 문제점 및 개선방안으로는 첫째, 장애인 개인별 욕구에 맞는 보조기기의 지원이 부족하다. 장애인의 욕구 변화는 첨단화되고 자동화된 보조기구가 필요한데, 그에 따른 관심이나 기술개발이 미흡한 수준이다. 특히 재활보조기구 관련업체 등의 영세성으로 연구개발에 대한 투자가 부족하므로, 정책적으로 연구개발 사업을 주도하고 지원하는 것이 필요하다. 둘째, 장애인이 보조기구가 필요로 하지만 경제적인 문제로 사용하지 못하는 경우가 많아 국민건강보험, 의료급여, 무료급여 확대 등의 지원이 필요하다. 셋째, 재활보조기구에 대한 정보와 홍보가 부족하므로 재활보조기구에 대한 인식개선이 필요하며, 장애인들이 안전하게 사용할 수 있는 환경을 조성해야 한다.

제4절 자립생활

1. 개념

장애인의 자립생활모델은 장애인을 종전의 의학적 모델에 근거한 재활모델에 반대하여 생겨난 개념으로, 장애인을 단순한 수혜자 또는 환자가 아닌 소비자 중심주의에 의해 적극적인 소비자로 인식하는 것으로 장애인 본인의 삶을 스스로 계획하고 서비스 공급에도 직접 참여하는 당사자주의를 추구한다.

이러한 최근의 자립생활모델은 사회적 모델에 기반하여 장애는 본인의 개인적인 문제가 아니라 그를 둘러싼 사회 및 환경과의 관계에서 발생하는 문제이며, 따라서 단순한 의학적인 기능회복이 아니라 장애인의 사회참여를 방해하는 환경적 요인을 제거함으로써 사회통합을 이루는 것이 강조된다. 즉, 이러한 과정에서 장애인은 스스로의 선택권과 자기결정권으로 사회에서 주도적인 참여를 보장하여 지역사회에서 통합되어 살아가는 것이 목표이다.

2. 자립생활의 등장

미국의 자립생활운동의 시작은 장애운동의 아버지라 불리는 Ed Roberts가 1962년 바클리 캘리포니아 대학에 입학하면서부터이다. 그는 입학 후 교내 시설 등의 비접근성 때문에 어려움을 겪으면서 이를 학교당국에 호소한 후 그 소식을 들은 장애학생들의 참여로 소그룹을 조직하게 되었으며, 그 후 "신체장애인 학생프로그램(Physically Disabled Students Program, PDSP)"이 시작되었다. 이 프로그램이 성공적으로 진행되자 교내뿐만 아니라 외부의 일반장애인들도 참여하면서 미국 장애인들의 삶에 혁신적인 변화를 가져올 '자립생활센터(Center for Independent Living)'가 탄생하게 되었다. 그 후 1981년 전미 자립생활협의회(National Council on Independent Living, NCIL)가 설립되어 장애운동의 틀을 잡는 계기가 되었다.

미국의 자립생활센터는 지역사회를 기반으로 소비자 주도로 운영되며, 모든 장애유형을 대상으로 하는 민간 비영리기관이다. 또한 자립생활센터의 기본철학으로 첫째, 소비자에 의한 운영, 둘째, 자조와 권익옹호, 셋째, 동료관계 및 동료 간 역할모델의 발전, 넷째, 모든 지역사회 자원에 중증장애인의 평등한 접근성 보장을 제시하고 있다.

이러한 미국의 중증장애인을 중심으로 전개되었던 시민권 확보운동이 일본을 거쳐 우리나라에 소개되었다. 우리나라도 미국과 일본의 자립생활센터 모델을 수용하여 운영하다가 우리의 복지현황에 맞는 모델로 변화를 계속하고 있다.

우리나라에 자립생활운동이 시작된 것은 1997년 일본의 자립생활 운동가인 휴먼케어협회 소자 나까니시(デバィスナカニツ)가 '서울국제장애인학술대회'에서 일본의 자립생활운동을 소개하면서부터이다. 그 후 정립회관의 자립생활실천세미나 등 활동으로 전국적으로 확산되었으며, 2000년 우리나라 최초의 자립생활센터인 '동대문 피노키오 자립생활센터'와 '광주 우리이웃 자립생활센터'가 설립되었다. 우리나라는 2000년 이후 자립생활운동이 본격적으로 이슈화되기 시작하면서 자립생활센터 및 관련단체는 2005년 이후 크게 증가하였다.

우리나라의 자립생활운동은 미국과 일본을 거쳐 그 이념이 전파되었으며 선진국의 이념 및 실천방법을 모델로 이루어졌다.

3. 자립생활서비스 원리

자립생활연구가인 Nosek(1988), Stuart(2000)는 자립생활서비스가 지향해야 할 실천 원리를 다음과 같이 제시하였다(서울시정개발연구원, 2004).

① 비차별성(Nondiscrimination): 모든 연령의 장애인과 그 가족이 서비스 지원체계에 참여할 권리를 가져야 한다.

② 포괄성(Comprehensiveness): 제공되는 서비스 영역이 포괄적이어야 하며 모든 장애영역을 포함해야 한다.

③ 형평성(Equity): 소득수준이나 사회적 지위가 아닌 욕구에 기초한 서비스가 제공되어야 한다.

④ 비용지불의 효용성(Efficiency): 프로그램 제공과정에서 발생하는 행정비용을 최소

화해야 한다.

⑤ **소비자 통제**(Consumer Control): 장애인이 자신의 자립생활을 위한 서비스를 주체적으로 선택하고 결정할 수 있는 권한을 가져야 한다.

4. 자립생활서비스 내용

자립생활서비스는 장애인들이 지역사회에서 독립적으로 생활하는 데 꼭 필요한 서비스를 스스로 선택하여 지역사회활동에 참여할 수 있도록 지원하는 프로그램으로 동료상담, 활동보조서비스, 교통편의 제공, 자립생활기술훈련, 정보제공과 의뢰, 권익옹호, 주택서비스, 장비관리 · 수리 · 임대, 복지서비스에 대한 상담 등의 서비스를 제공하고 있다. 미국에서 자립생활센터의 사례를 통한 자립생활서비스 내용은 다음과 같다(서울시정개발연구원, 2004).

① **동료상담서비스**(Peer Counseling): 장애인이 가지고 있는 문제를 가장 잘 이해하고 있고 또한 같은 문제를 가진 장애인 동료상담서비스를 통해 적절한 조언과 정보를 얻는 것이다.

② **활동보조서비스**(Personal Assistance Service): 중증장애인의 신변처리 및 각종 일상생활을 도와주거나 대신해 주는 서비스로 유급을 원칙으로 한다. 장애인이 선택권과 결정권을 가지고 시간과 용도 등을 결정할 수 있다.

③ **교통편의 제공**: 장애인이 자립생활을 가능하게 할 수 있는 가장 구체적이고 핵심적인 서비스로 이동권과 접근권을 보장하는 수단이다.

④ **자립생활 기술훈련**: 주로 동료교육을 원칙으로 하며 신변처리기술, 가정생활기술, 사회생활기술 등 3개 영역으로 구분하여, 커뮤니케이션기술, 소비자권리, 생활기술, 가사기술, 주택선택과 개조, 활동보조인 관리, 건강관리, 여가관리, 성생활, 이동기술 등이 포함된다.

⑤ **정보제공과 의뢰**: 자립생활에 필요한 각종 제도 및 정책에 대한 정보, 법률, 자원활용, 각종 결정 등의 정보를 제공받을 수 있는 서비스와 자원관리를 지원한다.

⑥ **권익옹호**(Advocacy): 단순한 서비스 제공의 차원을 넘어 권리의 차원에서 지원해주는 것으로 권리의 침해를 해소하고 법률적인 지원을 포함된다. 여기에는 첫째,

권익옹호를 통해 이용자들의 자기옹호능력을 강화하고, 센터직원들이 이용자들을 대신해 직접 행동을 하는 경우가 있다.

⑦ **주택서비스:** 주택 관련 권익옹호, 정보제공, 기술적 지원을 제공하는 서비스로 주택소개, 개조, 주택비용 지원제도의 활용방법 교육 등이 있다.

⑧ **장비관리 · 수리 · 임대:** 각종 재활기구, 재활보조기구의 유지 · 관리를 지원한다.

⑨ **복지혜택에 대한 상담:** 공공부조, 연금, 의료보호 등 각종 제도에 대한 업데이트된 정보를 제공한다.

5. 자립생활의 문제점 및 개선방안

자립생활의 문제점과 개선방안으로는 첫째, 장애인 당사자의 역량의 부족과 정부의 제한된 예산으로 지역사회 자원의 확보가 어렵고 그 활용성도 미흡하다. 이에 따라 당사자의 역량 강화 교육과 정부의 적극적인 재정지원이 필요하다. 둘째, 사업수행 경험이 풍부한 전문 인력의 부족으로 효과적인 자립생활을 지원할 수 있는 전문 인력의 양성이 필요하다. 셋째, 기조의 장애인복지 서비스 전달체계인 복지관, 주간 · 단기보호시설, 그룹홈(Grouphome)과의 중복된 기능을 재정비하고 관계성립이 필요하다. 넷째, 지역사회에서 자립생활이 정착하려면 비장애인에 대한 이해와 배려가 필요하므로 자립생활에 대한 철학과 이념 등에 대한 적극적인 홍보가 필요하다.

CHAPTER 11

장애와 고령화

제1절 장애노인

제2절 장애인의 노화경험

제3절 장애인복지의 돌봄서비스

제4절 노인복지의 돌봄서비스

제5절 국외 장애노인 서비스 지원 현황

제6절 우리나라 장애노인 돌봄정책 과제

제1절 장애노인

1. 장애노인의 개념

장애인구의 노령화와 함께 노화과정에서 장애를 경험하게 되는 노인인구의 장애화 또한 중요한 주제이다. 따라서 최근 노화와 장애의 문제를 함께 바라보기 위한 노력이 진행되고 있다. 따라서 장애노인에 대한 용어 정의가 선행될 필요가 있다. 이는 현재 장애노인, 노령장애인, 노인장애인 등 다양한 용어가 노년기에 경험하는 장애인과 장애인으로 살아온 사람들을 의미하는 용어로 혼용되어 사용되고 있기 때문이다. 보통 장애노인이란 '장애를 가진 나이 많은 사람' 또는 '노령으로 인한 장애인'으로 사용될 수 있다.

1980년대 이후 노화와 장애 관련 연구는 두 가지 영역을 중심으로 진행되었다. 즉, "노인의 장애(disability with aging, aging into disability)"와 "장애인의 노화(aging with disability)"이다(Verbrugge & Li-shou, 2002). 먼저 "노인의 장애(disability with aging, aging into disability)"의 경우 노화과정에서 경험하게 되는 장애이다. "노화로 인한 장애"의 경우 노인이 되면서 각종 노인성 질환으로 인하여 장애를 입게 되는 경우이고, 결과적으로 많은 노인들이 장애인이 되기 때문에 이러한 장애노인 문제는 주로 노인복지 영역의 주요 관심이 되어 왔다.

이와 같이 노화로 인한 장애 또는 노인성 장애인(lated-long disabled elderly)은 노령이 되어서 처음으로 장애를 경험하고 장애의 결과와 싸워야 하는 특수한 문제들을 경험하게 된다(박혜전 · 이승욱, 2007). 즉, 노후에 접어들면서 노인문제와 동시에 장애문제에 직면하여 사회적으로 소외될 가능성이 높은 집단이다. 이러한 장애를 경험하는 이들을 노인성 장애인이라 할 수 있다. 대부분의 노인들은 발달단계 이후 노화과정에서 각종 질환을 겪게 되며, 결과적으로 많은 노인들이 장애인이 된다. 이들은 주로 노인복지 영역의 주요 관심이 되어 왔다.

반면 "장애인의 노화(aging with disability)"는 장기간 장애인(person with long-term disability)으로 살아오면서 노인이 되는 경우를 말한다. 이들을 노인장애인(person aging with disability)

이라 할 수 있다. 이러한 장애노인들의 경우 주로 장애인복지의 주요 관심 영역이 되어 왔다. 즉, 노령장애인(life-long disabled elderly)은 출산 전 혹은 출생 시 장애 또는 중도장애 등으로 노인이 되기 전에 젊어서 장애가 발생하여 장애인으로 현재 노령에 이른 사람들을 의미한다(박혜전 외, 2007). 이들은 노인이 되기 전부터 장애문제로 인한 아픔과 슬픔을 지닌 채로 노후에 발생하는 노인문제에 가중적으로 직면함으로써 사회적으로 고립된 가능성이 높은 집단이라고 할 수 있다(최은희, 2003).

2. 장애노인의 정의

장애노인에 대한 일반적인 용어 사용은 '고령장애인', '노령장애인', '장애노인', '장애어르신' 혹은 '노인성 장애인' 등으로 혼용되어 사용되고 있다(김정훈 외, 2001). 그러나 이러한 용어 중 가장 폭넓게 사용되는 용어는 '장애노인'이다. 일반적으로 노인은 노화를 경험하는 사람을 의미하며, 노화는 생물학적 노화, 심리적 노화, 사회적 노화를 포함하는 넓은 의미로 이해될 수 있으며(Birren & Schaie, 1985), '장애노인'은 장애를 가진 노인을 의미하고 장애와 노화를 이중으로 경험하는 인구로 이해될 수 있다.

그러나 장애노인과 함께 적용되는 용어는 고령노인이다. '고령'이라는 용어는 '노인'이라는 용어와 혼용되어 사용되는 경향이 있고, '저출산고령사회기본계획'에서는 65세 이상 인구를 고령자로 정의하고 있는 점을 감안하면 노인과 고령자는 명확하게 구분되는 개념이 아니다. 따라서 장애노인과 고령장애인이라는 용어는 같은 개념으로 사용이 가능하며, '장애노인'과 '고령장애인'은 같은 의미로 이해될 수 있다.

과거에는 많은 장애인들이 낮은 생존율(척추손상)을 보였으며, 조기사망(발달장애)과 연관되기도 했다. 그러나 의료, 보건환경 개선, 재활기술의 발전은 장애인들의 생존율과 수명을 증가시켰다. 이러한 노령화된 장애인들은 주로 장애인복지의 주요 관심 영역이 되어 왔다.

이와 같이 '노화로 인한 장애'를 경험하는 사람들을 노인성 장애인으로, '장애인으로 노인이 된 사람들'을 노령장애인으로 정의하고자 한다. 또한 장애노인의 경우 장애가 있는 노인을 의미하는 용어로 포괄적 의미를 가진 것으로 노인성 장애인과 노령장애인을 모두 포함하는 의미로 사용한다. 즉, 본 연구에서는 이를 총칭하여 '장애노인'으로 하고 칭한다. 즉, 장애노인을 상위개념으로, 노인성 장애인과 노령장애인은 하위개념으로 정의한다.

3. 장애노인의 연령기준

현재 우리나라의 장애노인의 대상 구분에서 다양한 연령적 기준들을 사용하고 있다. 일반적으로 생물학적 노화는 22세 정도에 시작되어 점진적으로 진행되는 감퇴현상으로 본다(Krause & Adkins, 2004). 그러나 생물학적 기준을 적용하여 노인을 정의한다면 22세 이상을 노인으로 정의해야 하지만, 현실적으로는 이러한 노인의 정의를 사회에서 합의할 수 있을 것인가 하는 문제가 남는다.

우리나라에서는 사회적으로 65세를 기준으로 '노인'을 정의하는 경우가 많다. 「노인복지법」은 노인의 정의를 연령상 65세를 기준으로 정의하고 있다. 반면, 장애인고용정책 관련 자료에서는 55세 이상을 장애노인으로 정의한 사례도 많다(권재숙 · 김성진 외, 2012). 그러나 최근 자료에서는 50세 이상을 장애노인으로 정의해 활발하게 진행되고 있다(노승현 외, 2012).

더불어 오랜 기간 장애인으로 살아온 고령화된 장애인의 경우(신체장애인 외에도 발달장애인 포함), 일반인에 비해 15~20년 빠르게 조기노화(Premature Aging)를 경험하고(Trieschman, 1987; Zarb & Oliver, 1993; Campbell, Duffy & Trousdale, 1998), 기본 장애에 더해지는 이차적 장애(Secondary Condition)를 경험한다는 경우가 있다(Capoor & Stein, 2005; Kemp & Campbell, 1993; Kemp & Thompson, 1997; Trieschman, 1987; Zarb & Oliver, 1993; Verbrugge & Yang, 2002; Wilber et al., 2002; 황주희, 2011, 재인용). 특히, 이차적 장애의 경험은 기본적인 장애 경험 이후에 기본적인 장애로 인하여 새롭게 발생한 기능 및 건강의 쇠퇴가 이어지는 것을 뜻하며, 이러한 조기노화와 이차적 장애 이슈는 오랜 기간 장애를 경험했던 고령화된 장애인의 주요 특성이 된다.

장애노인에 대한 연령기준은 사회적 합의의 문제이기 때문에 다양한 적용이 가능한 것이 사실이다. 그러나 국내 장애노인 관련해서 65세 이상의 장애인을 장애노인으로 정의한 것은 고령화된 장애인의 조기노화 및 장애특성을 고려한 기준이라기보다는 65세를 기준으로 '노인'을 정의하는 행정적 편의 때문으로 해석할 수 있다. 따라서 고령화된 장애인의 특성을 충분히 반영하고, 사회적으로 합의될 수 있는 포괄적 수준에서 준·고령 장애인을 '장애노인'으로 정의하고자 한다.

4. 장애노인의 실태

2023년 장애인실태조사에 따르면 만 65세 이상이 전체 장애인 중 54.3%로 가장 높았고, 50~64세가 26.8%로 다음으로 높았다. 이는 우리 사회가 고령화 사회로 진입하면서 장애노인이 지속적으로 증가함을 보여주고 있다.

장애인 중 만 65세 이상 연령이 차지하는 비율을 비교하면, 2011년에는 38.8%에서 2017년에는 46.6%, 2020년에는 49.9%로 매년 증가하고 있으며 2명 중 1명은 노인으로 나타났다. 장애인구의 노령화는 전체인구의 노령화(2023년 기준, 18.2%)에 비해 보다 심각한 수준으로 진행되고 있는 것으로 나타나고 있다.

장애인구의 고령화가 늘어나는 이유는 의료기술의 발전, 적절한 보장구의 개발, 공공의료보건 개선, 공공서비스 증가 등으로 생존율의 증가와 평균수명의 연장 등을 등 수 있다.

표 11-1 장애인 연령 분포

구분	0~17세	50~64세	65세 이상
2011년	3.5%	32.1%	38.8%
2023년	3.1%	26.8%	54.3%

출처: 보건복지부, 한국보건사회연구원, 장애인실태조사, 2023.

또한 장애는 노령화와 깊은 상관관계가 있어서 인간의 신체가 노화할수록 만성질환 유병률이 높고 그로 인해 영구적으로 장애를 진단받게 되는 경우가 많다. 따라서 향후에도 점차 장애노인의 수가 증가할 것으로 보인다.

5. 독거장애노인 실태

우리나라 장애인구 현황이 전반적인 인구 동향과 유사한 모습을 보이는 것으로 나타났다. 노인인구와 1인가구가 늘었다. 보건복지부가 2023년 장애인실태조사 결과에 따르면, 2023년 등록장애인은 264만 6,922명으로 2017년보다 10만 1,285명 늘었다.

장애인 1인가구는 26.6%이다. 그중 65세 이상은 64.6%로 2020년 대비 0.2%p 증가하는 등 지속적인 증가 경향을 보인다. 만 75세 이상 초고령 장애인 비율은 점차 증가해 65~74세 미만 장애노인 인구 비율을 앞질렀다. 특히 독거장애노인의 비중이 커지고 있어 관련 정책이 필요할 것으로 보인다. 장애인 1인가구 중 독거장애노인의 비중은 64.6%이다.

표 11-2 장애노인 1인가구 비율 (단위 : %)

구분	2011년	2017년	2020년	2023년
가구원 수 평균	2.82명	2.59명	2.31명	2.28명
1인가구	17.4	26.4	27.2	26.6(69.8만 명)
(1인가구 중 65세 이상 비율)	(56.5)	(59.3)	(61.9)	(64.6)

출처: 보건복지부, 한국보건사회연구원, 장애인실태조사, 2023.

제2절 장애인의 노화경험

고령장애인은 '장애'와 '노화'를 공통적으로 경험하여 건강, 가족지원, 고용, 지역사회 참여 등에 직면하지만 '노인성 장애'와 '장애인의 고령화'라는 다른 특징과 욕구를 가지는 집단이기도 하다. 신체적 · 정신적 장애를 가지고 있는 고령화된 장애인은 장애 발생 이후 15~20년 이상이 되면 조기노화를 경험하게 되며 기존에 가지고 있던 장애와 함께 이차장애(Secondary condition)를 함께 경험하게 된다.

고령화된 장애인(AWD)은 가족과의 연락두절이나 독신 등의 이유로 장기적인 독거생활을 유지해 온 경우가 많으며 기초생활수급자가 대부분이다. 기존의 장애에 노환으로 인한 장애가 추가되어 신체적・정신적 어려움이 가중되고 지속적인 의료지원을 필요로 한다. 노년기 이전의 삶을 잘 유지하며 장애수용과 적응력은 노인성 장애인에 비해 더 높다. 노령화가 진행 중인 장애인들은 조기노화를 경험하게 된다. 노인성 장애인(DWA)은 복합성 장애를 가지고 있다. 장애문화 또는 같은 장애를 공유하는 다른 사람들과 자신을 동일시하지 않는다. 장애수용에 대한 어려움을 겪고 사회적 고립의 문제가 있다.

1. 장애노인의 신체적 변화

장애인의 신체적 기능변화와 관련하여 제기된 핵심이슈는 조기 노화(premature aging)이다. 조기노화(premature aging)[1)]는 오랜 기간 장애인으로 살아온 사람들의 경우 일반인에 비해 더 빠른 노화를 경험한다는 의미를 갖는 용어이며, 빠른 노화(accelerated aging)로 설명하고 있다.

Trieschman(1987)은 장애 발생 후 30년 넘게 살아온 노인 척수장애 노령장애인들은 일반노인에 비해 더욱 빠른 노화를 경험하는 점을 강조하였으며, 이러한 현상을 "조기노화(premature aging)"로 정의하였다. 또한 조기노화와 깊은 관계가 있는 생애주기 요인으로 장애기간의 효과를 일반적으로 장애 이후 15년~20년 이상이 되면, 급격한 신체적, 심리적, 사회 환경적 변화를 경험하게 된다.

또한 조기노화는 신체장애인뿐만 아니라 발달장애인의 경우에도 중요한 문제로 다운증후군 장애인들의 조기노화현상은 조기노화와 함께 오랜 기간 장애인으로 살아온 사람들의 경우 이차적 상태(Secondary Condition)로 인한 변화를 경험하고, 이차적 상태는 일차적 장애의 발생 이후에 새롭게 발생한 기능적, 건강적인 감퇴로 주요 손상과 직접적, 간접적으로 관련된 상태이다. 이러한 상태는 조기노화에 기여하는 것으로(Capoor & Stein, 2005; Wilber, Mitra, Walker, Allen, & Meyer et. al., 2002) 조기노화와 이차적 상태는 오랜 기간 장애인으로 살아온 노령장애인들이 일반 노인성 장애인에 비해 경험하는 차별적 경험을 구성하는 주요 요인이다.

장애인의 노화로 인한 신체적 변화에서, Zarb와 Oliver(1993)는 장애기간이 20년 이상

1) 조로현상으로 번역하는 경우도 있으나, 조로증과의 구분을 위하여 본 연구는 조기노화현상으로 번역하였다.

인 40세에서 80세까지 연령대의 지체장애를 경험한 125명을 Trieschman(1987)의 조기노화이론에 근거하여 지체장애인의 경우 장애발생 후 20년 이후 비장애인에 비해 빠른 노화로 인한 변화를 경험한다.

그리고 Gerhart 등(1993)은 영국의 279명의 척수장애인 중 3분의 1이 신체적 기능의 변화를 경험한다는 사실을 발견하였다. 구체적으로, 사지마비(tetraplegia)의 경우 평균연령 45세에 기능적 변화로 인한 부가적 욕구를 경험하며, 하지마비(paraplegia)의 경우 평균연령 55세에 기능적 변화로 인한 부가적 욕구를 경험한다. Kemp와 Thomson(1997)은 미국의 척수장애인협회 회원 중 5년 이상 장애를 경험한 사람들의 26%가 노화에 따른 기능상의 변화를 경험하고, 뇌성마비 장애인의 경우(Murphy, Molnar, & Lankasky, 1995)와 류머티즘 관절염(Campbell, Duffy, & Trousdale, 1998)의 경우에도 이러한 신체적 기능의 변화가 나타난다고 하였다.

한편 Lewis(1992)는 소아마비장애인들은 노화과정에서 '심각한 손상단계', '안정기로의 회복', '예측지 못한 후반기의 영향', '기능감퇴의 심화'를 경험하는 것으로 나타났다. 즉, 지체장애인들은 심각한 손상단계 이후 안정 기간을 통하여 기능의 회복을 경험하게 된다. 그러나 생애 후반 노화로 인하여 다시 기능감퇴를 경험하게 된다. 일차적 장애 이후에 노화의 영향과 관련하여 이차적 상태를 경험하게 되는 과정을 주목하여 설명하였다.

Wenneberg와 Ahlstrom(2000)도 소아마비장애인들의 노화과정에서 경험하는 다섯 가지 주제를 도출하였는데, '심각한 질병단계', '능력회복의 재활단계', '상대적인 안정단계', '기능적 능력이 손실되는 이동단계', '새로운 의존과 기술'로 지체장애인들은 노화과정에서 신체적 변화를 경험하며, 초기장애를 극복하는 데 사용한 동일한 전략을 새로운 신체적 변화에 동일하게 적용하였다. 그러나 새로운 장애는 이전과 동일한 방식으로 극복되지 않다는 점을 강조하며 노화로 인한 장애는 이전과는 다른 새로운 자원을 요구하게 된다고 지적하였다. Lewis(1992)의 노년기에 경험하게 되는 새로운 기능감퇴에 적응을 의미하는 '새로운 의존과 기술단계'가 추가된 것이다.

이상의 내용을 종합하면, 조기노화와 이차적 상태는 노령장애인들의 일반 장애노인과의 차별적 경험을 이해하는 핵심개념이라 하겠다. 소아마비, 척수손상, 뇌성마비 등의 노령장애인들은 장애발생 후 15년~20년 후 혹은 연령상으로는 40~50대가 되면서 급격한 신체적 기능변화를 경험하게 되며 이러한 예측치 못한 문제들은 노령장애인들의 독립을 위협하고, 생산성을 줄이며, 주관적 삶의 질을 감소시키는 중요한 요인이 된다(Sheets, 1999).

2. 장애노인의 심리적 변화

노령장애인의 노화 관련 심리적 변화로 주목되어 온 변수는 우울이다. 우울은 비장애노인 노화연구에서도 중요한 심리적 변화의 결과로써 지적되었다. 그러나 지체장애인은 노화과정에서 비장애노인에 비해 2배에서 3배로 우울증을 경험할 확률이 높은 것으로 보고되고 있다(Fuhrer et al., 1993; McColl & Walker, 1997). 노인지체장애인에게 있어 우울은 주관적 삶의 질을 위협하는 심각한 문제가 되기 때문에 더욱 중요한 문제이다.

우울증상의 빈도는 장애인의 경우 비장애인보다 2~3배 높게 나타나고 있다. 우울장애의 빈도는 비장애인의 8%~11%에 비해 장애인의 경우 25%에서 40% 정도로 나타났다. 장애인 3명 중 한 명이 약한, 혹은 심각한 우울증상을 경험한다. 이것은 지역사회 거주 비장애인과 비교할 때 4배나 높은 결과이다. 이러한 우울의 문제로 인하여 장애와 일상적 문제에 대하여 부담을 느끼게 된다(Fuhrer et al., 1993)는 것이다.

노령장애인의 우울증상은 주관적 삶의 질을 위협하는 요인이기 때문에 중요한 것이다. RRTC on Aging with a Disability에서는 노령장애인 우울증환자 350명을 대상으로 우울증 점수와 주관적 삶의 질 점수를 수집하였는데, 이 중에서 185명은 우울증세가 없었으며, 113명은 약한 우울증, 52명은 심각한 우울증세가 있는 것으로 나타나, 전체의 47%가 우울증세가 있는 것으로 나타났다. 그러나 전체 집단 중 우울증세가 없는 집단의 경우, 평균 삶의 질 점수는 우울증세가 없는 장애인과 비장애인 간에 차이가 없는 것으로 나타났다. 이러한 결과는 삶의 질과 우울은 역상관계를 보인다는 것이며, 또한 우울증세가 없다면 삶의 질 점수는 장애인과 비장애인에게 동일하게 나타났다(Kemp & Mosqueda, 2004). 즉, 노화에 따른 우울의 변화와 이로 인한 주관적 삶의 질의 변화는 노인장애인의 심리적 경험을 이해하는 데 중요하다.

3. 장애노인의 사회적 경험

노령 장애노인의 노화과정에서 사회적 지지의 변화와 사회적 역할변화에서 지체장애인들은 노화로 인하여 사회적 지지의 변화를 경험할 가능성이 높은 것으로 나타나고 있다. 지체장애인의 경우 노화의 과정에 따른 연령상의 변화를 통해 지지체계의 변화를 경험하게 된다. 즉 배우자나 일차부양자가 사망하게 되는 등의 변화를 경험하게 되며 이러한 손실은 인생에 큰 위기가 된다. 또한 그들의 지원체계는 양적, 질적 측면에서 변화를 경험하게 된다. 이러한 노령 장애노인들의 유형적 지지와 무형적 지지의 변화 및 손실은 심각한 위기를 야기할 수 있다(Krause, 1996; Krause & Anson, 1997).

McColl과 Rosenthal(1994)은 장애발생 후 15년 이상 되었고 45세 이상인 척수손상장애인들의 신체적, 정서적, 사회적 변화는 노화, 노화에 대한 걱정, 성공적인 노화의 유용한 자원과 관련된 것이라는 사실을 발견하였다. 또한 적절한 사회적 지지의 부족과 부적절한 재정적 자원이 장애인들의 노화에 부정적 영향을 줄 수 있다고 지적하였다. 즉, 노화로 인한 변화 중 사회적 지지체계의 변화는 장애인들에게 중요한 위기가 될 수 있다.

Iwakuma(2001)는 여성 척수장애인의 일차부양자의 사망 등으로 인한 사회적 지지체계의 변화가 큰 위험이 될 수 있다며, 동료장애인들과의 유대는 장애인들의 노화경험을 위한 중요한 자원이다. 그 이유는 첫째, '시간에 따라 변화하는 손상'이다. 둘째, 응답자들은 자신들의 신체가 노화 관련 변화에 어떻게 적응할지 염려하지만, '다른 노령 장애인들과의 접촉'으로부터 피드백을 받게 되고, 다른 사람들이 노화에 적응하는 것을 보면서 젊은 장애인들은 미래에 대처하게 된다.

셋째, 장애인들은 자신들이 '비장애인들과 다르게 노화를 경험'한다고 느낀다. 넷째, '이전에 장애로 인한 경험' 때문에 노화의 영향을 더 잘 준비하게 된다. 다섯째, 자신들의 '가족 특히 배우자에 대하여 염려'하며, 그들의 케어에 상당히 의존하고 있기 때문이다. 자신들의 배우자가 노화되면서 신체적 변화를 경험함에 따라 자신들에게 의미하는 변화에 대해 염려한다. 그리고 '비장애인에 비해 신체적 기능감퇴에 대해 덜 두려워한다'는 것이다.

즉, 사회적 지지의 측면에서 보면 노년기에 가족, 특히 배우자의 죽음은 큰 위기가 될 수 있다는 것이다. 가족의 보호에 많은 부분을 의존하고 있기 때문이다. 그러나 노령장애인들은 주변의 동료들에게서 얻게 되는 정보와 가족의 지지가 중요한 자원이 됨을 알 수 있다.

동료들을 통하여 미래의 변화에 대처할 수 있는 정보를 얻게 된다. 사회적 지지와 함께 주목될 수 있는 변수는 사회적 역할 상실이다.

Scheer와 Luborsky(1991)는 소아마비장애인의 노화과정에서의 중요한 문제는 의료적으로 정의된 상태보다는 사회적 역할과 미래에 대한 목표의 조기상실이라고 밝혀 장애인들의 노화를 이해하는 데 기여한 것으로 평가되고 있다. 또한 노화를 경험하는 장애인의 경우 노화과정 속에서 경험하는 사회적 역할상실이 가장 심각한 문제이며 이로 인하여 삶의 목표를 상실하게 되는 문제로 보고 있다.

Pentland(1999) 등의 경우에도 장애인의 노화에 따른 역할상실의 문제를 중요하게 지적하고, 여성장애인들은 그들의 연령에 따라 변화하는 신체와 이것이 자신들의 사회적 역할에 어떠한 영향을 미칠지에 대해 우려하였다. 사회적 역할상실은 필요한 보호에 접근하지 못하게 하여 결국 시간에 따라 더욱 건강문제가 증가하게 되는 요인이 된다. 즉, 사회적 역할상실은 비장애인의 노화과정에서 경험하는 심각한 문제이면서 지체장애인에게도 주관적 삶의 질을 위협하는 위기요인이 된다.

4. 노인성 장애인과 노령장애인의 특성

Verbrugge와 Li-shou(2002)는 장애발생 시기에 따라서 20세 이전 장애가 발생한 사람들과 20세 이후 장애가 발생한 사람들을 비교하여 연구하였다. 아동기 발생 장애인의 경우 성인기 발생 장애인보다 더 많은 ADL, IADL 관련 장애를 가지고 있었지만, 사회적 참여정도는 성인기 발생 장애인보다 더 높게 나타났다. 건강상태는 양 집단 모두에게 어려운 요인이 되었으며, 양 집단 모두에게 사회참여를 저하시키는 요인이었다. 그러나 아동기 발생 장애인들은 성인기 발생 장애인에 비해 자신들의 건강상태를 더 양호하게 언급하였으며 건강의 부정적 영향을 덜 경험하는 것으로 나타났다.

즉, 아동기 발생 노령장애인의 경우 더 많은 기능장애를 가지고 있었으며, 건강상태도 부정적일 가능성이 높지만, 건강상태에 대한 주관적 인식과 사회참여정도는 더 높게 나타났다. 이는 오랜 기간 장애인으로 살아오면서 신체적 기능변화에 적응하였기 때문에 신체적 기능변화가 사회참여에 큰 영향은 미치지 않았다고 평가할 수 있다.

1) 노인성 장애의 특성

노인이란 육체적, 정신적으로 그 기능 및 능력이 감퇴해 가고 있는 시기에 있는 사람으로 생활기능을 정상적으로 발휘할 수 없는 사람을 의미한다.

장애를 가진 노인의 문제는 이중적으로 어려운 생활문제로 존재하며 노인질환의 특성은 다음과 같다.

① 노인 특유의 질병을 갖는다. ② 동시에 여러 개의 질병을 갖는다. ③ 증상이 없거나 경과가 비전형적이다. ④ 질병에 대한 위험인자와 관련이 약하다. ⑤ 의식장애를 일으키기 쉽다. ⑥ 속발증과 합병증이 잘 생긴다. ⑦ 수분과 전해질의 균형을 깨뜨리기 쉽다. ⑧ 약물에 대한 반응이 청장년과 다르다. ⑨ 여러 약물을 복용한다. ⑩ 노인병의 증상은 원인이 다발성이다. ⑪ 의식장애와 정신증을 보이는 경우가 많다. ⑫ 사회경제적 요인이 중요하다. ⑬ 젊은 사람에 비해 발생률이 높고 질병의 합병증 및 후유증에 더 고생한다. ⑭ 구축과 욕창을 합병하기 쉽다.

또한 노인의 문제는 사회적 역할이 상실되고 이로 인한 수입의 감소가 초래되며 노화로 인한 건강약화로 유병장수하고 노인부양의 책임이 가정에 있는 우리나라는 가족의 변화로 노인부양기능이 약화되고 있다는 것이다.

2) 노인성 장애의 문제점과 개선방안

(1) 문제점

노인성 장애인들은 다음과 같은 어려움을 가지게 된다. 첫째, 노후 사회경제생활, 노인부양, 노인건강 등 매우 넓고 다양하지만 이 중에서도 기본적인 신체기능의 유지가 가장 중요한 문제이다. 우리나라 노인성 장애인들의 상당 부분이 수단적 일상생활수행능력(IADL)이나 일상생활수행능력(ADL)에 어려움을 겪고 있다. 둘째, 감각 및 인지장애로 인한 소외감을 겪고 있다. 즉, 60세 이후부터 장애출현율이 매우 높아지며 지체장애,

청각장애, 시각장애로 인한 어려움을 겪게 되나, 경제적 부담이나 전문적인 서비스의 제약 등으로 제대로 치료를 받지 못하고 있다. 우리나라 노인성 난청의 유병률은 37.8%이며, 노인성 난청의 문제점은 사회에서의 소외, 건강상의 문제, 자신감 결여, 실생활에서의 불편감 등이다. 셋째, 부양형태의 변화로 인한 노인과 세대 간의 갈등이 있다. 경제성장과 산업화사회로 인한 핵가족화로 인하여 부양형태가 변화되어 노인가구가 증가하고 있으며, 노인부양은 전통적인 가족부양의식의 변화로 노인부양에 부담을 갖게 되어 많은 노인들이 시설로 가게 되는 결과로 나타나고 있다. 넷째, 부양가족의 문제이다. 우리나라는 장애노인의 부양을 전적으로 가족이 전담하고 있다.

(2) 개선방안

노인성 장애인의 만성퇴행성 질환의 특성상 장애정도에 따라 보호 내지는 수발이 장기간 필요하며 문제행동에 주의와 관심을 기울여야 하기 때문에 가족의 부양부담은 매우 크다. 첫째, 가족의 심리적 부담, 재정과 경제상의 부담, 건강상의 부담, 장애노인과의 관계 악화 등으로 가족생활의 변화가 생기게 되고, 이러한 변화에 부양자와 가족이 적절하게 적응하지 못하면 가족이 스트레스를 경험하게 되어 가족의 생활에 영향을 미치게 된다. 둘째, 장애노인 보호의 질을 저하시킬 수 있으며 심하면 노인학대, 유기, 죽음에까지 이르게 할 수 있어 과중한 부양부담의 경감을 위한 방안의 마련이 요구되고 있다. 셋째, 지속적으로 증가하고 있는 노인성 장애인의 문제에 대해 소극적인 방안만을 강구하고 있을 뿐 가족에게 장애노인의 보호와 부양을 전적으로 의존하고 있는 실정이다. 노인 대상의 재가서비스가 부족한 상황에서 장기적이고 집중적인 장애노인 보호부양을 제공하여 가족부양에 따른 어려움을 완화시켜 주는 것이 노인복지의 중요한 과제이다.

제3절 장애인복지의 돌봄서비스

1. 장애인 활동보조지원사업

1) 신청자격과 대상

현재 보건복지부에서 수행하는 장애인복지 영역에서의 돌봄서비스는 장애인 활동보조지원사업이다. 신청자격은 만 6세 이상부터 만 65세 미만의 「장애인복지법」상 등록장애인이다. 연령은 신청일 기준으로 판정하되, 신청은 만 6세 생일이 속하는 달의 전달부터 가능하며, 급여는 생일이 속하는 달 익월 1일 생성, 수급자로 선정 후 65세 도래 시 해당 월의 다음 달까지 수급자격이 유지되고, 소득수준과 무관하게 신청이 가능하다.

활동지원급여를 신청할 수 있는 사람은 혼자서 일상생활과 사회생활을 하기 어려운 장애인, 「노인장기요양보험법」에 따른 노인 등이 아닌 사람으로서 대통령령으로 정하는 연령 이상인 사람. 다만, 다음의 어느 하나에 해당하는 사람으로서 보건복지부장관이 정하는 기준에 해당하는 사람은 신청자격을 갖는다. 수급자로서 기준은 65세 이후에 혼자서 사회생활을 하기 어려운 사람과 노인성 질병으로 장기요양급여를 수급하는 65세 미만인 사람이다. 또한 활동지원급여와 비슷한 다른 급여를 받고 있거나 「국민기초생활 보장법」에 따른 보장시설에 입소한 경우 등 대통령령으로 정하는 경우에 해당하지 아니하는 사람이다.

2) 신청 제외 대상

(1) 노인장기요양보험법에 따른 노인

다음과 같은 사유 등[2])에 해당하여 장기요양급여를 수급하는 사람과 장기요양급여 수급 중에 활동지원급여 이용을 희망하는 경우 보전급여가 신청 가능한 사람이다.

2) 65세 이상의 노인 또는 65세 미만으로 치매·뇌혈관성 질환 등 관계 법령으로 정하는 노인성 질병을 가진 사람을 말한다.

장기요양급여 등급 외, 기각·각하[3] 판정을 받은 경우 활동지원급여 신청자는 다음과 같다. 등급외자는 장기요양등급 판정 결과 급여를 받지 못하는 것으로 확정된 경우로 활동지원급여 신청이 가능하다. 단, 65세 이상인 경우 활동지원급여 수급자 또는 수급자였던 사람에 한하여 신청 가능하며, 이때 등급외 판정 이력은 65세 생일로부터 30일 전 이후 신청한 건부터 인정한다.

기각·각하는 장기요양급여 수급 여부가 불확실한 경우로 활동지원급여 신청자격이 제한되는데 향후 장기요양급여를 다시 신청하여 장기요양등급이 확정된 이후에 활동지원급여 신청이 가능하다. 단, 65세 미만으로 노인성질병 불인정의 사유로 각하 판정을 받은 경우에는 활동지원급여 신청이 가능하다.

(2) 국민기초생활 보장법에 따른 보장시설에 입소한 사람

장애인공동생활가정(그룹홈)과 장애인단기거주시설의 경우, 「국민기초생활 보장법 시행규칙」에 따라 보장시설에 포함되지 않아 해당 시설에 거주하는 장애인은 활동지원급여 신청이 가능하다.

다만, 이중급여 제한 등으로 시설 내 활동지원급여 이용은 불가하여, 시설 밖에서 이용한다는 시설장이 서명한 확인서 등 증빙이 필요하다. 확인서는 당초 계획과 변경이 없는 경우 6개월간 유효하고, 변경사항이 발생하였거나 6개월이 경과된 경우에는 다시 확인서를 제출하여야 한다.

보장시설 퇴소 예정자에 대한 사전 신청은 허용되는데, 「국민기초생활 보장법」 제32조에 따른 보장시설에 입소 중이나 2개월 이내 퇴소 예정으로 자립생활을 준비하고 있는 경우에는 퇴소 후 바로 이용할 수 있도록 활동지원급여를 사전 신청할 수 있고, 퇴소 후 거주지의 생활환경(서비스 지원 종합조사 항목 중 가구특성 및 주거특성) 관련사항도 사전 신청할 수 있다. 제출서류는 활동지원급여 사전 신청 확인서[4]와 기타 추가 입증 서류이다.

특별자치시·시·군·구는 사전 신청에 대한 수급자격 심의 결과에 따라 대상자를 수급자로 결정하려는 때에는 전자바우처시스템으로 결정정보를 전송하기 전에 실제

3) 기각은 급성기 질환자로 기능상태 호전 가능성이 있어 당장에 장기요양등급 또는 등급외 판정이 어려운 경우, 각하는 의사소견서 미제출, 인정조사 거부 등 장기요양급여 신청요건을 갖추지 못한 경우
4) 읍·면·동은 신청서 접수 등록 시 활동지원급여 사전신청 확인서를 함께 전송함.

퇴소 여부를 점검하여 확인서 내용과 일치하지 않을 경우에는 수급자로 결정하지 아니한다. 국민연금공단(이하 '공단'이라 함)은 퇴소예정일 익월 말일까지 거주지를 방문하여 사전 신청 시 조사하지 못한 사항들을 확인한 후 이상이 있는 경우 관할 특별자치시·시·군·구로 즉시 통보한다.

사전 신청을 하였더라도 2개월 이내 퇴소하지 않은 것으로 확인될 경우 활동지원급여 수급자가 될 수 없으며, 실제 급여 이용은 퇴소 이후에 가능하며, 거짓이나 그 밖의 부정한 방법으로 활동지원급여를 받은 것으로 확인될 경우, 기지급된 활동지원급여는 관련 법률에 따른 환수대상이 된다.

(3) 장애인복지법에 따라 장애 등록한 재외동포 및 외국인

「장애인복지법」(재외동포 및 외국인의 장애인등록)에 따라 장애 등록한 재외동포 및 외국인이다. 다만, 예외적으로 「난민법」에 따른 난민인정자로서 「장애인복지법」상 장애인으로 등록한 외국인은 활동지원서비스 신청자격이 있고, 「장애인복지법 시행령」에 따른 국가유공자 및 보훈대상자이다.

(4) 기타 법령에 따른 노인

「의료법」에 따른 의료기관에 60일 초과하여 입원 중인 사람과 형의 집행 및 수용자의 처우에 관한 법률 또는 치료감호 등에 관한 법률에 따른 교정시설 또는 치료감호시설에 수용 중인 사람이다. 다만, 집행 유예 중 또는 가석방된 사람은 신청 자격이 있다. 그 밖에 다른 법령(또는 정부 예산)에 따라 활동지원급여와 비슷한 급여를 받고 있는 사람 또는 수급자격이 있는 사람으로 가사간병방문지원, 장애아가족양육지원, 노인맞춤돌봄서비스 및 기타 이에 준하는 재가돌봄서비스 등이다. 발달재활서비스는 비슷한 급여에 해당하지 않으며 동시에 이용이 가능하다.

또한 출산한 여성장애인으로 산모·신생아방문서비스를 이용하는 경우에도 활동지원급여(출산에 대한 특별지원급여 포함)를 받을 수 있으나, 같은 시간대에 중복으로 서비스를 받는 것은 불가하고, 직장 내에서는 근로지원인 또는 직무보조인 등의 서비스가 우선 이용되어야 하며, 신변처리 등을 근로지원인 또는 직무보조인에게 지원받을 수 없는 경우에 한하여 활동지원급여 이용이 가능하다. 공단은 근로지원인 서비스 이용내역을 확인하여 중복급여 여부에 대해 사후관리한다.

학교 등 교육시설 내에서 장애아동 보호를 위하여 보호자가 임의로 학교의 수업시간 또는 휴게시간 중 활동지원사로 하여금 서비스를 제공하도록 허용하는 것은 원칙적으로 금지한다. 다만, 학교 내 보조인력이 부족하여 학부모가 활동지원사의 교내 지원을 요청할 경우 해당학교 개별화교육지원팀은 장애아동의 장애유형·정도 등 개인별 특성, 서비스 필요도 등을 고려하여 지원 필요 여부 및 지원내용, 지원시간 등을 결정한 후, 학교장의 승인(학교 내 활동지원인력 지원 결정서)을 얻어 지원할 수 있도록 하고 있다. 장애아동에게 활동지원사의 교내 지원이 필요한 경우, 학부모가 담임교사를 통하여 지원 신청(학교 내 활동지원인력 지원 승인신청서)이 가능하며, 학교장은 활동지원사를 위한 별도의 휴게 공간을 마련하는 등 협조 지원한다.

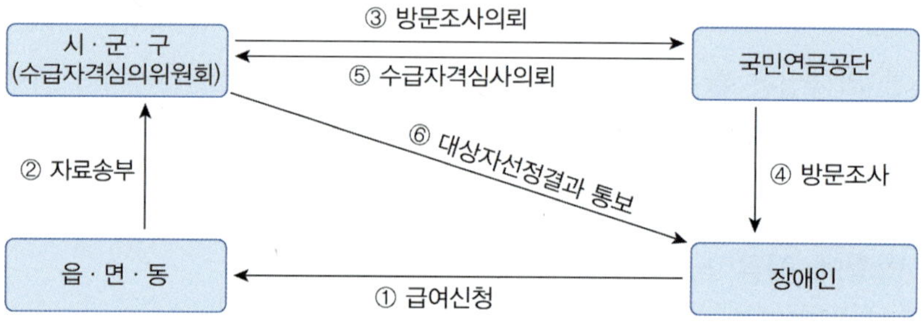

그림 11-1 수급자 선정 절차

출처: 보건복지부, 장애인활동지원 사업안내, 2024.

2. 급여 제공 및 비용 산정의 일반원칙

1) 급여 제공

활동지원급여는 수급자의 상태, 가정환경 및 사회활동 정도, 개인의 욕구 등을 고려해 장애인이 일상생활과 사회생활을 스스로 수행하는 데에 필요한 범위 안에서 표준급여 이용계획서에 따라 적정하게 제공하여야 한다.

활동지원급여는 수급자 또는 그 보호자가 선택하는 활동지원급여의 내용에 대한 권리를 존중하여 제공하여야 하며, 그 내용이 법령에 의하여 제한되거나 수급자 또는 그

보호자가 직접 수행하는 것이 적정한 경우에는 제공해서는 안 된다.

활동지원급여는 「국민기초생활 보장법」에 따른 보장시설(「사회복지사업법」의 규정에 의한 신고를 하지 아니하고 설치·운영되는 시설을 포함)에 입소 중인 수급자에게는 제공할 수 없다. 장애인공동생활가정(그룹홈)·장애인단기거주시설 거주, 장애인주간보호시설 이용 장애인은 시설 밖에서 활동지원급여 이용이 가능하다.

활동지원급여는 당해 방문시간 동안 수급자 1인에 대하여 전적으로 제공하여야 하고 수급자 2인 이상에 대하여 동시에 제공하지 아니한다. 다만, 2인 이상의 수급자가 함께 자립생활을 하는 경우 또는 수급자 간의 관계가 부부, 형제·자매, 직계혈족 등 특별한 사유가 있는 경우에는 동시에 활동지원급여를 제공할 수 있으며, 이 경우 급여비용은 활동지원사 등이 실제 급여를 제공한 시간을 수급자별로 배분하여 산정한다.

활동지원급여는 수급자 본인만을 위해 제공해야 하고 수급자의 가족을 위한 행위(활동보조, 방문목욕, 방문간호 등 서비스)를 제공하지 아니한다. 계약 체결 시 서비스 수급자·보호자와 활동지원사·활동지원 기관 간에 상호협력동의서를 작성한다. 다만, 수급자(또는 배우자)가 출산한 경우에는 출산 후 6개월 이내 기간에 한하여 수급자의 가족 등에게 가사활동지원(청소, 식사준비 등)을 위한 활동지원급여를 제공할 수 있다.

2) 비용 산정의 일반원칙

급여비용은 급여 종류별로 시간당 또는 횟수당 금액 및 산정기준에 의하여 산정하되 산출된 금액에 10원 미만의 단수가 있을 때에는 절사한다. 급여제공시간은 활동지원사, 요양보호사, 간호사(또는 간호조무사, 치과위생사) 등이 수급자의 가정에 도착했을 때부터 필요한 서비스를 제공하기 위한 준비, 서비스의 제공 및 마무리에 소요된 총시간을 말한다.

활동보조, 방문목욕, 방문간호를 동일한 시간에 제공할 수 없다. 다만, 방문간호는 응급처치 등 부득이한 경우에 한하여 활동보조 또는 방문목욕을 함께 제공할 수 있다. 활동지원사, 요양보호사, 간호사(또는 간호조무사, 치과위생사) 등의 이동에 소요되는 교통비는 따로 산정하지 아니한다. 다만, 보건복지부장관이 정하는 원거리 교통비는 따로 산정할 수 있으나, 활동지원급여를 허위 결제하여 교통비 등을 충당하는 것은 부정수급에 해당된다.

이용자는 활동지원사에게 차량 또는 교통비를 지원할 것을 강제할 수 없으며, 활동지원사 차량으로 서비스를 제공하면서 소요되는 비용을 이용자가 부담하는 것은 「여객자동차운수사업법」 위반의 소지가 있음을 유의하여야 한다.

활동지원급여는 수급자 또는 그 가족의 직장 등에서 생업을 지원하는 활동보조 행위를 제공하지 아니한다. 또한 활동지원급여 제공 및 이용에 관한 수급자 등 준수사항으로 첫째, 수급자는 일상생활 및 사회생활을 수행하기 위하여 활동지원급여를 적정하게 이용하여야 하며, 부당한 요구를 하여서는 아니 된다. 둘째, 활동지원인력은 수급자의 욕구에 따른 선택과 자율적인 결정을 존중하고 그에 따라 적정하게 활동지원급여를 제공하여야 한다. 셋째, 수급자와 활동지원인력은 서로 인격을 존중하고 신뢰하여야 하며, 이를 훼손할 수 있는 폭행이나 모욕적인 언행을 하여서는 아니 된다. 넷째, 활동지원기관의 장은 활동지원급여 제공이나 이용 과정에서 발생할 수 있는 수급자와 활동지원인력 간의 갈등의 예방 및 해결을 위하여 적극 노력하여야 한다.

3. 활동지원급여의 종류

1) 활동보조

활동지원사가 수급자의 가정 등을 방문하여 신체활동, 가사활동 및 이동보조 등을 지원하는 활동지원급여이다. 급여의 내용은 다음과 같다.

구분	세부내용	
신체활동 지원	개인위생 관리	목욕 도움(목욕 준비, 몸씻기 보조 등), 구강 관리(양치질 도움, 틀니 손질 등), 세면 도움(세면 준비, 세면 보조 등), 배설 도움(배뇨 도움, 화장실 이동 보조 등), 옷 갈아입히기(의복 준비, 속옷 갈아입히기 등)
	신체기능 유지 증진	체위 변경(체위 변경 도움, 일어나 앉기 도움 등), 신체기능의 증진(관절구축 예방활동, 기구사용운동 보조 등)
	식사 도움	식사 차리기, 식사 보조, 구토물 정리 등
	실내이동 도움	실내에서 휠체어로 옮겨 타기, 집안 내 걷기 도움 등

가사활동 지원	청소 및 주변정돈	수급자가 주로 거주하는 장소(방, 거실) 및 화장실 청소, 쓰레기 분리수거, 내부 정리, 이부자리 정돈, 화장대·책장 정리, 옷장·서랍장 등 정리 등
	세탁	수급자의 옷, 양말, 수건, 침구류, 걸레 등의 세탁 및 삶기 등
	취사	식재료 준비, 밥 짓기, 국·반찬 하기, 식탁 청소, 설거지, 행주 삶기, 음식물 쓰레기 분리수거 등
사회활동 지원	등하교 및 출퇴근 지원	출퇴근 및 등하교 보조(부축, 동행 포함), 직장이나 학교 등에서 식사 및 화장실 이용 보조 등 신체활동 지원
	외출 시 동행	산책, 물품구매, 종교활동, 복지시설 이용, 은행, 관공서, 병원 등 방문 및 귀가 시 부축 또는 동행, 외출 시의 신체활동 지원
그 밖의 제공서비스	수급자 자녀의 양육 보조(6세 이하 자녀 등 예외적인 경우에 한하며, 반드시 자녀 1인만을 대상으로 서비스를 제공하여야 함), 생활상의 문제 상담 및 의사소통 도움 등 위에 열거되지 않은 서비스 내용 기록	

가사활동지원은 수급자 외의 가족의 가사활동지원은 포함하지 않는다(단, 수급자 또는 수급자의 배우자가 출산 후 6개월 이내에 한하여 예외적으로 인정).

2) 방문목욕

활동지원인력인 요양보호사가 목욕설비를 갖춘 장비를 이용하여 수급자의 가정 등을 방문하여 목욕을 제공하는 활동지원급여이다. 이동목욕용 차량을 이용하여 차량 내에서 목욕을 제공하거나 욕조, 펌프, 호스릴 등 장비일체와 차량 내 온수를 사용하여 가정 내에서 목욕을 제공한 경우에만 인정한다. 다만, 가정 내 목욕은 차량의 접근성 및 거주지의 형태 등으로 차량 내 온수를 이용할 수 없고 수급자가 동의하는 경우 인정한다.

3) 방문간호

활동지원인력인 간호사 등이 의사, 한의사, 치과의사의 방문간호지시서에 따라 수급자의 가정 등을 방문하여 간호, 진료의 보조, 요양에 관한 상담 또는 구강위생 등을 제공하는 활동지원 급여이다.

4. 급여비용 및 산정기준

장애인활동지원 급여비용 등에 관한 고시에서 정하지 않은 사항은 위임규정에 따라 정한다.

1) 활동보조

(1) 활동보조급여비용

매일 일반적으로 제공하는 경우 시간당 금액은 16,150원, 22시 이후 6시 이전 심야에 제공하는 경우 시간당 24,230원, 관공서의 공휴일에 관한 규정[5)]에 의한 공휴일과 근로자의 날에 제공하는 경우 시간당 24,220원(2024년 기준)이다.

제공시간이 45분 이상인 경우를 1시간으로 산정하며, 제공시간이 15분 이상 45분 미만인 경우에는 30분으로 산정하고 시간당 금액의 50%를 산정한다.

급여비용은 급여 제공시간을 기준으로 적용하며, 관공서의 공휴일에 관한 규정의 경우에는 동일 활동지원사 기준으로 1일 최대 8시간(심야시간 포함)까지 적용(초과 시 15,570원을 적용)한다.

(2) 원거리 교통비

대중교통으로 접근이 어렵거나 이동에 장시간 소요될 수 있는 다음의 대상지역에 거주하는 수급자에게 서비스를 제공하는 활동지원사에게는 별도의 원거리 교통비를 지급한다. 활동지원사가 수급자의 가족이거나 동일 리에 거주하면서 서비스를 제공하는 경우에는 지급하지 않는다.

대상지역은 보험료 경감고시에 의한 섬・벽지 및 시・군(광역시・특별자치시・도의 관할구역 내 기초자치단체인 시・군)의 읍・면지역이며, 수급자의 주민등록 주소지와 실거주지가 다른 경우에는 둘 다 대상지역에 해당해야 한다.

5) 「관공서의 공휴일에 관한 규정」에 의한 공휴일: 일요일, 1월 1일, 3・1절, 광복절, 개천절, 한글날, 부처님 오신 날(음력 4월 8일), 어린이날, 현충일, 기독탄신일(12월 25일), 설날 전날~설날 다음날, 추석 전날~추석 다음날, 「공직선거법」 제34조에 따른 임기만료에 의한 선거의 선거일, 기타 정부에서 수시 지정하는 날임. 단, 토요일은 공휴일에 해당하지 않음에 유의하여야 함.

지원신청은 활동지원기관이 시·군·구에 원거리 교통비 신청서를 제출하고, 신청을 받은 시·군·구는 전자바우처시스템에 원거리 교통비 대상 수급자를 등록한다. 당월 말까지 원거리 교통비 대상으로 확정(전자바우처시스템 등록)하면, 당월 서비스 내역부터 원거리 교통비가 산정되어 익월에 활동지원기관을 통해 사후 일괄지급된다.

지원 제외 대상은 가족에 의해 활동지원급여가 제공되는 경우이며, 지급방법은 수급자의 월 한도액과 별개로 지급하며, 수급자의 주민등록 주소지와 가장 가까운 활동지원기관까지의 거리에 따라 차등[6] 지급된다. 10km 미만일 경우 6천 원을 지급하고, 10km 이상일 경우 9천 원을 지급하고, 방문횟수는 1일 1회만 인정(하루 2회 결제하더라도 1회로 인정)한다.

활동지원사가 하루 동안 10km 이상과 10km 미만 거리에 있는 수급자에게 각각 서비스를 제공한 경우 10km 이상 수급자를 기준으로 원거리 교통비 지급하며, 수급자가 2인 이상 활동지원사에게 계약된 경우에도 원거리 교통비는 각각 지급한다. 다만, 활동지원사 2인 모두 지급요건을 충족하여야 하며, 둘 중 1인에게만 지급하는 것도 가능하고, 실시간 결제를 하지 않은 경우에도 활동지원급여 제공기록지를 통해 서비스 제공사실이 확인되면 원거리 교통비 청구가 가능하다.

지급중지는 대상 수급자의 수급자격이 종료되거나 다른 지역으로 전출되는 경우 등이다. 수급자격 상실 및 전출의 경우 자동으로 즉시 중지되며. 그 외 다른 중지사유 발생 시 활동지원기관이 원거리 교통비 적용중단(변경) 신고서를 제출하여야 한다. 부득이 신고서 제출이 어려운 경우에는 활동지원기관이 전자바우처시스템에서 원거리 교통비 지원이 중단된다. 제공인력[7]을 등록하여 지급 제외 처리한다.

(3) 급여비용의 산정특례

수급자의 신체·정신적 상태 또는 목욕 도움 등 급여의 내용으로 활동지원사 1인만으로 급여 제공이 어려워 수급자 등의 신청에 따라 동일 기관의 활동지원사 2인이 급여를 제공하는 경우 급여비용은 활동지원사별로 각각 산정할 수 있다. 각 활동지원사

---

6) 동일 시·군 내 주민등록 주소지와 가장 가까운 활동지원기관 A가 있으나 A가 아닌 다른 활동지원기관을 이용 중인 경우라도 A를 기준으로 원거리 교통비 산정함.

7) 전자바우처시스템 > 대상자관리 > 교통지원금관리 > 교통지원금제외제공인력등록

별로 1회 방문당 3시간 범위 내에서 급여비용의 100%로 산정하며, 수급자 등의 동의를 얻고 그 내용을 활동지원급여 제공기록지 등에 기재하여야 한다.

(4) 가산수당

활동보조 급여비용별 가산수당은 매일 일반적으로 제공하는 경우 16,150원 가산수당 3,000원, 22시 이후 6시 이전 심야에 제공하는 경우와 관공서의 공휴일에 관한 규정에 의한 공휴일과 근로자의 날에 제공하는 경우 24,230원 가산수당 4,500원이다. 이 경우에 가산수당은 시작 일시 기준으로 적용한다.

지원대상은 활동지원사 연계에 어려움을 겪는 것으로 인정되는 수급자에게 활동보조서비스를 제공하는 활동지원사 중 1순위 대상 수급자는 서비스 지원 종합조사 결과 기능제한(X1) 영역 합산점수가 성인 426점 이상, 아동 327점 이상인 사람이고, 직전 종합조사 결과 가산급여 대상자는 종합조사 유효기간 동안 자격이 유지된다. 1순위 대상 수급자인 아동이 유효기간 내 만 19세에 도래하더라도 유효기간 종료일까지 가산수당 대상으로 계속 인정하며, 이후의 서비스 지원 종합조사 결과에 따라 가산수당 1순위 대상 여부를 다시 판정한다.

가산급여 대상이 아니었던 아동이 2023. 1. 1. 이후 성인이 된 경우 새로이 가산급여 대상이 되기 위해서는 '변경 신청' 후 성인 기준 종합조사가 필요하다. 성인이 된 장애아동의 경우 기존 유효기간 내(3년) 활동지원 수급 자격과 급여량(구간)은 인정하되, 가산급여 대상자 인정을 위해서는 성인 기준 종합조사(기능상 제한 426점 이상)를 실시하여 결과가 충족할 필요가 있다.

종전 인정조사 수급자에 대한 가산수당 특례로는 기존에 인정점수 440점 이상으로 1순위 대상이었던 수급자는 기존 유효기간이 종료될 때까지 1순위 대상으로 인정한다. 단, 수급자가 변경신청 또는 갱신신청을 하여 서비스 지원 종합조사를 받게 되는 경우에는 종합점수에 따라 가산수당 지원 대상 여부를 다시 판정하며, 서비스 지원 종합조사 결과 1순위 대상에 해당하지 않게 된 경우 특별자치시·특별자치도·시·군·구는 해당 수급자를 2순위 대상 수급자로 우선 고려한다.

2순위 대상 수급자는 다음의 어느 하나에 해당되고[8], 2개월 이상 활동지원사 연계가

8) 기존 인정점수 440점 이상으로 1순위 대상자였으나 갱신 후 1순위에 미해당, 발달장애인으로 공격성, 폭력성,

되지 않거나 3개월간 6회 이상 활동지원사(기관을 달리하는 경우 포함)가 교체된 수급자 중 예산 등을 고려하여 특별자치시·특별자치도·시·군·구가 결정한다.

연계 지연 후 매칭 된 활동지원사도 1~2일 후 서비스 제공이 중단되는 사례가 반복되는 경우 등에도 담당 공무원의 판단에 따라 2순위 대상자로 선정할 수 있다. 연계 지연 및 교체 내역은 활동지원기관에서 작성한 초기상담지, 활동지원사 인수인계서, 활동지원급여 제공기록지 및 전자바우처시스템 내 변경 등록내역 등을 통해 확인한다.

지원 제외자는 수급자(가족 등 주변인 포함)가 급여 제공 범위를 벗어나는 과도한 요구를 하거나, 활동지원사에게 고의·상습적 폭언·폭행·성추행을 하는 등 수급자의 귀책으로 인한 미연계와 교체인 경우, 가족에 의해 활동지원급여가 제공되는 경우이다.

대상자 선정은 1순위 대상 수급자는 종합조사 결과에 따라 자동으로 선정되며, 2순위 대상 수급자는 별도의 심의기구 등을 통해 지자체에서 선정한다. 필요시 서비스 지원 종합조사 기록, 활동지원 이용 이력, 의사 등 전문가 및 관계자 의견 등을 통해 가산수당 지원의 필요성을 검토한다.

2순위 대상 수급자를 선정한 경우 사회보장정보시스템(행복e음)에 등록이 필요하고, 당월 전송 마감일(매 27일 6시) 말까지 가산수당 대상으로 등록하면, 지정한 '지원개시일'의 서비스 내역부터 가산수당이 산정되어 익월에 활동지원기관으로 일괄지급(급여비용 지급계좌와 동일)한다.

지급방법은 대상 수급자에게 활동보조서비스를 제공한 활동지원사의 단말기 결제, 예외지급 청구를 통해 산정된 결제시간에 따라 수급자의 월 한도액과 별개로 지급한다.

지급중지는 대상 수급자의 자격이 변동되거나 2순위 대상 수급자가 전출된 경우 등으로 사회보장정보시스템(행복e음)의 자동 전출입처리 절차에 따라 전출 해당 월까지는 전출지 예산으로 지급한다.

특별자치시·특별자치도·시·군·구 담당자는 대상 수급자에게 수급자격 상실 및 중단 사유[9]가 발생하는 경우 즉시 가산수당을 직권 지급중지하여야 한다. 1순위 대상 수급자의 종합점수가 변경되어 대상에 해당하지 않게 되거나 2순위 대상 수급자가 다

돌발행동 등 행동장애가 심하여 활동보조서비스 제공에 현저한 곤란이 있음.
와상, 사지마비 및 수급자 특성(몸무게) 등으로 대소변 처리, 목욕, 이동 등 활동보조서비스 제공에 현저한 곤란이 있음. 기타 이에 준하는 사유가 있다고 시·군·구에서 인정함.

9) 수급자가 6개월 이상 연속하여 급여를 이용하지 않거나 중단을 신청할 때 등(수급자 자격관리 참조)

른 특별자치시 · 특별자치도 · 시 · 군 · 구로 전출된 경우에는 자동으로 중지된다. 2순위 대상인 경우 특별자치시 · 특별자치도 · 시 · 군 · 구 결정에 따라 지급중지가 가능하다. 또한 사회보장정보시스템(행복e음)에 지급중지 등록 시 당월 1일~말일 중 소급하여 '지원종료일' 지정이 가능하다.

사후관리는 대상자 모니터링 및 활동지원급여 제공기록지 점검 등을 통해 적정성을 확인하기 위해 보건복지부 · 지자체 · 공단 · 한국사회보장정보원 합동점검 및 지자체 지도 · 점검 및 공단(활동지원기관 서비스품질 지원반) 현장점검 등으로 이루어진다.

2) 방문목욕

급여비용은 '이동목욕용' 차량 내에서 목욕을 제공한 경우 '이동목욕용' 차량 내에서 목욕을 제공한 경우 86,470원, 욕조, 펌프, 호스릴 등 장비일체와 차량 내 온수를 사용하여 가정 내에서 목욕을 제공하는 경우 76,340원(2024년 기준)이다.

활동지원급여의 구간 등에 관계없이 방문횟수를 기준으로 산정하며, 목욕에 필요한 용품(물, 비누, 수건, 욕조, 목욕의자, 로션 등) 비용은 별도로 산정하지 않는다. 요양보호사가 60분 이상 서비스를 제공한 경우를 1회로 산정하되, 소요시간이 40분 이상 60분 미만인 경우에는 1회당 금액의 80%를 산정한다. 단, 소요시간인 40분 미만인 경우에는 급여비용을 산정하지 않는다.

방문목욕은 수급자의 신체적 상태로 인하여 특수욕조 등 장비를 이용한 목욕이 필요한 경우 또는 가정 내 욕조나 온수를 이용할 수 없는 경우에 한한다. 방문목욕 차량은 욕조, 급탕기, 물탱크, 펌프, 호스릴 등을 갖춘 차량으로 자동차등록증의 차량용도에 '이동목욕용'으로 표기된 당해 기관에 신고된 차량이어야 된다.

방문목욕의 급여비용은 주 1회까지 산정이 가능하다. 다만, 변실금 및 요실금 등으로 인하여 피부의 건강유지 · 관리가 불가피한 경우에는 초과 산정할 수 있으며, 불가피한 사유를 활동지원급여 제공기록지에 기재하여야 한다. 또한 한국사회보장정보원에서 변실금 및 요실금 등에 대한 의사소견서 등 증빙서류 요구 시 제시하여야 한다. 방문목욕은 욕조를 활용한 전신 입욕 등의 방법으로 실시하되 수급자의 신체적 상태(혈압, 체온 및 감염성 질환 보유 여부 등) 등에 따라 적절하게 제공하여야 한다.

방문목욕 행위에는 목욕준비, 입욕 시 이동보조, 몸 씻기, 머리 감기기, 옷 갈아입히기, 목욕 후 주변정리까지가 포함되며, 수급자의 안전을 위하여 입욕 시 이동보조와 몸 씻기 과정은 반드시 2인 이상의 요양보호사에 의해 제공되어야 한다.

3) 방문간호

급여비용은 30분 미만 1회당 금액은 40,760원, 30분 이상~60분 미만은 51,110원, 60분 이상은 61,490원(2024년 기준)이다. 수급자의 질병명, 활동지원급여의 구간과 방문지역 등을 불문하고 1회 방문당 제공시간을 기준으로 산정하며, 처치에 사용된 유치도뇨관, 기관지삽입관, 거즈 등의 재료비와 검사료(가정에서 직접 시행되는 검사)는 별도로 산정하지 않는다. 방문간호 횟수는 방문간호지시서에 의하되 주 3회까지 산정 가능하다. 다만, 응급상황 등 부득이한 경우에는 주 3회를 초과하여 산정할 수 있다.

원거리에서 방문간호를 제공하는 경우 원거리 교통비를 따로 산정할 수 있으며, 활동보조의 원거리 교통비 기준 및 지급요건 등을 준용한다. 수급자의 상태변화 등으로 당초의 방문간호지시서와 다른 내용의 간호, 처치 등이 필요한 경우 방문간호지시서 발급의사와 상의한 후 지시에 따라 간호를 시행하며, 반드시 그 내용을 활동지원급여 제공기록지에 기재하여야 한다.

제4절 노인복지의 돌봄서비스

1. 노인맞춤돌봄서비스 사업

1) 서비스 목적 및 대상

노인맞춤돌봄서비스 목적은 일상생활 영위가 어려운 취약노인에게 적절한 돌봄서비스를 제공하여 안정적인 노후생활 보장, 노인의 기능・건강 유지 및 악화를 예방하는 것이다.

서비스 대상은 만 65세 이상 국민기초생활수급자, 차상위계층 또는 기초연금수급자로서 유사중복사업 자격에 해당되지 않는 자(다만, 시장 · 군수 · 구청장이 서비스가 필요하다고 인정하는 경우 예외적으로 제공 가능)이다. 또한 독거 · 조손 · 고령부부 가구 노인 등 돌봄이 필요한 노인으로 신체적 기능 저하, 정신적 어려움(인지저하, 우울감 등) 등으로 돌봄이 필요한 노인과 고독사 및 자살 위험이 높은 노인 등이다.

2) 노인맞춤돌봄서비스 추진과정과 배경

노인맞춤돌봄서비스 사업은 2007년~2019년 노인돌봄기본서비스, 노인돌봄종합서비스 및 단기가사서비스를 추진하였고, 2013년~2019년 지역사회 자원연계 사업을 추진하였다.

2014년~2019년은 독거노인 사회관계 활성화 사업 추진과 초기독거노인 자립지원 사업을 추진하였으며, 2020년~현재까지 노인맞춤돌봄서비스로 전환하여 시행하고 있다.

노인맞춤돌봄서비스 추진 이유는 다음과 같다.

돌봄이 필요한 고령 · 독거노인의 급속한 증가[10)]와 가족돌봄의 약화[11)], 노인의 사회적 관계망 악화로 돌봄의 사회화가 요구되었다. 건강한 노화(Healthy aging), 지역사회 거주(Aging in Place), 장기요양 · 요양병원 등 고비용[12)] 돌봄 진입 예방을 위한 예방적 돌봄 강화가 필요하였다.

유사중복사업 자격 해당자

※ 노인맞춤돌봄서비스는 예방적 돌봄서비스로, ①~⑤까지의 유사중복사업을 노인맞춤돌봄서비스보다 우선적으로 제공

① 노인장기요양보험 등급자

* 노인장기요양보험은 노인맞춤돌봄서비스의 선순위로서 장기요양 등급자가 장기요양을 포기하고 노인맞춤돌봄서비스를 신청하는 것은 불가함(단, 장기요양 등급 유효기간 만료자의 경우 신청 가능)

10) 독거노인: 2022년 188만 명, 2035년 346만 명, 85세 이상 노인: 2022년 94만 명, 2035년 195만 명

11) 노년기 자녀와 동거하는 것이 바람직함: 2008년 32.5%, 2017년 15.2%, 2020년 12.8%임.
가까운 친인척 왕래(주 1회 이상): 2008년 10.7%, 2020년 4.7%, 친한친구·이웃 왕래(주 1회 이상): 2008년 75.7%, 2020년 69.4%, 자녀 왕래 유무(주 1회 이상): 2008년 45.8%, 2020년 16.9%임.

12) 장기요양 지출은 2023년 15.3조원, 2025년 21조원까지 증가할 것으로 전망됨. 65세 이상 노인 총 진료비: 2017년 28.3조원, 2019년 35.8조원, 2021년 41.4조원임.

* 장기요양등급 판정 내역은 읍·면·동 담당공무원이 사회보장정보시스템(행복e음)을 통해 확인하거나 대상자가 입증서류(장기요양보험결정서 등) 제출

② 가사·간병 방문지원사업 이용자

③ 국가보훈처 보훈재가복지서비스 이용자

④ 장애인 활동지원사업 이용자

⑤ 기타 국가 및 지방자치단체(이하 '지자체')에서 시행하는 서비스 중 노인맞춤돌봄서비스와 유사한 재가서비스

* 시·군·구는 각 사업의 특성, 실질적 제공 내용 및 돌봄 필요성 등을 고려·판단하여 사업별 유사중복 여부를 사전에 정해야 함(예: ○○시 도시락배달서비스 - 유사중복 해당/미해당, ○○시 재가노인지원서비스 - 유사중복 해당/미해당)

※ 노인맞춤돌봄서비스는 돌봄이 필요한 노인에게 다양한 서비스를 통합적으로 제공함을 목표로 하고 있으며, 대상자의 상태변화에 적합한 서비스를 제공하려면 맞춤돌봄의 보완 서비스로서 재가노인지원서비스가 작동될 수 있음

그동안 노인돌봄 관련 다양한 지자체보조사업을 2007~2019년 추진해 왔다. (기존 노인돌봄기본서비스)는 지자체별 수행기관에서 생활지원사 등을 고용하여 독거노인 안부확인 및 자원연계를 제공(29.5만 명)하였다. (기존 노인돌봄종합서비스)는 장기요양 등급외 A·B자 중 중위소득 160% 이하를 대상으로 바우처서비스를 제공(주로 가사지원, 월 27시간 또는 36시간, 4.8만 명)하였고, 그 외 지역사회 자원연계(7천 명), 단기가사(1천 명), 독거노인 사회관계 활성화(7천 명), 초기독거노인 자립지원(600명) 사업을 각각 제공(중복제공 금지)하였다.

또한 유사·분절적 사업운영, 민간전달체계 관리감독 미흡 등 서비스의 질을 제고할 필요가 있어 사업 간 칸막이, 중복급여 제한 등으로 돌봄의 분절화 및 사업수행의 비효율성으로 서비스 질 저하와 노인의 돌봄욕구 충족 미흡 등으로 대상자 발굴, 서비스 결정을 각 민간기관에서 수행하여 공급자 위주의 서비스전달체계로 서비스 접근성과 책임성 문제를 해소하기 위해 노인돌봄종합서비스(바우처)의 제공기관은 장기요양기관으로 동일한 기관 종사자가 예방적 돌봄서비스와 장기요양을 동시에 운영하고 있다.

대상자	독거노인		등급외		장기요양
서비스명	① 돌봄 기본	② 초기 독거노인 자립지원, ③ 독거노인 친구 만들기, ④ 단기가사	⑤ 돌봄 종합	⑥ 지역사회 자원연계	
내용	안전확인 · 연계		케어	연계	
	<국고>		<국고> 바우처	<국고>	
대상자	독거노인		등급외 A · B	장기요양수급자, 등급외 A · B	
이용자	29.5만	0.9만	4.8만	0.7만	
제공기관	244개	810개	2,583개	22개	
수행인력	11,800명	1,643명	26,664명	44명	
재정규모 (국비)	1,950억 (1,326)	65억 (47)	1,540억 (1,056)	16억 (8)	

그림 11-2 기존 노인돌봄서비스 현황(2019년 기준)

출처: 보건복지부, 노인보건복지사업안내, 2024.

3) 노인맞춤돌봄서비스 제공 절차 및 대상자 구분

서비스 절차는 그림 11-3과 같이 진행되고 재사정은 대상자 선정조사, 서비스 상담 및 서비스 제공계획 재수립을 실시한다.

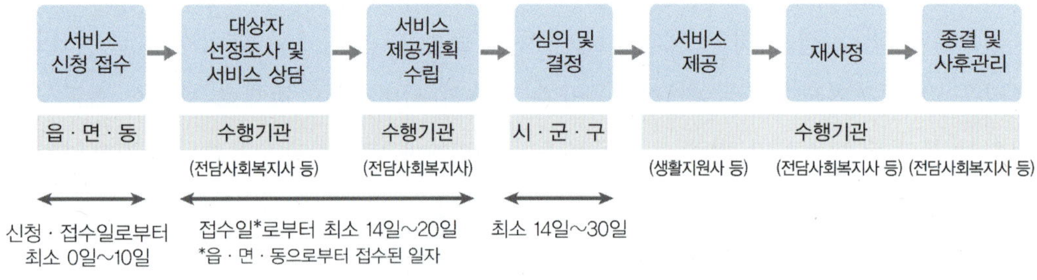

그림 11-3 서비스 제공절차

출처: 보건복지부, 노인보건복지사업안내, 2024.

대상자 구분은 대상자 선정도구를 통해 사회 - 신체 - 정신영역의 돌봄필요도에 따라 대상자 군 결정, 군에 따라 서비스 제공시간의 범위 등이 달라진다. 사업대상은 다음과 같이 구분된다.

① **중점돌봄군**: 신체적인 기능제한으로 일상생활지원 필요가 큰 대상은 월 16시간 이상 40시간 미만의 직접서비스 제공, 주기적인 가사지원서비스 제공이 가능하다.

② **일반돌봄군**: 사회적인 관계 단절 및 일상생활의 어려움으로 돌봄 필요가 있는 대상으로 월 16시간 미만의 직접서비스 제공, 주기적인 가사지원서비스 제공은 불가하다. 특수한 상황(수술 · 골절 등)이 있는 경우에 한정하여 가사지원서비스를 한시적으로 제공 가능(가사지원서비스 제공 필요가 길어질 경우에는 중점돌봄군으로 변경 필요)하다.

대상자 군	서비스 내용
중점돌봄군	월 16시간 이상~40시간 미만 직접서비스 + 연계서비스(필요시) + 특화서비스(필요시)
일반돌봄군	월 16시간 미만 직접서비스 + 연계서비스(필요시) + 특화서비스(필요시)

단, 중점돌봄군 및 일반돌봄군의 시간 기준은 최소 · 최대 기준이므로 실제 제공시간은 개인의 서비스 필요에 따라 정해져야 하며 기관의 제공 여력도 고려될 수 있다.

특화서비스 대상은 사회관계 단절, 우울증 등으로 집중적인 서비스가 필요한 대상이며, 사후관리 대상은 노인맞춤돌봄서비스 사업(중점돌봄군, 일반돌봄군) 종결자 중 사후관리가 필요한 자 등이다.

4) 노인맞춤돌봄서비스 내용

사업내용은 방문형, 통원형(집단 프로그램) 등의 직접서비스 및 연계서비스 제공으로 개인별 조사 · 상담에 따라 서비스 제공계획 수립을 통해 개인별 돌봄욕구 · 필요정도에 따라 서비스 내용, 제공시간, 제공주기 등이 결정된다.

직접 서비스로는 첫째, 안전지원으로 대상자의 전반적인 안전 여부를 점검하기 위하여 생활환경, 가구구조와 같은 환경여건뿐만 아니라 노인의 기본적인 신체적 · 정신적 · 사회적 안녕 여부 등을 점검하는 지원하는 서비스로 서비스 내용은 안전 · 안부확인

(방문 · 전화 · ICT), 생활안전점검, 정보제공, 말벗 등이다. 둘째, 사회참여로는 대상자가 사회적 관계망을 형성 · 확장하여 사회적 교류와 활동을 유지하도록 지원하는 서비스로 서비스 내용은 사회관계 향상 프로그램, 자조모임 등이 있다. 셋째, 생활교육은 사회적, 신체적, 정신적 기능을 유지하거나 악화를 지연 · 예방하기 위한 교육 · 프로그램을 제공하는 서비스로 서비스 내용은 신체건강 · 정신건강 분야 생활교육 등이다. 넷째, 일상생활지원으로 대상자의 일상생활을 지원하기 위하여 외출동행, 가사지원을 제공하는 서비스로 서비스 내용은 이동활동지원, 가사지원 등이 있다.

다섯째, 연계서비스로는 대상자의 안정적인 생활을 지원하기 위하여 지역사회 내 민간자원 등의 후원물품이나 서비스를 연계 지원하는 서비스 - 노인맞춤돌봄서비스 수행기관은 물품후원, 자원봉사자 등 민간후원자원을 적극 발굴 · 연계한다. 지자체에서 지역사회의 다양한 자원을 연계하지만 민간후원자원의 경우 후원자가 공공기관이 아닌 민간기관에 후원을 원하는 경우도 있으므로 후원자원 연계 기능 수행이 필요하다. 서비스 내용은 생활지원연계, 주거개선연계, 건강지원연계, 기타 서비스 등이다. 여섯째, 특화서비스로 고립, 우울, 자살생각 등이 높은 노인을 대상으로 개별 맞춤형 사례관리 및 집단활동 제공 등이 있다.

5) 노인맞춤돌봄서비스 사후관리

사후관리 서비스는 사후관리가 필요한 대상자에게 정기적인 모니터링 및 자원연계를 실시한다. 구체적인 내용은 다음과 같다.

① **직접서비스**(방문 · 통원 등): 안전지원서비스는 방문 안전지원은 안전 · 안부확인, 정보제공(사회 · 재난안전, 보건 · 복지 정보제공), 생활안전점검(안전관리점검, 위생관리점검), 말벗(정서지원) 등이다. 전화 안전지원은 안전 · 안부확인, 정보제공(사회 · 재난안전, 보건 · 복지 정보제공), 말벗(정서지원) 등이다. 또한 ICT 안전지원으로 ICT 관리 · 교육, ICT 안전 · 안부확인 등이 있다.

사회참여서비스는 사회관계 향상 프로그램으로 여가활동, 평생교육활동, 문화활동과 자조모임 등이 있다. 생활교육서비스는 신체건강 분야는 영양교육, 보건교육, 건강교육이 있고, 정신건강 분야는 우울예방 프로그램, 인지활동 프로그램 등이 있다. 일상생활 지원서비스에서는 이동활동지원으로 외출동행지원과 가사지원으로 식사관리, 청소관리서비스 등이 있다.

② **연계서비스:** 생활지원연계서비스는 생활용품 지원, 식료품 지원, 후원금 지원이 있고, 주거개선연계로 주거위생개선 지원과 주거환경개선 지원이 있으며, 건강지원연계로 의료연계 지원 및 건강보조 지원과 기타 서비스에 기타 일상생활에 필요한 서비스 연계 등이 있다.

③ **특화서비스:** 개별 맞춤형 사례관리, 집단활동, 우울증 진단 및 투약 지원 등이 있다.

그리고 서비스 제공기간은 시・군・구 서비스 이용 자격 승인 익일로부터 1년이며, 1년 도래 전 '재사정'을 통해 서비스 제공여부를 다시 결정한다.

6) 노인맞춤돌봄서비스 제공

노인맞춤돌봄서비스는 제공계획에 따라 담당 생활지원사 및 지원인력이 서비스를 제공한다.

(1) 서비스 제공 주체 및 기간

수행주체는 생활지원사, 지원인력(사회서비스형 노인일자리)이다. 제공기간은 시・군・구 서비스 이용 자격 승인 익일부터 1년간이다.

(2) 서비스 제공 기본방향

서비스 제공계획에 따라 제공하되, 필요시 유연하고 탄력적인 대응을 통해 이용자가 일상생활을 영위할 수 있도록 지원하는데 이용자의 상황, 재난재해 등으로 불가피한 상황의 경우 대상자와 협의하여 일시적인 서비스 변경, 생략, 추가 제공이 가능하고, 이용자 스스로 일상생활을 관리하고 돌보는 '셀프케어'의 관점에서 대상자의 잔존능력을 활용할 수 있도록 지원하는 것이며, 잔존 기능을 활용해서 활동하는 것이 기능 유지와 악화 예방에 중요한 것이다.

(3) 서비스 제공 내용

서비스는 방문형, 통원형(집단 프로그램) 등의 직접서비스 및 연계서비스 제공을 전담 사회복지사는 생활지원사, 지원인력, 지역자원 등을 활용하여 이용자에게 서비스가 제공될 수 있도록 관리한다.

① 생활지원사

생활지원사는 서비스 제공계획에 따라 서비스를 제공하고 노인맞춤돌봄시스템에 상시 입력·관리와 서비스 제공과정 등에서 서비스 변경 또는 연계가 필요한 경우 전담사회복지사에게 서비스 제공계획 변경 등을 요청한다.

서비스 제공 시 이용자의 상태변화에 대한 모니터링 이용자가 건강상태 악화 등으로 인해 장기요양서비스가 필요하다고 판단되는 경우 이용자에게 장기요양인정조사 신청을 권고하고, 사망·사고 등 대상자 특이사항 발생 시 전담 사회복지사에게 즉시 보고한다.

② 지원인력

지원인력은 생활지원사와 동행하여 실시할 수 있는 업무와 생활지원사가 동행하지 않더라도 단독으로 서비스 제공이 가능한 업무(단독수행) 구분에 따라 서비스를 제공한다. 특이사항 등에 대해 생활지원사와 상의하여 조치하고, 단독수행 시 발생하는 문제 등에 대해서는 생활지원사 및 전담사회복지사에게 즉시 보고하며, 지원인력이 단독으로 서비스를 제공한 경우 전담사회복지사는 서비스 제공결과를 모니터링한다.

표 11-3 노인맞춤돌봄서비스의 지원업무 범위

구분	직접서비스(생활지원사)		지원업무(지원인력)
안전지원	방문 안전지원	• 안전·안부확인 • 정보제공(사회·재난안전, 보건·복지 정보제공) • 생활안전점검(안전관리점검, 위생관리점검) • 말벗(정서지원)	단독 수행 가능
	전화 안전지원	• 안전·안부확인 • 정보제공(사회·재난안전, 보건·복지 정보제공) • 말벗(정서지원)	
	ICT 안전지원	• ICT 관리·교육 • ICT 안전·안부확인	

사회참여	사회관계 향상 프로그램	• 여가활동 • 평생교육활동 • 문화활동	수행기관 판단하에 교육 후 단독 수행 가능
	자조모임	• 자조모임	
생활교육	신체건강 분야	• 영양교육 • 보건교육 • 건강교육	
	정신건강 분야	• 우울예방 프로그램 • 인지활동 프로그램	
일상생활 지원	이동 · 활동지원	• 외출동행	
	가사지원	• 식사관리 • 청소관리	

출처: 보건복지부, 노인보건복지사업안내, 2024.

(4) 서비스 제공 시 고려사항

신체적 · 사회적 · 정신 기능의 저하가 일부 있지만 잔존능력을 적극 활용해서 스스로 돌보는 '셀프케어'의 필요성을 노인맞춤돌봄서비스의 이용자가 분명히 인식하고 생활에서 실천하도록 지원하는 것이 필요하다. 노인맞춤돌봄서비스에서 각종 '정보'를 제공하고, 건강과 사회성을 개선하는 다양한 프로그램을 교육하고, 일상생활을 지원하는 것은 궁극적으로 이용 노인이 일상생활에서 셀프케어를 수행하도록 역량을 강화하고 안정적인 생활을 지원해서 이용 노인의 독립적인 생활을 최대한 연장하는 의미가 있다.

전담사회복지사와 생활지원사는 이용자에게 서비스를 일방적으로 제공하는 자세를 취해서 잔존 기능을 활용하지 않고 의존하는 상황이 발생하지 않도록 이용 노인이 일상생활에서 적극적으로 자신을 돌보는 '셀프케어'를 안내하고 지원하는 자세가 요구된다.

이용 노인의 셀프케어는 대상자나 가족의 무리한 요구로부터 생활지원사를 보호하여 안정적인 직무 수행을 위해서도 중요하며, 생활지원사는 장기간 부재 등의 이용자의 사정에 따라 서비스 제공 중지가 필요한 경우 전담 사회복지사에게 보고한다.

장기간 여행 및 친지 방문 등 10일 이상 90일 미만 장기간 부재 시 및 병원입원이 필요한 경우 노인맞춤돌봄서비스는 재가서비스가 원칙으로 이용자가 병원에 입원 시 간병서비스는 제공 불가(해당 기간 동안 서비스 중지)하다. 이용자 요청 시 건강상의 이유 및 코로나19 등의 감염 우려로 이용자가 서비스 제공 중지를 직접 요청을 받은 전담 사회복지사는 해당 대상자에 대해 노인맞춤돌봄시스템에 입력하여 '서비스 중지' 처리,

서비스를 재개할 경우 '서비스 중'으로 입력 처리한다. 3개월 이내의 기간 동안 부재중인 대상자에 대하여 3개월 범위 내에서 서비스 제공을 중단하되 대상자 자격은 유지(미이용자)되도록 하며, 서비스 제공 중지기간이 3개월을 초과할 경우 절차에 따라 종결처리하고 생활지원사는 서비스 중지기간 동안 대상자의 특이사항 등을 모니터링 및 관리한다.

2. 노인장기요양보험제도

노인장기요양보험제도는 고령이나 노인성 질병 등으로 목욕이나 집안일 등 일상생활을 혼자서 수행하기 어려운 이들에게 신체활동·가사지원 등의 서비스를 제공하여 노후 생활의 안정과 그 가족의 부담을 덜어주기 위한 사회보험제도이다.

주요 내용은 다음과 같다.

신청대상은 소득수준과 상관없이 노인장기요양보험 가입자(국민건강보험 가입자와 동일)와 그 피부양자, 의료급여수급권자로서 65세 이상 노인과 64세 이하[13] 노인성 질병이 있는 자 등이다.

급여대상은 65세 이상 노인 또는 치매, 중풍, 파킨슨병 등 노인성 질병으로 6개월 이상의 기간 동안 혼자서 일상생활을 수행하기 어렵다고 인정되는 자[14] 등이다.

장기요양인정 및 서비스 이용절차는 서비스 대상자 및 가족이 국민건강보험공단 각 지사별 장기요양센터에 신청하면 공단직원이 직접 방문하여 조사한 후 등급판정위원회에서 장기요양인정 및 등급판정을 받게 된다. 이후 장기요양인정서 및 표준장기이용계획서를 받으면 직접 장기요양기관에 신청하여 서비스를 이용할 수 있다.

서비스 이용으로 급여내용은 시설급여로 장기요양기관에 장기간 입소하여 신체활동 지원 등을 제공한다. 재가급여는 가정을 방문하여 신체활동, 가사활동, 목욕, 간호 등 제공, 주간보호센터 이용, 단기보호 이용, 복지용구 구입 또는 대여한다. 특별현금급여로 섬·벽지지역 거주자 등에게 가족요양비를 지급한다.

주야간보호서비스는 수급자를 하루 중 일정한 시간 동안 장기요양기관에 보호하여

13) 2011년부터 65세가 되기 30일 전에 장기요양인정 신청이 가능함.
14) 장기요양등급은 1등급~5등급 또는 인지지원등급 등이다.

신체활동 지원 및 심신기능의 유지 향상을 위한 교육 훈련 등을 제공하고, 단기보호서비스는 수급자를 일정 기간 동안 장기요양기관에 보호하여 신체활동 지원 및 심신기능의 유지 향상을 위한 교육 훈련 등을 제공한다.

장기요양기관은 요양시설 및 재가시설의 지정 신고한 후 시설급여 시설 및 재가급여 시설(「노인복지법」상 시설)은 시 · 군 · 구청장이 지정한다. 장기요양요원은 요양보호사, 간호사, 사회복지사 등이며, 관리운영은 국민건강보험공단과 지자체가 역할 분담한다.

재원조달방식으로는 장기요양보험료 소득대비 0.9082%이며, 노인장기요양보험 가입자는 국민건강보험 가입자와 동일, 건강보험료와 통합징수한다. 장기요양보험료율은 보건복지부장관 소속 장기요양위원회의 심의를 거쳐 대통령령으로 명시한다.

국가지원은 장기요양보험료 예상수입액의 20% 상당 부담(국가)하며, 의료급여수급권자의 장기요양급여비용, 의사소견서발급비용, 방문간호지시서 발급비용 중 공단이 부담하여야 할 비용 및 관리운영비의 전액 부담(국가, 지방자치단체)한다.

본인부담금은 시설급여 20%(비급여: 식재료비, 이미용료 등은 본인부담), 재가급여 15%이며, 의료급여수급권자 등 저소득층은 40~60% 경감(보험료순위기준에 따라) 국민기초생활수급권자에 따른 의료급여 수급자는 무료로 이용할 수 있다.

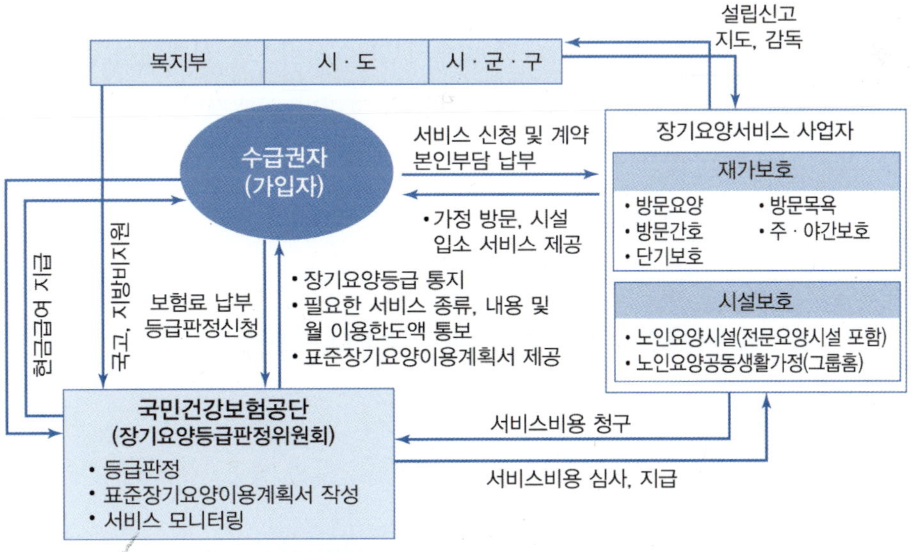

그림 11-4 **노인장기요양보험제도 공급체계**

출처: 보건복지부, 노인보건복지사업안내, 2024.

3. 장애인복지사업과 노인복지사업의 시사점

장애인복지영역과 노인복지영역에서의 돌봄서비스는 장애인복지영역에 비해 노인복지영역에서의 돌봄서비스가 훨씬 더 정비되어 맞춤형서비스로서의 역할을 수행하고 있는 것으로 볼 수 있다. 특히, 노인맞춤돌봄서비스의 경우는 취약노인계층인 독거노인을 대상으로 보건복지서비스와의 연계, 복지자원 발굴을 통한 연계 등을 실시하고 있어 가장 필요로 하는 욕구를 충족시켜 주기 위한 노력을 하고 있음을 알 수 있다. 또한 동시에 유사서비스의 중복을 방지하기 위한 노력을 하고 있다.

이 외 장애인복지영역에서의 장애인활동보조지원사업(장애인활동지원제도)과 노인복지영역에서의 노인장기요양보험제도가 시행되고 있다. 두 영역의 사업이 조세방식과 보험방식의 형태로 운영되어 차이를 가지고 있지만 서비스의 내용에 있어서는 신체활동가사지원, 방문목욕, 방문간호 등에서 동일한 서비스가 제공되고 있었다. 이는 두 영역의 대상자들이 가지는 욕구가 비교적 동일하기 때문으로 볼 수 있다. 두 돌봄서비스의 차이는 대상자의 중복서비스를 방지하기 위해 65세라는 연령기준을 두고 65세가 넘으면 노령장애인의 경우 장애인 활동보조와 노인장기요양보험제도를 선택하여 서비스를 받을 수 있다는 점이다. 그러나 수요자의 욕구에 맞는 맞춤형 서비스를 제공하기 위해서는 대상자의 욕구 충족을 위해 가장 필요시 되는 서비스를 선택해서 받을 수 있도록 하는 방법도 하나의 방안이 될 수 있을 것이다. 그러나 선택적인 방법으로 진행되는 방안을 최근 시행하고 있으나 지속적으로 관련 기관 및 다양한 자원과의 연계를 통해 서비스를 제공하는 것이 바람직하다.

4. 노인복지사업과 장애인복지사업의 과제

1) 노인복지사업과 장애인복지사업 간 연계

현재 노인과 장애영역은 서로 다른 영역으로 인식되어 각각 사업을 시행하고 있으나, 장애노인 대상 두 영역의 사업 중 유사사업[15]의 경우 연계가 가능하도록 두 영역의

15) 장애노인 대상 장애와 노인영역의 유사사업으로는 도우미파견사업, 지역사회 재가복지사업 등이 대표적임.

서비스 제공기관 간 연계망 구축이 필요하고, 장애인복지기관과 노인복지기관에서 장애특성과 노인특성을 모두 고려한 장애노인 통합 프로그램 등을 개발·운영하는 것이 필요하다.

2) 장애상태 및 차별적 욕구에 따른 서비스 제공

장애노인 중 장애정도가 경증인 경우 이동지원서비스 등 사회활동 참여에 대한 욕구가 높고, 와상상태 등의 중증장애노인은 돌봄서비스 및 의료서비스에 대한 욕구가 더 높다. 따라서 장애노인의 장애특성 및 차별적 욕구를 고려한 서비스가 제공되어야 한다. 특히, 장기요양 욕구를 가진 중증 장애노인의 경우 노인장기요양보장제도의 수급자격을 얻지 못할 경우는 유사 기능을 수행하는 노인돌봄바우처나 지역 보건복지서비스를 활용하여 서비스를 제공하는 방안마련이 필요하다.

3) 외부활동 및 여가활동 지원을 위한 프로그램 개발 및 공급

장애노인의 여가활동 참여는 대부분 소일형, 소극적 여가활동에 머무는 경향이 있으며, 이러한 여가활동도 연령이 증가할수록 감소하므로, 장애노인의 여가활동 지원을 위한 지역사회 서비스 개발이 중요하다. 지역사회 장애복지관, 장애인체육관 등에서 장애노인의 여가활동 지원 프로그램을 개발·공급할 필요가 있고, 더불어 노인여가시설을 통한 장애노인 여가활동 지원사업을 수행할 필요성도 높다.

4) 건강관리사업 확대 및 재활서비스 제공 강화

장애노인의 장애발생이 노년기에 가장 많이 발생하고 있음을 고려할 때 노년기의 지속적인 건강관리 및 재활서비스의 확대 등을 통한 장애발생 예방이 필요하다. 장애인의 노화에 따른 2차적 장애발생에 대한 교육과 예방 등의 재활 프로그램과 장애노인의 장애특성을 고려한 전문적 평가 및 관리를 통한 맞춤형 건강증진 프로그램을 개발·보급하고, 장애노인 증가를 대비한 지속적인 건강재활 프로그램의 보급, 만성질환 예방 및 관리 중심의 건강관리사업 수행, 그리고 건강검진 강화 등이 필요하다.

5) 장애노인 중 독거가구 등의 취약계층에 대한 우선적인 지원

장애노인 및 전체노인의 경우 독거노인이나 부부노인의 가구형태가 60% 수준대로 가장 높다. 특히 장애노인의 경우 독거가구 비율이 전체노인에 비해 높은데, 이들은 사회적으로 더욱 고립될 수 있고 빈곤문제 역시 더욱 심화 및 고착화될 가능성이 높은 취약계층이다. 이들의 안녕상태를 정기적으로 점검하고 경제적 지원, 돌봄 지원 등 생활안정을 도모할 수 있는 정책적 관심 및 다양한 지원에서 우선적으로 고려되어야 할 것이다.

제5절 국외 장애노인 서비스 지원 현황

1. 미국의 서비스 연계 지원 현황

1) ADRC의 발전과정 및 기능

(1) ADRC의 필요성

미국의 장기요양서비스(Long-Term Service and Support: 장기요양서비스)[16]는 마치 미로를 헤매게 하는 것 같은 서비스로 표현하기도 한다. 미국의 장기요양제도는 사회보장의 원리에 따라 메디케어(Medicare)와 메디케이드(Medicaid), 그리고 미국노인법(Older American Act)에 따라 장기요양서비스를 제공하고 있고, 단일한 체계를 통해 제공되기보다는 다양한 복지제도와 의료보장급여의 혼합된 형태로 제공되고 있기 때문에 매우 복잡하다. 재가 및 지역사회 서비스 관련 서비스 제공자(전문가)를 대상으로 실시한 최근 조사에서는 서비스 이용 대상자들이 서비스 이용이 용이하도록 하는 방안을 강구해야 한다는 의견이 압도적으로 높았다(National health policy forum, 2011). 즉, 노인이나 장애인에게 돌봄

16) 미국의 장기요양서비스의 대상은 65세 이상과 모든 연령층의 장애인을 포함한다. 따라서 장기요양서비스라고 해서 노인에 국한된 것이 아님을 주지하며 이해하여야 할 필요가 있다.

을 제공하는 종사자들조차도 장기요양서비스(LTSS) 프로그램의 종류 및 내용, 수급자격 등이 매우 다양하고, 까다로워서 이해하기 어렵다고 이야기한다.

특히 노화(aging)나 장애(disability)와 관련된 서비스는 노인이나 장애인 본인뿐 아니라 가족을 위해서도 매우 필요하지만, 대부분의 사람들은 어디에서 어떻게 어떠한 서비스를 받을 수 있는지조차도 알지 못하는 경우가 많다. 일례로, 병원치료를 더 이상 받지 못하는 사람들이나 돌봄시설을 반드시 이용해야 하는 사람들, 혹은 서비스를 이용하지 못하고 집에서 생활해야 하지만 스스로 돌봄이 불가능한 사람들은 이러한 어려움으로 인하여 위기를 맞을 수밖에 없다. 또한 요양원이나 재활시설에서 생활하던 사람들이 원가정으로 복귀해야 할 경우에는 지역사회 서비스를 찾는 데 더욱 큰 어려움을 경험할 수밖에 없다.

현재 미국의 지역사회 내에는 노인 및 장애인 관련 다양한 유형의 서비스가 서로 다른 서비스 제공기관에 의해서 제공되고 있지만, 대부분 서비스 이용과정이 너무 복잡하거나 단편적인 경우가 많아 제공되는 서비스 범주조차 제대로 파악하지 못하는 경우가 많다. 또한 많은 경우 접수와 평가 등이 중복되는 이유로 단일화되고 통합된 시스템을 통해 이용자의 혼란을 줄이고 정보를 선택하고 결정할 수 있도록 지원이 필요하다.

미국의 장기요양서비스(LTSS)에 쓰이는 정부지출은 2008년 1,910억 달러를 넘었으며, 이는 미국의 돌봄과 관련한 개별 지출의 약 10% 정도에 해당되고, 메디케이드 프로그램의 2/3에 해당하는 액수이다. 따라서 막대한 금액의 정부지출의 효용성을 높이고 서비스의 이용자와 제공자들에게 좀 더 질 높은 서비스를 제공하기 위해 정책입안가들은 더 나은 방안을 찾기 위해 노력해 왔다.

ADRC는 이러한 고민을 해결하기 위해 통합시스템을 구축하여 보다 효과적인 서비스 제공이 이루어질 수 있도록 고안된 연계지원서비스라 할 수 있다. 이러한 ADRC는 주정부와 지방정부에서 중앙집중화된 데이터를 사용·관리할 수 있도록 도와주며, 이를 통해 평가 역시 효과적으로 수행할 수 있어, 서비스나 프로그램의 질 관리 및 자원 운영 등에 있어서도 효과성을 높일 수 있다(김선자 외, 2006).

(2) ADRC의 기능 및 형태

ADRC 서비스의 목적은 노인이나 장애인 개인뿐 아니라 장애아동, 가족부양자 및 미래의 장기요양 대상자들이 장기요양서비스(LTSS) 및 관련 서비스에 관한 정보를 충분히 인지하고 선택할 수 있도록 지원하여 서비스의 접근성을 향상시키도록 돕는 것이다.

미국 내 몇 개 주는 ADRC 서비스 제공을 위해 제공되었던 연방지원금을 연이어 지급 받기도 했는데, 이는 이전에 지원금을 받은 주는 특별 집중 재정지원의 대상이 되었기 때문에 초창기 지원금을 받은 주들은 시범적으로 각 주의 하나 혹은 그 이상 지역에서 ADRC의 기본 기능들만을 수행하고, 기본 기능 외의 타 기능까지 포함하는 주는 부가적 재정지원금이나 주의 보조지원금으로 수행할 수 있도록 하는 방식을 채택하였다(김선자 외, 2006, 재인용). 이러한 미국정부의 재정지원방식의 결정은 시간이 지나면 모든 ADRC들이 다양한 측면에서 제 기능을 다 해낼 수 있을 것이라고 판단했기 때문이다. ADRC 서비스의 내용 및 운용 방식은 주(states)별, 그리고 같은 주라고 하더라도 지방정부(local government)별로 지역사회의 자원과 전문가의 관심 정도에 따라 조금씩 차이가 존재한다.

ADRC의 직원의 역할은 지역사회 내에 있는 장애인 관련 서비스와 노인 관련 서비스 내용 및 정보를 충분히 인지하여, 각 사례별로 서비스 종류와 지원 방식 등 관련 사항을 서비스 대상자가 결정할 수 있도록 돕고, 지역사회 내에서 재택서비스와 요양시설 및 장기요양서비스 이용과 같은 서비스 접근성의 향상을 증진시키는 일을 포함한다(김선자 외, 2006, 재인용).

ADRC의 주요 파트너는 주 메디케이드(State Medicaid)와 장애 및 노인 관련 서비스 기관, 그리고 주 건강보험 지원 프로그램(State Health Insurance Assistance Programs) 등이다. 이 같은 지역사회 파트너들은 지역의 노인서비스 제공기관과 장애인서비스 제공기관인 (장애인)자립생활센터(IL), 공공과 민간의 노인 및 장애인 서비스 제공자들, 병원 퇴원 설계사, 의사, 성인 보호서비스 제공자들, 주/지방정부 메디케이드 프로그램(states/local government Medicaid Programs) 등이다. 이러한 파트너십은 기관 간 합의와 연계 규정을 비롯하여 직원들의 공동배치, 협력자금 제공, 기관 간 직원 훈련, 공유 정보·기술·연계 시스템, 클라이언트 데이터 공유, 합동 마케팅 및 파견 활동 등을 포함하며, ADRC는 이에 더하여 이용자와 이용자 가족들을 위한 상담 역할을 포함한다.

ADRC의 형태는 주별로 다양하게 운영되고 있는데, 대부분의 주에서 지방정부와의 파트너십을 형성하여 전체적 감독과 지침은 주(states)에서 제공하고 지방정부(local government)의 독자성 하에서 운영되고 있다. 즉, 지방정부의 사정에 따라 ADRC는 노인 관련 기관이나 장애인 관련 기관(IL, Independent living center)에서 그 기능을 수행하고 있다. ADRC는 그 형태와 상관없이 모든 사람이 노화와 장애 관련 정보에 대해 충분한 정보를 제공 받을 수 있고, 서비스 접근권을 가질 수 있도록 하는 것을 목적으로 센터의 기능을 표준화하는 것을 원칙으로 하고 있다(김선자 외, 2006, 재인용). ADRC에 관한 노인국(AoA)과 메디케어 및 메디컬 서비스센터(CMS)의 활동비전은 다음과 같다(김선자 외, 2006, 재인용).

① 센터뿐 아니라 공공/민간의 장기요양서비스(LTSS) 옵션에 대해 일반인은 물론 특히 서비스 접근이 어려운 소외계층이 보다 잘 이해할 수 있도록 할 것이다.

② 서비스에 관한 욕구가 있을 때 이용가능한 모든 장기요양서비스(LTSS) 옵션에 관한 정보 및 상담을 제공할 것이다.

③ 공적 장기요양 프로그램 및 메디케어(Medicare)의 수혜대상이 될 수 있는 잠재적 대상자들을 사정하여 지원할 것이다.

④ 응급상황에 처한 개인이나 그 가족이 장기요양서비스(LTSS) 시스템에 안정적으로 진입할 수 있도록 개별 사례관리를 이행할 것이다.

⑤ 지역사회에 질병 예방, 건강 프로그램, 이동편익 서비스, 수입지원 프로그램 등에 관한 정보 및 지원 사항에 관해 홍보할 것이다.

⑥ 차후 장기요양서비스(LTSS)에 관심과 욕구를 가진 사람을 지원할 것이다.

⑦ 모든 장기요양서비스(LTSS)에 쉽게 접근할 수 있도록 '원스탑 쇼핑(one-stop shopping)' 시스템을 보다 조직화, 간소화, 명확화할 것 등이다.

ADRC의 가장 중요한 파트너 중 하나는 주 메디케이드(the state Medicaid) 제공기관인데, 일반적으로 이 기관은 메디케이드 이용자의 재정자격을 판단하는 역할을 하며, ADRC는 이 재정자격 판단과정에서 매우 중요한 역할을 한다. 보고된 바에 따르면, ADRC의 76%가 메디케이드 신청을 온라인으로 받을 수 있으며, 35%가 이용자의 자격여부를 가리는 판정도구를 가지고 있다. 또한 3/4 이상의 신청자가 다른 시스템의 지원을 받을 때, 그들이 거쳐 온 지원자격의 조건 상황을 연속적으로 추적할 수 있다.

노인국(AoA)의 기술지원팀에 따르면, 11개 이상의 주에는 이용자들이 장기요양서비스(LTSS)에 관한 정보를 제공받을 수 있도록 모든 지역에 ADRC 사무실을 두었으며,

4개 주에는 이용자 지원을 실시하고 있는 전체 규모의 콜센터가 있다. 또한 29개 주가 주 전체 자원과 정보에 공식적으로 접근할 수 있는 데이터베이스를 가지고 있고, 13개 주는 유사한 규모의 시스템을 개발 중에 있다. 서비스 연계 등과 같이 ADRC의 일부 기능은 콜센터나 웹사이트를 통해 제공 가능하겠지만, 대부분의 타 기능들은 이용자 및 가족들과 면대면 상담을 통해 이루어질 수 있으며, ADRC 직원들은 이러한 역할을 성공적으로 수행할 수 있다. 대부분의 ADRC 프로그램 직원들은 사례관리 담당자, 정보 및 서비스 연계 전문가, 간호 사례 관리자, 공적 지원 상담가 등으로 구성되어 있다.

2) ADRC의 서비스 내용

ADRC에서 제공되는 서비스는 주로 전화나 인터넷 상담을 통한 장애 및 노화 관련 정보를 제공해 주고, 관련 서비스와 연계해 주는 것이지만, 최근에는 옵션 상담(Options Counseling)과 개인별 전환 지원(person-centered transition support)과 같은 직접서비스의 제공을 통한 통합적 복지서비스 제공을 꾀하고 있다. 이에 대한 재정지원의 주기와 지원금의 유효성은 ADRC 기능의 다양성에 따라 달라진다.

(1) 옵션 상담(Options Counseling, OP)

옵션 상담은 이용자의 욕구를 이해하고 필요한 정보를 제공하여, 이용자가 장기요양 서비스(LTSS)의 옵션에 대해 이해하고 자신들의 욕구충족 방안마련을 위한 계획을 세울 수 있도록 지원하는 데에 초점을 맞추고 있다. 다수의 ADRC에서는 옵션 상담을 장애와 노화 관련 정보 제공 및 연계 기능의 연장으로 보고 원하는 이용자 누구에게나 제공한다. 그러나 일부 ADRC의 옵션 상담은 간호기관의 입소허가를 받은 이용자 혹은 공공가정이나 지역사회 기반 서비스를 위해 이미 사정을 거친 이용자로 서비스 대상을 한정하기도 한다.

미국 노인국(AoA)에서는 옵션 상담 기능이 주마다 일정하게 형식화되지 않고 다양하여 표준화가 필요하다는 것을 알게 되었다. 현재 각 주의 옵션 상담(OP) 이용자들은 각기 다른 수준에서 다양한 형태와 질의 서비스를 제공받는다. 즉, 상담원의 자격 기준과 훈련 조건이 프로그램마다 다르며, 어떤 주에서는 사회복지학이나 간호학의 석사학위를 요구하기도 하고 다른 주에서는 그보다 낮은 학위와 적은 경험으로도 옵션 상담원이 될 수 있다. 따라서 노인국(AoA)으로부터 기금을 지원받은 주(states)들은 이후 6개월 이내에 ADRC 옵션 상담 기능을 위한 주별 특화 표준을 개발해야 하며, 지원 이후 일년 이내에 이 표준들을 실행해야 할 책임이 있다.

따라서 지원금을 받는 주들은 옵션 상담과 관련 있는 정책과 옵션 상담의 기준 등을 개발하기 위한 절차를 표준화해야 하고, 고용된 직원들의 교육과 주 내 옵션 상담 이용자의 서비스 추적 과정을 현실화해야 한다. 이러한 노력은 옵션 상담에 대한 일정한 수준을 유지하기 위한 기준을 만들어 내기 위함이며, 이러한 기준(국가기준)은 전국에 배치된 ADRC 기관들이 옵션 상담 기능을 향상시킬 수 있도록 가이드 역할을 한다. 또한 재정지원을 통해 만든 옵션 상담의 기준 및 표준은 어떤 이용자가 어떤 상황에서 옵션 상담을 받을 수 있는지, 혹은 직원들의 고용 조건 및 요구 경력사항 등을 결정하는 데에 도움을 주고, 직원교육 및 직원 비율 등을 결정하는 데에 도움을 준다.

(2) 전환 지원(Transition Support)

과거에는 인간 중심 퇴원 계획과 관련된 지원이었던 전환 지원(transition support)은 옵션 상담과 마찬가지로 ADRC 기관 간 서비스 형태 및 품질에 차이가 있는 서비스로 인식되고 있다. 2003년 ADRC가 처음 시작했을 때의 재정자금은 ADRC의 주요 이용자들에게 서비스를 제공하는 다양한 기관이나 단체들을 이용자와 연계해 주기 위해 병원 퇴원 설계사 및 내과 병동, 그리고 요양원과 협업에 초점을 맞추고 진행되었으나 이후 메디케어 및 메디컬 서비스센터(CMS)의 지원을 받은 주에서는 병원 퇴원 이후의 계획 수립을 ADRC 전환 지원 기능에 포함시키도록 하고 있다. 따라서 전환 지원이란 병원 퇴원 이후의 계획수립 및 지원에 필요한 서비스를 뜻한다 할 수 있다.

회계연도 2008년과 2009년에는 메디케어 및 메디컬 서비스센터(CMS) 지원을 받은 11개 주에 약 1천 3백만 달러를 지원하여 ADRC에서 환자들과 그 가족들의 퇴원 이후 돌봄 계획을 포함시키도록 하고 있다. 이 같은 재정지원은 이용자의 퇴원 후 계획 체크리스트를 개발하고 온라인 회의를 주최하기 위한 목적을 쓰인다. 또한 전자 연계 시스템 및 환자 추적 시스템 등을 이용하여 이용자가 전환 지원 코치를 받은 이후에도 적절한 서비스를 받을 수 있도록 노력하고 있다.

메디케어 및 메디컬 서비스센터(CMS)의 병원 퇴원 계획 지원금은 지역의 필요에 기반을 두어 어떠한 활동을 해야 할지를 주가 결정할 수 있도록 하고 있으며, 2009년 ADRC 지원을 위한 노인국(AoA)안내문에서는, 지원을 받고자 하는 주는 ADRC가 메디케어의 혜택을 받을 수 있도록 퇴원 계획 프로그램 및 내과와의 협업을 강화할 수 있도록 하고, 돌봄 전환 서비스를 향상시켜 만성질병이 있는 개인이 불필요하게 다시 병원 입원을 하는 일이 없도록 노력할 것을 포함하고 있다.

따라서 재정지원을 받는 주에서는 연방지원을 받는 돌봄 전환 프로그램과 파트너십을 맺어 관련 역할을 수행해야 하고, 의료진과의 협력 증대를 위해 메디케어 및 메디컬 서비스센터(CMS)가 운영하는 서비스품질향상기관(Quality Improvement Organizations, QIO) 및 증거 기반 돌봄 전환 방안을 적극적으로 개발하여야 한다.

또한 메디케어 및 메디컬 서비스센터(CMS)의 서비스 품질 향상을 위한 기관 프로그램의 업무 기술서에는 14개 주의 서비스품질향상기관(QIO)들은 돌봄 전환 프로젝트의 이행 노력을 보여줄 수 있어야 한다고 명시하고 있다. 이미 미국의 8개 주에서는 서비스품질향상기관 영역의 서비스가 ADRC 서비스 영역과 겹치는 부분이 있는데, 이 영역에서는 ADRC가 QIO의 주 파트너로서 그 역할을 수행하여 개인 이용자들에게 재가 및 지역사회 기반 장기요양서비스 및 옵션 상담 등을 받을 수 있도록 하고, 필요한 경우 돌봄 매니지먼트 직원과의 연결도 지원하고 있다.

ADRC 기술 지원 교환(ADRC Technical Assistance Exchange)에 따르면, 2010년 5월을 기준으로 40개 주의 49개 ADRC 기관들이 돌봄 전환 활동을 활발히 수행하고 있거나 수행 계획 단계에 있다고 보고하고 있다. 향후 모든 주에서는 이러한 역할을 수행할 ADRC 기관들이 점점 더 증가할 것이며, 그러한 센터의 운영 여부는 지역 리더들의 능력과 주의 지원, 그리고 가용자원에 따라 달라질 것으로 보고 있다.

(3) 공적 프로그램의 수혜자격이 없는 이용자들에 대한 서비스

ADRC들 간의 또 다른 다양성은 공적 장기요양서비스(LTSS) 프로그램의 도움을 받을 수 없는 이용자들을 얼마나 지원할 수 있는가에 관련되어 있다. 위에서 언급했듯이, 소득 수준과 상관없이 모든 이용자들은 장기요양서비스(LTSS) 시스템을 이용하기를 원하며, 정보 제공이나 서비스 연계, 옵션 상담 등 다양한 서비스를 제공 받는다. 높은 소득

수준의 가족에게 제공할 수 있는 장기요양서비스(LTSS) 옵션에 대해 알게 해주는 일은 개인 이용자들이 불필요한 시설입소를 막고, 개인의 재원을 전혀 쓰지 않고 전적으로 메디케이드 서비스를 받는 일이 없도록 재정의 낭비를 막는 데에 일조하고 있으며, 이러한 역할은 ADRC가 하는 중요한 기능 중의 하나로 꼽힌다.

높은 소득수준의 개인을 타깃으로 하는 서비스는 ADRC 시스템, 특히 노인 및 (장애인)자립생활센터(IL), 그리고 저소득층의 노인과 성인 장애인을 집중적으로 지원하는 타 기관 및 단체들에서 나타나는 비교적 최근의 일이다. 그러나 ADRC가 직접 자산평가 및 미국 「노인법」에 따른 서비스 이용료와 (장애인)자립생활센터(IL) 서비스 이용료를 책정하는 것 등은 법으로 금지하고 있지만, 고소득층 인구는 노인과 (장애인)자립생활센터(IL) 영역에서 제공되는 서비스를 받고자 희망하는 반면, 대부분의 서비스 제공기관들은 이러한 고소득층에게 제공하는 프로그램을 운영하거나 관련 전문가를 고용하고 있지 못한 실정이다. 소수의 몇 개 기관들만이 서비스 비용을 전적으로 지불할 경제적 능력이 있는 이용자들을 대상으로 서비스를 제공할 수 있는 수준이다.

2008년 노인서비스 관련 지역 제공 기관 전국 연합(the National Association of Area Agencies on Aging)이 실시한 한 조사에 의하면, 약 28%의 지역제공기관들이 개인비용으로 서비스 이용료를 지불하는 이용자에게 서비스를 제공하고 있으나, 거의 같은 비율에 해당하는 기관들은 이들에게 서비스를 제공할 계획을 가지고 있지 않은 것으로 나타났다.

그러나 최근에는 몇 개의 기관들이 개인비용으로 서비스 이용료를 지불하는 이용자들에게 적어도 두세 개의 서비스에 관해서는 단일 진입로(Single point of entry) 역할을 하는 데 진전을 보이고 있다. 2007년에는 약 1/3 정도의 조사대상 제공기관들이 개인비용으로 서비스 이용료를 지불하는 이용자들에게 서비스를 제공한 반면, 2008년에는 거의 절반 정도의 기관들이 서비스를 제공하고 있는 것으로 나타나 그 수가 점점 늘어나고 있다.

ADRC는 노인국(AoA)의 지원금 및 메디케어 및 메디컬 서비스센터(CMS) 재량지원금을 받고 있기는 하지만, 그 서비스 대상을 반드시 경제적으로 어려운 상태에 있는 사람들로 한정할 필요는 없다. ADRC들은 Title III의 재정지원만 받지 않는다면, 자산평가와 서비스 이용료 등을 금지하는 미국 「노인법」의 규정에 얽매이지 않아도 된다. 때문에 일부 ADRC는 공식적으로 고소득층 이용자를 위한 서비스 제공에 박차를 가하고 있다. ADRC 기술 지원 교환 보고서에 따르면, 지원을 받는 ADRC 중 절반 이상이 사실상 개인비용으로 서비스 이용료를 지불하는 이용자들을 타깃으로 서비스를 제공하고 있으며, 이용자들의 소득수준을 추적하는 프로젝트의 거의 절반 정도가 그들 이용자의 약 30% 정도만이 저소득층에 속한다고 밝혔다. 향후 ADRC 기관들은 아직은 타깃의 대상이 아닌 개인비용으로 서비스 이용료를 지불하는 이용자들이 ADRC의 서비스 프로그램을 활용할 수 있도록 기관 분위기와 환경을 변화시켜야 하고, 이에 필요한 직원 훈련과 마케팅 방법을 개발할 필요가 있다는 데에 동의하고 있다.

3) ADRC 모델 및 다양한 기관 내 ADRC 기능 수행 방식

ADRC 초기에 각 주는 두 가지 ADRC 모델을 개발했다. 첫 번째 모델은 '단일한 서비스 진입 접근법'으로서 통합/집중 시스템을 고려한 모델을 개발하였다. 이 모델에서는 소비자가 필요로 하는 모든 서비스들이 하나의 기관, 즉 서비스 단일 진입로를 통해 제공받게 되도록 하는 데에 초점을 두었으며, 이용자는 전화 혹은 방문으로 담당기관의 직원으로부터 필요한 도움을 받을 수 있도록 계획하였다. 반면에 두 번째 모델은 '적절한 서비스 의뢰 접근법'으로서 합동/분산 시스템을 고려한 모델이라 할 수 있다. 이 모델은 서비스 영역에 포함된 여러 개의 기관이 공동으로 ADRC의 역할을 수행한다. 즉, 여러 제공기관들이 공동으로 필요한 서비스를 제공하여 '원스톱 쇼핑(one-stop-shopping)'이 가능하도록 하는 것에 강점을 두고 있다. 이처럼 합동/분산 모델은 소비자의 초기상담 도구와 평가 절차에 있어 표준화된 방식을 따르며, 서비스 연계 방식에 있어서도 공식적으로 합의된 형식을 따른다. 현재 몇 개의 ADRC 기관들은 노인서비스 제공을 위해서는 둘 중 한 모델을 따르고 성인장애인을 위한 서비스에는 다른 모델을 따르는 방식으로 통합/집중 시스템과 합동/분산 시스템의 혼합된 형태로 활용하기도 한다.

현재 미국 내 주(state)에서는 ADRC 기능을 (장애인)자립생활센터(IL)의 기능에 맞도록 설치하거나 노인서비스 기능에 맞추어 설치하고 관련 서비스를 제공하고 있다. 지역의 노인서비스 담당 기관들은 그들의 서비스 영역 내에서 노인들을 위해 광범위한 계획과 서비스를 수행하고 있으며, 자금제공자들은 정보제공 및 서비스 연계, 파견 서비스 등 다양한 재가서비스와 지역사회 기반 서비스를 제공하기 위해 노력하고 있다. 지역 내 (장애인)자립생활센터(IL)들은 1973년 제정된 「재활법」에 의해 설립된 기관이며, 장애인을 위한 자립생활서비스 및 주요 서비스인 정보제공과 서비스 연계, 자립생활 기술훈련, 동료상담, 권리옹호를 위한 개별시스템 등의 서비스를 제공하고 있다. 이처럼 ADRC 프로그램 디자인에 노인서비스와 (장애인)자립생활센터(IL) 기능이라는 두 영역의 역할을 모두 포함시키는 경우는 노인과 모든 연령대의 장애인을 대상으로 장기요양서비스(LTSS)에 대한 접근을 더욱 용이하게 하려는 목적이 있기 때문으로 볼 수 있다.

미국 내 ADRC의 약 3/4은 그들의 서비스 영역으로서 노인서비스를 포함하고 있으며, 다수의 합동/분산 모델을 따르는 ADRC들은 지리적으로 가까운 곳에 위치해 있어 노인과 모든 연령의 장애인들을 위한 서비스 및 자립생활서비스 모두를 수행할 수 있다. 소개된 두 개의 모델과 상관없이 장기요양서비스(LTSS) 프로그램 간 행정적 파트너십과 협력체제는 ADRC 성공의 열쇠라고 할 수 있다.

2. 일본의 장애노인정책 및 서비스 지원 현황

일본의 복지정책은 미국과 달리 장애인과 노인 모두를 포괄하는 특화서비스의 접근방식으로 존재하지 않기 때문에 분석의 틀이 미국의 ADRC 분석과 차이가 있을 수밖에 없다. 일본의 경우도 미국의 경우와 흡사하게 중앙정부와 지방정부의 역할 분담이 명확하고, 지방자치단체별로 장애인과 노인에게 제공되는 서비스의 내용이 다양하기 때문에 장애노인이 어디에 거주하느냐에 따라 제공되는 서비스의 내용에 차이가 있다.

일본의 정책은 다양한 측면에서 우리나라의 정책과 유사한 점이 많다. 특히나 복지정책의 수립에 있어 장애인과 노인을 서비스 대상별로 구분하고 있고, 서비스 대상별 서비스와 전달체계가 구분되어 있기 때문에 일본의 장애노인 대상 복지서비스 제공현황을 살펴보는 일은 매우 의미 있는 일이라 할 것이다.

1) 일본의 고령자복지와 장애인복지

(1) 고령자복지[17)]

일본의 고령자에 대한 홈헬프서비스나 복지시설 이용 등 구체적인 서비스의 대부분은 2000년에 도입된 개호보험제도에서 제공하고 있다. 일본은 「개호보험법」에 따라 고령자가 서비스를 이용하기 위해서는 개호의 필요성이나 필요량에 대한 인정(요개호인정)을 받아야 하며, 시정촌이 그 업무를 맡고 있다. 이 같은 개호보험제도는 이미 일본 국민생활에 정착되고 있으며, 이용자수 또한 증가하고 있지만, 한편으로는 개호보험제도의 지속가능성을 높이는 문제와 치매 고령자의 증가에 대한 대응과 같은 다양한 과제를 안고 있다. 이에 일본정부는 고령자의 치매예방에 초점을 두고 치매예방 서비스의 확충이나 치매 고령자에 대한 서비스를 충실히 할 수 있도록 제도 개정에 대한 재검토를 진행해 오고 있다. 또한 개호보험제도의 안정적인 운영의 관점에서 급부의 적정화나 중점화를 위한 논의도 함께 진행되고 있다. 일본은 개호보험 이외에 「노인보건법」이나 「복지용구법」 등 다양한 법률이나 제도가 고령자의 지역생활을 지원하고 있고 있기 때문에 이들 법령의 재정비도 함께 진행되고 있다. 또한 최근에는 치매 고령자의 권리침해를 예방하기 위한 시스템으로 성년후견인제도나 사회복지협의회의 '일상생활자립지원사업'을 실시하고 있으며, 고령자학대 방지, 노인질병의 조기 발견, 독거노인 지원 방법 등 새로운 사회문제에 대한 대응으로서 지역사회 전체가 노인들을 지원하는 '사사에 아이(서로 도와주기)'를 중요한 고령자복지의 핵심가치로 여기고 있다.

(2) 장애인복지

일본의 장애인복지 시책과 노인복지 시책은 우리나라와 마찬가지로 역사적으로 명확하게 분리되어 발전되어 온 것이 사실이다. 장애인복지서비스는 1946년에 성립된 「생활보호법」에서 다루어졌으며, 구호시설에 관한 시스템에서 시작되었다고 볼 수 있다. 이후 1949년에는 「신체장해자복지법」이 제정되었는데, 이 법은 상이군인인 신체장애인을 주 대상으로 하였으며, 1960년에는 「정신박약자복지법」이 제정되었고, 이 법은 오늘

17) 일본사회복지사협회 홈페이지에서 인용함. http://www.shakyo.or.jp/seido/kourei.html

날의 「지적장애인복지법」의 기초가 되었다. 1949년에는 의료중심의 시책인 「정신위생법」을 근간으로 하여 정신장애인에 대한 지원을 시작하였으며, 이 법은 1993년에 「정신보건복지법」으로 개정되어 정신장애 영역이 복지에 포함될 수 있는 계기를 마련하였다.

일본의 장애인복지의 역사적 흐름은 신체장애, 지적장애, 정신장애의 3유형의 법체계로 정비되어 발전되었으며, 이러한 결과로 장애인복지는 장애유형별로 중심 제도의 기반이 정비되었지만, 제도 간의 격차나 제도의 사각지대가 발생할 수 있는 한계가 있음은 부정할 수 없다.

사회복지 기초개혁으로 인한 사회복지제도의 변화로 일본의 복지정책은 해를 거듭할수록 복지대상의 증가를 야기하였고, 복지서비스의 다양화와 함께 다양한 문제에 직면하고 있다. 특히 경제부흥을 통해 국민들의 생활스타일 또한 변화되기 시작하면서 제도의 기반이 되는 이념의 변화 필요성이 제기되었으며, 이것을 계기로 사회복지기초구조개혁이 실시되었다. 이러한 개혁은 1990년대 중・후반부터 '사회복지기초구조개혁'의 준비로 시작되었으며, 2000년 6월에 '시설에서 지역으로'라는 구호를 가지고 '사회복지기초구조개혁'이 실시되었다.

본 개혁은 현실적으로 임박해 온 초고령사회의 준비를 위해 사회복지의 공통기반을 만들어 내는 것을 목적으로, 모든 국민이 개인이 익숙하게 살아온 지역에서 인간으로서의 존엄을 가지고 인간답게 자립생활을 영위할 수 있도록 지원하는 것을 기본이념으로 삼았다. 이러한 개혁의 기본이념은 같은 해 6월 「사회복지법」 개정으로 이어졌으며, 사회복지의 근간을 형성한 복지육법(福祉六法) 전체가 개정되는 계기를 마련하였다. 이러한 개혁으로 인해 2000년에는 노인의 「개호보호법」이, 2003년과 2006년에는 장애인의 '지원비제도'와 「장애인자립지원법」이 제・개정되었다. 그 외에도 사회복지사업, 사회복지법인, 조치제도[18] 등의 법체계가 전반적으로 재검토되기 시작하였다.

2) 개호보험우선의 원칙(장애인복지서비스와 노인복지서비스의 관계)

일본의 복지정책은 노인, 장애인과 같이 복지대상별로 구분・개별화되어 있다. 개호보험의 주된 대상은 65세 이상 노인이며, 65세 이상의 장애인, 즉 65세 이상의 장애노

18) 행정시스템에서 복지서비스를 받을 수 있을지를 결정하며, 서비스 적격성을 인정받았을 때 법령에 따라 서비스 시작과 종료를 정하여 제공하는 것을 말한다.

인은 개호를 필요로 하는 상태 또는 지원을 필요로 하는 상태일 경우 혹은 신체나 정신상의 장애가 노령으로 인해 심해지는 심신상의 변화로 장애가 심해졌을 경우, 요개호 인정을 받아 「개호보험법」의 규정에 따라 보험급부를 받을 수 있다.

이때 자립지원급부, 즉 장애인복지서비스를 받고 있었던 부분에 대해서는 법률 제7조의 법령의 조정규정에 따라 개호보험을 우선하여 받도록 한다. 그러므로 개호보험의 대상자인 장애인이 장애인복지서비스 이용신청을 했을 경우에는 개별 케이스별로 조사하여, 개호보험서비스만으로 부족할 경우에는 개호보험 담당과나 해당 수급자의 거택개호지원사업자와 함께 필요에 따른 적절한 급여의 지급결정을 할 수 있다.

원칙적으로 개호보험은 장애인자립지원급부보다 우선해야 하기 때문에 개호보험서비스 이용이 가능할 경우에는 개호보험서비스 이용을 우선하도록 하고 있다. 즉, 서비스의 내용이나 기능부분에서 장애인복지서비스에 해당하는 개호보험서비스가 있을 경우에는 기본적으로 개호보험서비스를 우선적으로 받아야 한다[19].

이러한 「장애인복지법」과 「개호보험법」의 관계는 2013년 「장애인종합지원법」(이하, 종합지원법)의 명칭 변경 이후에도 적용되고 있다. 즉, 「장애인종합지원법」 제72조에 의해 규정되어 있다(이하 "개호보험우선원칙")(2013년 3월 30일 개정). 일본의 65세 이상의 장애인은 "개호보험우선원칙"에 의해 개호보험적용을 우선 고려하여야 한다. 다만 후생노동성은 2007년 3월에 "「장애인자립지원법」에 근거한 자립 지원 급부와 개호보험 제도의 적용 관계 등"을 각 지방자치단체에 통보했다(이하 "적용관계 등의 통지"). 그 내용은 "개호보험우선원칙"을 기본으로 해야 하지만, 장애가 있는 사람의 "심신의 상태나 서비스 이용을 필요로 하는 이유는 다양한데, 개호보험서비스를 일률적으로 우선시하여 장애인에게 필요한 서비스의 지원 여부를 간단하게 판단하는 것은 곤란하기 때문에 장애복지서비스의 종류나 이용자의 상황에 따라 해당 서비스에 상당하는 개호보험서비스를 판단하되, 개호보험서비스를 우선적으로 이용하지 않도록 한다"라고 규정하고 있다(이하 "장애고려사항"). 다시 말하면, 개호보험제도의 우선 적용을 원칙으로 하면서도 장애인복지서비스의 지급이 적절한 경우에는 자립지원급부를 적용하는 또는 양 제도를 병용하는 것이 가능하다. 그러나 "적용관계 등의 통지"의 "장애배려사항"이 모든 시정촌에 공통적으로 해석되어 제도나 지원이 동일한 수준으로 실시되고 있다고 말하기

19) 厚生労働省, 障害者自立支援法にもとづく自立支援給付と介護保険制度との適用関係などについて, 障企発0330第4号. 障障発0330第11号 인용, 障企発0330第4号, 障障発0330第11号.

어렵다. 시정촌에 따라 해석하는 것과 실질적인 지원에 차이가 있다. 따라서 장애인의 생활과 소득수준이 같더라도 살고 있는 시정촌이 다를 경우에는 지원받는 복지서비스나 개호서비스의 선택 이용[20]에 차이가 발생하게 된다.

3) 지역사회 내 장애노인 지원 시스템

(1) 지역생활지원거점

현재 일본에서는 장애인의 탈시설과 지역사회로의 통합을 위한 지역지원서비스의 정비를 위해 '지역생활지원거점'을 준비 중에 있다. 지역생활지원거점에서 제공되는 서비스는 주로 상담(시설에서 지역으로의 탈시설, 부모로부터의 자립), 체험의 기회와 자립생활 장소의 제공(자립생활체험홈, 그룹홈 등), 긴급한 경우에 거주할 곳과 긴급 상황에 대한 대응(단기거주서비스의 이변성, 대응력 향상 등), 전문성 확보(인재 확보 및 양성, 시설 간 연대 등), 지역사회 내 지원체계 만들기(서비스거점, 코디네이터의 배치 등) 등으로 구성되어 있다.

일본정부는 2017년부터 각 시정촌 또는 각 권역에 적어도 한 곳 이상의 지역생활지원거점 설립을 목표로 준비 작업을 시행 중에 있다. 지역생활지원거점은 각 지역 내에서 현재 장애인을 대상으로 지원하고 있는 각종 서비스를 집약시키고, 그룹홈과 장애인지원시설을 함께 지원하는 것을 포함하고 있다. 즉, 그룹홈과 장애인지원시설을 지역 안에 두어, 지역사회에서 장애인이 생활할 수 있도록 지원하는 것이 지역생활지원거점의 발상이기도 하다.

이때 도도부현의 역할은 시정촌에서 실시하는 서비스와 사업에 대한 지원(예를 들면, 시설입소 지원 및 이용자수 통계 등)과 지도 감독을 맡는다. 즉, 각 시정촌에서 지역생활지원거점을 관리하게 되는데, 도도부현의 역할은 장애인의 고령화, 중증화, 부모사망 후에 나타나는 장애인이 안고 있는 문제들에 대해서 어떤 식으로 대응하고 지원해야 할 것인가를 결정하고 실행하는 것이다. 개인에 대한 지원은 장애인 개인, 즉 서비스 이용자의 욕구, 기존 장애인복지서비스 지원현황 파악, 기관 간 상담지원센터의 설치 유무

---

20) 西村直, 2014, 介護保険優先原則による利用者への影響調査の結果에서 인용, http://www.kyosaren.com/about Kyosaren/

등을 고려하여 결정하는 것을 계획하고 있다[21].

즉, 장애노인을 위한 일본의 정책은 지역생활지원거점을 통해 장애인은 물론 장애노인의 지역생활 지원에 초점을 맞추고 진행되고 있다고 해석할 수 있다. 이러한 지역생활지원거점은 구체적인 사업이 아닌 지역공동체의 의미를 지니는 것으로 이해하는 것이 바람직하다. 지역생활지원거점의 특징은 장애인의 자립생활지원뿐 아니라 소규모 거주시설 이용자나 그룹홈 이용자를 모두 포괄하는 것으로, 소규모 거주시설의 설치를 지역사회에 두어야 한다는 원칙을 실행에 옮기는 작업이다. 또한 기존에 지역사회에서 지원하고 있던 서비스를 활용함으로써 새로운 시스템 정비보다는 기존 시스템을 적극 활용하는 형태로 해석할 수 있다. 일본정부는 이러한 지역생활지원거점을 3년간의 시범사업을 거처 2017년부터 실시하고 있다.

(2) 고령자 지역포괄지원사업

장애노인을 포함한 대표적인 고령자 대상 서비스는 지역포괄지원센터라고 볼 수 있다. 지역포괄지원사업은 2006년 「개호보험법」 개정으로 만들어졌으며, 2008년 4월부터 전국에 설치되었다. 지역포괄지원센터는 시정촌이 설치주체가 되어 보건사, 사회복지사, 주임 개호지원전문원 등을 배치하고 있으며, 3분야 전문가의 팀 접근방식을 통해 주민의 건강 유지 및 생활의 안정을 위해 필요한 지원을 실시하고 있다.

또한 보건의료의 향상 및 복지의 증진을 포괄적으로 지원하는 것을 목적으로 하는 곳이다(「개호보험법」). 현재 노인과 고령자들이 대부분 이곳을 통해 서비스를 지원받고 있으며, 고령자의 생활을 유지해 주는 중요한 역할을 하고 있다.

센터는 전국에 4,328개소가 있으며, 지사와 지부를 포함하면 7,072개소가 있다. 지역포괄지원센터의 설치주체는 직영이 약 30%, 위탁이 70%로 설치주체로서 위탁수행이 증가하고 있는 추세이다. 센터 운영은 민간위탁 운영방식이며, 상근인력은 사회복지사, 보건사 및 주임 개호지원전문원이 의무적으로 배치되어 있다. 이들은 주로 이용자 종합상담지원 업무를 하고 있으며 이외에 권리옹호업무, 개호예방 케어매니지먼트(Care management) 업무 등 다면적(다양한 제도를 활용하여 지원하는) 지원과 포괄적・지속적인 지

21) 厚生労働省ホームページ, 社会保障新議会障害者部会発表資料、
http://www.fukushihoken.metro.tokyo.jp/shougai/shougai_shisaku/shougai_kyogi/dai7ki/senmonbukai1.files/260722_12.pdf

원업무를 하고 있다. 특히 케어매니지먼트 사업은 케어매니저의 역량을 높이기 위한 연수를 실시하고 있으며, 매니저의 경력을 고려하여 다양하게 이루어지고 있다.

이러한 지역포괄센터의 주요업무는 개호예방지원 및 포괄지원사업으로 개호예방 케어매니지먼트 업무, 종합상담지원업무, 권리옹호업무, 포괄적·지속적 케어매니지먼트 지원업무의 제도를 넘나드는 연대의 네트워크를 구축하고 있다.

(3) 지역생활지원사업

지역생활지원사업은 장애인 및 장애아동이 자립적인 일상생활 또는 사회생활을 영위할 수 있도록 지원하기 위한 목적으로 제공되는 사업으로, 지역의 특성이나 이용자의 상황과 욕구를 고려하여 효과적이고 효율적인 방법으로 사업을 실시한다. 즉, 지역생활지원사업은 장애인 및 장애아동의 복지증진을 도모함과 동시에 장애 유무에 상관없이 국민이 서로 인격과 개성을 존중하고 안전한 생활을 영위할 수 있는 지역사회의 실현을 목적으로 하고 있다. 특히 실시 주체인 시정촌의 유연한 대처를 통해 사업을 효율적으로 운영하는 것을 목적으로 하고 있다.

지역생활지원사업의 주요사업은 장애에 대한 이해를 높이기 위한 연구, 계발사업, 장애인이나 그 가족, 지역주민이 자발적으로 실시하는 활동에 대한 지원, 장애인이나 장애아동의 보호자 등에 대한 상담 지원과 동시에 필요한 정보 제공, 성년후견제도의 이용에 필요한 비용의 지원, 성년후견제도에서의 법적후견인 활동을 지원하기 위한 연수 실시, 수어통역자 파견, 일상생활용구의 지원(급부 또는 급여), 수어봉사원 양성, 장애인의 이동 지원 및 장애인 등의 창작활동 기회 제공 등을 필수사업으로 하며, 각 시정촌의 판단에 따라 자립적인 일상생활 또는 사회생활을 영위하기 위해 실시하는 모든 사업을 포괄한다고 할 수 있다.

이러한 사업은 장애인차별금지법의 목적 부분에 해당하는 지역사회의 공생을 실현하기 위한 사회적 장벽의 제거를 위한 노력으로, 지역사회에 강하게 요구하는 지역의 자발적인 지원, 성년후견제도의 이용촉진 및 의사소통지원의 강화를 목적으로 하고 있다.

지역생활지원사업 중 장애인 지역활동지원센터는 「장애인자립지원법」을 바탕으로, 장애로 인해 일할 수 없는 장애인들의 주간 활동을 지원하는 복지시설이다. 장애인 지역활동지원센터는 그 목적에 따라 1형, 2형, 3형으로 운영되고 있다. 1형은 정신보건복지사 등 전문 직원을 배치하여 창조활동이나 생산 활동의 기회를 제공하고, 사회와 교류를 위한 각종 프로그램 실시, 자원봉사자 양성 등 다양한 사업과 프로그램을 진행하고 있다.

2형은 목욕서비스나, 식사의 제공, 기능훈련 개호방법의 지도 혹은 레크리에이션을 실시하는 사업을 말한다. 3형은 예전의 소규모 보호작업장을 말한다.

(4) 일상생활지원사업

일상생활자립지원사업은 치매 고령자나 장애(정신장애, 지적장애)로 인해 일상생활의 판단능력이 부족하여 지역에서 생활하는데 지원이 필요하거나 지역 내 자립생활을 준비 중인 사람에게 복지서비스의 이용 절차나 생활비 관리, 연금증서 등 중요한 서류 보관 등을 지원하여 지역생활을 잘 영위할 수 있도록 지원하는 사업을 뜻한다. 본 사업은 치매에 대한 의사의 진단이나, 요육수첩(지적장애인), 정신장애인보건복지수첩의 유무에 상관없이 이용이 가능하다. 또한 현재 시설이나 병원에 입원해 있는 사람이라도 퇴소(퇴원)예정인 사람은 이용이 가능하다.

이 사업의 주체는 각 도도부현 지정도시 사회복지협의회(사회복지법인)이며, 이용자는 계약체결 후에 이용가능하다. 그러므로 복지서비스 사업을 제공받기 위해서는 판단능력(원조내용의 이해력)이 필요한데, 판단능력이 떨어질 경우에는 성년후견인을 지정한 이후에 이용가능하다. 다만 성년후견인을 선임할 경우에는 별도의 심사가 필요하다.

서비스 내용은 복지서비스 이용 지원, 복지 지원에 대한 불만 해결제도의 이용 지원, 주택개조, 주택임대차 등 일상생활에서의 계약 및 주민표 제출 등에 관한 지원을 하고 있다. 구체적으로 예금입출금, 예금해지, 장애인의 생활비 관리(금전관리)를 지원하기 위한 정기적 가정방문 실시 등이다.

서비스는 먼저 상담을 받게 되면 지역센터(지역의 사회복지협의회)의 '자립생활지원전문원'이 방문하여, 이용자에게 이용 가능한 서비스에 대한 내용을 설명하고 생활지원계획을 세운다. 그리고 이 생활지원계획을 토대로 계약을 하고, 계획에 따라 시정촌마다 등록되어 있는 생활지원인이 서비스를 제공하게 된다[22].

---

22) 厚生労働省ホームページ, 日常生活支援事業, http://www.mhlw.go.jp/stf/seisakunits uite/bunya/hukushi_kaigo/seikatsuhogo/chiiki-fukusi-yougo/

3. 외국의 장애노인 서비스 시사점

미국과 일본의 장애노인 대상 서비스 제공현황을 살펴보았다. 미국과 일본 모두 장애노인 대상 서비스 제공에 있어 각국의 '장기요양제도'가 중요한 역할을 하고 있음을 알 수 있었지만, 미국과 일본의 가장 큰 차이는 '장기요양제도'의 대상을 어떻게 구분하느냐에 따라 '장애노인'이 제공받는 관련 서비스의 내용과 이를 제공하는 서비스 전달체계의 차이가 있음을 발견할 수 있었다.

미국의 경우 장애노인을 포함한 고령자 및 모든 연령의 장애인을 대상으로 장기요양서비스를 제공하고 있으며, 이에 장애노인 대상 정책은 대부분 장기요양제도(LTSS)의 서비스 형태로 제공되고 있는 것을 확인할 수 있다. 특히, 미국의 장기요양서비스에 쓰이는 정부지출은 2008년 1,910억을 넘어 지속적으로 증대하고 있는 추세이며, 이는 메디케이드 프로그램(Medicaid Program)의 2/3에 해당되는 액수여서 미국정부는 막대한 정부지출의 효과성을 높이기 위하여 서비스의 이용자와 제공자 간 연계에 초점을 맞춘 접근을 꾀하고 있다.

미국은 공공·민간에서 제공하고 있는 다양한 장기요양서비스 및 노인·장애인 관련 서비스가 존재하고 이러한 서비스의 내용과 이용 대상자격 등이 복잡하여 개인이 찾아다니며 이용하기에는 어려운 상황이어서 ADRC(Aging and Disability) 서비스를 통해 노인과 장애인 관련 정보를 통합하고, 개별 사례에 맞는 서비스로 연계·관리하여 서비스의 효과성을 극대화하고자 노력하고 있다. 미국정부는 관련 기금을 조성하여 주별로 노인·장애인 서비스 지원센터의 역할 및 기능 등을 지원하는 방식으로 서비스 연계에 초점을 맞추고 있다.

이러한 미국의 ADRC 서비스는 대표적인 연계모델이며, 공공·민간에서 제공되고 있는 기존 서비스를 연계하여 대상자가 종합적인 서비스를 제공받을 수 있도록 정책의 방향을 설정하고 있다. 이에 미국연방정부는 ADRC 서비스 제공을 위하여 기금을 마련하고, 기존의 장기요양 기금, 메디케어 관련 기금, 그리고 주정부의 기금 등을 활용하여 지역사회 내에서 노인과 장애인에게 통합적인 서비스를 제공받을 수 있도록 하기 위해 노력하고 있다. 이러한 접근은 미국을 비롯한 서구에서 활용되고 있는 방식으로 서비스 전달체계의 효율성을 극대화하여 노인과 장애인을 대상으로 한 서비스 효과성을 증진시키기 위한 실용적인 접근이라 할 수 있다(Putnam, 2002).

미국의 ADRC 서비스는 노인이나 모든 연령의 장애인뿐만 아니라 장애아동, 가족부양자 및 미래의 장기요양 대상자들이 장기요양서비스(LTSS) 및 노인・장애인 관련 정보를 충분히 인지하고 선택할 수 있도록 지원하며, 지역사회에서 종합적인 서비스 제공이 가능하도록 돕는 것을 목적으로 운영되고 있다.

반면, 일본의 경우는 미국이나 서구와 달리 장애노인의 이슈를 노인정책으로 흡수하지 않고, 장애인복지 안에서 해결하고자 하는 의지를 표명하고 있다. 일본은 2000년 초반부터 '시설에서 지역으로'라는 구호를 통해 장애인의 지역생활을 정책적으로 독려하고 있다. 일본의 사회복지서비스는 굉장히 복잡하고 다양하며 장애인 개개인에게 밀접하고 구체적인 서비스를 제공하기 위한 제도적 노력을 계속하고 있다. 일본의 장애노인정책은 65세를 기준으로 장애인지역사회지원사업과 개호보험서비스로 구분되고, 65세가 넘으면 '개호보험우선원칙'에 의해 개호보험으로 전환하도록 하고 있다.

일본 장애노인의 사례에서 알 수 있듯이, 일본의 개호보험에서 제공되는 서비스는 매우 다양해서 장애노인이 선택하여 이용할 수 있는 서비스의 종류가 많은 것을 확인할 수 있었다. 만일, 65세를 기준으로 하여 '개호보험우선원칙'에 의해 장애인이 개호보험으로 전환된다고 하더라도, 이들의 욕구에 맞는 적절한 서비스 제공이 가능하고, 개호보험에서 제공되는 서비스의 양이 부족할 경우, 장애인지역사회지원사업에서 지원이 가능하므로 장애인의 선택의 폭은 넓을 수 있다. 즉, 장애노인 개인의 욕구 및 상황에 따라 양 제도를 모두 이용하거나, 65세 이후에도 지속적으로 장애인지역사회지원서비스를 선택할 수 있는 등 제도의 선택도 가능하다.

최근 들어, 일본은 예산을 이유로 정부의 역할보다는 지방자치단체의 역할을 강조하고 있어 장애노인 개인은 어느 지역에 사는가에 따라 실질적으로 받을 수 있는 서비스의 양에 차이가 발생되기도 한다. 하지만 아무리 지역이 열악하다 하더라도 기본적으로 국가가 만든 제도 아래에서 일정정도의 수준을 유지하고 있기 때문에 심각한 문제가 발생하지는 않는다.

미국과 마찬가지로 일본의 장애노인은 '장기요양제도' 내에서 노인과 장애노인을 대상으로 의료서비스를 제공하고 있는데, 최근에는 「개호보험법」의 일부를 개정하여 시정촌이 주체적으로 '개호예방 일상생활지원종합사업'을 수행하여 지역지원사업에서 제공되고 있는 다양한 자원을 활용하여 지원이 필요한 고령의 허약자나 이차예방사업 대상자에게 개호예방이나 생활지원서비스 등을 종합적으로 제공하는 사업을 실시하고 있다.

또한 2017년부터 시행 중인 '지역생활지원거점사업'은 미국의 ADRC 서비스와 비슷한 측면도 있다. 일본의 경우 '개호보험'을 근간으로 하는 노인복지사업과 장애인의 지역사회로의 통합을 목적으로 하는 지역지원서비스의 정비를 통해 제도의 사각지대를 없애고, 정책 간 연계를 통한 종합적인 서비스 지원을 고민하고 있다. 즉, 서비스 연계를 강화하여 장애노인을 포함한 각 제도 간 서비스 대상의 사각지대를 없애고 기존 서비스를 활용한 서비스 효과성을 강조하고 있는 것이다. 이러한 '지역생활거점사업'은 사례관리자의 활용을 통한 서비스 이용자의 욕구, 기존 장애인복지서비스 지원현황 파악, 그리고 기관 간 상담지원센터와의 연계를 통하여 서비스 제공을 계획하고 있다. 이러한 노력은 새로운 시스템을 개발하는 것이 아니라 지역공동체의 자원들을 활용하여 기존 시스템을 적극 활용하는 형태로 사업의 방향을 설정하고 있는 측면에서 미국의 ADRC 서비스 접근과 비슷하다고 판단된다.

미국을 비롯한 선진국의 장기요양제도는 서비스 이용대상을 65세 이상 노인과 모든 연령의 장애인을 포함하고 있다. 즉, 기능적으로 일상생활에 어려움을 겪고 있는 모든 대상을 서비스 대상자로 선정하고 관련된 서비스를 제공하고 있는 체계를 갖추고 있다. 반면, 일본의 경우는 65세를 기준으로 노인복지와 장애인복지로 구분되어 있으나, 장애노인이 이용할 수 있는 서비스는 노인복지와 장애인복지 모두에 산재해 있어 최근 사례관리를 통한 종합적 서비스 제공에 초점을 맞추고 양 제도를 촘촘히 하기 위해 노력하고 있다.

제6절 우리나라 장애노인 돌봄정책 과제

우리나라의 경우, 장애노인 대상 서비스는 노인복지와 장애인복지제도에서 소외되어 있으며, 장애노인 관련 서비스도 매우 부족한 실정이다. 이는 우리나라의 '노인장기요양서비스'가 일본의 '개호보험'만큼 서비스의 다양화가 이루어지지 못한 상황이고, 장애인복지서비스 내에서도 장애노인을 고려한 서비스가 매우 제한되어 있기 때문이다. 또한 우리나라의 초기 장기요양제도는 노인장기요양제도와 장애인활동지원제도로 분리되어 있었으나 최근 65세를 기준으로 장애인활동지원제도를 이용하던 이용자도 노인장기요양제도를 선택할 수 있게 되었다. 그러나 장애인이 노인장기요양제도 이용자로 전환되면, 이들이 이용할 수 있는 서비스의 종류와 양이 매우 제한되는 구조를 가지고 있어 일본의 경우처럼 65세를 기준으로 자연스러운 선택이 이루어져야 한다.

미국과 일본은 장애노인을 대상으로 하는 정책은 정도의 차이가 있기는 하지만, '장기요양제도' 내에서 고민되어야 한다. 미국이나 서구 국가의 경우, 장애노인을 장기요양제도의 대상으로 처음부터 포함하고 있어 장기요양정책안에서 해결하고 있고, 일본의 경우는 65세를 기준으로 서비스 대상을 구분하고 있으나, 장애노인의 욕구에 따라 '개호보험' 내에서 혹은 장애인복지서비스 내에서, 아니면 양 제도 내에서 서비스를 이용할 수 있도록 양 제도의 간격을 좁히기 위한 노력을 계속하고 있다. 일본의 경우, 75세 이상 후기 고령자 의료제도와 교토시의 중증장애노인 건강관리비 지급제도와 같이 '개호보험'에서 의료적 지원들을 포함하고 있어, 보다 다양한 서비스 제공이 이루어지고 있음을 확인할 수 있다.

우리나라의 경우도, 장애노인 관련 정책을 고민함에 있어 '장기요양제도'를 제외한 정책 방향을 고민하는 것은 예산의 한계와 기존 서비스의 종류와 양을 고려할 때 효율적이지 않은 접근이라 생각된다. 문제는 우리나라의 경우 '장기요양제도'의 시작이 노인장기요양제도와 장애인활동지원제도로 구분되어 시작된 독특한 발전과정이 있으므로 이러한 특수성을 감안하여 향후 '장기요양제도'의 발전방안을 고민하여야 할 것이다. 보다 구체적으로는 우리나라의 '노인장기요양제도'와 '장애인활동지원제도'의 역사가 길지 않은 만큼, 각 제도 내에서 보다 다양한 서비스 제공으로 인한 소비자 선택의 폭을 향상시켜 장애노인의 욕구에 맞는 서비스 제공이 이루어질 수 있도록 하는 것이 바람직하다. 이러한 서비스 종류의 다양화는 장애노인을 포함한 특정한 욕구를 가진 인구집단의 이용을 확대할 것으로 기대한다.

미국과 일본의 사례를 살펴보더라도, 장애노인이 선택할 수 있는 서비스의 다양화 및 선택 없이는 그 어떤 정책의 방향도 실효성을 거두기 어렵다. 또한 장애노인이 이용할 수 있는 서비스 개발을 고민하고 확대하여야 할 필요가 있다. 특히 노인복지정책과 장애인복지정책이 구분되어 있는 우리나라의 경우, 장애노인의 이슈가 양 제도에서 소외되지 않도록 양 제도의 역할을 명확화하고, 양 제도의 서비스 범위를 결정하며, 제도 간 간극을 촘촘히 좁힐 수 있도록 양 제도의 재설계가 요구된다. 이를 위해서 다음과 같은 정책과제를 제안한다.

1. 장애노인을 위한 공적돌봄체계의 확대와 개편

장애노인은 타 연령대에 비해 일상생활에서 도움을 받아야 하는 필요도는 높지만 현재 받고 있는 도움에 대한 충분도가 낮은 실정이다. 그러나 공적서비스 이용률은 타 연령대에 비해 높은 분포를 보인다. 이러한 점으로 볼 때 장애노인의 돌봄에서 공적돌봄체계의 중요성이 높다고 볼 수 있다. 따라서 장애노인을 위한 공적돌봄체계의 확대·개편에 대한 검토가 필요하며, 그에 앞서 현재 장애노인을 대상으로 한 주요 돌봄정책인 노인장기요양보험제도와 장애인활동지원제도 간의 역할 정립이 필요하다.

2. 장애노인의 특성이 반영된 등급판정체계 개편

현재 두 제도는 만 65세 이상이 되면 장애인활동지원서비스에서 노인장기요양보험서비스를 선택하여야만 되는 분절적 구조이며, 만 65세 도래 시 장애인활동지원제도를 선택한 대상자는 장기요양보험제도의 등급판정을 별도로 받아야 하고, 등급 갱신을 위한 번거로움과 서비스 제공 방식 및 서비스 관리 주체 변화로 인한 적응의 어려움 등의 불편함을 감수해야 한다. 이에 따른 장애인활동지원제도 대상자의 노인장기요양보험제도 선택 시 장애노인의 특성과 장애유형이 반영된 등급판정체계 개편이 필요하다.

3. 장애노인을 고려한 노인장기요양시설의 시설 기준 개편

장애노인은 노인장기요양보험제도 선택 시 등급에 따라 시설서비스를 이용할 수 있다. 그러나 앞에서 언급한 것과 같이 노인장기요양시설의 시설 기준에는 장애인을 위한 별도의 시설 및 프로그램 등에 대한 명확한 규정이 없는 상황이다. 이미 많은 장기요양시설에서 유니버설 디자인과 같이 모두를 위한 시설을 지향하고 있지만, 고령화된 장애인과 노화로 인한 장애인을 모두 고려한 노인장기요양시설의 설치기준 등이 더욱 세분화된 기준으로의 개편과 프로그램 다양화가 필요하다.

4. 장애노인의 특성을 고려한 급여 종류의 변화

노화로 인한 장애인은 요양에 대한 욕구가 높고, 고령화된 장애인은 사회 참여 등에 대한 욕구가 높은 상이한 특성이 있다. 그러나 이들에게 하나의 급여내용으로 서비스를 제공하는 것은 이들의 욕구를 충족하기에는 부족한 서비스를 제공하는 것으로 볼 수 있다. 따라서 지금과 같은 연령에 따른 제도적 접근을 유지한다면 고령화된 유형별 장애인의 욕구를 포괄할 수 있도록 장애인활동지원제도의 급여내용을 장애유형별로 세분화할 필요가 있다.

5. 장애노인의 제도 선택 시 급여 수준 조정

장애인활동지원 대상자의 노인장기요양보험 선택에 대해 장애인들이 부정적인 반응을 보이는 이유 중 하나는 급여액의 감소에 있다. 이러한 문제의 해결 방안으로 첫째, 장애노인이 65세가 되었을 때 노인장기요양보험제도와 장애인활동지원제도 중 본인이 원하는 것을 선택하여도 급여액 감소가 안 될 수 있도록 해야 한다. 둘째, 장기요양제도 내 장애인 추가급여신설이 마련되어야 한다.[23] 셋째, 장애인활동지원제도에서 노인장기요양보험제도 선택한 이들의 기본급여 값 조정과 조정 후 차이점에 대해서는 장애인활동지원제도를 함께 이용하도록 하고,[24] 장애인활동지원제도 대상에서 노인장기요

23) 김성희, 이송희(2012). 장애인활동지원제도 도입에 따른 개선방안. 보건복지포럼, 통권 제184호, 57-62. p. 61. 김찬우(2015). 고령장애인의 개념 정립과 복지욕구 비교를 통한 돌봄 서비스 정책 방향 설정에 대한 고찰. 비판사회정책(46). 164-200. p. 196 재인용.

24) 선우덕, 강은나, 황주희, 이윤경, 김홍수, 최인덕, 한은정 등(2016). 노인장기요양보험의 운영 성과 평가 및 제도 모형 재설계 방안. 한국보건사회연구원. p. 305 재인용.

양보험제도 대상을 선택하는 이들에게는 기존 장애인활동지원제도에서 수급받았던 급여액을 보존해 주어야 한다. 장애인활동지원과 노인장기요양보험 두 제도가 함께 운영되고 있지만 선택 대상자가 노인장기요양 시설급여를 원할 경우 시설 기준이 노인에게 맞추어져 있어서 시설서비스를 기피하여 가족 돌봄 부담이 가중되고 있는 실정이다. 노인장기요양시설 기준을 장애노인이 이용할 수 있는 구조로 변경하여 장애노인이 시설을 편리하게 이용할 수 있도록 하여야 하고, 24시간 돌봄 보호체계 유지가 필요하다. 마지막으로, 두 제도 간의 연계 및 역할 정립을 통해 서비스 수혜자들이 불편함이 없도록 양질의 서비스를 연속적으로 제공받을 수 있도록 지속적인 검토와 대상자 중심의 정책 변화가 이루어질 필요성이 있다.

우선 현행 '노인장기요양제도'와 '장애인활동지원제도'로 구분되어 있는 우리나라의 '장기요양제도'의 통합에 대한 과감한 정책 방향의 필요성이 요구된다.

CHAPTER 12

여성장애인의 현황과 복지증진

제1절 여성장애인의 개념

여성은 남성과 동등한 위치에서 인간으로서 가져야 할 기본적인 권리를 지니고 있지만 전통적인 가부장제의 사회구조 내에서 권리와 참여는 많은 부분 제한된 채 살아가고 있는 것이 우리의 현실이다. 특히 여성이 장애를 지니고 있는 경우에는 문제가 더욱 심각하다. 2000년대 초반까지도 우리나라에서 여성장애인은 실태나 현황조차 파악되지 않을 정도로 사회적인 관심으로부터 벗어나 있었다. 선진국은 물론 아시아 국가들에서 여성장애인의 규모가 남성 못지않은 비중을 차지하고 있는 것으로 추정되고 있으나 그 규모에 비해 정치, 경제, 사회, 문화 등 모든 영역에서 소외되고 있으며, 교육받을 권리와 노동의 권리 등 기본적인 권리마저 박탈당한 채 힘겨운 삶을 영위해 가고 있다.

1995년 8월 북경에서 개최된 '세계여성대회'에서는 여성발전의 미래전략과 이행을 검토하고 또한 여성장애인과 관련해서 비정부기구(NGO) 포럼을 통해 실태와 대책을 논의한 바 있다. 우리나라를 포함하여 약 20여 개국이 참여하여 각국의 불평등과 비인격적 처우 등 생활실태를 보고하고 관심을 촉구하였으나, 여성장애인은 복지수준이 월등한 일부 선진국을 제외하고는 대부분 국가에서 심각한 문제가 되고 있으며, 우리도 비교적 최근에야 논의가 시작된 단계이다.

사회적 관습에 의한 차별적 구조 속에서 여성장애인은 '여성'과 '장애'라는 이중의 또는 그 이상의 고통을 지닌 계층으로서 대부분 가정 속에서 생활하면서 교육과 결혼, 취업 등의 기회를 충분히 갖지 못하고 사회로부터도 소외되고 있다. 특히 자기보호능력이 부족할 수밖에 없는 여성장애인에 대한 시설이나 가정 내의 성폭력 등 인권유린 사례도 보고되고 있어서 동등한 인격체로서 생활해야 할 여성장애인에 대한 관심이 더욱 요구되고 있다. 우리 사회도 급속한 산업화와 국민경제의 발전 등 변화에 따라 장애인도 함께 생활할 수 있는 여건의 조성이 필요하나, 여성장애인의 경우에는 이와 같이 문제의 심각성이 더함으로써 특별한 관심과 대책을 필요로 하고 있다.

제2절 여성장애인 현황 및 실태

1. 현황

여성장애인의 규모는 2021년 기준 1,116,420명으로 여성 전체인구 25,892,125명의 4.3%에 해당하며, 등록장애인 대비 여성장애인 비율은 42.6%를 차지하고 있다. 세계보건기구(WHO)에서 추정하고 있는 장애인구 비율인 10%를 기준으로 하면 약 5%의 여성장애인이 있는 것으로 볼 수 있으나 우리의 장애범위가 매우 제한되어 있음을 감안할 때 직접적인 비교는 큰 의미가 없다. 2021년 신규 등록장애인의 성별 구성비를 보면, 여성장애인이 지속적으로 증가하는 것을 알 수 있다. 이러한 변화는 일반적으로 여성의 사회경제활동의 증가, 인구고령화, 그리고 60~70년대 안보와 경제개발을 주로 담당했던 남성에서 많았던 장애(예컨대, 전상에 의한 장애 등)의 상대적인 감소 등에 기인하기 때문인 것으로 볼 수 있을 것이다. 여성장애인은 우리나라의 전통적인 가부장적인 문화와 사회체계 속에서 여성이라는 차별과 장애인이라는 이중적인 차별을 겪고 있다. 특히 여성장애인은 사회적 참여가 제한되어 있고, 그 결과 교육, 취업, 결혼 등의 생애과정 속에서 소외되어 살아가고 있다.

이제까지 여성장애인에 대한 관심과 사회활동을 지원하는 정책 및 제도 모색은 매우 미흡한 수준이다. 이는 우선적으로 여성장애인의 생활실태에 대한 파악이 미흡해 여성장애인의 욕구가 사회문제화되어 있지 않기 때문이기도 하다. 그러나 보다 중요한 것은 여성장애인의 문제를 해결하기 위한 방안으로 전반적인 장애로 인한 차별과 편견 해소를 보다 선행하는 과제로 인식하고, 이의 해결에 우선순위를 두어 왔다는 것이다. 즉, 장애인 일반문제에 대해 접근하고 이를 행사한다면 자연스럽게 여성장애인 문제는 해결될 것으로 전망하였다. 그러나 여성장애인은 일반 장애인들과 또 다른 차원, 즉 여성장애인의 특성 및 욕구에 따른 개별적인 접근 및 지원이 필요하다. 이를 위해서는 여성장애인의 생활실태 파악이 우선되어야 한다.

표 12-1 등록장애인 및 신규 성별 구성 장애인 비율

(단위 : %, 명)

구분	등록장애인 비율		신규 성별 구성 장애인 비율
	2011년	2021년	
남성	58.2 (1,466,460)	57.8 (1,528,280)	57.4 (49,929)
여성	41.8 (1,052,781)	42.2 (1,116,420)	42.6 (37,028)

출처: 한국장애인고용공단, 한눈에 보는 장애인통계, 2022.

2. 실태

1) 여성장애인과 교육

여성장애인에 있어 자립의 기반은 일정한 수준의 학력 또는 기능이 될 수 있으며, 이는 취업에도 밀접한 관련이 있다. 우리나라 여성장애인의 교육수준은 매우 낮은 것으로 나타나고 있다. 여성장애인의 자립에 가장 중요한 요인 중의 하나는 교육이다. 2023년 장애인실태조사에 의하면 우리나라의 전체 장애인 교육수준은 '무학' 8.5%, '초등학교' 26.8%, '중학교' 16.3%, '고등학교' 31.0%, '대학이상'이 17.4%인 것으로 조사되었다.

우리나라의 높은 교육열에 비교해 볼 때 여성장애인의 교육수준은 2021년 기준 '대졸이상'이 3.3%로 남성장애인 '대졸이상' 11.1%와 비교하여 1/3 수준이다. 그리고 여성장애인 '중졸이하' 30.0%, '고졸' 9.1%로 전체 장애인의 교육수준보다 매우 낮은 수준을 보인다. 교육은 고용과 소득에 깊은 관련이 있으므로 여성장애인의 삶의 수준을 결정하는 데 중요한 요인이 된다.

이러한 결과를 볼 때, 여성장애인들은 교육받을 기회가 상당히 제약되고 있으며 특히 학령기에 인성발달 및 취업과 직접적으로 연관 있는 기본적인 교육도 받지 못하거나 중도에 그만두는 경우가 많음을 알 수 있다. 더욱이 남아선호의 관습 등으로 장애여아의 부모들은 학교를 보내려 하지 않는 경향도 있다는 점을 감안할 때, 이들이 성장한 후의 취업이나 사회생활에 큰 제약을 받게 된다. 따라서 여성장애인에 있어서 가장 심각한 문제는 교육을 제대로 받지 못하고 있다는 점이며, 이는 여성장애인이 교육을 충분히 받을 수 있도록 기회와 여건을 마련해 줄 필요가 있다는 점을 시사하고 있다.

여성장애인은 가정 내 차별 등의 요인으로 교육에 대한 접근권이 많이 제한되어 왔고, 남성 장애인에 비해서도 교육수준이 현저히 낮으며 그 주된 원인은 장애인가족과 사회적 인식의 부족, 교육받을 사회적 여건의 미비 등을 들 수 있다. 따라서 여성장애인의 교육여건을 개선하기 위해 장애인 부모나 가족을 대상으로 장애아 지도에 대한 교육을 강화해야 한다. 특히 여성장애인의 교육수준 향상을 위해서는 장애여아의 조기교육, 공교육의 의무화, 공교육을 놓친 이들을 위한 교육기회 확대, 사회교육 강화 그리고 평생교육 시스템의 구축을 통한 각종 교육서비스를 제공하여야 한다. 또한 여성장애인의 자녀에 대한 양육과 교육지원도 강화되어야 한다.

2) 여성장애인의 경제활동

여성장애인은 경제활동과 관련하여 더욱 큰 어려움을 겪게 된다. 여성장애인의 경제활동 상태 참가율(15세 이상 인구 중 취업자와 실업자 비율)과 실업률은 매우 열악한 상태이다. 여성장애인은 경제활동과 관련하여 더욱 큰 어려움을 겪게 된다. 여성장애인은 사회적으로 취업 및 임금이나 정년 등에서의 성차별 요소와 함께 장애인에 대한 편견 등으로 더욱 불리한 처지에 놓여 있다.

장애인의 성별 경제활동참가율은 남성이 48.3%, 여성이 24.3%, 고용률은 남성이 46.2%, 여성이 23.1%로 여성장애인 경제활동참가율 규모가 남성에 비해 약 2분의 1 수준이다. 또한 실업률에 있어서도 남성이 4.5%, 여성이 4.7%로 높게 나타나고 있다. 인구대비 경제활동 비율은 여성장애인이 남성장애인의 절반에 불과한 수준이다.

표 12-2 장애인 성별 경제활동 현황(15세 이상 2022 상반기) (단위 : %)

구분	경제활동참가율	실업률	고용률
남성	48.3	4.5	46.2
여성	24.3	4.7	23.1

출처: 한국장애인고용공단, 한눈에 보는 장애인통계, 2022.

이러한 결과를 볼 때, 여성장애인의 취업상태와 종사상의 위치가 매우 열악하고 이로 인해 경제적으로나 사회적으로 어려움이 가중될 것이라는 점을 알 수 있으며, 특히 남성장애인과도 차이를 보인다.

여성장애인에 대한 자립기반 확충의 의미에서 취업을 위한 직업교육과 기능훈련, 취업알선 체계 구축 등의 프로그램이 필요함을 알 수 있다. 한편 장애인 의무고용제도에 의한 장애인 고용실적에는 여성장애인 현황이 파악되지 않을 정도로 매우 저조한 실적에 머무르고 있는 실정이다. 이에 대한 대책으로는 직업훈련의 강화, 장애유형과 등급·학력·적성에 맞는 적합 직종 개발 그리고 중증여성장애인에 대한 의무고용에서 일정 비율을 할당하는 방안이나 우선고용제도 등의 정책이 필요하며 사업체에서의 여성장애인 차별에 대한 감독강화가 필요하다.

그리고 여성장애인의 특성을 감안하여 자영업 또는 재택근로가 적합한 경우 재정적으로 지원하는 방안이 검토되어야 하고, 공공부문의 취업 시 일정한 가산점을 주는 제도도 고려해 볼 수 있다.

또한 개개인에 맞는 전문 취업상담, 사후관리프로그램도 개발되어야 하며 직업훈련방식은 단순한 기술교육보다 현장실습 및 직장적응을 위주로 실시하며 훈련비 및 생계비 지원을 통해 직업교육을 강화해야 한다. 한편 이동에 극히 제약을 받는 여성장애인에게는 통신이나 정보매체를 통한 원격교육프로그램이 개발되어야 한다.

3) 여성장애인의 결혼과 출산

(1) 결혼문제

성의식은 인간의 발달과정에서 자아정체감을 형성하는 데 없어서는 안 될 중요한 요인이며 지극히 자연스러운 일상 활동이다. 그리고 성은 인간의 기본욕구이며 권리인 동시에 인간관계의 결정이며 의사소통의 방법이기도 하다.

그러나 장애인은 부모들이 성적인 존재로 보지 않거나 그런 비전을 갖지 않는 경우가 많아 성정체성을 가질 기회가 줄어든다. 일반적으로 장애아동은 역할놀이나 모방의 기회를 차단당하기 때문에 성적 자기인식에 도달하기 어렵다. 특히 여성장애인의 성적 특성을 보면 성적인 접촉의 기회가 적으며, 그 원인은 부모나 다른 사람들의 낮은 기대와 잠재적 파트너에 대한 거부 등이 원인이 된다. 그러므로 성공적인 성역할을 위해서는 개인의 긍정적인 성격 특성과 함께 부모들의 긍정적 기대와 지지적인 친구나 자조단체 그리고 성공한 역할 모델의 도움이 필요하다고 볼 수 있다.

결혼에 있어서도 여성장애인은 미학에 근거하여 성상대로서 결함이 있는 것으로 여겨지며 기능에 근거해서도 자신에게 부여된 전통적인 역할과 의무에서 벗어난 여자들은 능력 없는 배우자로 간주되어 무용하다고 여겨진다.

한편 여성장애인에 있어 결혼과 가정의 유지는 매우 어려운 과제가 될 수 있다. 우리 사회처럼 장애 및 장애인에 대한 편견이 심하고 전통이나 가문을 중시하는 문화에서는 결혼생활에 많은 장벽이 존재한다. 여성장애인과 비장애남성과의 결혼은 지배와 피지배의 부정적 관계를 낳을 가능성이 많으므로 남성장애인을 배우자로 선택하는 경우가 많지만 반드시 화목하지만은 않다. 그리고 결혼생활에서 대부분의 경우 관계지속에 걸림돌이 되는 경우는 가족이나 타인 등 외부관찰자들이다.

2023년 장애인실태조사에 의하면, 만 18세 이상 장애인의 결혼 상태는 유배우자의 비율이 51.8%로 가장 많았고 사별 20.7%, 미혼 17.0%, 이혼 9.7%, 별거 0.8% 순이었다. 여성장애인의 경우, 사별이 41.2%로 가장 높았으며, 유배우자 39.0%, 미혼 11.1%, 이혼 8.1% 순으로 나타났다. 여성장애인이 남성장애인에 비해 미혼의 비율과 유배우자의 비율이 많이 낮으며, 사별의 비율이 높게 나타났다.

표 12-3 결혼상태

(단위 : %)

구분	남자	여자	전체
미혼	21.4	11.5	7.4
유배우	62.2	39.1	51.3
사별	5.6	39.9	20.8
이혼	10.9	8.7	9.7
별거	0.9	0.7	0.7
기타(미혼모/부)	0.0	0.2	0.1

출처: 보건복지부, 한국보건사회연구원, 장애인실태조사, 2023.

(2) 임신과 출산문제

임신에 있어서도 만 49세 이하의 임신한 경험이 있는 여성장애인에게 마지막(최근) 임신 시 장애를 가지고 있었는지에 대해 62.7%가 장애가 있는 상태에서 임신을 경험했음을 알 수 있다. 출산에 있어서도 아직까지 남아 있는 의료진들의 부정적인 태도나 무관심은 여성장애인의 자아존중감을 떨어뜨린다. 실제로 여성장애인의 임신과 출산에 관련된 지식이 부족한 의료요원들이 많을 뿐 아니라 교과과정에서도 장애인의 사회심리적 특성에 대해 배우지 않으므로 감수성 있게 이들을 대하지 못한다.

그리고 여성장애인이 장애아를 낳을 것이라는 우생학적 주장으로 낙태를 권하거나 강요하는 경우도 종종 있다. 유산 경험이 있는 여성장애인을 대상으로 유산의 주된 이유는 자연유산이 43.7%, 자녀 원치 않음이 19.4%, 본인의 장애 때문에 18.9%, 태아 이상 14.9% 등의 이유가 있었다. 특히 유산의 절반 가까이가 자연유산인 점에 주목할 필요가 있다. 여기에 장애 때문인 것까지 포함한다면 60%가 넘는 여성장애인이 장애를 포함한 건강상의 이유로 유산을 경험했을 것으로 추정되므로 가임기 여성장애인의 건강관리에 대한 특별한 관심과 지원이 필요하다.

여성장애인의 마지막 임신 시 출산 연령은 2020년 기준 만 30~34세가 35.8%, 만 25~29세가 34.2%로 높았고, 다음으로 만 20~24세 17.1%, 만 35~39세가 8.0%, 만 40~44세가 5.0%의 순서로 높게 나타나고 있다. 여성장애인의 임신, 출산, 육아 등에서 겪는 어려움과 욕구에 부응하기 위해서는 여성장애인 전문의 확보, 다양한 여성장애인 보건복지서비스(복지관, 보건소, 병원 등) 제공 확대가 필요하고 아울러 여성장애인을 위한 보건의료체제를 구축하고 임신한 여성장애인의 정기검진 의무화, 임신, 피임, 출산, 부부간의 성관계 등에 대한 교육이나 책자나 인터넷을 통한 정보를 제공하고 의료진을 위한 가이드북 및 비디오 제작 · 배포 등을 통해 의료인에 대한 교육도 병행하여야 한다.

(3) 보육 및 교육 문제

향후 보육 및 교육에서 가장 필요한 지원은 특수교육 지원 인력과 장애 영유아아동을 위한 발달재활서비스 확대, 대학 등 고등교육 지원 강화로 나타나고 있다.

7세 이하는 이외에 교사의 전문성 확보, 장애아 전문어린이집 확대 욕구가, 8세에서 15세 이하는 교육비 부담 감소가 높았으며, 교사 및 교육기관 확대의 욕구가 높게 나타났다. 16세 이상은 고등교육 지원 강화가 가장 높았고, 이외에 교육에 대한 충분한 정보제공 욕구가 높게 나타났다.

표 12-4 향후 보육 · 교육 시 가장 필요한 것

(단위 : %)

구분	2017년	2020년	2023년	연령별		
				7세 이하	8~15세	16세 이상
장애아 전문어린이집 확대	20.8	5.6	1.9	6.8	1.2	0.4
장애아동 발달재활서비스 확대	19.9	25.6	26.4	36.9	30.4	14.6
교육도구, 기자재 사용 시 편리성 확보	3.4	4.3	3.6	3.1	2.9	5.0
교사의 전문성 확보	9.4	9.6	3.1	9.2	1.9	1.8
특수교육 지원인력 증원	12.4	19.3	27.8	27.8	29.7	24.9
교사 및 교육기관의 확대	7.4	4.5	5.6	5.1	8.4	1.5
학교 내 편의시설 확대	2.5	3.7	1.2	0.0	1.0	2.3
등하교 편리성 지원	3.8	4.3	6.0	4.4	6.1	6.7
교육에 대한 충분한 정보 제공	8.0	4.8	6.0	1.5	6.0	8.3
대학 등 고등교육 지원 강화	3.0	3.9	9.2	0.0	1.5	26.2
부모 교육 · 상담 지원 확대	1.1	2.0	2.1	1.2	2.1	2.7
교육비 부담 감소	8.4	8.5	6.3	3.3	8.5	4.6
기타	–	3.9	0.6	0.6	0.4	0.9
계	100.0	100.0	100.0	100.0	100.0	100.0

출처: 보건복지부, 한국보건사회연구원, 장애인실태조사, 2023.

(4) 성희롱, 성추행, 성폭력 문제

성폭력은 기본적으로 힘의 관계가 내포되어 있는 문제로 힘이 있는 자에 의해 사회적으로 위력을 갖지 못하거나 약한 자를 대상으로 발생하는 것이며, 일반인들이 인식하고 있는 것보다 훨씬 넓은 개념을 가진 용어로, 성을 매개로 하여 인간에게 가해지는 모든 신체적 · 정신적 · 언어적 폭력을 의미한다.

2020년 장애인실태조사에 따르면, 성희롱, 성추행, 성폭력 경험여부에 대해서는 '없다'가 99.3%, '있다'가 0.7%로 나타나 경험이 있는 경우가 매우 낮으나 장애유형별로는 지적장애인(3.9%)과 정신장애인(2.4%)은 다른 장애유형에 비해 상대적으로 높게 나타났다. 여성장애인의 성희롱, 성추행, 성폭력 경험여부는 남성장애인(0.1%)에 비해 여성장애인(1.4%)이 높게 나타났다.

따라서 빈곤의 요소를 안고 사회에서 가장 소외되고 약자의 위치에 있는 여성장애인은 그만큼 성폭력에 쉽게 노출되고 그 피해의 정도가 심각하다. 여성장애인의 성폭력

문제 중 가장 먼저 제기된 것은 시설 거주 장애인으로 대부분 인지기능이 부족한 아동장애인이나 여성장애인이 피해자이며, 피해기간도 장기간이고 지속적인 것으로 나타났다.

특히 여성장애인들의 성폭력 실상은 신체적·정신적 장애로 항거할 수 없거나 신고가 용이하지 않고, 신고를 하더라도 장애인의 진술이 증거능력으로 인정받지 못하는 경우가 많다. 또한 경제적 이유 또는 사회적인 부정적 인식 등으로 인해 별다른 대응력을 갖지 못하고 있어 여성장애인의 성폭력 실상은 심각한 수준일 것으로 추정되나 그 실태파악은 매우 어려워 여성장애인의 성폭력 실태파악을 위한 정부나 민간 차원의 실증적 조사연구는 아직까지 이루어지지 않고 있다.

또한 장애여성에 대한 가정폭력의 경우는 더욱 심각한 수준일 것으로 추정하고 있으며, 여성장애인이 각종 폭력에 더욱 취약한 것은 첫째, 중증장애여성들은 다른 사람들에게 의존하며 보호제공자들을 믿고 따르게 된다. 둘째, 인권이 거부된 상태에서 다른 사람들보다 무력감을 경험하게 된다. 셋째, 가해자들은 발견의 위험이 적다고 생각하는 사람들을 표적으로 삼는다. 넷째, 많은 사람들이 그들의 말을 믿어주지 않는다. 다섯째, 인지적 장애가 있는 여성장애인은 적절한 성교육을 받지 못하고 성 학대 또는 성 이용적인 상황을 인식하고 이에 저항하는 능력이 부족하다. 여섯째, 여성장애인은 사회적으로 외롭거나 고립될 수 있으며 초기에 애정적이거나 수용적인 것처럼 조정적인 관계를 통한 이용에 취약하다.

이와 같은 문제해결을 위해서는 여성장애인의 인권과 폭력문제를 법과 제도 속에 구체적으로 명시할 필요가 있으며 수사와 재판과정에서 피해자에 대한 보호장치가 마련되어야 하고, 여성장애인 성폭력과 가정폭력상담소를 적어도 시·도별로 마련해야 한다. 그리고 성폭력·가정폭력 상담지원프로그램을 마련하고 이와 관계있는 전문가의 양성과 함께 성폭력·가정폭력의 예방차원에서 교육을 실시하며, 피해자 가족들을 위한 상담의 실시뿐만 아니라 가해자를 위한 상담과 교육프로그램도 함께 실시해야 한다.

제3절 여성장애인의 문제점과 개선방안

1. 문제점

한국 사회는 공항, 도로, 환경 미화 등에는 돈을 아끼지 않으면서 장애인 이동권이나 성폭력 피해자, 혹은 미혼모 구제 등에 적극적이지 못한 현실이다. 한국은 경제협력개발기구(OECD) 국가 중 자살률 1위의 불명예를 기록했다. 인구 10만 명당 24.1명(통계청 집계)이 극단적 선택을 했다. 양육비 부담 역시 압도적 1위를 놓치지 않았다. 한국에서 아이 한 명당 3억 6,500만 원의 양육비가 들어 2위 중국 9,300만 원의 7배에 달했다. 양육비 1위의 영향이라고 볼 수 있다. 한국의 2023년 합계출산율(가임여성 1명당 평균 출생아 수)은 0.78명으로 OECD 국가 중 유일한 1.0명 이하 국가이다.

2023년 장애인실태조사에 따르면 여성장애인이 필요로 하는 복지서비스는 자녀양육지원서비스(18.4%), 장애인가사도우미 및 활동지원서비스(24.1%), 출산비용지원(4.7%), 건강관리프로그램(3.6%), 임신·출산 관련 교육 및 정보제공(6.0%), 장애를 고려한 여성용품 정보제공(2.3%) 등의 순으로 나타났다.

또한 여성장애인이 특히 어려운 점은 취업 등 경제적 자립 어려움이 가장 높게 나타났으며, 전문프로그램 부족 등 여가시간 활용의 어려움, 자녀양육 어려움, 사회적 편견과 무시, 이중차별, 사회화 기회의 부족 순으로 나타났다.

이와 같이 대한민국 사회는 여성은 물론이고 여성장애인들이 살기 힘든 나라이다. 특히 학대와 성폭력·가정폭력, 성매매 등에 노출되어 있음에도 이러한 문제를 해결할 의지나 희망의 메시지도 없는 현실이 여성장애인에게 가장 어려운 문제점이다.

2. 개선방안

여성장애인은 여성과 장애로 인해 남성장애인에 비해서도 교육 수준과 고용 등 경제활동에 있어서 두 배 이상 차이가 나고 있으며 기존의 「장애인복지법」 등으로는 이러한 구조적 문제가 해결이 안 되기에 「장애여성지원법」 제정과 다음과 같은 개선방안이 요구되고 있다.

첫째, 여성장애인의 평등한 교육권을 보장하여야 한다. 둘째, 평등한 경제활동 및 소득보장과 함께 정보화를 지원하여 독립적인 생활이 가능하도록 지원책이 필요하다. 셋째, 시대의 변화와 함께 여성장애인의 여가시간의 활용을 지원하여 다양한 프로그램을 마련하여야 한다. 넷째, 임신과 출산, 육아활동과 가사 그리고 가족생활 등 가족을 지원하는 프로그램이 필요하다.

제4절 여성장애인의 복지증진을 위한 과제

우리의 현 장애인복지 여건에서 남성과 여성을 구분하는 것 자체가 큰 의미가 없다고 주장할 수도 있지만 선진국의 경험을 볼 때, 앞으로 여성장애인에 대한 문제는 관심을 가지고 대처해야 할 필요성이 있다. 특히 여성계의 활동이 활발해지면서 그간 제 목소리를 내지 못했던 여성장애인들의 요구도 커지고 있는 상황에서 적절한 대책을 수립하여야 하며, 여성장애인의 복지증진을 위해 몇 가지 정책방안을 제시하면 다음과 같다.

첫째, 여성장애인들이 사회적으로 차별받지 않고 생활할 수 있는 여건의 조성이 무엇보다 시급하다. 즉, 성폭력 등 인권유린에 대한 제재를 통해 여성장애인의 기본적인 인권을 보장할 수 있도록 유엔장애인권리협약 6조(여성장애인) 조항을 만든 한국 여성장애인들의 역사적 성과에서 장애인정책은 모든 장애인을 포괄하는 성폭력·가정폭력 등의 폭력 피해 여성장애인에 대한 보호 대책 및 안전권 확보 정책 확대, 감염병 등 재난 발생 시 여성장애인의 우선적 건강권 확보를 위한 의료 접근권 보장과 장애인 관련법에서 여성장애인에 관한 규정의 신설 등을 통해 위기대처가 어렵고 성폭력 등에 노출되기 쉬운 여성장애인에 대한 생애 전반의 모든 권리영역에서 지원체계를 확보할 수 있도록 장애특성에 맞는 「장애여성지원법」의 조속한 제정이 필요하다.

둘째, 여성장애인에 있어 가장 시급한 것은 교육기회의 확대라 할 수 있다. 일반인은 물론 남성장애인에 비해서도 훨씬 낮은 교육수준으로 말미암아 직업적으로나 사회적으로 재활을 통해 사회복귀가 달성되기 힘든 실정이다. 따라서 여성장애인을 위한 교육기회 확충 측면에서 특수학교 등의 교육시설 확대는 물론 외부 활동이 불가능한 경우 재택방문교육 등의 다양한 프로그램의 실시와 함께, 균등한 교육기회 부여를 위한 평생교육의 확대를 통해 이들이 적극적으로 교육받을 수 있도록 하기 위한 부모교육 등으로 미취학 또는 학업중단을 방지해야 한다.

셋째, 여성장애인이 취업 고용증진 방안의 일환으로 현재 경증의 남성장애인 중심으로 이루어지고 있는 장애인 고용구조를 개선할 필요가 있다. 이를 위해 현행 법적인 의무고용 인원 중 일정한 비율을 중증 또는 여성장애인을 고용하도록 하는 방안도 마련해야 한다.

또한 중앙이나 지방자치단체, 투자기관 등 공공부문에서 민간부문보다 솔선하여 장애인 의무고용비율을 상향조정하는 방안(예컨대 3%)과 함께 공무원 시험 등과 같이 국가시험에서 여성장애인 배려 차원으로 일정한 가산점을 주는 방안도 고려할 수 있다. 이와 함께 여성장애인 대회 또는 채용박람회 등의 행사를 개최하여 취업기회를 확대하는 것은 물론 사회적인 관심을 촉구하는 것도 중요하다. 여성장애인이 가구주인 경우에는 가족부양의 부담과 생활이 어렵다는 점을 감안하여 자립기반과 소득지원 측면에서 여성장애인이 가구주인 가구에 대해 기본적인 생계보조 외에 특별수당제도의 도입을 검토해야 한다.

넷째, 여성장애인을 위한 사회적 지원의 차원에서 다양한 프로그램의 개발이 필요하다. 교육, 결혼, 취업 등에서 대부분 소외되고 있는 여성장애인의 어려움을 경감시키고 가정생활 유지를 지원한다는 측면에서 복지서비스 차원의 장애인 배우자 초청교육 프로그램이나 결혼 및 가정생활 유지를 위한 여성장애인과 가족을 위한 교육강좌 등의 프로그램이 필요하다. 한편으로 여성장애인의 문제를 전문적으로 상담해 줄 수 있거나 문제해결을 돕기 위한 '상담전화'의 개설도 방안이 될 수 있을 것이다. 이와 함께 현재 문제가 되고 있는 시설수용 장애인에 대한 비인간적 처우와 특히 성폭력의 문제 등을 방지하기 위해 시설에 대한 행정관청의 관리 감독기능의 강화와 개방화가 필요하다.

다섯째, 현재 활성화되지 않고 있는 여성장애인단체 등에 대한 지원을 강화함으로써 여성장애인 스스로의 힘으로 권익을 도모하고 사회적 인식개선, 여성장애인에 대한 홍보 등의 효과도 기하도록 하는 것이 보다 효과적일 수 있다. 특히 여성장애인 문제는 여성복지 차원에서 볼 때, 정부와 민간단체의 공동의 연계된 노력이 더욱 요구되고, 장애여성의 권익과 복지증진을 위해 보건복지부가 3년마다 장애여성정책종합계획을 수립 · 시행, 부처 간 의견조정, 정책 사각지대 해소를 위한 대통령 소속 장애여성정책조정위원회를 설치하며, 교육 지원, 모성보호와 보육 지원, 여성 건강 지원, 고용 지원, 성폭력 · 성매매 · 가정폭력 · 학대 피해 지원, 성인권 교육 지원, 가족 지원에 대한 근거 마련 등이다.

끝으로 여성장애인의 문제해결에 있어서는 제도나 프로그램도 중요하지만 기본적으로 장애와 장애인에 대한 사회적 인식의 개선이 무엇보다 중요하며, 궁극적으로는 장애인이 차별받지 않고 특혜가 아닌 권리로서 인간다운 생활을 할 수 있는 사회적 여건의 조성이 필요하다.

CHAPTER 13

장애인 인권과 규범

제1절 장애인의 인권

1. 장애인 인권의 정의

장애인 인권이란 우리나라 헌법과 국내외 인권에 관한 규범에 근거하여 모든 장애인이 인간의 존엄과 가치를 가지고 스스로 행복을 추구할 수 있어야 한다는 기본적·필수적·당위적 권리이다. 그러므로 누구나 법 앞에 평등하며 자유롭게 인간다운 삶을 누릴 수 있는 거주, 직업, 사생활, 종교, 양심, 통신, 교육, 재산, 정치, 언론 등의 제반 권리가 개별적·사회적으로 보호되어야 한다.

2. 장애인 인권 구분

우리나라 장애인 관련 법률에 장애인의 인권을 다음과 같은 내용으로 구분하고 있다.

1) 장애인복지법

천부적 권리로 생명권, 자유권, 평등권으로 구분하고 규범적 권리는 생활, 직업, 교육, 언론, 재산, 참정권, 권리규제, 형성적 권리는 우리의 사회적 공동체를 위한 구성원으로서 권리와 재구성되어야 할 인권 및 장애인에 대한 차별금지 등이다.

2) 장애인차별금지 및 권리구제 등에 관한 법률

장애인에 대한 차별과 인권침해로 다음과 같은 내용으로 구분하고 있다.

① 장애인에게 정당한 사유 없이 제한·배제·분리·거부 등에 의해 불리하게 대하는 경우

② 장애인에 대하여 형식상으로는 제한·배제·분리·거부 등에 의해 불리하게 대하지 않지만 정당한 사유 없이 장애를 고려하지 않는 기준을 적용함으로써 장애

인에게 불리한 결과를 초래하는 경우

③ 정당한 사유 없이 장애인에 대해 정당한 편의 제공을 거부하는 경우

④ 정당한 사유 없이 장애인에 대한 제한・배제・분리・거부 등 불리한 대우를 표시・조장하는 광고를 직접 행하거나 그러한 광고를 허용・조장하는 경우, 이 광고는 통상적으로 불리한 대우를 조장하는 광고효과가 있는 것으로 인정되는 행위를 포함한다.

⑤ 장애인을 돕기 위한 목적에서 장애인을 대리, 동행하는 자(장애아동의 보호자 또는 후견인, 그 밖에 장애인을 돕기 위한 자임이 통상적으로 인정되는 자를 포함한다)

⑥ 보조견 또는 장애인 보조기구 등의 정당한 사용을 방해하거나 보조견 및 장애인 보조기구 등을 대상으로 금지된 행위를 하는 경우 등이다.

제2절 장애인 인권 관련 규범

1. 국제적 장애인 인권 규범

1) 세계인권선언

제5차 UN총회(1948년 12월 19일)에서 채택한 세계인권선언은 인류의 모든 구성원은 고유한 존엄성과 평등하고 양도할 수 없는 일반적이고 원칙적인 인간적 권리를 가진다고 선언하였다. 따라서 모든 인류의 구성원에 장애인도 포함되는 것은 당연하다. 장애인도 정당한 사회의 한 구성원으로서 인권이 존중되어야 한다. 장애인을 포함한 모든 인간은 태어날 때부터 자유롭고 동등한 존엄성과 권리를 가지고 있다고 규정하고 있다.

2) 장애인권리선언

제30차 UN총회(1975년 12월 9일)에서는 정신장애인, 신체장애인을 포함한 모든 장애

인에 대한 장애인권리선언을 채택하였다. 이는 신체적 · 정신적 장애를 예방하고 장애인들이 능력을 최대한 개발할 수 있도록 원조하고, 가능한 한 통상적인 일상생활에 통합될 수 있도록 적극적으로 촉진할 것을 명시하고 있다. 여기에서 장애인에 대한 정의를 명확히 규정하고 있는데, “장애인이라 함은 신체적 · 정신적으로 능력이 불완전하여 개인 또는 사회생활에 필요한 것을 확보하는 데 자신의 혼자 힘으로 완전하게 또는 부분적으로 기능이 제한되어 있으며, 장애인으로 인정하는 기능적인 입장에 있는 사람”을 의미한다고 하였다.

3) 국제장애인권리협약

제61차 UN총회(2006년 9월)에서 장애인인권협약을 채택하였다. 장애인권리협약이 채택된 이후 회원국들은 각국 입법기관 등에서 정식 비준 절차를 통하여 국내법에도 동일한 영향을 미치도록 하였다. 이 협약은 기존의 국제규정에 비하여 장애인 인권에 관한 기본적이며 중요한 근본적 원리들을 다음과 같이 규정하고 있다.

① 자율적 선택권, 고유의 존엄성, 개인적 자율성, 개인의 독립성에 관한 존중
② 장애인 차별의 금지
③ 완전하고 실질적인 사회참여와 통합
④ 인류의 다양성과 인간성 부분으로서 장애의 다양성 수용에 대한 존중
⑤ 기회의 균등
⑥ 장애인 접근성
⑦ 양성의 평등
⑧ 장애아동 역량개발, 장애아동 정체성 보호를 위한 권리의 존중

4) 장애인에 관한 세계행동계획

1983년 국제연합 총회에서는 ‘장애인에 관한 세계행동계획’을 채택하였는데, 이 행동계획은 ‘세계장애인의 해’의 이념을 보다 효과적으로 실천하도록 권고하고 있다. 즉, UN은 ‘세계장애인의 해’의 취지를 세계 모든 국가에 철저하게 전달하고, 주도면밀하게 세계의 모든 사람에게 호소할 설득력 있는 지침을 제시할 필요가 있다고 판단한 것이

다. 이 행동계획은 모두 201항에 걸친 것으로 세계의 여러 장애인과 철학을 취합하여 구체성을 가진 제안을 집약시키고 있다.

5) 장애인의 기회평등화에 관한 기본규칙

UN은 '장애인의 해(1983~1992)' 이후 '장애인의 기회균등화에 대한 기본규칙(1993년 12월)'을 제정하여 장애인의 권리와 이에 대한 사회적 책임의 실천을 달성하고자 하였다. 본 규정은 총 22개의 규칙과 191개의 세부조항으로 구분되어 있으며, 단계적 접근을 시도하고 있다. 이 기본규칙은 장애인의 여건을 개선하기 위해서는 장애인의 권리에 관한 이해가 선행되어야 함을 강조하고 있다.

2. 국내적 장애인 인권 규범

1) 대한민국 헌법

우리나라의 「헌법」은 제10조 인간으로서의 존엄성과 행복추구권 보장을 통하여 "모든 국민은 인간으로서의 존엄과 가치를 가지며, 행복을 추구할 권리를 가진다. 국가는 개인이 가지는 불가침의 기본적 인권을 확인하고 이를 보장할 의무를 진다."고 명시하고 있다. 또한 모든 영역에 있어서 각인의 기회균등, 법 앞의 평등원칙과 차별금지 및 교육의 기회균등 등을 규정하고 있다. 따라서 모든 국민이라 함은 정신적·육체적 장애를 가진 사람을 포함하는 것은 당연하다.

2) 장애인복지법

「장애인복지법」 역시 "장애인은 장애인으로서의 존엄과 가치를 존중받으며 이에 상응하는 처우를 받는다."고 규정하고 있고, 제2항에서는 "모든 장애인에게는 국가, 사회를 구성하는 일원으로서 정치, 경제, 사회, 문화 기타 모든 분야의 활동에 참여할 기회가 보장된다."고 함으로써 헌법에서 보장하고 있는 기본적 인권이 장애인에게도 동등하게 보장되고 있음을 천명하고 있다.

3) 장애인 등에 대한 특수교육법

「특수교육법」은 장애인들도 장애를 입지 않은 학생들과 동등한 교육을 받을 수 있도록 하기 위하여 제정되었다. 특수교육은 이 법에 의하여 장애인 및 특별한 교육적 요구가 있는 사람에게 교육적 요구를 충족시키기 위해 특수교육대상자의 특성에 적합한 교육과정 및 특수교육 관련 서비스 제공을 통해 이루어지는 교육이다. 특수교육 관련 서비스는 특수교육대상자의 교육을 효율적으로 실시하기 위하여 필요한 인적·물적 자원을 제공하는 서비스로, 상담지원·가족지원·치료지원·보조인력지원·보조공학기기지원·학습보조기기지원·통학지원 및 정보접근지원 등이 포함된다.

4) 장애인·노인·임산부 등의 편의증진 보장에 관한 법률

이 법률은 장애인·노인·임산부 등이 생활을 영위함에 있어서 다른 사람의 도움 없이 안전하고 편리하게 시설 및 설비를 이용하고 정보에 접근하도록 접근권을 보장함으로써 이들의 사회활동 참여와 복지증진에 이바지함을 목적으로 하고 있다.

5) 한국장애인인권헌장

1998년 12월 9일 공표된 한국장애인인권헌장은 전문과 13개 조항으로 구성되어 있다. 한국장애인인권헌장 전문에서는 장애인이 인간의 존엄과 가치를 가지며 행복을 추구할 권리를 갖는 인권의 주체임을 천명하고, 국가와 사회는 장애인의 인권보호와 완전한 사회참여 및 평등을 위한 사회적 여건과 환경을 조성해야 함을 선언하고 있다.

6) 장애인차별금지 및 권리구제 등에 관한 법률(장애인차별금지법)

장애인의 사회화 과정에서 모든 정보에 동등하기 위한 기회의 박탈과 접근권의 배제로 개인 간의 격차가 커지며 차별의 문제가 되고 있다. 장애를 겪는 사람들은 제한된 정보 속에서 살 수밖에 없는 환경에 처해 있고, 따라서 배출할 수 있는 정보도 한계가 있을 수밖에 없다. 그러므로 장애인은 제2, 제3의 사회적 소외를 겪게 되고, 그 원인은 사회 환경 속에 있다. 「장애인차별금지 및 권리구제 등에 관한 법률」에서는 장애인을 "장애로 인해 사회적 배제 기제에 의해 불이익을 당하는 사람"이라고 바라봄으로써 문제는 장애인을 기피하려는 '차별적 사회 기제'에 있다는 점을 명확히 한다.

제3절 장애인복지시설의 장애인 인권 유형 및 내용

1. 평등권

평등권에서 일반적으로 보장되어야 할 인권의 내용은 다음과 같다. 차별금지로 연령, 성, 장애정도, 장애유형, 종교, 출신지역, 가족배경 등 어떠한 이유에서라도 장애인의 차별금지 등이다.

2. 생존권

생존권에서 일반적으로 보장되어야 할 인권의 내용은 다음과 같다.

① **의식주 생활**: 개인적인 옷들을 구입, 소유 또는 선택하고 보관할 수 있는 권리, 식사 및 간식의 선택과 결정, 숙소의 크기와 인원의 적절한 규모이다.

② **의료 및 건강**: 의료인 및 의료장비의 구비, 화장실 등 공중위생 관리, 의료적 욕구의 표현과 자신의 의료적 상태에 대해 설명 받을 권리이다.

③ **안전의 권리**: 숙소 및 생활시설의 친환경적 건축자재 사용, 화재에 대한 대비 장치이다.

④ **신체 및 정신적 안전의 권리**: 신체적 강요, 신체적 체벌 및 구타로부터의 자유, 비하적 언어사용 및 정신적 괴롭힘으로부터의 자유 등이다.

3. 자유권

자유권에서 일반적으로 보장되어야 할 인권의 내용은 다음과 같다.

① **자기결정권:** 원하는 호칭으로 불릴 권리, 자신이 할 수 있는 한 스스로 돌볼 수 있는 권리이다.

② **종교의 자유:** 특정 종교의 강요 금지, 종교생활의 자유이다.

③ **사생활 보호권:** 개인물품 보관함 제공, 개인의 방을 잠글 수 있는 권리, 개인의 동의 없이 외부에 노출시키거나 정보를 제공하지 않는 것이다.

④ **외부와의 소통:** 방에 초대하여 사적인 대화를 나눌 수 있는 권리, 지역사회 다른 사람들과 교제할 수 있는 기회보장 등이다.

4. 사회권

자유권에서 일반적으로 보장되어야 할 인권의 내용은 다음과 같다.

① **입 · 퇴소의 자유 표현:** 입 · 퇴소 시 자신의 의지 반영, 전화 및 통신기구의 사용보장이다.

② **정보의 자유:** 인터넷 등 통신수단을 통한 정보접근성 제공이다.

③ **가족권:** 가족과의 자유로운 변화 및 교류의 권리, 임신, 출산, 양육 시 보호제공의 권리이다.

④ **사회보장권:** 국가의 생계급여 등 수당의 지급액에 대한 정보와 관리, 적절한 사회복지서비스를 받을 권리, 기관의 프로그램에 참여할 권리 등이다.

5. 정치권

정치권에서 일반적으로 보장되어야 할 인권의 내용은 다음과 같다.

① **교육권:** 연령 및 능력에 적합한 교육을 제공받을 권리, 교육기관을 이용할 권리이다.

② **노동권:** 시설 내 노동의 권리보장 및 강제노동으로부터의 자유, 직업훈련프로그램, 직업소개 서비스를 제공받을 권리이다.

③ **경제권:** 개인재산 소유 및 관리의 자유, 노동에 적정보수 지급 및 관리의 자유이다.

④ **정치적 표현의 자유:** 자유로운 정치적 의사표현 보장, 피선거권자(후보자)로 참여할 수 있는 권리이다.

⑤ **투표권**: 투표에의 참여보장, 투표와 관련된 정보의 제공, 비밀투표의 원칙보장 등이다.

6. 문화권

문화권에서 일반적으로 보장되어야 할 인권의 내용은 문화, 예술, 체육 및 여가활동 권리로 자유로운 문화 여가생활의 보장 및 프로그램의 제공, 시설 내 문화매체의 구비 및 자유로운 이용 등이다.

7. 법 절차적 권리

법 절차적 권리에서 일반적으로 보장되어야 할 인권의 내용은 다음과 같다.

① **법률상의 도움**: 인격과 재산보호에 필요한 법률상의 도움을 받을 권리와 장애아동 관련 소송에서 아동의 최대 이익 고려이다.

② **시설운영 참여**: 시설서비스에 대한 이의가 있을 시 보복을 우려하지 않고 이를 표현할 권리와 시설생활 및 시설의 운영에서 생활 장애인의 의견반영 등이 있다.

제4절 장애인시설의 유형별 인권침해 사례 및 개입

1. 장애인복지시설 인권침해 사례

1) 평등권 침해

UN장애인권리협약, 세계인권선언, 장애인인권헌장에서 금지하는 규정을 두고 있다. 인권 유형은 차별금지로, 인권침해의 사례는 다음과 같다.

① 생활인의 사진, 이름, 장애 등을 전시한다.
② 관심이 없어서 아예 부르지 않는다.
③ 나이에 상관없이 친구처럼 '야', '자' 한다.
④ 시설에서는 대화를 한 적이 없어서 자신을 뭐라고 한지 모른다.
⑤ 시설의 방문자에게 생활상을 공개한다.
⑥ 시설의 환경이 열악한 경우가 있다.
⑦ 종사자와의 친밀도에 따라 우호적이다.
⑧ 시설 내 생활인 간의 갈등에 무관심하다.

2) 생존권 침해

인권 유형은 의식주 및 안전관리, 의료 및 건강 유지, 신체 및 정신적 안전, 성폭력으로부터의 안전으로, 인권침해의 사례는 다음과 같다.

① 식사 시 밥과 반찬을 매번 섞어서 준다.
② 식사 시 밥을 남기지 못하게 한다.
③ 식사 시 먹기 싫은 반찬을 먹게 한다.
④ 몸이 아파도 진료 스케줄에 맞춰야 한다.
⑤ 많이 고통스러운데 소통이 어렵다.
⑥ 이성의 자원봉사자에게 목욕을 하게 한다.
⑦ 시설에서 생활인 간의 폭력을 방치한다.
⑧ 종사자가 월급 받는 만큼만 생활인에게 서비스를 하겠다고 한다.

3) 자유권 침해

인권 유형은 사생활 보장, 자기결정권, 종교 자유, 표현 및 정보의 자유, 입·퇴소 자유, 의사소통의 자유, 성생활 보장으로, 인권침해의 사례는 다음과 같다.

① 생활인의 개인정보가 노출되거나 공개된다.
② 애로사항을 말하면 오히려 불이익을 당한다.
③ 조금 잘못한 것 같은데 제재가 심하다.
④ 주로 언어적인 폭력으로 속상하게 한다.
⑤ 종사자들이 말로는 사랑한다고 하지만, 실제로는 그렇지 않으며, 보이지 않게 차별한다.

⑥ 인권의 침해에 대하여 말하면 생활하는 동안 후환이 두려워 말하지 못한다.
⑦ 종사자가 지적장애인은 우선 제압을 해야 관리할 수 있다고 생각한다.
⑧ 자신의 코디나 헤어스타일을 마음대로 할 수 없는 경우가 있다.
⑨ 외출과 외박이 자유롭지 않은 경우가 있다.
⑩ 여자(남자)만 좋아한다고 지적하거나 조롱한다.

4) 사회권 침해

인권 유형은 가족권, 교육권, 노동 및 경제, 사회보장으로, 인권침해의 사례는 다음과 같다.

① 가족을 면회하고 만나는 절차가 복잡하다.
② 관리가 잘되는 사람만 기회를 갖게 한다.
③ 생활인은 항상 종사자들에게 신세 지고 있다는 식으로 대한다.
④ 사회보장수당 사용에 제한이 따른다.
⑤ 비장애인들과 교류할 수 있는 기회가 적다.

5) 문화권 침해

인권 유형은 취미여가로, 인권침해의 사례는 다음과 같다.

시설에서 지역사회의 문화생활과 활동을 위한 접근이 쉽지 않다.

6) 정치권 침해

인권 유형은 참정권으로, 인권침해의 사례는 다음과 같다.

시설에서는 투표에 참여하기가 어렵다.

7) 권리구제 침해

인권 유형은 법적 도움으로, 인권침해의 사례는 다음과 같다.

시설운영에 관여하기가 실질적으로 어렵다 등이다.

2. 장애인복지시설 인권침해 개입과 문제해결

1) 평등권

집단적 생활공간에서 발생할 수 있는 차별행위를 방지함으로써 장애인시설의 누구나 평등한 인격체로서 인식을 갖게 해야 한다. 또한 장애인의 의사표현을 최대한 존중하고 시설운영에 참여하도록 한다. 헌법상 보장된 평등권의 원리가 생활시설의 장애인에게도 보장됨을 말하며, 이와 더불어 장애인의 의사표현에 대해 무관심 · 무시하지 않도록 교육을 강화해야 한다. 또한 구체적이고 실효성 있는 인권 규정이나 기준을 제정한다. 인권침해가 발생할 경우 문제해결을 위한 즉각적이고 합리적 조치가 필요하다.

침해영역	개입 및 문제해결
차별금지	• 시설의 누구나 평등한 인격체로서 인식을 갖게 해야 한다. • 시설의 현관이나 벽면에 생활인의 사진, 이름, 생년월일 등을 전시하지 않는다. • 종사자들에게 장애의 이해와 윤리의식, 인식개선 등의 교육을 지속적으로 실시한다. • 장애인의 의사표현을 최대한 존중하고 시설운영에 참여하도록 한다. • 목욕 및 의복 착 · 탈의의 경우 이용자의 프라이버시를 침해하지 않는다. • 장애인에 대한 호칭은 사회통념상 일반적으로 사용되는 언어를 사용하도록 한다. • 장애인의 의사표현에 대해 무관심 · 무시하지 않도록 교육을 강화해야 한다. • 구체적이고 실효성 있는 인권 규정이나 기준을 제정한다. • 한 개인으로 존중받을 권리, 즉 인격에 대한 존중이 바탕이 되어야 한다. • 시설의 환경을 개선하고 종사자의 전문성을 강화한다. • 인권침해가 발생할 경우 문제해결을 위한 즉각적이고 합리적 조치가 필요하다. • 시설 내에서 종사자들끼리만 정서적인 대화를 하지 않는다.

2) 생존권

집단적 생활공간에서 발생할 수 있는 생존권은 가장 중요한 권리이다. 의 · 식 · 주 및 권리로 장애인이 쾌적하고 안락한 주거환경을 영위할 수 있도록 노력해야 한다. 장애인의 안전은 무엇보다 우선적으로 보호되어야 한다.

또한 헌법상 보장된 생존할 권리가 생활시설의 장애인에게도 보장됨을 말하며, 이와 더불어 장애인의 의료 및 건강의 권리, 신체 및 정신적 안전의 권리, 성폭력으로부터의 권리가 보장되어야 한다.

침해영역	개입 및 문제해결
의·식·주 및 권리	• 피복은 가능한 집단적인 착용·보관이 아닌 개별적인 것으로 이루어지도록 한다. • 장애인의 식사 및 간식 지급에 있어 욕구를 반영하는 노력이 필요하다. • 장애인이 쾌적하고 안락한 주거환경을 영위할 수 있도록 노력해야 한다. • 장애인의 안전은 무엇보다 우선적으로 보호되어야 한다. • 시설 내 감금장치가 되어 있는 시설물의 폐지 및 개·보수를 하도록 한다.
의료 및 건강의 권리	• 적절한 치료를 받을 수 있도록 진료계획을 세우고 진행해야 한다. • 진료하는 데 있어 참여하고 알아야 할 권리에 대해 고지와 협조를 구해야 한다. • 장애특성에 따라 개별적으로 적절한 보장구를 지원받아야 한다.
신체 및 정신적 안전의 권리	• 어떠한 이유에서든지 신체적 체벌을 가하거나 방임·유기되어서는 안 된다. • 장애인의 신체·정신적 안전의 권리를 침해하지 않도록 해야 한다. • 신체적 폭력은 어떤 이유에서든지 정당화될 수 없다. • 시설 운영의 전문성을 제고하기 위하여 종사자의 자격 요건을 강화한다. • 시설의 구조적 환경을 개선할 필요가 있다. • 시설 운영위원회의 구성과 운영이 실질화되어야 한다.
성폭력으로부터의 권리	• 성폭력에 따른 관련교육 및 예방책을 수립해야 한다. • 장애인에 대한 성폭력을 인지하거나 발견한 때에는 반드시 신고하도록 한다. • 성폭력 신고자에 대한 보호장치도 제시하는 등의 예방이 필요하다.

3) 자유권

집단적 생활공간에서 발생할 수 있는 사생활 및 개인별 프라이버시의 침해를 미연에 방지함으로써 장애인의 신체적 권익보호 및 자립생활능력 향상을 도모하는 데 그 목적이 있다. '사생활'이라고 하는 개념이 집단생활을 하는 생활시설의 특성상 어려움이 있다는 것은 인정되지만, 그러한 어려움 때문에 개인의 사적 생활이 침해된다는 것은 용인될 수 없다. 또한 본인의 의지와는 상관없이 시설에 입소한 장애인에 대하여 획일적인 헤어스타일이나 의복의 착용, 타인에게 수시로 개방되는 사적 공간 등은 장애인을 더욱 극빈적이고 나약한 존재로 전락시키는 원인이 되고 있기 때문이다. 그리고 업무적인 생활일지기록을 이유로 사생활이 방해받지 않도록 해야 한다.

또한 헌법상 보장된 종교자유의 원리가 생활시설의 장애인에게도 보장됨을 말하며, 이와 더불어 장애인이 자유로운 종교생활을 영위할 수 있도록 지원함에 그 목적이 있다. 사회복지시설이 한 개인이나 단체에 의해 운영되는 사유적 개념이 아닌 사회적 문제에 있어 국가를 대신하여 수행하는 공적 개념으로 이해해야 하기 때문이다.

침해영역	개입 및 문제해결
사생활과 자기결정권 보장	• 사생활을 보호하기 위한 시설 차원의 개인정보 보호대책과 업무지침이 필요하다. • 취향, 욕구에 따라 의복 · 헤어스타일 · 목욕 · 개인물품 등을 선택 · 결정할 수 있어야 한다. • 사생활 보호를 위한 획일적이고 폐쇄적인 시설의 건축 구조나 설비를 개선한다. 그리고 특별한 사정이 있는 한 개인 소유 물품들에 대해 제한을 두지 말아야 한다. • 생활인의 이름과 사진, 나이, 장애종류 등 개인정보를 공개하지 말아야 한다.
종교의 자유	• 종교 선택 및 활동은 개인의 욕구에 따라 자유스럽게 지원되어야 한다. • 종교활동에 대하여 어느 누구도 이를 제한하여서는 안 되는 것을 인식하여야 한다. • 시설장 및 관련자 교육 시 종교의 자유에 대한 인식전환이 필요하다. • 정관이나 시설운영규정 등에 종교의 자유가 포함될 수 있도록 한다. • 시설운영자의 종교적 신념을 생활인들에게까지 강요하거나 특정 종교의 행사를 시설 내의 정규프로그램이나 일과에 포함시켜 운영하는 관행은 종교의 자유에 대한 침해 행위일 수 있다.
표현 및 정보의 자유	• 장애인은 어떠한 제한 없이 공공정보에 접근하고 이용할 수 있어야 한다. • 권리를 실현하기 위해 의사소통이 필요한 보조기구를 지원받을 수 있도록 한다. • 장애인들이 자기표현을 할 수 있는 기회와 여건 제공을 강화하도록 하여야 한다. • 장애인거주시설에 대한 정보이용 및 접근을 위한 지원방안이 검토되어야 한다. • 장애인거주시설에 대한 정보매체의 기술 증진 및 국민으로의 확대가 필요하다.
입 · 퇴소 및 의사소통	• 장애인의 입 · 퇴소 사유가 발생한 경우에는 최대한 의사를 존중하도록 한다. • 시설에 입소하는 사유를 검토하여 입소가 최후의 보루로서 승인되어야 한다. • 시설에 퇴소하는 경우는 장애인의 자유로운 결정과 절차를 확보해야 한다. • 장애인은 시설 내 · 외에서 자유로이 외부인과 만날 수 있어야 한다. • 시설의 생활을 자제할 수 있도록 하며, 사후관리가 가능할 수 있도록 한다.
성생활의 보장	• 장애인은 한 인간으로서 성을 존중받을 권리가 있다. • 일반적으로 장애인의 성에 대하여 터부시하거나 무성의 존재로 여겨서는 안 된다. • 장애인의 성에 대한 올바른 교육과 인식의 전환이 필요하다.

2006년 UN의 장애인권리조약은 장애인들의 표현과 의견 및 정보접근의 자유를 매우 구체적이고 현실적인 내용으로 보장될 수 있도록 규정하고 있다(제21조). 특히 현대사회 의사소통 수단의 핵심인 인터넷의 사용과 접근권 및 인터넷을 통한 정보제공 등을 권장하고 있다. 또한 '장애인인권헌장'은 "장애인은 자유로운 이동과 시설 이용에 필요한 편의를 제공받아야 하며, 의사표현과 정보이용에 필요한 통신, 수어통역, 자막, 점자 및 음성도서 등 모든 서비스를 제공받을 권리를 가진다."고 규정하여 장애인의 접근성을 명시하고 있다.

4) 사회권

가족관계, 결혼, 출산, 부모로서의 신분 등에 대하여 동등하게 누릴 권리를 보장하는 것으로 새로운 가정을 만들어 갈 권리와 기회를 방해받지 않아야 한다. 시설에서도 가정을 꾸릴 수 있는 공간을 마련하는 것이 바람직하며, 기본적인 생활을 할 수 있도록 배려하는 것이 중요하다.

그리고 장애인, 특히 장애아동에게 있어 지속적인 교육의 보장은 장애인들의 존엄성과 잠재적 능력을 개발할 수 있는 매우 중요한 권리이다. 특히 장애인의 직업생활 및 노동기회 부여 등 노동권의 보장은 성인기에 도달하는 장애인이 직업을 선택하고, 직업생활을 유지할 수 있도록 다양한 직업훈련프로그램이나 직업소개 서비스 시설 내 서비스의 기본을 갖춤으로써 온전한 직업생활을 영위할 수 있는 것을 말한다. 또한 노동을 통한 정당한 보수를 보장받고 시설 내 강제노동으로부터 자유로운 권리를 포함한다.

장애인의 사회보장권은 공적급여를 포함하여 장애유형과 장애정도, 연령, 성별에 따라 정부나 지방자치단체의 적절한 서비스를 받을 권리가 있음을 말하며, 이는 장애인이 비장애인과 동등한 권리와 의무를 이행하기 위해 정부에서 실시하는 각종 공적 서비스를 명확하게 수급 받을 수 있도록 기관에서 보장해야 함을 의미한다.

침해영역	개입 및 문제해결
가족권	• 가족구성원들과의 지지체계가 자연스럽게 형성될 수 있도록 서비스를 실행한다. • 생활인 부모 및 형제자매 간의 자조집단인 '부모회' 등이 구성될 수 있도록 한다. • 가족 방문 시 개별적인 시간을 보낼 수 있도록 공간을 마련하도록 한다. • 부모회 등 자조집단의 구성과 운영에 따른 지원책을 마련하도록 한다.
교육권	• 교육법 및 특수교육진흥법에 의해 차별 없는 교육기회가 부여되어야 한다. • 본인의 능력과 정도에 따른 다양한 교육방식의 지원을 받을 수 있도록 한다. • 교육, 학습에 대한 욕구처리를 위한 방안도 모색되어야 한다. • 교육, 학습권이 보장되고 직원의 자의적인 판단에 의하여 기회를 제공해서는 안 된다. • 개별화된 지원계획(통합교육 및 특수교육)에 의거한 학습과 평가가 필요하다. • 학습과 교육을 위한 공간이 지원되고 다양한 프로그램을 마련하여 운영해야 한다.
노동권 경제권	• 직업생활 유지에 필요한 상담 및 직업훈련이 필요하다. • 능력과 욕구에 따라 재활지원계획을 수립, 운영해야 한다. • 시설 내의 장애인 근로소득액은 전액 장애인의 소유가 되어야 한다. • 시설 내의 장애인 금전관리를 위한 구체적인 지침이 필요하다.
사회보장	• 국가의 장애인복지시책에 대한 정보 파악 및 제공을 해야 한다. • 장애인에게 지원되는 공적수급비의 철저한 관리 및 집행이 이루어져야 한다. • 시설생활인의 사회보장수급권에 대한 안내 및 교육이 이루어져야 한다.

5) 문화권

비장애인들과 교류할 수 있는 프로그램 및 기회를 많이 가질 수 있도록 하고, 기존 시설의 공간을 개방화해 지역주민이 참여할 수 있는 프로그램을 운영하여야 한다. 또한 장애인의 문화를 위한 선택과정에 있어서 장애인의 참여를 적극적으로 보장하여 비장애인과의 거리를 좁혀주고 진정한 의미의 사회통합을 달성하게 하는 것이 바람직하며, 기본적인 문화적인 생활을 할 수 있도록 배려하는 것이 중요하다.

침해영역	개입 및 문제해결
문화권	• 다양한 공간과 장소에서 프로그램이 운영되도록 아웃소싱을 촉진한다. • 비장애인들과 교류할 수 있는 프로그램 및 기회를 많이 가질 수 있도록 한다. • 기존 시설의 공간을 개방화해 지역주민이 참여할 수 있는 프로그램을 운영한다. • 장애인의 문화를 위한 선택과정에 있어서 장애인의 참여를 적극적으로 보장한다. • 개별 장애인에 대한 문화활동의 자원체계가 확보될 수 있도록 최대화한다. • 장애인의 문화향유를 위해 통합적 지역사회 속에서 참여할 수 있도록 지원한다. • 장애인의 접근성이 확보되어야 한다. • 물리적 장애의 제거와 공유 공간 확보를 통한 생활환경을 개선한다. • 비장애인과의 거리를 좁혀주고 진정한 의미의 사회통합을 달성하게 한다.

6) 정치권

각종 선거와 관련되어 기관장 및 직원은 중립성을 확보하여야 하며, 피선거권과 공무담임권이 보장될 수 있도록 하여 시설에서도 비장애인들과 같은 자유로운 의사로 투표권을 행사할 수 있도록 참정 권리를 보장하는 것이 중요하다.

침해영역	개입 및 문제해결
참정권	• 선거 관련 정보와 선거를 위한 교육이 요구된다. • 선거와 관련되어 기관장 및 직원은 중립성을 확보한다. • 선거 및 참정에 필요로 하는 기구 및 편의용품을 최대한 확보해야 한다. • 피선거권과 공무담임권이 보장될 수 있도록 한다.

7) 권리구제

권리구제는 마지막으로 이루어지는 절차이다. 그렇지만 신체적 · 정신적 · 성적 폭력이 시설 내에서 자행된다면 이러한 사항은 바로 신고해야 한다. 정신적 폭력은 장애인을 비하하는 용어를 사용하거나 장애인의 연령에 상관없이 무조건 어린아이처럼 취급하면서 반말과 욕설을 사용하는 경우이다. 어떤 이유로도 신체적 체벌은 허용되지 않는다. 성적 폭력도 마찬가지이다.

권리구제를 하는 방법은 인권을 지키기 위해 활동하는 기관이나 단체를 알아보는 것이다. 대표적인 기관으로 국가인권위원회가 있다. 이들을 통해 주체적으로 법으로 항소할 방법을 찾아나가는 것이다. 각 사례마다 대응 방법이 다양하다. 따라서 국가인권위원회에 우선 진정하는 것이 필요하다.

침해영역	개입 및 문제해결
권리구제	• 피해자 인권침해 내용의 진정(국가인권위원회), 국가인권위원회 사전조사 • 상황에 따라 긴급구제 • 인권침해에 대한 실질조사 • 조사 종결 및 조치

제5절 장애인 인권 감수성 향상방안

1. 생활시설의 인권침해 예방

현실적으로 장애인복지시설이란 인권적 관점에서 바라볼 때 시설 자체가 인권침해라는 일부의 주장도 있다. 현재의 시설이 노후해 있거나 생활하기에 불편한 경우가 있기 때문이다. 시설이라는 획일적으로 집단생활을 해야 하는 상황에 처해 있다는 점과 시설의 생활자들은 서비스를 일방적으로 제공받아야 하는 입장에서 시설의 종사자들과 상하관계를 형성할 개연성이 많다는 것, 또한 시설의 종사자들이 생활자를 단순한 서비스의 객체로만 인식하고 생활자들의 인권을 중요시 여기지 않는다는 사실 등을 고려할 때 시설의 생활자들에 대한 인권침해 가능성은 상존하고 있다고 볼 수 있다.

이와 같은 현실을 감안하여 시대적 또는 사회적으로 요구되는 인권에 대한 시설의 기능과 역할은 변화되고 향상되어 인권 지킴이의 역할을 기대할 수 있다. 공급자 중심의 서비스가 아닌 이용자 중심의 서비스 제공을 위해서도 변화와 관리가 요구된다.

인권적 관점에서 장애인 인권이란 법률적 접근 외에 효과적으로 이해될 수 있는 방식이 존재하는가에 대한 논쟁이 있을 수 있다. 그러나 실제로 인권 각각의 요소가 사회복지에서 중요한 역할을 하고 있다. 사회복지실천에서 인권이 별도의 행동을 요구한다는 것이 오히려 잘못된 것이라 볼 수 있다. 우리의 사회복지현장에서는 개별상담, 대화기법, 옹호나 지지, 정책개발, 지역사회개발 등과 관련하여 인권에 대한 사고의 전환이 필요하기 때문이다.

Marshall B. Rosenberg는 평화를 위한 '비폭력 대화 모델'을 제시하였는데, 그 내용은 다음과 같다.

첫째, 일상의 관찰(우리의 삶에 영향을 미치는 구체적인 행동), 둘째, 느낌의 표현(구체적인 행동들에 대한 느낌 표현), 셋째, 필요 찾기(구체적인 욕구, 가치에 대한 소망사항), 넷째, 행동의 부탁(우리의 삶이 행복해지기 위한 구체적 부탁)이다.

2. 시설 인권보호의 정상화 영역

정상화에는 인간 기능의 가능한 많은 측면에서 환경과 인간의 행동적 잠재력이 허용하는 한 일반적인 사실에 접근하는 행동과 모습을 유도하고 유지하려는 사회복지실천현장 종사자들의 의지를 내포하고 있다. 또한 어떠한 서비스가 다른 것들보다 더 나을 수 있다는 것을 내포하고 있다고 볼 수 있다. 사실 때로는 즉각적인 효력을 가진 기법이 더 나은 효력을 가진 기법보다 더 좋을 수도 있다. 그 이유는 후자의 경우 개인의 인식된 일탈을 강화함으로써 길게 보아 정상화하기보다는 개인을 더욱 허약하게 만들 수 있기 때문이다. 다음과 같은 정상화와 관련된 각 영역들은 생활시설에서 이루어져야 하는 중요한 42개 영역을 나열한 것으로서 포괄적으로 인권홍보에 긍정적인 해답을 구하는 것이다.

연번	영역	연번	영역
1	이용자 중심의 기본적 권리와 자유	9	사생활 보호
2	이용자 중심의 욕구와 서비스	10	물리적 환경
3	인테이크	11	위험의 가치
4	개별 계획수립	12	생활의 공유
5	욕구 확인과 사정	13	건강
6	프로그래밍	14	종교적 및 영적 욕구
7	이용자에 관한 기록들	15	안전
8	집과 같은 거주시설	16	이용자의 의복
17	개인위생, 몸치장, 용모	30	자원봉사자들
18	개인 소유물	31	아동의 욕구
19	이용자의 금전	32	성인의 욕구
20	흡연과 음주	33	노인의 욕구
21	관계	34	거주 상황의 변화
22	일상생활	35	여가직원 훈련
23	식사	36	문제행동
24	가사일	37	원조제공자의 역할과 자질
25	기념일	38	거주 상황의 변화
26	소규모 지역사회 거주시설	39	직원훈련
27	가족 참여	40	직접 원조제공자들의 근무 규칙
28	지역사회 생활로의 통합	41	운영위원회
29	공식적인 방문자들	42	책임

3. 장애인인권헌장 및 교육프로그램

1) 장애인인권

장애인인권헌장의 주요 내용은 모든 장애인이 인간의 존엄성과 가치를 가지며 행복을 추구할 권리를 가진다. 장애인은 건전한 사회구성원으로 책임 있는 삶을 살아가며, 자신의 능력을 개발하여 자립하도록 노력해야 한다. 국가와 사회는 헌법과 국제연합의 장애인권리선언의 정신에 따라 장애인의 인권을 보호하고 완전한 사회참여와 평등을 이루어 더불어 살아가는 사회를 만들기 위한 여건과 환경을 조성해야 한다. 또한 다음과 같이 장애인의 인권 관련 내용들로 규정되어 있다.

- 장애인은 장애를 이유로 정치 · 경제 · 사회 · 교육 및 문화생활 등 모든 영역에서 차별받지 않는다.
- 장애인은 인간다운 삶을 영위할 수 있도록 소득 · 주거 · 의료 및 사회복지서비스 등을 보장받을 권리를 가진다.
- 장애인은 다른 모든 사람과 동등한 시민권과 정치적 권리를 가진다.
- 장애인은 자유로운 이동과 시설 이용에 필요한 편의를 제공받아야 하며 의사 표현과 정보이용에 필요한 통신 · 수어 통역 · 자막 · 점자 및 음성도서 등 모든 서비스를 제공받을 권리를 가진다.
- 장애인은 자신의 능력을 계발하기 위하여 장애유형과 정도에 따라 필요한 교육을 받을 권리를 가진다.
- 장애인은 자신의 능력에 따라 직업을 선택하고 그에 따른 정당한 보수를 받을 권리를 가지며, 직업을 갖기 어려운 장애인은 국가의 특별한 지원을 받아 일하고 인간다운 생활을 보장받을 권리를 가진다.
- 장애인은 문화 · 예술 · 체육 및 여가활동에 참여할 권리를 가진다.
- 장애인은 가족과 함께 생활할 권리를 가진다. 장애인에게 전문시설에서 생활하는 것이 필요한 경우에도 환경이나 생활조건은 같은 나이 사람의 생활과 가능한 한 같아야 한다.
- 장애인은 사회로부터 분리, 학대 및 멸시받지 않을 권리를 가지며, 누구든지 장애인을 이용하여 부당한 이익을 취해서는 안 된다.
- 장애인은 자신의 인격과 재산의 보호를 위하여 필요한 법률상의 도움을 받을 권리를 가진다.
- 여성장애인은 임신 · 출산 · 육아 및 가사 등에 있어서 생활에 필요한 보호와 지원을 받을 권리를 가진다.
- 혼자 힘으로 의사결정을 하기 힘든 장애인과 그 가족은 인간다운 삶을 영위하기 위하여 필요한 지원을 받을 권리를 가진다.
- 장애인의 특수한 욕구는 국가정책의 계획단계에서부터 우선 고려되어야 하며, 장애인과 가족은 복지증진을 위한 정책결정에 민주적 절차에 따라 참여할 권리를 가진다.

2) 인권교육프로그램

인권교육프로그램은 다음과 같은 단계와 횟수를 정하여 주제와 목표, 내용을 구체화한 교육방법으로 진행한다.

단계	횟수	주제	목표	내용	교육방법
인권 의식 키우기	1	인권 보기	• 빙고게임을 통해 인간의 특징을 살펴보고, 인간의 존엄성과 인권과의 관련성을 알아본다. • 인권이란 무엇인지 확실히 안다.	• 인간존재 표현하기 • 인간존엄성과 인권과의 관련성 알아내기 • 인권 개념 표현하기	• 레크리에이션 • 창의적 표현
	2	인권내용	• 우리에게 필요한 것을 보장받는 것이 인권의 첫걸음임을 이해하기 • 연구분석을 교육함으로써 생활시설에서 보장받아야 하는 인권을 구체적으로 파악하기	• 인권보장 영역에 대한 이해 • 영역별 인권보장 내용 목록 작성하기 • 시설장애인의 인권 알기	• 브레인스토밍 • 교육
생활 속의 인권 찾기	3	사람의 소중함	• 인권의 기본이 사람 존중임을 이해하고, 자신과 타인을 존중할 수 있도록 한다.	• 장점 찾아주기 • 존엄한 타인 찾기 • 생활 속의 인권 실천 약속 만들기	• 자아탐색
	4	생활시설 이해하기	• 시설에서의 인권침해 문제와 해결책 찾기 • 장애인생활시설의 기능과 다양한 형태를 알아본다.	• 시설에서 생기는 문제가 무엇인지 목록 작성하기 • 시설의 인권보장 방법 찾기	• 브레인스토밍 • 정보제공
	5	나의 일 찾아보기	• 자신이 갖고 싶은 직업에 대한 구체적인 정보수집 • 취업을 위해 구체적인 세부계획을 세운다.	• 내가 하고 싶은 일에 대한 정보수집 • 취업을 위한 계획 세우기	• 계획서 작성 • 시청각자료
	6	사회보장제도 누리기	• 사회보장제도 교육	• 장애인을 위한 사회보장제도 내용 알기	• 교육 • 정보제공
인권 표현	7	효과적인 의사소통	• 시설 내에서 있었던 속상한 일을 짝에게 말하기 • 타인의 감정을 공감하고 이해한다.	• 짝에게 말하기 • 짝의 이야기 발표하기	• 의사소통기술
	8	생활 속에서 인권 지키기	• 인권보장을 위한 토대가 되어야 할 것이 무엇인지 찾기 • 토론을 통한 자기주장, 의견 교환의 기회를 경험한다.	• 인권보장을 위해 가장 필요한 것이 무엇인지 토론	• 자기주장 • 자기표현 훈련
인권 누리기	9	권리를 찾아서	• 인권침해사례가 발생했을 경우 기관과 단체의 도움을 받을 수 있도록 한다.	• 인권침해사례 토론 • 인권침해사례 해결 방법 모색 • 진정서 써보기	• 토론 • 간접 기관방문
	10	인권의 씨앗들	• 인권보장과 실천이 되는 세상을 희망하고, 그것을 위해 내가 할 수 있는 일을 찾아본다.	• 인권씨앗 만들기 • 인권공동체 형성	• 창의적 표현

CHAPTER 14

세계 주요국 장애인 현황

제1절 주요국 장애인 인구 현황

주요국 장애인 인구 현황은 그림 14-1과 같다. 덴마크가 35.2%로 가장 높고, 네덜란드 29.9%, 오스트리아 29.5%, 핀란드 28.3%, 스페인 28.0%, 체코 24.7%, 독일 24.6% 순으로 나타났으며, 북한이 8.2%, 한국이 5.1%로 하위권에 속해 있고, 네팔이 1.9%로 가장 낮게 나타나고 있다.

(단위 : %)

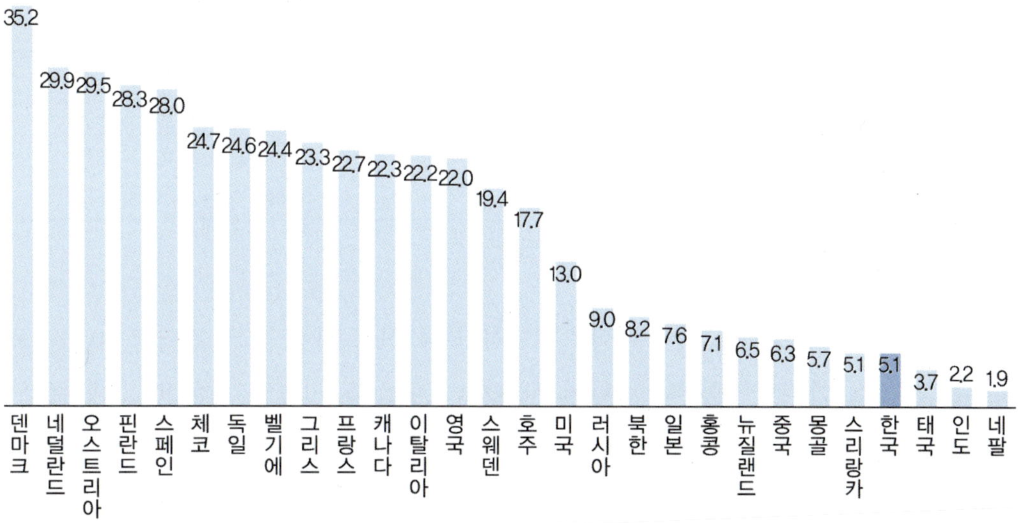

그림 14-1 해외 주요국 장애인 인구 현황[1)]

출처: 한국장애인고용공단, 한눈에 보는 장애인통계, 2022.

제2절 주요국 장애인 출현율 및 고용률

세계 주요국 장애인 출현율은 핀란드 28.3%, 독일 24.6%, 영국 22.7% 순이며, 한국은 5.1%로 가장 낮은 수준이다. 이러한 지표는 우리나라의 장애인식의 정도가 아직은 낮

1) 국가별 통계 내용, 대상 범위, 생산 및 발표 주기 등이 다르므로 일괄적인 비교는 어려우며, 비교 시 주의를 요함.

은 수준으로 보이는 수치로 판단할 수 있다. 이는 장애인에 대한 가정과 사회의 편견으로 가정 내에서도 장애가족을 부끄러움의 존재로 인식하는 경향이 있고 사회적 편견과 차별이 장애 등록을 기피하고 있는 요인으로 분석할 수 있다.

표 14-1 주요국 장애인 출현율과 고용률

(단위 : %)

주요국	장애 출현율	고용률
캐나다	(2017) 22.3	(2017) 59.4
호주	(2018) 17.7	(2018) 47.8
독일	(2019) 24.6	(2019) 53.3
이탈리아	(2019) 22.2	(2019) 51.6
핀란드	(2019) 28.3	(2019) 56.9
프랑스	(2019) 22.7	(2019) 56.9
미국	(2021) 13.0	(2021) 31.4
영국	(2020~2021) 22.0	(2021) 53.0
한국	(2021) 5.1	(2022 상반기) 50.3

출처: 한국장애인고용공단, 한눈에 보는 장애인통계, 2022.

주요국 장애인 고용률 상위권은 에스토니아가 64.9%로 가장 높고, 덴마크 60.1%, 포르투갈 59.8%, 캐나다 59.4%, 스웨덴 58.4%, 프랑스와 핀란드가 56.9%, 네덜란드 56.3%, 오스트리아 54.6%로 순으로 나타났으며, 한국은 50.3%로 중상위권에 속해 있고, 인도네시아가 11.8%로 가장 낮게 나타나고 있다.

(단위 : %)

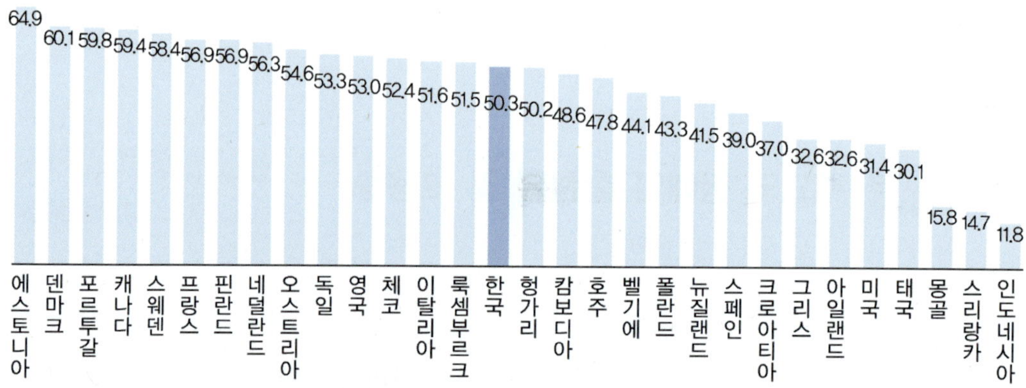

그림 14-2 주요국 장애인 고용률[2]

출처: 한국장애인고용공단, 한눈에 보는 장애인통계, 2022.

장애인 연령별 출현율 전 연령 15~64세 기준 국가는 영국, 호주, 미국, 러시아, 홍콩, 일본, 중국, 한국, 북한, 몽골, 태국, 인도, 인도네시아, 스리랑카이고, 5세 이상은 뉴질랜드, 15세 이상은 캐나다, 16세 이상 기준 국가는 오스트리아, 벨기에, 체코, 독일, 덴마크, 그리스, 스페인, 핀란드, 프랑스, 이탈리아, 네덜란드, 스웨덴 등이다.

표 14-2 장애인 출현율 연령별 기준

연령기준	국가
전 연령	영국, 호주, 미국, 러시아, 홍콩, 일본, 중국, 한국, 북한, 몽골, 태국, 인도, 인도네시아, 스리랑카
5세 이상	뉴질랜드
15세 이상	캐나다
16세 이상	오스트리아, 벨기에, 체코, 독일, 덴마크, 그리스, 스페인, 핀란드, 프랑스, 이탈리아, 네덜란드, 스웨덴

고용률 연령기준은 15~64세 기준 국가는 호주, 뉴질랜드, 한국, 캄보디아, 인도네시아, 몽골, 스리랑카, 태국이다. 16~64세는 미국과 영국이고, 20~64세는 덴마크, 네덜란드, 포르투갈, 핀란드, 프랑스, 오스트리아이며, 25~64세는 캐나다이다.

표 14-3 장애인 고용률 연령별 기준

연령기준	국가
15~64세	호주, 뉴질랜드, 한국, 캄보디아, 인도네시아, 몽골, 스리랑카, 태국
16~64세	미국, 영국
20~64세	덴마크, 네덜란드, 포르투갈, 핀란드, 오스트리아, 스웨덴, 체코, 이탈리아, 룩셈부르크, 독일, 헝가리, 벨기에, 스페인, 폴란드, 아일랜드, 크로아티아, 그리스
25~64세	캐나다

출처: 한국장애인고용공단, 한눈에 보는 장애인통계, 2022.

2) 국가별 통계 내용, 대상 범위, 생산 및 발표 주기 등이 다르므로 일괄적인 비교는 어려우며, 비교 시 주의를 요함.

제3절 주요국 장애인 장애급여 및 상병급여

세계 주요국 장애급여 및 상병급여 현황에서 공적 지출(GDP대비)은 노르웨이가 3.8%로 가장 높으며, 덴마크 2.8%, 벨기에 2.4%, 뉴질랜드와 이스라엘이 2.3%, 스페인과 아이슬란드가 2.2%로 그 뒤를 잇고 있으며, 우리나라는 0.3%로 OECD 평균 1.6%보다 크게 뒤떨어져 있다.

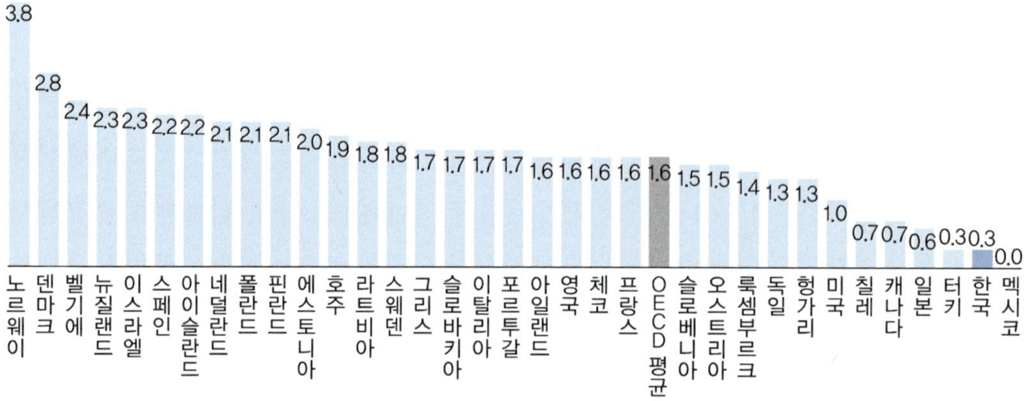

그림 14-3 장애급여 및 상병급여(Sickness Benefit) 공적 지출(GDP대비, %)[3)]

출처: 한국장애인고용공단, 한눈에 보는 장애인통계, 2022.

제4절 일본의 장애인 현황

일본의 장애인구는 신체장애인이 436.0%로 높게 나타나고 있고, 재가장애인이 428.7%로 시설장애인 7.3%에 비해 월등히 높게 나타나고 있다. 지적장애인은 재가장애인이 96.2%, 시설장애인이 13.2%로 나타났다.

3) 2017년 기준. 단 뉴질랜드, 프랑스, 헝가리, 미국, 캐나다, 한국은 2018년 기준, 이스라엘, 칠레는 2019년 기준.
[OECD 정의] 선천적 혹은 중도에 얻은 장애로 노동시장 진입이 어렵거나 부분적으로만 참여하는 장애인에게 지급되는 현금급여(장애급여)와 산재가 아닌 상해, 질병 등으로 인한 일시적 근로불능 때문에 소득의 손실을 입게 된 근로자에게 지급되는 현금급여(상병급여)

1. 장애기준

장애기준은 신체장애인은 (중증) 신체장애인 수첩 1, 2급, (경증) 신체장애인 수첩 3~6급인 자이다. 지적장애인은 (중증) 요육(療育)수첩 등의 장애정도가 A1, A2, 1, 2급, (경증) 요육수첩 등의 장애정도가 B1, B2, C, 3, 4급이다. 정신장애인은 기질성정신장애(노년기의 치매), 중독성정신장애(알코올 의존증), 기능성정신장애(정신분열증, 우울증), 반응성정신장애(정신분열증, 우울증), 뇌전증 등이 포함된다.

표 14-4 일본의 장애인구 장애유형별 현황[4)]

(단위 : 만 명, %)

구분	장애인 수			비중
	전체	재가장애인	시설장애인	
신체장애인('16, '18)	436.0	428.7	7.3	45.2
지적장애인('16, '18)	109.4	96.2	13.2	11.3
	전체	외래환자	입원환자	
정신장애인('17)	419.3	389.1	30.2	43.5

출처: 한국장애인고용공단, 한눈에 보는 장애인통계, 2022.

2. 고용의무제도

근로자 수 산정은 특수법인, 국가 및 지방공공단체의 장애인 고용률은 일반 민간기업의 장애인 고용률 이상이 되는 비율이 되도록 정하고 있다. 중증 신체장애인 또는 중증 지적장애인에 대해서는 1명의 고용으로 2명을 고용한 것으로 계산하고, 중증 신체장애인 또는 중증 지적장애인 단시간 노동자(1주일 노동시간이 20시간 이상 30시간 미만인 노동자)는 1인으로, 중증 이외 신체장애인 및 지적장애인 단시간 노동자는 0.5인으로 계산한다. 단, 정신장애인 단시간 근로자라도 다음의 어느 하나에 해당하는 자는 1인으로 계산한다(신고년 3년 전 해 6월 2일 이후에 채용된 자, 신고년 3년 전 6월 2일 이전에 채용된 자로서 그 이후 정신장애인보건복지수첩을 취득한 자).

4) 장애 정의 및 설명은 '주요 용어 해설' 참조. 장애유형에 따라 기준 연도가 상이함에 유의, 정신장애인 수는 지적장애를 제외한 수로 뇌전증과 알츠하이머환자 수를 더한 수임, 자료가 반올림되어 합계와 총계가 일치하지 않을 수 있음.

3. 고용의무 사업체의 장애인 고용률

2021년 고용의무 사업체의 장애인 고용률은 정부부문 2.51%, 민간부문은 2.21%로 전체 2.24%로 나타났다.

표 14-5 연도별 고용의무 사업체의 장애인 고용률(2010~2021)

(단위 : %)

일부기관 통계 오류 전체 재집계 결과

구분	2010	2011	2012	2013	2014	2015	2016	2017	2018	2019	2020	2021
전체	1.74	1.70	1.75	1.82	1.88	1.93	1.97	1.98	2.06	2.13	2.18	2.24
정부부문	2.22	2.12	2.18	2.28	2.33	2.36	2.39	2.03	2.11	2.28	2.41	2.51
민간부문	1.69	1.65	1.70	1.77	1.83	1.89	1.93	1.97	2.06	2.12	2.15	2.21

출처: 한국장애인고용공단, 한눈에 보는 장애인통계, 2022.

의무고용은 기관 및 기업 수 총 110,070개소에 산정기초가 되는 공무원 및 근로자 수는 총 30,371,676.0명으로 정부부문 2,782개소에 2,759,706.0명에 고용 장애인 수는 69,224.5명이고, 민간부문은 107,288개소에 27,611,970.0명 중 고용 장애인 수는 610,030.0명으로 나타났다.

표 14-6 2021년 의무고용 현황[5)]

(단위 : 개소, 명, %)

구분	기관 및 기업 수	산정기초가 되는 공무원 및 근로자 수	고용 장애인 수	실고용률	달성기관 수	달성 비율
전체	110,070	30,371,676.0	679,255.0	2.24	52,592	47.8
정부부문	2,782	2,759,706.0	69,224.5	2.51	2,002	72.0
민간부문	107,288	27,611,970.0	610,030.5	2.21	50,590	47.2

출처: 한국장애인고용공단, 한눈에 보는 장애인통계, 2022.

5) '정부부문'에는 국가기관, 지방자치단체, 교육위원회, '민간부문'에는 민간기업, 공공기관이 각각 포함됨. 법정 의무고용률은 국가기관, 지방자치단체, 공공기관은 2.6%, 교육위원회는 2.5%, 민간기업은 2.3%. 자세한 산정기준은 '주요 용어 해설' 참조.

제5절 독일의 장애인 현황

1. 장애기준

장애가 있는 사람은 신체적 기능, 정신적 능력 또는 심적 건강이 6개월 이상 그 연령에 전형적인 상태와는 차이가 상당하고 사회에서의 생활참여에 지장이 있는 사람이다.

2. 장애판정의 기준

'원호의료 시행령'(Versorgungsmedizin-Verordnung)에 매우 구체적으로 명시되어 있다('장애의 의학적 판정을 위한 기준'). 세부 장애 영역별로 장애정도(Grad der Behinderung, GdB)에 따라 10부터 100까지 10단위로 구분한다.

3. 중증장애인 정도

중증장애인(Schwerbehinderte Menschen)은 장애정도가 50 이상인 장애인으로서 부양사무소(Versorgungsamt)의 인정을 받은 사람(주로 의학적 판단)이다. 준중증장애인은 장애정도가 30 이상 50 미만인 장애인 중에서 장애로 인하여 노동시장에서 일자리를 구하거나 유지할 수 없는 경우로 중증장애인에 준하는 자격을 가질 수 있도록 노동사무소(Agentur für Arbeit)의 인정을 받은 사람(의학적 판단+직업재활적 접근)이다.

2021년 기준 독일의 중증장애인은 7,795,340명으로 2011년 7,289,173명 대비 506,107명이 증가하고 있어 중증장애인이 꾸준히 증가하고 있는 것으로 나타났다.

표 14-7 연도별 중증 장애인구 현황

(단위 : 명)

2005	2007	2009	2011	2013	2015	2017	2019	2021
6,765,355	6,918,172	7,101,682	7,289,173	7,548,965	7,615,560	7,766,573	7,902,960	7,795,340

출처: 한국장애인고용공단, 한눈에 보는 장애인통계, 2022.

4. 고용의무제도

독일의 연방노동공단(Bundesagentur für Arbeit)에서는 직업상담, 직업알선, 직업훈련 촉진, 고용창출, 실업수당 및 실업부조 등 고용과 관련된 전반적인 업무를 수행한다. 2000년까지는 16인 이상을 고용한 모든 민간 및 공공부문의 고용주는 상시근로자 중 중증장애인을 6% 이상 고용해야 했다.

2001년부터 법정 의무고용률을 인하하여 일부 연방 정부기관(6%)을 제외하고는 상시근로자 20인 이상을 고용한 고용주들에게 5% 이상의 중증장애인 고용의무를 부과하고 있다. 「사회법전 제9권」에 따라 고용주가 중증장애인에게 훈련자리를 제공할 경우 1인의 중증장애인을 고용한 것으로 인정하며 특히 중증장애를 가진 청소년에게 훈련자리를 제공할 경우 중증장애인 2인을 고용한 것으로 인정한다.

표 14-8 의무고용 현황[6] (단위 : 명, %)

구분	고용주	적용대상 근로자 수	중증장애인 고용의무 인원	중증장애인 근로자 수	고용률
전체	173,326	24,705,206	1,191,886	1,139,503	4.6
공공부문	161,640	19,501,115	930,443	805,248	4.1
민간부문	11,686	5,204,091	261,442	334,255	6.4

출처: 한국장애인고용공단, 한눈에 보는 장애인통계, 2022.

2020년 고용의무 사업체의 장애인 고용률은 공공부문이 6.4%, 민간부문 4.1%로 전체 고용률은 4.6%로 나타났다.

표 14-9 연도별 고용의무 사업체의 장애인 고용률(2009~2020) (단위 : %)

구분	2009	2010	2011	2012	2013	2014	2015	2016	2017	2018	2019	2020
공공부문	6.3	6.4	6.5	6.6	6.6	6.6	6.6	6.6	6.5	6.5	6.5	6.4
민간부문	3.9	4.0	4.0	4.1	4.1	4.1	4.1	4.1	4.1	4.1	4.1	4.1
전체	4.5	4.5	4.6	4.6	4.7	4.7	4.7	4.7	4.6	4.6	4.6	4.6

출처: 한국장애인고용공단, 한눈에 보는 장애인통계, 2022.

---

6) 고용률 = (중증장애인 근로자 수 / 적용대상 근로자 수) × 100, 법정 의무고용률은 5%(일부 연방 정부기관은 6%).

제6절 미국의 장애인 현황

1. 장애인구 및 비율

2021년 미국의 장애인 총인구는 42,485,034명이며, 남성이 20,538,293명으로 여성 21,946,741명보다 적은 것으로 나타났다. 장애인구 비율은 전체인구 대비 13.0%로 나타났다.

(단위 : 명, %)

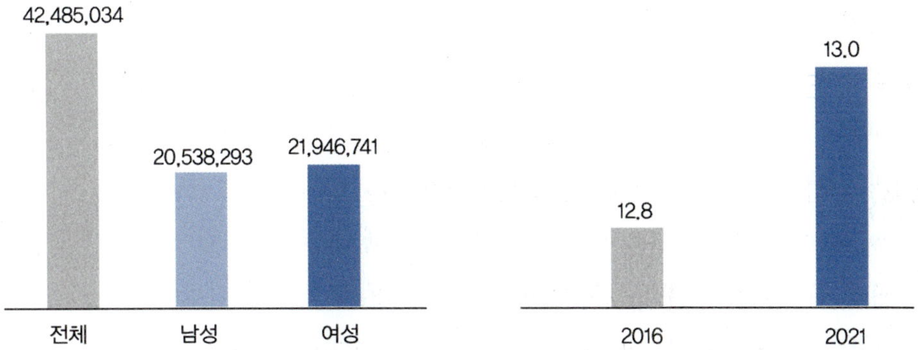

그림 14-4 장애인구 및 장애인 비율 현황[7)]

출처: U.S. Census Bureau, 「American Community Survey」, 한국장애인고용공단, 한눈에 보는 장애인통계, 2022.

2. 장애인 고용률[8)]

장애인 고용률(Employment-population ratio)은 2021년 기준 비장애인 고용률이 72.5%로 장애인 31.4%보다 50% 이상 높게 나타났다.

7) 장애는 청각장애, 시각장애, 인지장애, 보행장애, 자기관리(self-care) 장애, 자립생활(independent living) 장애를 말하며, 각 수치는 추정치임, 장애인구 비율 = (장애인구 / 전체인구) × 100

8) 전체인구 중 취업인구 비율이며, 비경제활동인구(Not in the labor force)는 취업이나 실업상태에 포함되지 않는 경우이다.

표 14-10 장애인 고용률(2010~2021)

(단위 : %)

구분	2010	2011	2012	2013	2014	2015	2016	2017	2018	2019	2020	2021
장애인	28.6	27.0	27.0	26.8	26.0	26.9	27.7	29.3	30.4	30.9	29.1	31.4
비장애인	69.7	69.9	70.4	70.7	71.7	72.2	72.8	73.5	74.0	74.6	70.0	72.5

출처: Bureau of Labor Statistics, 「Persons with a Disability: Labor Force Characteristics 2021」, 2022, 한국장애인고용공단, 한눈에 보는 장애인통계, 2022. 재인용.

3. 장애인 취업인구

장애인 유급노동자, 자기경영자 또는 15시간 이상 가족과 관련된 사업체에서 무급으로 일한 경우와 직업은 있으나, 일을 하지 않는 경우나 질병, 자연재해, 휴가, 양육 문제, 노동분쟁, 모성·부성 휴가 또는 다른 가족 문제로 인하여 일시적으로 일을 하지 않는 상태인 경우(쉬는 동안 고용주로부터 임금을 받는지 여부에도 불구하고, 다른 직업을 찾는지에 대해서는 불문함) 각각 한 개 이상의 직업을 가지고 있다고 하더라도 한 명의 취업인구(Employed persons)로 계산된다. 집안일과 관련된 활동을 하는 사람(집안일, 페인트칠, 수선 그 외), 종교와 관련된 자원봉사활동, 자선활동 등 이와 비슷한 기관에서의 활동의 경우는 제외한다.

4. 실업인구 및 경제활동인구

조사기간 동안 일을 가지지 않으며, 일시적인 질환을 제외하고 일할 수 있어야 하며, 조사기간으로부터 4주 동안 면접을 보는 것과 같이 구직을 위해 특별한 노력을 하고 있는 경우의 사람을 뜻한다. 입사대기자의 경우에는 실업인구로 분류한다.

경제활동인구(Civilian labor force)는 취업 중이거나 실업 중인 사람 모두를 뜻한다. 실업률(Unemployment rate)은 전체 경제활동인구 중에 실업인구(Unemployed persons)의 비율이며, 경제활동참가율(participation rate)은 전체인구 중 경제활동인구 비율이다.

표 14-11 2021년 경제활동상태

(단위 : 천 명, %)

구분	16~64세 인구	경제활동인구			비경제활동 인구	경제활동 참가율	실업률	고용률
		소계	취업자	실업자				
장애인	15,586	5,477	4,886	591	10,108	35.1	10.8	31.4
비장애인	189,669	145,127	137,567	7,560	44,542	76.5	5.2	72.5

출처: Bureau of Labor Statistics, 「Persons with a Disability: Labor Force Characteristics 2021」, 2022, 한국장애인고용공단, 한눈에 보는 장애인통계, 2022.

CHAPTER 15

장애인복지정책의 현황과 과제

제1절 장애인정책의 이해

제2절 장애인정책의 목표 및 추진전략

제3절 장애인복지정책의 현황

제4절 장애인복지정책의 문제점 및 과제

제5절 장애인복지정책의 개선방안

제1절 장애인정책의 이해

1976년 UN이 1981년을 '세계장애인의 해'로 정한 이후 전 세계적으로 장애인에 대한 관심이 증대되었다. 우리나라 역시 그 이전에는 전쟁으로 인해 장애아동들에 대한 수용구호 중심으로 정책이 추진되었으나, 1980년대부터 본격적으로 장애인복지에 대한 연구 및 정책을 수립 · 추진하였다. 1981년 「심신장애자복지법」 제정, 1986년 국립재활원 개원, 1987년 장애인등록 시범사업을 시작하여 1988년 전국으로 확대하였고, 1988년 제8회 서울장애인올림픽을 개최하게 되었다.

1. 1990년대: 장애인의 권리보장을 위한 기틀 마련

저소득 장애인에 대한 생계비 지원 등 기본적인 복지서비스 확충 및 장애인에 대한 의료, 직업, 교육, 재활의 기초를 마련하여 장애인의 인권과 인간다운 삶을 보장하는 원칙과 기준을 제시하였다. 1989년 「심신장애자복지법」을 「장애인복지법」으로 전면개정, 1990년 저소득 중증 · 중복장애인 생계보조수당 지급 및 의료비 지원, 「장애인고용촉진 등에 관한 법률」 제정, 1992년 저소득 장애인가구 자녀(중학생) 교육비 지원 및 자립자금 대여, 재가장애인 순회재활서비스 설치 · 운영, 1994년 「특수교육진흥법」 전면개정, 1997년 「장애인 · 노인 · 임산부 등의 편의증진 보장에 관한 법률」 제정, 1998년 「장애인인권헌장」을 제정 · 공포하였다.

2. 2000년대: 장애인정책의 확대 발전

장애인 편의시설 설치 확대, 장애수당 도입, 「장애인차별금지 및 권리구제 등에 관한 법률」 제정, 활동보조지원사업 실시 등 장애인의 생활 영역 전반으로 정책의 범위를 확대 · 발전하였다. 또한 장애인 관련 국가종합계획을 수립하여 정부 각 부처별로 시행

중이던 장애인복지사업을 총망라한 '장애인복지발전 5개년 계획[1]'을 수립 · 추진하였다. 또한 장애인 편의시설 설치를 확대하기 위한 '편의시설 확충[2] 국가종합 5개년 계획'을 수립 · 시행하여 생활 및 주거환경 개선, 교통 환경 및 사회 환경 개선사업을 추진하고 있다. 그리고 장애인정범위의 경우 지체, 시각, 청각, 언어, 지적장애에 국한되어 있던 장애범주를 15개 유형[3]으로 확대하였다. '맞춤형 지원으로 장애인의 자유롭고 평등한 삶을 실현하는 행복사회 비전의 제6차 장애인정책종합계획'을 수립하여 장애인의 사회적 배제 해소와 삶의 질 향상을 목표로 설정하였다.

최근에는 등록 가능한 장애인 인정 범위[4]를 투렛증후군, 간신증후군, 정맥류출혈, 복합부위통증증후군, 백반증, 중증의 복시, 배뇨장애, 기질성 정신 및 행동장애, 강박장애, 기면증으로 확대하였다. 또한 점자 · 음성변환용코드 보급을 위한 법적 근거 마련, 장애인활동지원 시행 및 지속 확대와 최중증장애인 수급자와 활동보조인의 연계활성화를 위한 가산급여 도입과 신청자격 확대, 장애유형별 상태 · 환경 · 욕구 정밀 반영을 위해 서비스 지원 종합조사를 도입[5]하였다. 그리고 65세 이상 장기요양전환자 보전급여 지원 및 부양의무자 유 · 무와 관계없이 저소득 중증장애인에 생계급여 지급과 「발달장애인법」 제정, 국가유공자 및 보훈보상대상자 상이등급자의 장애인등록 허용, 「장애인 건강권 및 의료접근성 보장에 관한 법률」을 제정하였으며, 맞춤형 상담과 사례관리 등 전달체계를 강화하고, 「장애인차별금지 및 권리구제 등에 관한 법률」 제정 및 시행, 장애인 활동보조지원사업 실시와 장애인연금제도 도입 실시 및 「장애인활동 지원에 관한 법률」을 제정하여 기존 장애인활동보조서비스를 제도화하였다.

---

1) 1차: 1998~2002, 2차: 2003~2007, 3차: 2008~2012, 4차: 2013~2017, 5차: 2018~2022, 6차: 2023~2027
2) 2018년 기준 장애인 편의시설 설치율은 80.2%, 적정설치율은 74.8%로 각각 나타난 바 있다.
3) 1차(2000): 뇌병변, 자폐, 정신, 신장, 심장 등 5종 추가, 2차(2003): 안면변형, 장루, 간, 간질, 호흡기장애 등 5종.
4) 투렛증후군, 간신증후군, 정맥류출혈, 복합부위통증증후군, 백반증, 중증의 복시, 배뇨장애, 기질성 정신 및 행동장애, 강박장애, 기면증(2021.4월) 추가함.
5) 급여 구간을 4→15구간으로 세분화함.

제2절 장애인정책의 목표 및 추진전략

1. 정책목표

장애인에 대한 정책목표는 맞춤형 지원으로 장애인의 자유롭고 평등한 삶을 실현하는 행복한 사회 건설에 있다. 세부적인 목표는 다음과 같다.

① 약자복지: 취약계층인 장애인에 대해 더욱 두텁게 지원하는 것이다.
② 사회서비스 고도화: 장애인 수요자 욕구에 기반한 맞춤형 통합서비스 지원에 있다.
③ 글로벌 스탠다드(Gobal Standard): 전 생활영역에서의 장애인의 권리보장 확대이다.

2. 추진전략

장애인복지정책 추진전략은 9대 정책 분야에 30대 중점과제에 74개 세부추진과제를 제시하고 있다.

1) 장애인 맞춤형 통합지원 및 자립 · 주거결정권 강화

지역사회 장애인 생활지원 강화와 발달장애인 평생돌봄 지원체계 마련 및 장애인 자립 및 주거 자기결정권 강화를 기반으로 하는 장애인 서비스 제공 기반 고도화이다.

2) 지역사회 기반 장애인 보건 의료체계 강화

장애인 맞춤형 보건의료 지원체계 확립 및 장애인 보건의료사업 고도화와 혁신기술 기반 장애인 헬스케어(Healthcare)의 활성화에 있다.

3) 생애단계별 맞춤형 교육 지원체계 고도화

장애 조기발견 및 영유아 교육지원 강화 및 장애학생 맞춤형 특수교육 지원 강화와 장애인 고등·평생교육 기회 확대에 있다.

4) 소득보장제도 강화 및 장애인 고용지원 확대

장애인 소득보장 확대 및 제도 선진화와 취업 지원 및 고용안정·직업훈련 확대 및 장애인 벤처·중소기업 지원이다.

5) 장애인의 일상생활 속 체육·관광 여가 확대

장애인 체육 이용환경 지원 확대 및 장애인 관광 향유 증진 기반 확충이다.

6) 장애인의 문화예술 향유 및 디지털·미디어 참여 확대

장애인 문화예술 접근성 제고와 장애예술활동 지원 강화 및 ICT 기반 정보격차 해소·사회참여 확대를 통한 미디어 접근권 보장성 강화이다.

7) 장애인 이동 및 시설 접근, 재난안전 보장 강화

장애인 교통수단 확대 및 이동 보장과 일상생활 위한 장애인 편의시설 확대 및 장애인 재난안전 대응체계 강화이다.

8) 장애인의 사회참여 및 권리 보장 강화

장애인학대 예방 및 권리옹호 강화와 정신장애인 사회참여 및 권익증진 지원 및 여성장애인 지원 확대 및 차별 해소와 장애인정책 국제협력 강화에 있다.

9) 장애인정책 추진기반 강화

장애개념 확대와 장애인정책 조정 거버넌스(governance) 강화 및 장애인 보건복지 전달체계 개편을 위한 장애인권리보장원 설치 등이다.

제3절 장애인복지정책의 현황

1. 장애인복지정책 방향

1981년 유엔이 '세계장애인의 해' 선포 이후 장애인정책에 대한 우리나라 정부의 관심이 증대되었고 장애인 문제를 바라보는 시각도 개인의 문제가 아니라 사회와 환경의 문제로 인식하기 시작하게 되었던바 우리나라의 장애인복지는 유엔의 선포를 계기로 획기적인 발전을 시작하게 되었다. 장애인정책은 지난 5차 종합계획(1998~2022)까지 제도 개선 및 재정지원 확대로 상당한 발전이 이루어져 왔다. 이러한 진전에도 불구하고 공급자 중심의 급여 및 서비스 지원체계, ICT 기술 발전에 대응한 정책 미흡 등의 지적이 있었다.

표 15-1 제1차~제5차 장애인정책종합계획

구분	1차('98~02)	2차('03~07)	3차('08~12)	4차('13~17)	5차('18~22)
비전	장애인의 완전한 사회 참여와 평등보장	장애인이 대등한 시민으로 통합적 사회실현	장애인의 권리에 기반한 참여확대와 통합사회 구현	장애인과 비장애인이 더불어 행복한 사회	장애인의 자립 생활이 이루어지는 포용사회
세부과제	3대 분야 71개 세부과제	7대 분야 103개 세부과제	4대 분야 58개 세부과제	4대 분야 71개 세부과제	5대 분야 70개 세부과제
주요정책	장애범주 확대, 장애인 고용 지원	장애수당 확대, 장애아 무상보육, 문화바우처 도입	장애인연금 도입, 장애인활동지원 서비스 도입	장애등급제 개편, 맞춤형서비스 지원 시범사업	권리보장 및 종합지원체계 구축, 탈시설·주거지원
참여부처	3개 부처	5개 부처	12개 부처	12개 부처	12개 부처

출처: 보건복지부, 제6차 장애인종합계획, 2023.

우리나라 장애노인 비율의 확대와 1인가구의 증가 및 발달장애 인구의 증가로 국제 장애인정책 패러다임 변화 등의 정책 환경에도 직면하고 있다. 이러한 여건 분석 및 환경 변화를 바탕으로 제6차 장애인종합계획(2023~2027)을 수립하여 다음과 같은 중장기 정책 방향을 설정하였다.

첫째, 스스로 목소리를 내기 어려운 사회적 약자인 장애인을 더욱 두텁게 지원한다.

둘째, 장애인 개개인의 환경과 욕구에 맞춘 맞춤형 통합지원체계를 구축한다.

셋째, UN장애인권리협약 정신에 입각한 전 생활 영역에서 권리보장을 확대한다.

2. 장애인복지정책 추진과제

이러한 정책 방향에 따라 총 9대 분야에 걸쳐 30대 중점과제, 74개의 세부 추진과제를 마련하였다. 주요 내용은 다음과 같다.

1) 약자복지

① 장애인의 욕구에 맞춰 맞춤형 통합돌봄을 지원하는 등 장애인에 대한 복지를 강화한다.

최중증 발달장애인의 일상생활과 자립을 지원하는 통합돌봄서비스를 2024년 6월부터 시행한다. 현재 광주광역시에서 운영 중인 최중증 24시간 돌봄지원사업을 평가하여 단계적으로 확대하고 재가 지원, 심야시간 보호 등 맞춤형 서비스도 개발해 나간다.

그리고 장애계의 오랜 요구를 반영하여 수요에 맞춰 서비스를 탄력적으로 이용할 수 있도록 장애인 개인예산제를 도입하고, 스웨덴의 예와 같이 장애인활동지원제도를 중심으로 이용자의 욕구를 바탕으로 개인별 지원계획을 수립하여 당사자가 자유롭게 서비스를 구매하거나 필요로 하는 제공인력을 선택하도록 하는 것이다. 장애인은 본인의 활동지원급여 중 최대 10% 범위 내에서 발달재활서비스, 의료비 등에 이용하거나 보조기기의 구입, 주거환경 개선 등 민간서비스를 구매하여 활용할 수 있게 된다. 또한, 간호나 촉수화통역사 등 장애인이 필요로 하는 서비스를 제공하는 활동지원사를 선택할 수 있게 된다.

정부는 올해 모의 적용 연구를 거쳐 개인 예산제 사업모델을 보완하고, 내년부터 지자체 시범사업을 거쳐 2026년부터 본 사업을 시행한다.

장애활동을 위한 발달재활서비스 지원 규모를 현재 7만 9,000명에서 2027년 10만 명까지 확대하고, 아직 장애로 등록되지 않았으나 지원 서비스가 필요한 아동을 위해 지원 연령도 만 6세에서 9세까지로 상향 조정하도록 하며, 장애인의 일상생활 및 사회활동을 돕기 위해 장애인활동지원 수급자 수를 올해 14만 명 규모에서 2027년 17만 명까지 지속 확대한다.

② 지역사회 내 장애인 맞춤형 보건의료체계를 강화한다.

2024년에는 장애인 건강보건관리 5개년 종합계획을 수립하는 한편, 장애인건강 주치의 지원 대상을 기존 중증장애인에서 장애인 전체로 확대하고, 지역자원 연계, 방문, 재활서비스 도입 등을 거쳐 2025년부터는 본 사업으로 전환한다. 장애친화 검진기관, 장애인 구강진료센터, 장애친화 산부인과 등도 지속적으로 확대해 나가고, 장애인을 위한 권역재활병원, 공공어린이병원 및 의료센터 등도 단계적으로 개원해 나가며, 장애인 보조기기 지원 품목도 현재 38개에서 2027년 46개로 확대하고, 건강보험 급여액도 지속 확대한다.

③ 장애영유아를 위한 보육지원부터 성인을 위한 평생교육까지 생애주기별 맞춤형 교육을 지원한다.

영유아기 장애 조기발견 지원을 위해 필요한 경우 누구나 검사를 받을 수 있도록 이미 제도 개선을 완료한 바 있다. 장애아 전문 통합 어린이집은 2023년 1,650개소에서 2027년 1,970개소까지 지속 확대하고, 장애학생 지원 거점대학도 올해 10개 학교에서 2027년 15개 학교로 확대하며, 발달장애인을 위한 맞춤형 교육과정을 개발하는 등 장애인 고등교육 지원체계도 강화한다.

또한, 장애유형별 평생교육 프로그램을 개발・보급하고 온라인 학습에 대한 장애인 접근성을 높이는 등 장애인 눈높이에 맞춰 평생교육 지원을 확대한다.

④ 저소득 장애인을 위한 소득보장제도를 탄탄히 하고, 장애인 근로자 및 기업에 대한 지원을 확대한다.

중증장애인 생산품에 대해 현재 1%인 공공기관 우선구매비율을 2%로 확대하고,

실수요에 맞춰 생산품목도 다양화한다. 장애인 고용장려금 단가를 인상하고 지급 규모를 지속적으로 확대해 나가며, 장애인 고용의무 미이행 기관에 대해서는 2023년부터 전체 명단을 공표하는 등 장애인 고용이 보다 확대될 수 있도록 여건을 조성한다.

2) 사회서비스 고도화

① 일상생활 속에서 장애인이 편리하게 이용할 수 있는 생활체육 및 관광 인프라를 단계적으로 확대한다.

장애인과 비장애인이 함께 이용할 수 있는 반다비체육센터를 현재 91개소에서 2027년 150개소까지 건립하고, 장애인체육 가상현실체험관, 장애인체력인증센터 등 생활체육 인프라도 확대해 나가며, 장애인도 편리하게 이용할 수 있는 열린 관광지를 전국적으로 조성하여 올해 132개소에서 2027년까지 252개소로 확대한다.

② 장애예술인이 안심하고 창작활동에 전념할 수 있도록 돕는다.

장애인을 위한 디지털·미디어 접근성을 개선해 나간다. 문화예술 시설 접근성에 대한 실태조사 후 장애인을 위한 접근성 개선 가이드북을 마련하고, 장애인을 위한 신규 정보통신 보조기기를 매년 4건 개발하고 올해 5,300대 수준인 보조기기 보급도 2027년 7,500대 수준으로 확대한다.

또한, 키오스크 등 지능정보제품에 대한 장애인 접근성을 개선하기 위해 2023년부터 접근성이 개선된 키오스크에 대한 공공기관 우선구매제도를 시행하는 등 장애인을 위한 정보 접근성을 확대해 나간다.

③ 장애인 이동권 보장을 위해 교통수단을 지속적으로 확대한다.

일상생활에서 이용 가능한 장애인 편의시설을 늘려나간다. 2024년부터 노선버스 대·폐차 시 저상버스 도입을 의무화하였으며, 현재 34% 수준인 시내 저상버스 도입률을 2027년 65%까지 확대하며, 2023년 장애인 편의시설에 대한 전수조사를 거쳐 편의시설 의무 설치 대상을 현재 50m^2 이상 시설에서 50m^2 미만 시설까지 확대하고, 장애물 없는 생활환경 인증 대상을 민간시설까지 확대해 나간다.

또한, 장애인의 감염병 대응 강화를 위해 2024년까지 국립재활원 내 장애인 전담 음압병상을 설치하고 감염병 대응 매뉴얼도 고도화한다.

3) 글로벌 스탠다드

① 장애인이 학대나 차별로 고통받지 않도록 권익옹호를 강화한다.
정신장애인과 여성장애인에 대한 지원도 확대하며, 장애인학대를 사전에 예방하고 신속히 대응하기 위해 장애인 권익옹호기관 전담인력을 확대하고, 장애인학대 실태조사 등을 거쳐 학대 피해자에 대한 종합지원방안을 마련한다. 정신장애인을 위한 맞춤형 지원방안을 마련하는 한편, 여성장애인을 위한 출산비용 지원대상을 적극 발굴하고, 지원단가도 인상해 나간다.

② 국제적 흐름에 따라 장애개념을 기존 의학적 장애에서 사회적 제약까지 포함하는 사회적 장애개념으로 확대하고, 정책 거버넌스(governance)를 강화한다.
현행 「장애인복지법」상 의학적 기준으로 규정된 장애개념이 사회적 장애개념으로 확장될 수 있도록 관련 법안에 대한 논의를 지원하는 등 국회와 적극 협력해 나가며, 장애인정책 최상위 의결기구인 장애인정책조정위원회의 위상 강화, 장애인정책 전달체계의 개선 등을 위한 제도 개선도 병행해 나갈 계획이다.
정부는 제6차 장애인정책종합계획을 통해 윤석열정부의 국정과제를 차질 없이 이행하며, 장애와 비장애 간 차별이 없는 자유롭고 평등한 사회를 구현하고, 장애인은 함께 동행해야 하는 따뜻한 이웃이고 가족이며 바로 우리 자신이다. 국민 모두가 장애인과 비장애인이 차별 없이 다 함께 살아갈 수 있도록 장애인 종합정책을 차질 없이 추진한다.

3. 핵심 추진과제(개인예산제)

1) 추진배경

2024년 7월부터 장애인 개인예산제 시범사업에 참여하는 장애인들의 개인예산 급여 이용이 본격적으로 시작된다.

정부에서는 개인예산 이용계획 수립을 완료한 참여자들에 대해 오는 7월부터 개인예산 급여를 개시할 계획이다.

장애인 개인예산제는 기존의 획일적인 공급자 중심의 서비스 제공방식에서 벗어나 장애인 당사자가 주어진 예산 범위 내에서 자신의 욕구와 상황에 맞게 필요한 서비스를 선택하도록 하는 제도이다. 영국, 스웨덴 등 선진국에서 먼저 도입되었으며, 현 정부는 장애인의 자기결정권 및 선택권 보장을 위해 개인예산제의 단계적 도입을 정책과제로 추진 중이다.

정부는 2023년 본격적인 시범사업에 앞서 사업모델을 검증하고 보완하기 위해 6개월(2023년 6월~11월)간 4개 지역(서울 마포구, 경기 김포시, 충남 예산군, 세종시)에서 모의적용을 실시하였다.

2) 추진과정

2024년 시범사업은 2023년보다 규모를 확대하여 사업지역을 4개 지역에서 8개 지역으로 늘리고, 대상인원도 120명에서 210명으로 늘린다. 개인예산으로 이용할 수 있는 금액도 모의적용에서는 이용 모델에 따라 활동지원급여 월 한도액의 10% 또는 20%로 달리 적용하던 것을 20%로 단일화하였다.

개인예산으로 이용 가능한 서비스가 제한적이라 장애인들의 다양한 욕구 충족이 어려웠던 모의적용의 한계를 보완하여, 주류 · 담배 등 일부 지원 배제 항목 외에는 장애인이 자신에게 필요한 서비스를 자유롭게 선택할 수 있도록 이용 범위도 대폭 확대된다.

2024년 시범사업의 특징적인 점은 장애인의 선택권을 보다 폭넓게 보장하기 위해 바우처 변경 모델을 가상 적용한다. 가상 적용이란 개인별로 개인예산 이용계획을 수립하는 단계까지 진행하는 것을 의미하며, 변경된 급여량에 따른 실제 서비스 이용은 이루어지지 않는다.

3) 추진내용

시범사업 참여자 중 활동지원서비스 외 발달재활서비스나 발달장애인 주간 · 방과후 활동서비스를 포함하여 2가지 이상의 서비스 수급자격이 있는 장애인은 개인예산 이용과 별개로 일정비율[6] 내에서 각 서비스의 급여량을 자신의 욕구와 필요에 맞게 변경해 볼 수 있다. 이번 가상 적용 사례를 분석하여 내년 바우처 변경 모델의 정식 도입 여부를 검토할 계획이다.

정부는 2024년 4월부터 5월까지 시범사업에 참여할 장애인 210명을 8개 시범사업지역[7]에서 모집하고, 6월 한 달간 참여자들이 자신의 욕구에 맞는 개인예산 이용계획을 수립하도록 한다. 세부 절차는 장애인복지관 등 지역 내 장애인 복지전문기관이 당사자 면담을 통해 이용계획 수립을 지원하고, 지자체는 공공·민간 전문가로 이루어진 '장애인 개인예산제 시범사업 지원위원회' 등을 통해 수립된 이용계획의 적정성을 검토한 후 최종 합의하는 순서로 진행한다.

참여자들은 자신의 장애인 활동지원급여 20% 범위 내에서 필요한 만큼을 개인예산으로 할당하고, 주류·담배 등 일부 지원 불가 항목 외에는 사전에 수립한 이용계획에 따라 필요한 재화·서비스를 자유롭게 선택하여 이용할 수 있다. 단, 2024년 6월까지 개인예산 이용계획 수립이 완료되지 않은 참여자의 경우, 시스템상 7월분 급여 생성이 곤란함에 따라 8월부터 개인예산 급여 이용이 가능하다.

정부에서 추진하는 개인예산제는 시범사업을 통해, 장애인의 자발적인 선택에 의해 실제 서비스의 이용량이 어떻게 달라지는지를 알 수 있을 것이다. 장애인 개인예산제가 장애인의 자기결정권을 보장하고 서비스 선택권을 넓히는 데 기여할 수 있도록 더욱 발전시켜 나가야 한다.

6) 바우처 변경 모델 Ⅰ: 활동지원서비스 20%, 그 외 서비스 40%, 바우처 변경 모델 Ⅱ: 활동지원서비스 20%, 그 외 서비스 100%임.

7) 2024년 시범지역: 대전 동구·서구, 부산 금정구, 대구 달성군, 경기 시흥시, 충남 예산군, 전남 해남군, 서울 강북구 등임.

제4절 장애인복지정책의 문제점 및 과제

1. 복지 · 서비스 분야

1) 장애인활동지원 대상 확대 및 서비스 품질 제고

지역사회에서의 장애인 일상생활 지원 강화를 위해 장애인활동지원 대상자의 지속적인 확대가 필요하다. 등록장애인(264만 명) 대비 활동지원 수급자(12.7만 명) 비율(4.8%)이 낮고, 수급자 대비 실제 이용자 비율은 약 86%(2022.8월 기준)에 불과하다.

서비스 다양화 및 질 제고 등을 통해 장애인 개별 수요에 맞는 서비스 이용 지원 및 선택범위를 보다 확대할 필요가 있다. 장애인활동지원사 매칭 및 이용률 저하문제, 의료 · 긴급응급지원 등 신규서비스 제공이 미흡하며, 조기노화 · 고령 발달장애인 맞춤형 낮활동서비스 개발 필요 등 돌봄 · 치료가 필요한 중증장애아동에 서비스 · 인프라가 부족한 수준이고, 돌봄 부담이 높은 발달장애인가족[8]에 대한 지원의 확대가 필요하다.

2) 발달장애인 평생돌봄 지원체계 마련

발달장애인의 낮 활동 지원 및 가족의 돌봄 부담 경감을 위해 주간활동 · 방과후돌봄 서비스 대상 및 지원시간 지속 확대가 필요하다. 성인 발달장애인 규모(약 25만여 명)에 비해 주간 · 방과후 활동서비스 지원인원이 부족(1만 명)한 실정이다. 점심과 송영, 주말과 야간 등 지원 취약시간대에 장애정도가 극히 심한(최중증) 발달장애인에 대한 전문적 · 통합적 서비스와 지원체계가 부재하다.

또한 최중증 발달장애인 3명 중 1명 이상이 평일 낮시간에 집에서 혼자 있거나, 부모 · 가족과 지내고 있으며[9], 만 65세 이상 고령장애인 대상 지원 서비스 부족, 조기노화 발달장애인 대상 낮 활동 지원[10]의 확대가 필요하다.

---

8) 발달재활 대기 인원 8,385명이며, 이 중 86.4%가 장애 미등록 영유아('21), 부모 도움이 필요한 비율: 전체 장애인 20.8% vs 발달장애인 71.4%임.

9) 2021년 발달장애인실태조사, 보건사회연구원

10) 활동지원에서 노인장기요양보험 전환에 따른 급여량 감소, 서비스 부재 등

3) 장애인 자립 및 주거 자기결정권 강화

장애인의 지역사회 거주 전환을 적정하게 지원할 수 있도록 대상자 선정과정, 지원서비스 연계 등 지원모형 개발 · 검증이 필요하다. 장애인 거주시설 입소자의 평균 입소기간은 18.9년[11]이다. 시설장애인의 자립신청 과정에서 본인의사 확인 효과성에 대한 이의제기 등 사업 추진 관련 다양한 관계자의 의견 수렴이 필요하며, 장애인의 주거 자기결정권 보장 및 안정적 정착 지원을 위해 안정적인 '주거약자용 주택' 등 공급 지원이 필요하다.

4) 장애인 서비스 제공 기반 고도화

복지서비스 규모는 지속 확대되었으나 서비스 품질은 장애인의 욕구 대비 다소 미흡하여, 서비스 질 제고의 추진이 필요하다. 장애인활동지원 수급자 설문조사 결과 필요 서비스로 요양 및 가정 내 케어, 의료 및 재활치료, 가사지원 집중형, 이동 중심 서비스 등이 제시되고 있으며, 서비스 제공인력 역량 강화, 서비스 제공기관에 대한 품질관리 체계 내실화 등 서비스 고도화의 필요성이 요구된다.

현행 종합조사표가 장애인의 욕구를 충분히 반영하지 못한다는 장애계 · 국회 등 문제제기에 따라, 종합조사표 개선 검토가 필요하며, 의학적 기준을 바탕으로 한 현행 장애인정 기준으로는 구체적 장애상태 및 개별 장애 특성을 고려하는 데에 한계점이 있다. 따라서 희귀난치 질환 등 현행 의학적 기준 적용이 어려운 장애에 대한 장애인정 기준 개선 및 예외적 장애인정 절차 확대가 필요하다.

2. 건강 분야

1) 장애인 맞춤형 보건의료 지원체계 확립

장애인 건강보건서비스 맞춤형 제공을 위한 중앙센터-지역센터-보건소CBR 간 지역사회 연계 및 유기적 협력 활성화가 필요하고, 기능회복 · 유지, 재활치료 연속성 확보를 위해 재활의료기관 간 기능 정립이 필요하고, 방문재활 등 지역사회 의료서비스 연

11) 2021년 거주시설 실태조사

계가 미흡한 실정이다.

회복기 재활의료기관 퇴원 이후 지역사회 서비스와 연계 미흡, 재활 인프라 부족으로 인한 방문재활 의료서비스 도입의 필요성과 재활치료 이후 지역사회 복귀 후 생활체육 사이의 사각지대가 존재하여 재활 연속성 확보를 위한 재활운동 및 체육 제도화의 기반 마련이 필요하다.

2) 장애인 보건의료사업 고도화

장애인 건강주치의 시범사업에 중증장애인 및 주치의 참여가 저조하고, 지역별 편차 또한 심한 실정이다. 2022년 기준 등록 주치의는 724명(참여 가능 의사 약 3만 명), 이용 신청 장애인은 3,226명(등록 중증장애인 98만 명)이다. 기술발전, 장애인의 사회활동 증가 등으로 보조기기에 대한 요구도 증가하였으나, 사업의 분절적 운영 등 수요자 욕구 반영에 한계가 있다.

3) 혁신기술 기반 장애인 헬스케어 활성화

장애인의 질병·이차장애의 예방을 위해 만성질환 관리 및 신체기능 유지를 위한 신의료기술, 보조기기 등 기술개발(R&D) 활성화가 중요하다. 특히, 보조기기 국산화, 기술혁신 기반 조성 및 비즈니스 모델 개발을 통한 국내 복지산업 경쟁력 강화가 필요하며, 장애인 관련 연구개발 과정에서 실제 수요 반영 및 실증환경 적용, 상용화 연계는 아직 미흡하다. 성과물을 통해 재활·자립·돌봄시스템의 실질적 개선 등 수요자 체감형 지원 강화가 필요하다.

3. 보육·교육 분야

1) 장애 조기발견 및 영유아 교육지원 강화

장애영유아의 어린이집 접근성 제고 및 장애아보육 지원 강화를 위해 장애영유아 보육 인프라 확대 및 종사자 처우개선이 필요하고, 영유아 발달장애 정밀검사비 신청률 제고를 위해 신청률 저조 원인분석 및 사업 활성화가 요구되며, 영유아의 장애 조기발견 제고 및 특수교육 연계 강화를 위해 교육 - 복지 - 의료기관 간 연계체계 마련이 필요하다.

2) 장애학생 맞춤형 특수교육 지원 강화

일반학교 내 특수교육대상자가 통합학급에서 안정적 지원을 받을 수 있도록 특수교사 배치, 교원 역량 제고 등 통합교육 지원 강화가 필요하다. 졸업 후 취업 직종이 제조업, 청소 · 세탁 등 단순 노무 직종에 치중되어 학생의 적성과 흥미를 고려한 직종의 다양성이 부족[12]하다.

3) 장애인 고등 · 평생교육 기회 확대

고등교육 기관 내 장애학생 규모는 지속적으로 증가하고 있으나, 전문적인 장애대학(원)생 지원체계가 미비하다. 장애인 고등교육 지원을 위한 전문적 · 안정적인 지원체계 구축 및 장애학생의 특성을 고려한 고등교육 참여 기회의 확대가 필요하다. 장애인의 평생교육 참여율[13]은 전체인구 대비 저조하여 장애인의 역량개발 저하 및 사회참여 저조가 우려된다.

4. 경제활동 분야

1) 장애인 소득보장 확대 및 제도 선진화

소득보장은 중증장애인의 생활 안정 지원을 위해 장애정도가 심한 장애인 등 장애인연금 대상자 확대의 검토가 필요하다. 장애로 인한 추가적 비용 보전을 위해 물가 인상(5.1%, 2022) 등을 고려하여 장애수당 급여액 인상 추진이 필요하다.

직업훈련은 15세 이상 장애인 중 약 30.7만 명(11%)이 비취업상태에서 근로를 희망함에 따라, 일자리 · 직업재활 확대가 필요[14]하며, 다양한 직무경험 제공 및 발달장애인

12) 고등학교 졸업자 취업직종(2022): 제품 제조(19.7%), 식음료 서비스(16.8%), 청소 · 세탁(15.2%)임.
13) 평생교육 참여율: 장애인 0.9% vs 전체성인 30.7%(2020년 장애인실태조사, 2021년 국가평생교육통계조사)임.

등의 일자리 참여 확대를 위해 신규 직무유형 지속적으로 개발이 필요하다.

우선구매는 중증장애인생산품[15]과 구매기관 간 수요의 불일치, 목표 미달성 시 강제력 부족 등으로 2021년 우선구매율 1% 미달성(0.99%)하였고, 공공기관 우선구매 확대를 위해 생산시설 생산품 경쟁력 강화 및 평가지표 개선 등을 통한 공공기관의 구매 촉진이 필요하다.

2) 취업 지원 및 고용안정 · 직업훈련 확대

근로지원인, 보조공학기기 지원은 지속 확대되었으나, 장애인 당사자의 맞춤형 지원 요구 충족에는 다소 부족하고, 장애인 표준사업장은 증가하고 있으나 판로 확보가 원활하지 않고, 대기업은 자회사 설립 관련 제한으로 제도 활용에 한계가 있으며, 4차 산업 발전, 디지털 전환 가속화에 따라 수요를 고려한 장애인 디지털 전문 인력 양성 및 훈련확대가 필요하다.

3) 장애인 벤처 · 중소기업 지원

초기 창업단계 교육과 창업(사업화)자금 지원에 치중하고 있어, 후속 성장을 지원할 수 있는 유관기관 협업 · 후속 연계사업이 부족하며, 코로나19 유행, 소비자물가 상승 등 경기침체 영향에 따른 장애인기업 매출 급감에 따라 창업보육실 입주기업 지원 확대가 필요하다.

5. 체육 · 관광 분야

1) 장애인 체육 이용환경 지원 확대

장애인 체육 인프라는 여전히 부족하여 장애인 생활체육 참여율(30.5%, 주 1회 이상)은 비장애인 대비(61.2%) 여전히 낮은 수준(2022년)이며, 가맹시설 지속 확충에도 불구하고,

14) 2021년 장애인경제활동실태조사임.

15) 공공기관 장애인생산품 구매율: (2018) 1.07% → (2019) 1.14% → (2020) 1.12% → 2021) 0.99%임.

유 · 청소년 스포츠강좌 가맹시설(15,355개소) 대비 현저히 부족한 상황(16.4%)이다.

장애인 스포츠강좌이용권 지원 단가(월 9.5만 원, 2022.10~)도 시설 평균 수강료[16)]보다 낮아, 장애인 이용자의 자부담 발생 우려가 있으며, 장애인 생활체육교실은 양적 성장 되었으나 장애유형 · 정도 · 연령에 특화된 프로그램 및 지도 매뉴얼은 다소 부족하다는 평가가 있다.

2) 장애인 관광 향유 증진 기반 확충

관광지 접근성 및 관광에 필수적인 지역 내 편의시설(이동 · 숙박 · 식음 등) 연계성, 무장애 관광정보 제공 등은 아직 미흡한 수준으로 전국 관광지 2,497개소 중 열린 관광지는 4.5%(112개)에 불과하다. 무장애 관광시장은 아직 걸음마 단계로, 장애인의 국내 여행 경험률은 65.7%, 연 1.8회(2018년 기준)에 불과한 수준이며, 관광지 등의 접근성 개선과 함께 사회적 인식개선, 투어케어 전문 인력(여행보조인력) 양성 등 병행 추진이 필요하다.

6. 문화예술 및 디지털 · 미디어

1) 장애인 문화예술 접근성 제고

그동안 문화시설 내 이동 편의 등 장애인 접근성은 제고했으나, 여전히 시설 내 정보 접근, 편의 제공 등은 미흡한 상황이고, 문화시설 내 휠체어 이동 편의는 우수하나 (82.8%), 정보 접근 지원(46.9%) 및 장애인 관람석 · 열람실 · 무대 설치율(42.4%)은 다소 미흡한 실정[17)]에 있다.

장애인 대상 문화예술 지원 확대에도 불구하고, 문화예술 향유 분야에서 비장애인과의 격차는 아직도 높은 수준으로 문화예술행사 관람률은 장애인 58.1%, 비장애인 80.2%이고, 문화예술행사 관람 의향률은 장애인 65%, 비장애인 85.6%(2019, 국민문화예술활동조사)로 전체 저소득층에게 지원하는 통합문화이용권은 장애인 특성을 고려한 맞춤형 지원이 부족하여 제도 개선의 검토가 필요하다.

16) 이용자 지불 수강료 평균 12만 원(2021년 수혜자 설문조사 결과)임.
17) 2021년 장애예술인 문화예술활동 실태조사임.

2) 장애예술활동 지원 강화

장애예술인 중 전업 비율은 62.2%이나 평균 개인소득은 809만 원, 창작활동을 통한 수입도 218만 원에 불과하여 경제적 어려움을 호소하고 있다. 장애예술인을 위한 연습·창작공간 및 활동 기회는 부족한 수준으로 장애예술인의 창작·발표 시 주된 어려운 점은 첫째, 연습·창작공간 부족(55%), 둘째, 시설 부족(48.7%)[18] 등으로 나타나고 있다.

문화예술활동 지원을 위한 전문·특화 인력이 부족하며, 장애인 대상 전문예술교육기관 등 문화예술교육 기회도 부족한 상황으로 장애예술인 중 62%가 전문교육기관·시설 부족으로 전문교육의 어려움이 있으며, 대다수[19]의 장애예술인이 전문교육의 확대가 필요하다는 입장이다.

3) ICT 기반 정보격차 해소 및 사회참여 확대

장애인·고령자가 이용할 수 있는 키오스크가 개발·보급될 수 있도록 접근성 표준을 준수한 제품을 확산하기 위한 지원방안이 필요하다. 키오스크 제조·개발사는 접근성 표준을 분석하여 실제 제조·개발에 적용할 수 있는 전담부서 및 인력 부족으로, 관련 가이드 및 리소스에 대한 정부 지원을 요청(2021. NIA 조사)하고 있다.

장애인을 위한 정보통신보조기기 보급률[20]은 아직 미흡한 수준(2021년 25.9%→2022년 34.6%)으로, 보급 확대의 필요성이 있고, 또한, 보다 적합한 ICT 융합 보조기기 개발 촉진을 위한 지원이 필요하다.

4) 미디어 접근권 보장 강화

장애인방송 지원정책이 폐쇄자막, 화면해설, 수어 등 시·청각장애인 중심으로 추진되어, 발달장애인에 대한 시청격차 해소 지원이 부족하며, 미디어에서 재현된 장애인 이미지는 대중의 인식에 막대한 영향 및 파급력 발휘함에 따라, 미디어 기반 장애인식

18) 2021년 장애예술인 문화예술활동 실태조사임.
19) 94.7%가 전문교육 확대가 필요하다고 답변(2021. 장애예술인 문화예술 활동 실태조사)함.
20) 2020년 장애인실태조사에서 보조기기가 필요하나 구입하지 않은 이유로 '경제적 부담' 답변이 제일 많았으며(42.3%), 그 다음으로 '큰 효과가 없음'(15.5%), '사용 불편'(12.2%), '적합한 보조기기가 없음'(6.7%) 등임.

개선 확대가 필요하다. 또한 방송사 중심 제도·정책의 한계 및 기술 확보와 수요가 높은 VOD, OTT 등 비실시간 방송은 현행법상 장애인방송 제공 의무가 없는 실정이다.

음성-자막 변환시스템 시범운영 중이지만 자막-수어 변환시스템 및 화면해설방송 플랫폼 구축과 재난 발생 시 신속한 정보전달이 중요하며, 장애로 인해 재난정보[21] 수신이 어려운 재난정보 소외계층에 대한 보호방안 마련을 통해 수요 대비 부족한 장애인 맞춤형 미디어 교육 지원 확대가 필요하다.

7. 이동·편의·안전 분야

1) 장애인 교통수단 확대 및 이동 보장

장애인의 주된 교통수단은 버스, 도보(휠체어), 지하철, 장애인택시, 특별교통수단, 택시 등 순으로, 장애인을 위한 교통수단 확충이 미흡하다. 버스 40.4%, 도보(휠체어) 13.9%, 지하철 13.1%, 장애인택시 10.7%, 특별교통수단 7.1%, 택시 6.7% 등 저상버스 도입과 항공기 이동편의시설 설치 등이 미흡하며, 휠체어 탑승버스 버스운송사 참여도 저조 등으로 일부 분야 성과가 부진한 실정이다.

저상버스 도입률 30.6%, 항공기 이동편의시설 기준적합 설치율 73.7%, 여객선 이동편의시설 기준적합 설치율 37.8% 등 일부 지표에서 3차 계획 목표가 달성되지 못하였고, 지난 2년간(2021~2022) 각 3차례 공모에도 불구하고 사업 참여자가 없는 실정이다. 또한 여객자동차터미널(64%), 버스정류장(45.4%) 등 지자체에서 관리하는 여객시설 내 이동편의시설 설치도 목표 대비 저조하고, 식약처 기준에 따른 휠체어는 보행자로 규정되나(도로교통법 제2조), 새롭게 개발·보급되는 형태의 휠체어[22] 이용자도 보행자로 인정되는지도 불분명하여 개선이 필요하다.

2) 일상생활을 위한 장애인 편의시설 확대

현행 「장애인등편의법」 시행 전 설치된 시설은 편의시설 의무설치[23] 대상에서 제외

21) 2011년 동일본 대지진 당시 장애인 사망률(3.5%)은 전체인구 사망률(0.8%)의 4배 수준임.
22) 전동보조장치를 가진 수동추진 휠체어, 고객맞춤형 휠체어, 장애인에 맞게 개조된 특수휠체어, 전지형(全地形) 휠체어 등

되어(소급금지), 장애인의 시설 이용 시 불편을 초래하고 있다. 신규시설 업종(용도)에 따라 편의시설 설치 의무가 면제되거나 같은 업종도 면적에 따라 설치 의무대상에서 제외되어 제도 개선이 필요하다. 현행 제도상 탁구점, 서점 등은 면적에 관계없이 편의시설 의무설치 대상이 아니며, 근린생활시설 중 음식점 등은 50m^2 미만인 경우 의무 설치 대상에서 제외되고 있어 BF 인증 의무대상 확대에 따라 인증 신청 증가 및 절차 지연 발생이 우려되고, 여전히 의무대상이 공공영역에 집중되어 민간[24]영역의 편의시설 확대가 필요하다.

3) 장애인 재난안전 대응체계 강화

장애인 안전 종합대책(2017~2021) 종료 이후 재난 안전에 취약한 장애인에 대한 범정부 차원의 보호 · 지원이 부족하여 재난 시 장애인이 지자체 안내에 따라 쉽게 대피할 수 있도록 지자체에서 재난안전 정보 관리 및 장애인 대피체계 마련이 필요하다.

국내에서 운영 중인 안전체험시설 중 일부를 제외하고 상당수가 소규모로, 장애인 맞춤형 안전교육 제공이 어려워 감염병 유행상황에서도 장애인에 대한 복지 · 의료지원이 중단 없이 지원될 수 있도록 장애인 특성에 맞춘 감염병 대응체계 마련과 장애인 유형별 특성을 고려한 대응 매뉴얼을 지속적으로 개선할 필요가 있다.

8. 권익증진 분야

1) 장애인학대 예방 및 권리옹호 강화

장애인학대 사건은 증가하고 있으나 장애인권익옹호기관 규모와 인력은 유사 전담기관(노인 · 아동)에 비해 부족한 수준이고, 교육실시 현황 및 점검을 위한 전산시스템 및 실효적 제재수단이 부재하여 체계적 교육 점검 및 사후관리가 미흡하여 유사한 법정 의무교육이 중복[25] 실시되고 있는 등 교육기관 부담 가중 및 교육 효과의 저하가 우려된다.

---

23) 의무설치시설 편의시설 설치율: (2003) 72.3% → (2008) 77.5% → (2013) 67.9% → (2018) 80.2%임.
24) 민간시설 중 초고층 및 지하연계 복합시설물 등 일부만 BF 인증 의무대상에 포함(2021.12)
25) 사업주 대상 직장 내 장애인식개선(고용부), 각급 학교 대상 장애이해교육(교육부) 실시하고 있음.

표 15-2 분야별 학대전담기관 규모 비교

구분	장애인권익옹호기관	노인보호전문기관	아동보호전문기관
기관 수	20개 (중앙 1, 지역 19)	38개 (중앙 1, 지역 37)	85개 (아동권리보장원 1, 지역 84)
인력	중앙 6인, 지역 4인	중앙 12인, 지역 9인	아동권리보장원, 지역 17인

출처: 보건복지부, 제6차 장애인종합계획, 2023.

2) 정신장애인 사회참여 및 권익증진 지원

지역별 서비스 격차[26]가 크고 다른 장애유형에 비해 지역사회 자립을 위한 주거지원, 일자리 등 복지서비스가 부족하며, 「장애인복지법」 제15조 개정(정신장애인에 대한 지원 배제)에 따라, 정신장애인의 장애인복지시설 이용 및 서비스 지원체계 마련이 필요하다.

정신장애인 관련 예산[27] 지원이 부족하고, 수행기관의 역량 및 경험 부족으로 가시적 성과도출에 한계가 있고, 정신질환 및 정신장애인에 대한 사회의 부정적 인식은 여전히 높은 수준으로, 정신장애인 자립 및 지역사회 통합의 저해 요인[28]이 되고 있다.

3) 여성장애인 지원 확대 및 차별 해소

여성장애인 출산비용 지원제도 도입 후 지원 수준 개선이 미비하여 신청 절차 간소화, 제도 홍보 강화에도 사업 집행률이 저조하며, 2022년 출산비용 지원금은 출산(유·사산 포함) 시 태아 1인 기준 100만 원으로 2012년 사업 시행 이후 인상 없이 동결[29]하고 있다.

분산되어 있는 여성장애인 지원제도(상담·사례관리·비용지원 등)를 대상자 상황에 맞게 안내·연계해 줄 수 있는 코디네이터가 부족하여 자기결정권 보장을 위해, 부모의 정신상태·신체질환 등으로 인한 낙태 허용 및 부양의무자 동의로 갈음하는 「모자보건법」 제14조 개정이 필요하다.

26) 전체 시설의 46%(160개소)가 수도권 밀집, 228개 시군구 중 105개소는 부재함.
27) 2022년 4.5억 → 2023년 4.5억(전년동)임.
28) 공동생활가정 운영 반대(2019.4, 부산), 정신병원 개원 반대(2019.5, 오산)함.
29) 출산비용 지원 불용액 추이는 2019년 293백만 → 2020년 220백만 → 2021년 275백만 원임.

4) 장애인정책 국제협력 강화

코로나19 영향 등으로 인천전략 이후 장애인 국제협력 추진 부진하고, 국제협력 사업 연속성 확보가 미흡한 실정으로 인천전략 종료(2022.10, 자카르타) 후 포스트 인천전략 및 '제4차 아시아 태평양 장애인 10년' 추진 방안 논의도 미흡한 실정이다.

지속가능한 국제협력 사업에 대한 장기 로드맵, 장애인정책 국제협력 관련 자료 공유 플랫폼 등이 부재하여 국가적 차원의 과제인 유엔장애인권리위원회 권고사항에 대해 범부처 협력하에 종합적인 이행방안 마련이 필요하며, 유엔장애인권리협약 선택의정서 국내 이행을 위한 개인 진정 지원체계 마련, 이행 모니터링 기구 신설 등 사전준비가 필요하다.

9. 정책 기반 분야

장애인 정책·제도 확대 및 서비스 고도화 등에 따라 장애인정책 조정의 필요성은 증대되고 있으나, 사무국 부재 등으로 운영 활성화의 어려움이 있다. 1981년 장애인복지법 제정 후 전달체계가 분절적으로 도입되어 장애정책 전달체계의 파편화가 심각하고, 장애정책 연구·행정 지원 등을 위해 한국장애인개발원(2010~) 운영 중이나, 노인·아동 등 타 분야 대비 기관 조직 및 기능은 다소 부족한 실정으로 조속한 개편이 필요하다.

제5절 장애인복지정책의 개선방안

우리사회가 장애인의 권리와 장애인의 어려운 처지를 인정하고 관심을 보이기 시작한 시기는 안타깝지만 극히 최근이다.

오늘날 우리사회에서 장애인의 문제를 시혜적인 것으로, 아니면 동정적인 정책 패러다임으로 해결하려는 관점이나 시도는 사라진 상태이며 다행스럽게도 우리나라의 장애인정책의 패러다임은 정상화와 사회통합이라는 사회와 환경을 중시하는 태도가 자리 잡고 있다. 이러한 패러다임은 정신장애인과 발달장애인에 대한 시설보호를 반대하며 장애인의 일상적인 생활의 형태와 정상적인 리듬을 강조하면서 장애인이 사회에 통합되어 평등의 기초 위에서 사회의 일원이 되어 그가 속한 사회의 활동에 주역으로 참여할 것을 강조한다.

장애인정책의 국제적 흐름은 2006년에 제정한 유엔장애인권리협약(UN Convention on the Rights of Persons with Disabilities)과 유럽연합장애전략(European Disability Strategy 2010~2020)에 잘 나타나 있다. 유엔장애인권리협약은 장애인을 신체장애, 정신장애, 지적장애를 지닌 사람과 감각적인 손상을 지닌 사람을 포함시키고 있다. 감각적인 손상이란 비장애인과 동등한 완전하고 효과적인 사회참여를 저해하는 손상으로서 이 손상은 장애인의 사회참여를 제한하는 사회적 장벽에서 비롯되는 것이기도 하다. 유엔장애인권리협약은 장애인의 법적 능력, 접근권, 자립생활 지원 등 장애인의 권리를 신장시키기 위한 다양한 조항을 명시하고 있으며 상대적으로 권리보장이 취약한 여성장애인과 장애아동에 대해 특별한 보호가 필요하다는 것을 명시하고 있다.

유럽연합장애전략은 유럽의회에서 채택한 중장기 장애인정책 전략인데, 장애인이 모든 사회활동과 경제활동에 완전하게 그리고 동등하게 참여할 권리가 있음을 선언하고 장애인에 대한 동등한 기회제공을 부정하는 것은 인권침해라는 것을 명확하게 규정하고 있다. 이 전략은 유엔장애인권리협약의 이념을 반영해 유럽연합의 회원국들이 장애 없는 유럽을 만들려는 목적으로 수립되었던 것이다. 이 전략은 유엔장애인권리협약을 비준한 유럽연합 각국의 국가적 책임을 이행하기 위한 노력을 지원하고 보완하기 위한 지침이며, 이 지침에 따라 장애인의 완전한 권리향유를 위한 역량 강화와 모든 생활영역에서 장애인의 완전한 참여와 평등을 가로막는 장애물을 철폐하기 위한 프레임워크인 것이다. 이 전략은 실천에 있어서 우선순위 영역을 정하고 그 정책의 실행을 목표로 달성하고자 한다. 그 우선순위 영역은 접근성, 참여, 평등, 고용, 교육과 훈련, 사회적 보호, 건강, 국제관계 등이다.

2000년대 27개 OECD국가들의 근로가능 연령(20~64세)의 장애출현율은 13.8%로 우리나라의 6.0%에 비해 상당히 높은 수준이다. 2000년대 OECD국가들의 근로가능 연령의 장애인 교육수준을 보면 저학력 수준이 38.6%로 조사되었다. 우리나라의 비율은 48%

정도인 것으로 나타나 OECD국가의 평균을 웃돌고 있다. 2000년대 후반 OECD국가의 장애인 평균 고용률은 44.7%이고 우리나라는 43.6%로 거의 비슷한 수준을 보인다. 장애인 빈곤율은 OECD국가는 22.1%, 우리나라는 35.6%로 OECD국가들이 훨씬 낮은 비율을 나타내고 있고, 스웨덴의 경우 10.4%로 가장 낮은 비율을 보인다. 우리나라의 공공사회복지 지출 규모가 국내총생산(GDP) 대비 12.3%로, 경제협력개발기구(OECD) 평균의 60% 수준으로 나타났다. OECD국가들과 비교하면 GDP 대비 지출은 매우 낮은 수준이다.

프랑스는 GDP 대비 공공사회복지 지출 규모가 30.7%로 가장 높았고 핀란드(29.4%), 덴마크(28.4%), 벨기에(28.2%), 이탈리아・오스트리아(27.7%), 독일(25.6%) 등의 순이었다. 한국(12.3%)은 코스타리카와 같은 비중으로, 이 비중이 한국보다 낮은 국가는 칠레(11.7%), 멕시코(7.4%)뿐이었다.

한국사회의 미래에서 중요한 이슈는 저출산과 고령화를 비롯, 인접국가의 우리나라에 대한 영향 증대, 국가안보 유지와 통일문제 그리고 국제화에 따른 다문화가구의 확대 등이다. 미래의 장애인의 삶에서 일어날 수 있는 변화를 예측해 보면 확실한 것은 고령화의 비율 증대와 다문화가정의 양적 확대를 꼽을 수 있다. 이와 아울러 과학기술을 기반으로 하는 장애기준에 따라 지금의 기준이 변경될 가능성이 있고, 그에 의해 신체적 장애인이 줄어들 수 있을 것으로 예상된다. 장애인을 위한 보조수단의 활용으로 장애인의 일상생활에서의 어려움이 상당 수준 줄어들 수 있겠지만 반면에 정신장애, 자폐성장애, 지적장애의 증가를 예측할 수 있다. 과학기술과 인공지능의 발전으로 장애인의 이동권이 어느 정도 해결될 수 있을 것으로 전망되고 있고 장애친화적 도시생태계 조성도 용이하게 될 수 있을 것으로 기대되고 있다.

과학기술정보통신부는 우리나라 미래사회의 변화를 사회문화의 변화, 산업경제의 변화, 삶의 환경변화라는 세 가지 이슈로 전망한 바 있다.

사회문화의 변화는 획일화사회의 극복, 불평등사회, 저출산 고령화사회로 요약할 수 있다. 우리나라의 장애인정책은 장애인의 다양한 욕구를 제대로 충족시키지 못하고 있는 형편이고 정책에 대한 장애인의 만족도도 높지 않다. 장애인정책은 획일성을 탈피하고 다양성을 존중하는 장애포용적인 정책이 필요한 실정이다. 우리나라는 이미 고령화사회로 진입한 상태이고 초고령사회를 눈앞에 두고 있어 부족한 노동력의 유입으로 인한 다문화사회, 소득양극화에 따른 보편적 복지확대 요구가 커질 것이 예상되므로 계층 간의 이해조정과 결과적 평등을 보장하는 정책, 차별금지제도 등 다양성을 존중하는 사회를 만들기 위한 노력이 필요한 시점에 이르렀다. 지금까지의 장애인정책이 개별사안으로 입안되어 왔다면 향후에는 새로운 제도를 도입하고자 할 때 관련되는 기존의 모든 제도들을 조정할 수밖에 없는 문제가 수반될 것이 예상된다.

산업경제의 변화는 초연결사회의 지속가능한 미래, 지속가능한 산업생태계, 인공지능의 발전과 미래사회로 요약할 수 있다. 과학기술의 발전이 장애인을 신체적 구속에서 자유롭게 하기 위해서는 소득이 뒷받침되지 않으면 불가능하다. 보조기구 개발을 위한 연구개발비가 투자된다 하더라도 개발된 보조기구를 장애인이 구입할 구매력이 없고 그 보급예산을 정부가 보조하지 않는다면 장애인에게는 아무런 의미가 없는 것이다. 정보통신기술의 발전은 장애인이 당면하는 공간적 제한을 축소시킬 수 있고 이동통신기기와 사물인터넷은 장애인의 정보접근성을 높여줄 수 있겠지만 기기 자체를 장애인이 사용할 수 없다면 장애인과 비장애인의 정보격차는 더욱 심화될 것이다. 육체노동은 대부분 기계화되고 있고 단순노동과 기피대상 노동은 저임금국가와 저임금 이주노동자에 의해 행해지고 있다. 인공지능의 발전으로 단순사무직과 기능직은 사라질 위기에 처해 있고 정신노동의 대부분이 컴퓨터에 의존하는 양상을 보인다. 미래에 인간이 수행해야 할 직종과 업무를 장애인이 함께 수행할 수 있도록 하기 위한 교육정책과 고용정책이 필요하게 되었다.

삶의 환경변화는 기후변화, 대형시스템의 안전성 확보, 스마트환경과 뉴미디어로 요약할 수 있다. 기후변화와 시스템 대형화는 예기치 않은 재난을 불러올 수 있다. 재난 속에서 장애인의 대피와 구조에 대한 대처방안이 실효성을 갖추도록 해야 하며, 환경오염과 사회구조의 복합성에서 발생하는 사회문제로 인해 새로운 형태의 장애인이 나타날 수 있다. 환경오염, 약물오용, 정신적 문제 등으로 인해 신체적 기능의 손상이 아닌 사회적 참여에 제약을 받는 사회적 손상을 예상할 수 있다. 장애인에 대한 사회의 비중은 점차로 커질 것이고 장애인정책의 새로운 모델이 제시되어야 할 것이다. 미디어의 변화도 장애인에게 영향을 줄 수 있다. 미래의 장애인정책은 장애인의 다양성에 대응할 수 있는 관점의 전환과 당면한 시대의 유용한 기술이 장애인에게 전달될 수 있어야 하며 사회의 변화가 장애인에게 긍정적인 효과를 나타낼 수 있어야 한다.

2030년이 되면 65세 이상 노인이 전체인구의 23.3%를 차지할 것으로 예상된다. 장애인 중 50세 이상 고령자의 비율도 2023년에 65세 이상 고령인구가 우리나라 인구의 18.4%로, 향후 계속 증가하여 2025년에는 20.6%로 우리나라가 초고령사회로 진입할 것으로 전망되고 있어 장애인에 대한 지원정책과 노인 지원정책의 연계성은 더욱더 높아질 것으로 예상된다. 우리나라의 전체 장애인의 증가율은 감소되고 있는 추세이지만 지적장애인과 자폐성장애인은 지속적으로 증가하고 있어 발달장애인에 대한 특별한 관심이 요구되고 있다. 처음 아기를 출산하는 어머니의 평균연령이 계속 올라가고 있어 발달장애아동을 출산하는 비율도 높아지고 있는 것으로 판단된다. 학생 수의 감소 추세에 따라 장애인교육 지원체계에도 변화가 필요하다. 평균 가구원 수의 감소로 인한 장애인 구성원들의 돌봄 부담이 커지는 상황도 주목할 필요가 있다. 장애인가구의 의료비 지출의 증가로 인한 지원 필요성도 감안해야 한다. 장애인가구의 의료비 지출이 지속적으로 증가하고 있는 추세이므로 이에 대한 지원체제를 강화해야 한다.

장애인의 문화예술 향유도 기본권으로 인식되어야 한다. 2022년의 조사에 따르면 장애인은 여가활동의 90% 이상을 텔레비전 시청으로 보내고 있는 것으로 나타났는데, 이는 비장애인의 텔레비전 시청률보다 26%나 높은 수치이다. 장애인이 여가활동을 다양하게 즐길 수 있도록 하는 특단의 조치가 필요한 상황이다.

정상화와 사회통합이라는 이념의 실천전략으로 탈시설화와 지역사회 중심 생활이 제시되고 있다. 이 전략은 장애인이 지역사회에서 고립된 시설 중심의 재활을 탈피해 지역사회를 중심으로 통합적인 재활을 이루어야 한다는 주장이다. 우리나라에서도 정상화 원리에 부합하는 장애인활동지원제도가 시행되고 있지만 장애인복지는 지역사회 중심의 인권친화적 복지로 발전해야 하며 복지서비스도 질적으로나 양적으로나 더 확대되어야 한다. 지역사회 중심으로 복지서비스 프로그램이 시행되어야 하며 서비스 전달을 강화하는 방안도 마련되어야 할 것이다. 효과적인 전달체계를 갖추기 위해서는 다음과 같은 개선방안이 필요하다.

첫째, 장애인은 자립능력이 부족해 타인에게 장기적으로 의존해야 하는 특성이 있다. 장애인은 장기적이고 특별한 돌봄과 보호를 필요로 하기 때문에 장애인복지서비스는 장애인에 대해 장기적이고 특별한 돌봄과 보호를 가능하도록 보장해야 한다.

둘째, 장애아동은 성장하면서 사회적응력에서 비장애아동과 비교해 큰 격차를 보이며 연령이 높아질수록 도움을 필요로 하는 정도가 커지고 위기가 우려되기 때문에 성인이 되어서도 계속적으로 가족의 보호를 필요로 하는 까닭에 장애인 자녀를 둔 가족들이 겪는 심리적 고통과 경제적 부담은 막중하다. 따라서 장애인복지서비스는 가족을 지원하는 구체적인 접근이 가능하도록 설정되어야 한다.

셋째, 장애인은 비장애인에 비해 특별한 문제와 욕구를 지니고 있어 특별한 서비스를 필요로 한다. 장애는 평생 지속되는 특성이 있기 때문에 영유아기, 학령기, 청년기, 성인기로 나누어서 생애주기별 평생지원 서비스 체제의 확립이 필요하다. 노년기에 해당하는 장애인에 대한 접근을 어떻게 할 것인가의 문제가 있다. 노인복지 영역과 노령장애인복지 영역에 대한 연계성 문제를 정리할 필요가 있다.

넷째, 장애인이 지역사회의 구성원으로서 완전한 사회통합을 이루기 위해서는 장애인을 대상으로 하는 의료, 사회생활, 보육, 교육, 심리상담, 직업재활, 주거문제, 이동 등의 모든 분야에서 통합된 재활서비스가 제공되어야 하며 특히 가족에 대한 지원서비스가 고려되어야 한다. 장애인복지서비스를 통해 장애인의 숨겨진 재능을 발견하고 그것을 발전시켜 그것이 개인적 만족과 성장으로 새로운 역할부여가 가능하도록 지원해야 한다.

다섯째, 장애인 당사자를 중심으로 하는 프로그램이 활성화되어야 한다. 이러한 프로그램은 장애인을 격려하고 동기를 부여함으로써 스스로 성장할 수 있도록 도와주는 과정이 되어야 한다. 단순한 재활이나 치료뿐만이 아닌 성장이 이러한 프로그램의 핵심이다. 장애인이 자신의 약점을 극복하는 것도 중요하지만 장애인의 능력과 기술의 숙련도 그리고 역량을 키우는 데 초점이 맞추어져야 할 것이다. 프로그램의 기획단계에서부터 장애인 당사자의 의견과 욕구가 반영되어야 하는 것이다. 이를 위해서는 서비스 이용자인 당사자의 문제와 욕구를 사전에 면밀하게 확인하고 부족한 부분을 보완하면서 장애인의 욕구에 부응하는 서비스를 제공할 수 있는 실천의 단계를 설정해야 할 것이다. 장애인복지서비스가 성공적으로 정착하기 위해서는 무엇보다도 서비스 수행인력의 전문성 확보가 담보되어야 한다. 사회복지사, 치료사, 재활 전문 인력과 같은 장애인복지서비스 전문가들에 대한 전문성 함양을 위한 다각적인 노력이 요구된다. 이를 뒷받침하기 위해서는 관련 전문가 양성과 기존인력에 대한 역량 강화를 위한 소요예산 확보가 절실하다.

장애는 사회에 의해 인식되고 대부분 사회가 정의하는 상황에 따라 구성된다. 그렇기에 장애인복지의 현장에서는 많은 문제들이 발생하고 있다. 우리나라 장애인복지 현장에서 나타나고 있는 어려운 점은 다음과 같다. 공공 및 사회복지 분야에서 장애인복지서비스가 미흡하게 제공되고 있고, 서비스를 제공하고 있는 담당자들의 전문성이 떨어지고 능력이 부족하다. 또한 장애인복지 실천 프로그램의 개발과 사업을 담당하는 장애인복지시설이 보유하고 있는 실질적인 자원이 허술하며, 여러 관련기관 간의 연계망 구축의 미흡 등이다.

장애인복지정책은 장애인의 삶의 질을 향상시키기 위한 정책이라 할 수 있다. 삶의 질은 삶에 필요한 기본적인 요소를 획득하는 것, 살아가면서 만족함을 느끼는 것, 개인적으로 즐거움과 성취감을 느끼기 위해 실행하기 어려운 일을 수행하는 것을 통해 수준을 높일 수 있다.

한정된 자원을 최대한 활용하면서 중복이나 누락을 최소화하면서 업무를 효과적으로 연계하고 조정해 나가는 체계적인 서비스 모델로서 사례관리를 강화하고 부각시킬 필요가 있다. 사례관리의 실천은 장애인복지서비스 제공에 대한 책임성 확보와 재원사용에 대한 효과와 효율성을 극대화하는 방식으로 활용되어야 한다.

장애인은 더 이상 구호와 동정의 대상일 수만은 없다. 장애인은 다른 사람들과 더불어 살아가는 존재이며, 몸과 마음이 불편하다는 이유만으로 가정은 물론, 사회로부터 차별받거나 소외되어서는 안 된다. 장애인은 비장애인에 대해 보다 특별한 대우를 요구하는 것은 아니다. 다만 장애인이 생활해 나가기 불리한 사회구조나 환경을 개선하자는 것이다. 산업사회에서는 누구나 장애인이 될 수 있으며, 따라서 장애와 장애인의 문제를 단순히 일부 한정된 계층의 남의 일로만 볼 수는 없다.

지금까지 우리나라 장애인복지정책은 공급자 위주로 추진되어 왔고, 장애에 대한 객관적 의식이 결여된 상태에서 이루어져 왔다고 해도 과언이 아니다. 사회정책은 그 사회구성원의 가치관과 이념을 바탕으로 사회적 관계를 형성하는 여러 가지 법, 제도 등이 제대로 연계되어야 바람직한 방향으로 발전할 수 있다. 그렇다면 지금까지는 어떤 형태로 이러한 정책들이 수립되고 추진되어 왔는지 검토해 볼 필요가 있다.

장애인복지정책이 전근대적 구호 차원의 정책에 머물러 있을 것인가, 아니면 진정한 의미의 사회통합과 연대의식 속에서 이루어질 것인가 하는 근본적인 질문에 현실에 대한 객관적이고 냉철한 분석을 바탕으로 정책이 수립되어야 할 것이다. 과거에는 복지수혜자는 주로 정부의 일방적인 지원을 받는 대상으로서 자신의 권리와 욕구에 관계없이 서비스를 받는 대상이었다. 하지만 산업사회가 진전함에 따라 이들도 정당한 권리를 지키려는 목소리가 높아지게 되었다. 1970년대 이후 등장한 복지소비자의 권리주장은 다른 사람들과 마찬가지로 동일한 또는 부가적인 욕구를 지닌 존재로서 서비스 선택권이 있음을 의미한다. 따라서 복지서비스의 소비자로서 장애인들의 욕구에 부응할 수 있는 내용으로 서비스가 제공되어야 한다. 이를 위해서는 근본적으로 소비자인 장애인의 요구에 맞도록 개선되어야 한다.

참고문헌

고명석(2008). 사회복지시설 종사자 인권감수성향상방안. 박사학위 논문.

고명석(2014, 2017, 2019). **장애인복지론**(초판 · 개정판). 동문사.

고명석(2022). **사례중심 사회복지와 인권**. 동문사.

고명석(2022). **현대사회문제론**. 동문사.

고용노동부(2020). 장애인직업재활정책.

고용노동부(2023). 장애인고용지원사업.

고용노동부(2023). 장애인지원사업안내.

고용노동부 · 한국장애인고용공단 고용개발원(2022). 장애인통계, 한눈에 보는 장애인 통계.

공혜경(2010). 장애노인의 우울감에 관한 연구. 건국대학교 대학원 석사학위논문.

교육부(2023). 장애인특수교육발전 5개년 계획.

구본미(2014). 노년기 장애와 지역사회 환경의 특성에 관한 연구. 보건사회연구.

국가인권위원회(2002). 여성 장애인 차별에 관한 사례연구.

국가인권위원회(2002). 장애인고용 및 승진실태조사.

국가인권위원회(2002). 취학연기로 인한 취업연령 제한에 따른 장애인고용차별 사례조사.

국가인권위원회(2004). UN인권해설집. 국제인권장전.

국가인권위원회(2004). 교사를 위한 인권교육 기본용어.

국가인권위원회(2004). 인권백서(2004년 제1집).

국가인권위원회(2005). UN인권해설집 : 경제적, 사회적 및 문화적 권리위원회.

국가인권위원회(2006). 장애인생활시설 인권교육교재 및 프로그램 개발. 책임연구원 전북대 김미옥.

국가인권위원회(2007). 장애인권리협약 해설집.

국가인권위원회(2008). 차별판단지침, 차별판단지침연구 태스크포스.

국가인권위원회(2023). 국가인권정책기본계획 권고안(2023-2027).

국회입법조사처(2020). 현안분석 장애인 소득보장 급여수준의 현황과 개선방향.

권선진(2020). **장애인복지론**. 청록출판사.

권오균(2008b). 장애노인의 삶의 질 결정요인에 관한 연구. 노인복지연구.

권재숙 · 김성진(2012). 여성 장애노인 삶의 만족도 영향요인에 관한 연구. 발달장애연구.

김고은 · 이종림(2013). 장애노인의 이중차별경험과 성공적 노화의 관계: 역할수행의 매개효과. 노인복지연구.

김동배 · 채수진 · 박은영(2009). 장애노인의 장애특성이 차별인식에 미치는 영향. 사회복지연구.

김미옥(2013). 고령여성장애인의 삶에 관한 탐색적 연구. 한국가족복지학.

김성희 · 권선진 · 강동욱 · 노승현 · 이민경 · 이송희(2012). 수요자 중심 장애인복지정책 개발을 위한 연구:

2011년 장애인 실태조사 심층분석, 한국보건사회연구원.
김성희 · 이송희(2012). 장애인활동지원제도 도입에 따른 개선방안. 보건복지포럼, 통권 제184호.
김성희 · 이송희 · 노승현 · 정일교(2011). 장애노인 서비스 연계방안 연구. 한국보건사회연구원.
김성희 · 이연희 · 오욱찬 · 황주희 · 오미애 · 이민경...이선우(2017). 장애인실태조사. 세종: 보건복지부, 한국보건사회연구원.
김승연(2019). 커뮤니티케어 추진 및 정책과제. 장애인백서 제1장. 서울: 한국장애인개발원.
김용득(2019). 1990년 이후 영국 커뮤니티 케어 변화의 궤적 읽기: 이용자 선택과 제도 지속가능의 쟁점 을 중심으로. 보건사회연구.
김용탁 · 박단비(2014). 장애노인의 빈곤결정요인: 고령화된 장애인과 노인성 장애인을 구분하여. 2014 한국사회복지학회 추계학술대회 자료집.
김인수(2012). 장애노인의 장애인복지관 이용 저해요인. 한서대학교 정보산업대학원 석사학위논문.
김진석(2020). 사회서비스원과 커뮤니티케어. 지역사회통합돌봄 제2차 콜로키엄 자료집.
노승현(2013). 장애노인 고용 및 소득보장-고령화된 장애'와 '노화과정 장애(disability with aging)'의 비교를 중심으로, 경기도장애인재활협회 정책세미나 자료집.
노승현 · 백은령(2012). 장애노인 가구의 빈곤결정요인에 대한 종단연구. 장애와 고용.
박숙경(2016). 한국의 장애인 탈시설 현황과 과제. 지적장애연구.
박영숙 · 방귀희 · 손연숙(2008). **장애인복지의 이해**. 서울: 동인.
박재철(2013). 장애노인의 노동시장 이중차별 실증적 분석: 임금노동자의 고용차별과 임금차별을 중심으로-임금노동자의 고용차별과 임금차별을 중심으로-, 한국사회복지학.
박주영(2013). 고령여성장애인 삶의 만족도에 관한 연구, 재활복지.
박주영 · 오혜경(2013). 독거가구 고령여성장애인 생활만족도에 영향을 미치는 요인 연구. 한국장애인복지학.
박현숙 · 양희택(2013). 장애노인의 차별경험이 생활만족도에 미치는 영향: 장애수용의 매개효과를 중심으로. 장애와 고용.
보건복지부 커뮤니티케어 추진본부(2020). 지역사회통합돌봄 자체 추진 가이드북.
보건복지부(2020). 장애인실태조사
보건복지부(2021). 2020년 한 해 동안 새롭게 등록한 장애인 8만 3000명. 보도자료.
보건복지부(2023). 2023년도 장애인복지사업 안내. 등록장애인 현황(2010~2022년).
보건복지부(2023). 장애인연금사업안내.
보건복지부(2023). 제6차장애인정책종합계획.
보건복지부(2024). 장애인복지사업안내.
보건복지부(2024). 장애인활동지원 사업안내.
보건복지부, 「등록장애인 현황」, 각 연도 / 행정안전부, 「주민등록인구통계」, 각 연도
보건복지부 · 한국보건사회연구원(2024). 2023년 장애인실태조사.
보건복지부 · 노동부 · 교육과학기술부 외(2023). 장애인정책발전 6개년 계획.
사회정보원(2023). 장애개념.
선우덕 · 강은나 · 황주희 · 이윤경 · 김홍수 · 최인덕 · 한은정 등(2016). 노인장기요양보험의 운영 성과 평가

및 제도 모형 재설계 방안. 한국보건사회연구원.

우주형・김준환・안우상・오영훈・최세영(2023). **장애인복지론**. 어가.

윤상용・김태완(2012). 장애인과 저축-저축 결정요인과 고용상태 및 생활만족도 효과. 장애와 고용.

윤선오・김우호・윤병천(2012). **장애인복지론**. 경기: 양서원.

이동석(2019). 장애인복지에서의 탈시설의 의미와 과제. 웰페어이슈. http://www.welfareissue.com/news/articleView.

이선우(2012). **장애인복지론**. 서울: 청목출판사.

이성규(2000). **사회통합과 장애인복지정치**. 경기: 나남.

임종호・이영미・이은미(2012). **장애인복지론**. 서울: 학지사.

한국보건사회연구원(2011). 장애노인 서비스 연계방안 연구. 김성희・이송희・노승현・정일교.

한국보건사회연구원(2017). 보건복지포럼, 장애노인 돌봄의 정책 도출: 노인장기요양 보험제도와 장애인활동지원제도의 관계를 중심으로. 김세진.

한국보건사회연구원(2022). 보건복지 이슈포커스, 지역사회 통합돌봄 선도사업과 고령장애인 현황과 과제, 제416호.

한국보건사회연구원(2023). 보건복지 이슈포커스, 장애노인실태와 과제, 제208호.

한국보건사회연구원. 장애노인 대상의 통합적 복지서비스 제공을 위한 정책 방안. 황주희・김성희・노승현・강민희・정희경・이주연・이민경.

한국장애인고용공단(2022). 한눈에 보는 2022년 장애인통계.

호승희・양정희・김주희・이솔・조태현・김은주(2018). 장애인과 비장애인의 생애주기별 건강특성 비교를 통한 장애인의 노화특성 연구. 서울: 국립재활원 재활연구소.

홍선미(2021). 지역사회 통합돌봄 전달체계의 현황과 과제. 2021년 제1회 통합돌봄 2025 비전포럼(2021).

황주희・김유휘・김성희・김동기・김찬우・조영림(2019). 고령사회 대응을 위한 장애인활동지원제도 현황 진단 및 개선방안 연구. 세종: 보건복지부, 한국보건사회연구원.

황주희・김진희・강은나・이태진・남기철・노승현...김미옥(2020). 고령장애인의 커뮤니티케어 적용을 위한 주거지원 방안 연구. 세종: 보건복지부, 한국보건사회연구원.

〈국외 참고문헌〉

덴마크 독립장애상담제도 홈페이지 https://www.dukh.dk, 국회입법조사처(2020), 재인용.

미국: Bureau of Labor Statistics, 「Persons with a Disability: Labor Force Characteristics-2021」, 2022, 국회입법조사처, 재인용.

미국: U.S. Census Bureau, 「2021 American Community Survey」, 2022, 국회입법조사처, 재인용.

아일랜드 시민정보 안내 홈페이지 https://www.citizensinformation.ie, 국회입법조사처(2020). 재인용.

영국 정부 홈페이지 https://www.gov.uk/carers-allowance, 국회입법조사처(2020). 재인용.

영국: Department for Work & Pensions, 「Family Resources Survey 2020/2021」, 2022. 국회입법조사처, 재인용.

영국: National Statistics, 「Labour market overview, UK」, 2022, 국회입법조사처, 재인용.

유럽연합: European Commission. 「European comparative data on Europe 2020 and persons with disabilities:

Labour market, education, poverty and health analysis and trends (EU-SILCUDB 2019 자료)」, 2021, 국회입법조사처, 재인용.

일본 후생노동성, http://www.mhlw.go.jp/bunya/shougaihoken/service/naiyou.html

일본 후생노동성, http://www.mhlw.go.jp/stf/seisakunitsuite/bunya/hukushi_kaigo, 국회입법조사처, 재인용.

캐나다: Statistics Canada, 「Canadian Survey on Disability 2017」, 2018, 국회입법조사처, 재인용.

호주: Australian Institute of Health and Welfare, 「People with Disability in Australia 2018」, 2020, 국회입법조사처, 재인용.

OECD Data http://www.data.oecd.org, 국회입법조사처(2020). 재인용.

OECD(2019). Health at a Glance 2019. Retrieved from http://www.oecd-ilibrary.org. 2021. 8. 11. 재인용.

ICF(2014). Beginners' guide, WHO. 재인용.

西村直(2014). 介護保険優先原則による利用者への影響調査の結果、きょうされん, 재인용.

北海道庁(2014).北海道地域福祉生活支援事業, http://www.dosyakyo.or.jp/chiiki_seikatsushien/structure.html.

植田 章(2013). 高齢知的障害者の地域生活支援-地位敵障害者ある人(壮年期、高 齢期) の健康と生活に関する調査から, pp.39-54. 재인용.

足立圭司(2011). 施設入所知的障害者の高齢化の研究、一大分県内の知的障害者施設アンケート調査一, Bulletin of Beppu University Junior College, 30, pp. 55-64, 재인용.

厚生労働省(2004). 知的障害者の高齢化対応検討会報告書, 知的障害者の高齢化 対応検討会

厚生労働省(2013). 高齢者社会白書

厚生労働省(2013). 介護予防・日常生活支援総合事業の手引き

厚生労働省(2013). 障害者白書,「身体障害児・者実態調査」「生活のしづらさなど に関する調査」(2011년)

厚生労働省(2013). 障害者自立支援法にもとづく自立支援給付と介護保険制度との 適用関係などについて, 障企発0330第4号. 障障発0330第11号 : 2013년3월30일 개정)

厚生労働省(2013). 日常生活支援事業,

厚生労働省(2014). 老健事業「地域包括支援センターにおける実務実態に関する調査研究報告書」

厚生労働省(2014). 障害者白書

厚生労働省(2014). 障害福祉サービスの内容

厚生労働省(2014). 障害者自立支援法にもとづく自立支援給付と介護保険制度との 適用関係などについて, 障企発0330第4号. 障障発0330第11号 (2013년3월30일 개정)

厚生労働省(2014). 地域生活支援事業, http://www.pref.miyagi.jp/uploaded/attachment/90259.pdf

厚生労働省(2014). 地域生活支援事業の実施状況, 厚生労働省障害保健福祉部企画課自立支援振興室資料-580728

厚生労働省(2014). 後期高齢者医療費制度などの仕組み, http://www.mhlw.go.jp/bunya/shakaihosho/iryouseido01/info02d -26.html

京都市情報舘홈페이지, http://www.city.kyoto.lg.jp/hokenfukushi/page/0000077768.html

旭市홈페이지, https://www.city.asahi.lg.jp/benrichou/c004_03_002.html

高木邦明 福永良逸 茶屋道拓哉(2007). 障害者福祉の研究課題と方法. 學文社.

高齢者介護研究會(2003). "2015年と高齢者介護～高齢者の尊敬を支えるケアの確立に向けて～" 月刊福祉動向

2003.6.
京極高宣(2008). 障害者自立支援法の課題. 中央法規.
京極高宣(2006). 障害者自立支援法の解説. 全國社會福祉協議會.
內閣府(2011a). 高齡社會白書(2011b). 障害者白書.
厚生勞動省(2011). 厚生勞動白書.
厚生勞動省(2007). 國民生活基礎調査.
厚生勞動省(2005). 國勢調査人口.
http://www.city.nishitokyo.lg.jp/siseizyoho/tokei/zinko/1108jinkou.html.
http://www.city.osaka.lg.jp/contents/wdu020/kenkofukushi.

〈국내 인터넷 검색 참고자료〉

kostat.go.kr(통계청 홈페이지)
www.humanrights.go.kr(국가인권위원회 홈페이지)
www.law.go.kr(국가법령정보센터 홈페이지)
www.moel.go.kr(고용노동부 홈페이지)
www.moe.go.kr(교육부 홈페이지)
https://www.mohw.go.kr(보건복지부 홈페이지)
www.koddi.or.kr(한국장애인개발원 홈페이지)
www.kead.or.kr(한국장애인고용공단 홈페이지)
www.kihasa.re.kr(한국보건사회연구원 홈페이지)
www.kordi.or.kr(한국노인인력개발원 홈페이지)
https://search.naver.com(네이버 홈페이지 소시얼포커스 검색)
www.index.go.kr(e나라지표 홈페이지)

저자소개

〈대표저자〉

■ **고명석**

문학박사, 사회복지학 석사(사회복지정책(인권) 전공)
명지대학교 보건복지부위탁 사회복지사양성과정 주임교수
명지대학교 사회복지대학원, 사회복지학과 객원교수
청운대학교 사회복지학과 교수
국가인권위원회 인권조정상담센터 전문상담위원
국민연금공단 장애인활동지원제도 이천시 시범사업 등급판정 위원장
국민건강보험공단 서대문지사 노인장기요양 등급판정 위원장
서울특별시인권위원회 전문가 인권배심원
서울시복지재단 청렴자문위원 및 시민감사관
이천시장애인종합복지관 관장
인천광역시 장애인복지위원
인천광역시 복지재단 이사
인천광역시 사회서비스원 정책심의위원회 위원장, 인권경영위원
한국 인권사회복지학회 이사
한국 교정복지학회 이사

〈공동저자〉

■ **박경미**

사회복지학 박사, 사회복지학 석사(장애인복지 전공)
명지대학교 사회복지대학원 외래교수
명지대학교 보건복지부위탁 사회복지사양성과정 외래교수
평생교육원 교수
사회복지법인 이사

■ **강성률**

사회복지학 박사
성운대학교 입학처장

■ **배명수**

보건학 박사
성운대학교 미래휴먼사회복지학부(보건복지 전공) 부교수
대한보건협회 대경지회 부회장

■ **정원석**

사회복지학 박사, 사회복지학 석사(장애인복지 전공)
한국열린사이버대학교 사회복지학과 특임교수
사) 한국장애인녹색재단 중앙회장
주식회사 돕다 대표이사

■ **김재춘**

사회복지학 석사(사회복지정책 전공)
사) 순환자원과 함께하는 사람들 대표이사
사) 한국장애인농축산기술협회 중앙이사
사) 한국장애인중심기업협회 환경본부장
사) 한국장애인녹색재단 환경사업본부장

■ **김학심**

사회복지학 박사 수료, 사회복지학 석사(장애인복지 전공)
사) 꿈드래 장애인직업재활시설 사무국장
사) 장애인생명문화협회 이사
사) 장애인일자리나눔협회 이사

■ **함수정**

사회복지학 석사(노인복지 전공)
번동제일재가복지센터 대표
사) 전국재가장기요양기관연합회 서울북부지회 운영위원
사) 한국재가장기요양기관협회 서울강북지회 운영위원
서울시 강북구 번동 치매안심마을 운영위원
서울시 강북구 번3동 주민자치위원회 복지분과장
서울시 강북구 번2동 지역사회복지협의체 운영위원

장애인복지론 제3판

초 판 1쇄 발행 / 2014년 3월 15일
초 판 5쇄 발행 / 2017년 8월 25일
개정판 1쇄 발행 / 2019년 7월 31일
개정판 4쇄 발행 / 2022년 1월 17일
제 3 판 1쇄 발행 / 2024년 8월 30일
제 3 판 2쇄 발행 / 2025년 8월 5일

•

공저자 / 고명석 · 박경미 · 강성률
배명수 · 정원석 · 김재춘
김학심 · 함수정
발행인 / 이 중 수
발행처 / **동 문 사**

•

서울특별시 서대문구 홍제원 1길 12
(홍제동 137-8)
Tel : 02)736-3718(대), 736-3710, 3720
Fax : 02)736-3719
등록번호 : 1974.04.27. 제9-17호
가격 : 26,000원

•

ISBN : 979-11-6328-602-8 (93330)
E-mail : dong736@naver.com
www.dongmunsa.com